Rowohlts Klassiker der Literatur und der Wissenschaft

Herausgegeben von
Ernesto Grassi
unter Mitarbeit von
Walter Hess

Griechische Philosophie
Band 5

Platon

Sämtliche Werke

4

Phaidros, Parmenides
Theaitetos, Sophistes

Nach der Übersetzung
von Friedrich Schleiermacher
mit der Stephanus-Numerierung
herausgegeben von
Walter F. Otto † · Ernesto Grassi
Gert Plamböck

Rowohlt

Umschlagentwurf Hans Hermann Hagedorn

1.–20. Tausend	August 1958
21.–30. Tausend	Juli 1959
31.–35. Tausend	Juli 1961
36.–40. Tausend	September 1962
41.–48. Tausend	März 1964
49.–53. Tausend	April 1966
54.–58. Tausend	Juni 1967
59.–63. Tausend	Juni 1969
64.–68. Tausend	Dezember 1971
69.–73. Tausend	Februar 1974
74.–77. Tausend	März 1976

Veröffentlicht im Rowohlt Taschenbuch Verlag GmbH,
Hamburg, August 1958

Gesetzt aus der Linotype-Aldus-Buchschrift
und der Palatino (D. Stempel AG)
Gesamtherstellung Clausen & Bosse, Leck/Schleswig
Printed in Germany
680-ISBN 3 499 45039 9

Platon · Sämtliche Werke 4

Die Ziffern am Rande sind die Seiten- und Abschnittszahlen der dreibändigen Platon-Ausgabe von Henricus Stephanus (Paris 1578), nach denen man Platon allgemein zitiert. Sie sind gegeben nach der gebräuchlichsten modernen Ausgabe, der von Ioannes Burnet (Oxford 1899—1906). In den Gliederungen bedeutet die letzte Ziffer die Zeilenzahl des Stephanus-Abschnitts bei Burnet. Diese stimmt mit der Übersetzung nicht notwendig genau überein.

Um dem Leser die Gewähr zu geben, daß er in diesen dialektisch schwierigsten Dialogen Platons einen nach Ansicht der Herausgeber vertretbaren Text liest, wurde die Übersetzung einer Durchsicht unterzogen. Besonders im ‹Parmenides› erwiesen sich an zahlreichen Stellen Änderungen als notwendig. Nicht dem Buchstaben Schleiermachers, wohl aber seinem rastlos forschenden Sinn zu dienen und Platons Text so getreu wie möglich wiederzugeben, war das Ziel dieser Durchsicht.

PHAIDROS

GLIEDERUNG

A. Einleitung:

1. Kenntnis des Phaidros von einer Liebesrede des Lysias und Wunsch des Sokrates, sie zu hören (1. Kap., 227 a 1—228 a 4).
2. a) Überwindung der Ziererei des Phaidros (2. Kap., 228 a 5—228 c 9); b) Entdeckung der Rede und Gang am Ilissos (3. Kap., 228 d 1—229 c 5).
3. a) Verhältnis des S. zu den Mythologemen und Grund davon (4. Kap., 229 c 6—230 b 1); b) Die Landschaft und Sokrates (5. Kap., 230 b 2 bis 230 e 5).

B. Hauptteil:

I. Die Reden über Nachteil und Nutzen der Liebe. 1. Die Rede des Lysias vom Vorzug des Nichtverliebten: a) Unbeständigkeit und Unvernunft der Verliebten (6. Kap., 230 e 6—231 e 2); b) Aus dem Umgang mit Verliebten entstehende Nachteile (7. Kap., 231 e 3—233 a 4); c) Vorteile des Umgangs mit Nichtverliebten (8. Kap., 233 a 4—234 b 5); d) Schlußempfehlung — Wirkung der Rede auf S. (9. Kap., 234 b 6—234 e 4). 2. a) Urteil des S. über die Rede (10. Kap., 234 e 5—235 c 1); b) Erfülltheit des S. mit besseren Argumenten zum selben Thema (11. Kap., 235 c 2—236 a 6); c) S. von Phaidros zum Reden gezwungen (12. Kap., 236 a 7—237 a 6). 3. Von Phaidros erzwungene Rede des Sokrates über den Vorzug des Nichtverliebten: a) Einführung und Bestimmung des Anfangs der Rede (13. Kap., 237 a 7—237 d 3); b) Definition der Liebe als Begierde und ihre beiden Arten (14. Kap., 237 d 3—238 d 8); c) Schädlichkeit des Liebenden für die Seele des Geliebten (15. Kap., 238 d 8 bis 239 c 2); d) Schädlichkeit des Umgangs mit Liebenden für Körper und Besitz (16. Kap., 239 c 3—240 a 8); e) Die zur Verderblichkeit hinzukommende Unerfreulichkeit des Liebhabers (17. Kap., 240 a 9—240 e 7); f) Treulosigkeit des Liebhabers (18. Kap., 240 e 8—241 d 3). 4. a) S., entschlossen fortzugehen, wird aufgehalten durch Phaidros (19. Kap., 241 d 4 bis 242 b 7); b) Notwendigkeit einer Reinigung für die beiden Reden (20. Kap., 242 b 8—243 b 9); c) Schamlosigkeit jener Reden und Ansatz zu einer neuen (21. Kap., 243 c 1—243 e 8). 5. Die 2. Rede des Sokrates über das Wesen der Liebe als eines heilsamen göttlichen Wahnsinns: a. α) Drei Arten göttlichen Wahnsinns als Urheber größter Güter (22. Kap., 243 e 9—245 a 8), β) Ziel der folgenden Darlegung (23. Kap., 245 b 1—245 c 4); b. α) Die Unsterblichkeit der Seele (24. Kap., 245 c 5 bis 246 a 3), β) Gleichnishafte Bestimmung des Wesens der Seele als eines Gespanns (25. Kap., 246 a 3—246 d 5), γ) Das Göttliche als die Nahrung des Seelengefieders. Beschreibung des Aufstiegs der Götter zum überhimmlischen Ort (26. Kap., 246 d 6—247 c 2), δ) Der überhimmlische Ort und die Lebensweise der Götter (27. Kap., 247 c 3 bis 247 e 6); c. α) Verhältnis der anderen Seelen zum Wahren. Das Gesetz der Adrasteia (28. Kap., 248 a 1—248 e 5), β) Für die Wiederverkörperung geltende Bestimmungen. Die Ausnahmestellung der Philosophen (29. Kap., 248 e 5—249 d 3); d. α) Die vierte Art des Wahnsinns: Begeisterung durch das Wiedererinnertwerden an die Schönheit dort (30. Kap., 249 d 4—250 c 6), β) Wirkung der Schönheit auf den, der in ihr Wesen eingeweiht ist (31. Kap., 250 c 7—251 b 7), γ) Der Zustand der Liebenden und seine Ursache (32. Kap., 251 c 1—252 c 2), δ) Verschiedenartigkeit der Liebenden nach dem Gott, dem sie folgen (33. Kap.,

252 c 3 — 253 c 6); e. α) Beschaffenheit der beiden Seelenrosse (34. Kap., 253 c 7 — 253 e 5), α) Die Bändigung des ungezügelten Rosses (35. Kap., 253 e 5 — 255 a 1); f. β) Die Gewinnung der Gegenliebe des Lieblings (36. Kap., 255 a 1 — 256 a 6), β) Leben und Lohn der Liebenden (37. Kap., 256 a 7 — 256 e 2); g) Schluß der Rede und Gebet an Eros (38. Kap., 256 e 3 — 257 b 6).

II. Untersuchung der Art und Weise des guten Redens. 1. a) Ist das Schreiben von Reden schimpflich und wird es mißachtet? (39. Kap., 257 b 7 bis 258 c 10); b) Thema des folgenden Gesprächs: die Art und Weise des guten Redens (40. Kap., 258 d 1 — 259 b 2); c) Der Mythos von den Zikaden (41. Kap., 259 b 3 — 259 d 9). 2. a) Notwendigkeit, daß der Redner das Wahre über seinen Gegenstand wissen muß, und Gegenthese des Phaidros (42. Kap., 259 e 1 — 260 d 2); b) Die Redekunst als eine Seelenführung und als dieselbe in allen Verhältnissen (43. Kap., 260 d 3 bis 261 c 3); c) Erweis, daß zum kunstmäßigen Reden die Kenntnis der Wahrheit notwendig ist (44. Kap., 261 c 4 — 262 c 4). 3. a) Vorhaben, den Anfang der Rede des Lysias auf Kunstmäßigkeit zu prüfen (45. Kap., 262 c 5 bis 263 a 1); b) Zwei Arten der Worte: solche zweifelhaften und solche eindeutigen Sinns. Forderung an den Redner, die zweifelhaften zu erkennen und zu bestimmen (46. Kap., 263 a 2 — 263 e 5); c) Notwendigkeit, daß die Rede als ein gegliedertes Ganzes Anfang und Ende hat (47. Kap., 263 e 6 — 264 e 3). 4. a) Übergang zu den beiden Reden des Sokrates (48. Kap., 264 e 4 — 265 c 4); b) Die zwei Prinzipien in den Reden des S.: das Zusammenfassen zu einer Gestalt und wiederum das Zerteilen dieser Gestalt (49. Kap., 265 c 5 — 266 b 2); c) Sokrates als Freund der dialektischen Kunst (50. Kap., 266 b 3 — 266 d 6). 5. a) Die Herrlichkeiten der bestehenden Rhetorik (51. Kap., 266 d 7 — 268 a 7); b) Unterscheidung notwendiger Vorkenntnisse vom Wissen der Kunst selbst (52. Kap., 268 a 8 — 269 a 4); c) Erweis, daß die traditionelle Rhetorik sich nur bei den Vorkenntnissen aufhält und das Eigentliche nicht besitzt (53. Kap., 269 a 5 — 269 e 3). 6. a) Grund für die Größe echter Redekunst: das Wissen von der Natur des Ganzen (54. Kap., 269 e 4 bis 270 c 8); b) Unbedingte Erfordernisse für eine kunstmäßige Behandlung der Rhetorik: dialektische Methode und Kenntnis des Wesens der Seele (55. Kap., 270 c 9 — 271 c 9); c) Die vollendet kunstmäßige Rhetorik (56. Kap., 271 c 10 — 272 d 1). 7. a) Die Theorie der bestehenden Rhetorik und ihr Postulat: Aufsuchung des Scheinbaren (57. Kap., 272 d 2 — 273 d 1); b) Zusammenfassende Antwort an die Rhetorik. Das den Göttern Wohlgefällige als Ziel (58. Kap., 273 d 2 — 274 b 8). 8. a) Scheinbarer Nutzen des Schreibens: der Mythos vom Gotte Theuth (59. Kap., 274 b 9 bis 275 c 4); b) Schwäche des durch die Schrift überlieferten toten Wissens (60. Kap., 275 c 5 — 276 a 9); c) Das Schreiben als ein Spiel des Wissenden und sein Ernst beim Säen unsterblicher Samen (61. Kap., 276 b 1 bis 277 a 5). 9. a) Zusammenfassende Feststellung darüber, was kunstmäßiges Reden bedeutet (62. Kap., 277 a 6 — 277 c 7); b) Entscheidung der Frage, welches Reden und Schreiben schimpflich ist und welches nicht (63. Kap., 277 d 1 — 278 b 6).

C. Schluß:

Botschaften an Lysias und Isokrates, Schlußgebet (64. Kap., 278 b 7 bis 279 c 8).

SOKRATES, PHAIDROS

[1. Kenntnis des Phaidros von einer Liebesrede des Lysias und Wunsch des S., sie zu hören]

227 a SOKRATES: O lieber Phaidros, woher denn und wohin?
PHAIDROS: Vom Lysias, o Sokrates, dem Sohne des Kephalos, und
ich gehe lustwandeln hinaus vor die Stadt; denn ich habe dort lan-
ge Zeit sitzend zugebracht von früh an. Und deinem und meinem
Freunde Akumenos folgend pflege ich draußen auf den Straßen um-
herzugehen; dieses nämlich, sagt er, sei weniger ermüdend als das
b in den Spaziergängen.
SOKRATES: Und ganz recht hat er darin, lieber Freund. Also Lysias
war, wie es scheint, in der Stadt.
PHAIDROS: Ja, bei dem Epikrates, in dem Hause hier unweit des
Olympion, der Morychia.
SOKRATES: Was habt ihr denn dort getrieben? Oder versteht es sich,
daß euch Lysias aus seinen Reden bewirtet hat?
PHAIDROS: Du sollst es erfahren, wenn du Muße hast, mitzugehen
und zu hören.
SOKRATES: Wie denn? Glaubst du nicht, daß es, nach dem Pinda-
ros, «auch dringendem Geschäft voran mir gehn soll», deine und
des Lysias Unterhaltung anzuhören?
c PHAIDROS: So gehe denn weiter.
SOKRATES: Und du rede.
PHAIDROS: Gewiß, Sokrates, recht geziemt dir dies zu hören. Denn
die Rede, mit der wir uns unterhielten, war, ich weiß nicht recht wie,
eine Liebesrede. Nämlich Lysias hat sie geschrieben, als ob ein schö-
ner Knabe gewonnen werden sollte, aber nicht von einem Liebhaber.
Sondern dies ist eben die Feinheit darin: er behauptet, man müsse
eher einem Nichtverliebten günstig sein als einem Verliebten.
SOKRATES: O trefflicher Mann! Hätte er doch geschrieben, eher ei-
nem Armen als Reichen, einem Alten als Jungen, und was sonst mir
d zugute gekommen wäre und den meisten von uns. Wahrlich, das
wären artige und gemeinnützige Reden. Ich meinesteils bin nun so
begierig geworden zu hören, daß, wenn du auch bis Megara lust-
wandeln gingst und wie Herodikos hart an der Mauer wieder um-
kehrtest, ich doch nicht von dir weichen würde.
PHAIDROS: Wie meinst du, bester Sokrates? Glaubst du, was Ly-
228 a sias in langer Zeit nach Muße ausgearbeitet hat, der größte Meister
unter allen jetzt im Schreiben, das sollte ich Ungelehrter seiner wür-
dig so aus dem Gedächtnis wiederholen können? Daran fehlt viel.
Wiewohl viel Geld mir nicht so lieb sein sollte als dieses.

[2. Überwindung der Ziererei des Phaidros]

SOKRATES: O Phaidros, wenn ich den Phaidros nicht kenne, muß
ich mich ja selbst vergessen haben. Aber eines so wenig wie das an-
dere. Ich weiß gar wohl, hörte jener eine Rede des Lysias, so hat er
sie nicht nur einmal angehört, sondern den Lysias immer wieder
aufs neue oftmals reden lassen, und der gehorchte ihm auch gern.
Ihm aber ist auch das nicht genug gewesen, sondern zuletzt hat er b
das Buch genommen und selbst, was ihm am besten gefiel, nachge-
sehen. Und darüber von früh an sitzend, ist er endlich ermüdet und
lustwandeln gegangen, jedoch beim Hunde! wie ich wenigstens
glaube, schon auswendig wissend die Rede, wenn sie nicht allzu lang
war. Und zur Stadt hinaus ging er, um sie recht einzulernen. Als er
dann einem begegnete, der krank ist an der Sucht, Reden anzuhören,
freute er sich schon, da er ihn sah, daß er einen Genossen haben
würde an seiner Entzückung, und hieß ihn mitgehen. Wie nun der c
Liebhaber von Reden ihn bat, herzusagen, machte er den Spröden,
als hätte er nicht Lust; am Ende aber würde er, auch wenn niemand
mit gutem zuhören wollte, mit Gewalt die Rede sagen. Du also,
Phaidros, bitte ihn, was er doch bald auf alle Weise tun würde, lie-
ber gleich zu tun.

PHAIDROS: Wahrlich, bei weitem das beste für mich wird sein, dir so, wie ich eben kann, die Rede zu geben. Denn du scheinst mir keineswegs ablassen zu wollen, bis ich irgendwie rede.

SOKRATES: Ganz recht glaubst du das von mir.

[3. Entdeckung der Rede und Gang am Ilissos]

PHAIDROS: So demnach will ich es machen. Denn in der Tat, So- d
krates, die Worte habe ich unmöglich behalten; den Inhalt aber von
allem, worin er den Unterschied zwischen des Liebenden Sache und
des Nichtliebenden auseinandergesetzt, will ich dir in den Haupt-
punkten nach der Ordnung, vom ersten anhebend, wiederholen.

SOKRATES: Nachdem du jedoch gezeigt haben wirst, lieber Mensch,
was du da hast in der linken Hand unter dem Mantel. Denn ich ver-
mute, du hast die Rede selbst, und wenn das ist, so denke so von
mir, daß ich dich zwar gar sehr liebe, wenn aber auch Lysias da ist, e
mich dir herzugeben, damit du dich an mir einlernst, keineswegs ge-
sonnen bin. Komm also und zeige!

PHAIDROS: Ruhig nur! Du hast mir die Hoffnung vereitelt, die ich hatte, mich an dir zu üben. Aber wo willst du nun, daß wir uns setzen, um zu lesen?

SOKRATES: Hier laß uns ablenkend am Ilissos hinuntergehen und 229 a
dann, wo es uns gefallen wird, uns einsam niedersetzen.

PHAIDROS: Zur rechten Zeit, wie es scheint, bin ich unbeschuht; denn du freilich bist es immer. So ist es also am bequemsten, im Wässerchen selbst die Füße netzend zu gehen, und gar nicht unangenehm, zumal in dieser Jahreszeit und um die jetzige Stunde.

SOKRATES: So gehe voran und sieh dich um, wo wir uns wohl setzen können.

PHAIDROS: Siehst du jene höchste Platane dort?

Sokrates: Wie sollte ich nicht?

b Phaidros: Dort ist Schatten und mäßige Luft, auch Rasen, darauf zu sitzen oder, wenn wir wollen, uns niederzulegen.

Sokrates: Gehe also.

Phaidros: Sage mir, Sokrates, soll nicht hier irgendwo am Ilissos Boreas die Oreithyia geraubt haben?

Sokrates: So soll er.

Phaidros: Etwa eben hier? Angenehm wenigstens, rein und durchsichtig ist hier das Wässerchen, recht gemacht für Mägdlein, daran zu spielen.

c Sokrates: Nein, sondern unterhalb etwa um zwei oder drei Stadien, wo man durchgeht nach dem Tempel der Artemis. Auch ist dort irgendwo ein Altar des Boreas.

Phaidros: Ich wußte es nicht recht. Aber sage, um Zeus' willen, Sokrates, glaubst auch du, daß diese Geschichte wahr ist?

[4. Verhältnis des S. zu den Mythologemen und Grund davon]

Sokrates: Wenn ich es nun nicht glaubte, wie die Klugen, so wäre ich eben nicht ratlos. Ich würde dann weiter klügelnd sagen, der Wind Boreas habe sie, als sie mit der Pharmakeia spielte, von den Felsen dort in der Nähe herabgeworfen, und dieser Todesart wegen
d habe man gesagt, sie sei durch den Gott Boreas geraubt worden. Ich aber, o Phaidros, finde dergleichen im übrigen ganz artig, nur daß ein gar kunstreicher und arbeitsamer Mann dazu gehört, der eben nicht zu beneiden ist, nicht etwa wegen sonst einer Ursache, sondern weil er dann notwendig auch die Kentauren ins Gerade bringen muß und hernach die Chimaira, und dann strömt ihm herzu ein ganzes Volk von dergleichen Gorgonen, Pegasen und andern unendlich vie-
e len und unbegreiflichen wunderbaren Wesen, und wer die ungläubig einzeln auf etwas Wahrscheinliches bringen will, der wird mit einer wahrlich unzierlichen Weisheit viel Zeit verderben. Ich aber habe dazu ganz und gar keine Muße; und die Ursache hiervon, mein Lieber, ist diese: ich kann noch immer nicht nach dem delphischen Spruch mich selbst erkennen. Lächerlich also kommt es mir vor, so-
230 a lange ich hierin noch unwissend bin, an andere Dinge zu denken. Daher also lasse ich das alles gut sein; und annehmend, was darüber allgemein geglaubt wird, wie ich eben sagte, denke ich nicht an diese Dinge, sondern an mich selbst, ob ich etwa ein Ungeheuer bin, noch verschlungener gebildet und ungetümer als Typhon, oder ein milderes und einfacheres Wesen, das sich eines göttlichen und edeln Teiles von Natur erfreut. – Doch, Freund, nicht zu vergessen, war dies nicht der Baum, zu dem du uns führen wolltest?

b Phaidros: Ja, eben dieser.

[5. Die Landschaft und S.]

Sokrates: Bei der Here! dies ist ein schöner Aufenthalt. Denn die Platane selbst ist prächtig belaubt und hoch und des Gesträuches Höhe und Umschattung gar schön, und so steht es in voller Blüte, daß es den Ort mit Wohlgeruch ganz erfüllt. Und unter der Platane

fließt die lieblichste Quelle des kühlsten Wassers, wenn man seinen
Füßen trauen darf. Auch scheint hier nach den Statuen und Figuren
ein Heiligtum einiger Nymphen und des Acheloos zu sein. Und
wenn du das suchst, auch die Luft weht hier willkommen und süß c
und säuselt sommerlich und lieblich in den Chor der Zikaden. Un-
ter allem am herrlichsten aber ist das Gras am sanften Abhang in
solcher Fülle, daß man hingestreckt das Haupt gemächlich kann ru-
hen lassen. Kurz, du hast vortrefflich den Führer gemacht, lieber
Phaidros.

PHAIDROS: Du aber, wunderbarer Mann, zeigst dich ganz seltsam.
Denn in der Tat, wie du auch sagst, einem Fremden gleichst du, der
sich umherführen läßt, und nicht einem Einheimischen. So wenig
wanderst du aus der Stadt über die Grenze, noch auch selbst zum d
Tore scheinst du mir herauszugehen.

SOKRATES: Dies verzeihe mir schon, o Bester. Ich bin eben lernbe-
gierig, und Felder und Bäume wollen mich nichts lehren, wohl aber
die Menschen in der Stadt. Du indes, dünkt mich, hast, um mich her-
auszulocken, das rechte Mittel gefunden. Denn wie sie mittels vorge-
haltenen Laubes oder Körner hungriges Vieh führen, so könntest
du gewiß, wenn du mir solche Rollen mit Reden vorzeigtest, mich
durch ganz Attika herumführen, und wohin du sonst wolltest. Nun e
wir aber an Ort und Stelle angekommen sind, werde ich mich wahr-
scheinlich hier niederlegen; du aber, in welcher Stellung du am be-
sten lesen zu können glaubst, die wähle und lies.

PHAIDROS: So höre denn.

[6. Unbeständigkeit und Unvernunft der Verliebten] Von dem, was
mich anbetrifft, bist du unterrichtet, und wie ich glaube, es werde
uns zuträglich sein, daß dieses zustande komme, hast du gehört. Ich
wünsche aber, nicht etwa deshalb zu verfehlen, um was ich bitte, 231 a
weil ich nicht zu deinen Liebhabern gehöre. Da eben jene dann zu
gereuen pflegt, was sie Gutes erwiesen haben, sobald ihre Begierde
gestillt ist; für andere aber gibt es keine Zeit, in der ihnen anderen
Sinnes zu werden geziemte. Denn nicht notgedrungen, sondern frei-
willig, wie jeder am besten über das Seinige sich beraten mag, er-
weisen sie nach ihrem Vermögen Gutes. Ferner erwägen die Ver-
liebten, was sie schlecht verwaltet haben von dem Ihrigen der Liebe
wegen, und was Gutes erwiesen; und wenn sie dann die gehabte Be-
schwerde hinzurechnen, so glauben sie, schon längst den gebühren- b
den Dank ihren Geliebten entrichtet zu haben. Die aber in keiner
Leidenschaft Begriffenen können auch weder die Vernachlässigung
ihrer Angelegenheiten um jener willen zum Vorwande nehmen,
noch die überstandenen Beschwerden in Rechnung bringen, noch aus
der Zwietracht mit ihren Angehörigen einen Vorwurf machen, so
daß, so vieler Übel überhoben, sie nicht anders können, als bereit-
willig alles tun, wodurch sie glauben ihnen gefällig zu werden. Fer-
ner, wenn um deswillen die Liebhaber wert geachtet zu werden ver- c
dienen sollen, weil sie behaupten, ihren Geliebten am meisten er-
geben zu sein, und weil sie immer bereit sind, sollten sie auch durch

Wort und Tat sich andern verhaßt machen, ihnen gefällig zu wer-
den: so ist leicht einzusehen, wiefern sie wahr reden, weil sie eben-
so den, für welchen sie späterhin Leidenschaft haben werden, höher
achten müssen als die vorigen und offenbar, wenn es jener wünscht,
auch dem früher Geliebten Übles zufügen werden. Indessen, wie
sollte es wohl billig sein, so Großes dem einzuräumen, der einem
d solchen Unfall unterworfen ist, welchem nicht einmal ein Kundiger
abzuhelfen unternehmen würde? Denn auch selbst bekennen sie,
daß sie mehr krank sind als bei voller Besinnung und daß sie zwar
wissen, wie schlecht sie bei Verstande sind, aber nicht vermögen, sich
selbst zu überwinden. Wie also könnten sie wohl, wenn sie wieder
gut bei Verstande sind, dasjenige für wohlgetan halten, was sie in
solcher Verfassung wollen? Überdies, wenn du aus den Liebhabern
dir den besten wähltest, hättest du immer nur unter wenigen die
Wahl; wenn aber aus den übrigen den dir selbst angemessensten,
e dann unter vielen. So daß weit mehr Hoffnung ist, unter den vielen
wirklich den anzutreffen, der deine Freundschaft verdient.

[7. Aus dem Umgang mit Verliebten entstehende Nachteile] Fürch-
test du aber etwa die herrschende Meinung, daß dir nämlich, wenn
die Leute es erfahren, Schande daraus entstehen könnte: so ist wahr-
232 a scheinlich, daß Liebhaber freilich, welche auch von den übrigen eben-
so glauben beneidet zu werden, wie sie es untereinander tun, sich
brüsten werden mit Erzählen und selbstgefällig sich gegen jeder-
mann rühmen, daß sie nicht vergeblich bemüht gewesen sind, daß
die nicht Leidenschaftlichen aber, da sie über sich selbst Gewalt ha-
ben, das Bessere dem Ruhme bei den Menschen vorziehen werden.
Überdies müssen wohl sehr viele die Liebhaber merken und sehen,
wie sie ihren Geliebten nachgehen und sich dies zum Geschäft ma-
chen, so daß, wo sie nur im Gespräch miteinander gesehen wer-
b den, man auch glaubt, sie kämen eben von der Befriedigung der Be-
gierde oder gingen ihr entgegen; Nichtverliebten aber hat niemand
auch nur den Gedanken, ihres Umgangs wegen etwas vorzuwerfen,
indem jeder es in der Ordnung findet, daß man sich unterrede, es ge-
schehe nun aus Zuneigung oder eines anderen Vergnügens wegen.
Ja, wenn etwa dich Furcht anwandeln sollte, indem du bedenkst, wie
schwer es halte, daß eine Freundschaft beständig bleibe, und wie,
wenn in andern Fällen Uneinigkeit entsteht, beide gemeinschaftlich
c das Unglück trifft, hier aber, wenn du das Höchste gewährt hättest,
dir großer Nachteil entstehen könne: so hast du billig weit mehr die
Verliebten zu fürchten. Denn vieles gibt es, was sie betrübt, und
von allem glauben sie, daß es ihnen zum Nachteil geschehe. Daher
sie auch den Umgang ihrer Geliebten mit andern verhindern, aus
Furcht, Vermögende möchten sie an Reichtum übertreffen, Gebilde-
te aber ihnen an Einsicht überlegen sein, und was sonst jemand Gu-
d tes besitzt, vor dessen Wirkung hüten sie sich. Überreden sie dich
nun, dich mit solchen zu verfeinden, so entblößen sie dich von
Freunden; wenn du aber, dein Bestes erwägend, verständiger als sie
urteilst, so kommst du in Zwistigkeit mit ihnen. Die aber nicht als

Liebhaber erlangt, sondern durch ihre Tugend sich erworben haben, was sie wünschten, werden nicht deine Gesellschafter eifersüchtig beneiden, sondern eher die hassen, die es nicht sein wollen, in der Meinung, von diesen geringschätzig übersehen zu werden, von den Gesellschaftern aber unterstützt; so daß weit mehr zu erwarten ist, ihnen werde Freundschaft aus dieser Verbindung entstehen als e
Feindschaft. Auch pflegen ja unter den Verliebten viele weit eher nach dem körperlichen Genuß zu verlangen, als sie die Gemütsart kennengelernt und die übrigen Eigenheiten erkundet haben, so daß ungewiß ist, ob sie auch dann noch werden Freunde sein wollen, wenn ihr Verlangen gestillt ist; wogegen von den Nichtverliebten, welche dieses erst nachdem sie schon lange Freunde waren getan, 233 a
gar nicht zu vermuten ist, daß eben das, was ihnen Gutes widerfahren ist, die Freundschaft verringern sollte, sondern es wird vielmehr dieses als Denkzeichen zurückbleiben für das, was in Zukunft geschehen wird.

[8. Vorteile des Umgangs mit Nichtverliebten] Ja es steht dir auch bevor, mehr im Guten zuzunehmen, wenn du mir, als wenn du einem Liebhaber Gehör gibst. Denn jene loben auch gegen das Bessere, was du redest und tust, einiges aus Furcht, sich unangenehm zu machen, anderes, weil sie es selbst ihrer Begierde wegen mit dem b
Schlechteren halten. Denn dergleichen hat die Liebe aufzuzeigen: sie macht, daß die Unglücklichen auch das, was andern gar keine Unlust verursacht, für quälend halten, die Glücklichen aber nötigt sie, auch an dem, was keiner Lust wert ist, ihr Lob zu verschwenden. So daß man die Geliebten weit mehr bedauern sollte als beneiden. Wenn du aber mir Gehör gibst, so werde ich zuerst nicht nur für das augenblickliche Vergnügen sorgen, sondern auch für den künftig zu erwartenden Nutzen in meinem Umgange, nicht von der Leidenschaft c
besiegt, sondern mich selbst besiegend, noch auch über Kleinigkeiten heftigen Zwiespalt erregend, sondern erst über wichtige Dinge langsam gelindem Unwillen Raum gebend, das Unvorsätzliche verzeihend, das Vorsätzliche versuchend abzuwenden. Denn dies sind die Kennzeichen einer für lange Dauer geeigneten Freundschaft. Wofern dir aber dieses einfällt, daß unmöglich eine Freundschaft stark sein könne, wenn nicht einer leidenschaftlich liebt: so mußt du bedenken, daß wir dann auch weder unsere Kinder sehr wert halten d
würden, noch unsere Eltern, noch auch Freunde treu sein könnten, die es nicht aus einer solchen Begierde geworden sind, sondern aus irgendeinem andern Antriebe. Ferner, wenn man den Bedürftigsten am meisten gefällig sein soll: so müßten ja auch andere nicht den Vortrefflichsten, sondern den Hilflosesten Gutes erweisen; denn von den größten Übeln befreit, werden sie ihnen auch den meisten Dank wissen. Ja auch zu seinen besonderen Festen müßte dann jeder nicht e
die Freunde einladen, sondern die um Almosen bitten und die der Sättigung bedürfen. Denn diese werden dem Geber anhänglich sein und ihm aufwarten zu Hause und draußen und am meisten erfreut sein und nicht die wenigste Erkenntlichkeit empfinden und ihm vie-

les Gute anwünschen. Sondern es ist gleicherweise ratsam, nicht den
sehr Bedürftigen sich gefällig zu erzeigen, sondern denen, welche am
meisten ihre Erkenntlichkeit beweisen können, und nicht den Leiden-
234 a schaftlichen allein, sondern denen, welche der Sache würdig sind,
noch allen, die wohl deiner Jugend genießen möchten, sondern wel-
che auch dem älter Gewordenen vom eigenen Guten mitteilen wer-
den; nicht denen, die nach Durchsetzung ihres Wunsches gegen die
übrigen prahlen, sondern denen, die verschämt gegen jedermann
schweigen werden; nicht denen, welche nur kurze Zeit sich um dich
beeifern, sondern denen, welche das ganze Leben hindurch auf glei-
che Weise deine Freunde sein werden; noch auch denen, welche nach
gestillter Lust nur Vorwand zur Zwietracht suchen, sondern welche,
b wenn die Jugend vergangen ist, dann ihre Tugend beweisen werden.
Du also gedenke des Gesagten und erwäge auch noch dieses, daß
Liebhaber von ihren Freunden gescholten werden, als über ein bö-
ses Unternehmen, daß aber den nicht Leidenschaftlichen noch nie ei-
ner von den Angehörigen getadelt hat, als berate er sich deshalb
schlechter.

[9. Schlußempfehlung. – Wirkung der Rede auf S.] Vielleicht aber
möchtest du mich fragen, ob ich dir anmute, allen Nichtverliebten
gefällig zu sein; ich aber denke, auch ein Verliebter wird dich nicht
heißen, gegen alle Verliebten diese Gesinnung zu haben. Denn we-
c der würde es dem, der es erlangt, gleichen Dankes wert sein, noch
wäre es dir, da du andern verborgen bleiben willst, ebenso leicht
möglich. Schaden soll aber daraus gar nicht, sondern Vorteil für bei-
de entstehen. Ich nun halte das Gesagte für hinreichend, wenn aber
du noch etwas vermißt, was übergangen wäre, so frage.

Nun, Sokrates, was dünkt dich von der Rede? Nicht, daß sie wun-
derschön sowohl im übrigen als auch besonders im Ausdruck gear-
beitet ist?

d SOKRATES: Ganz göttlich allerdings, Freund, so daß ich außer mir
bin. Und dieses hast du mir angetan, o Phaidros, indem ich auf dich
sah und du mir vor Freude zu glänzen schienst über die Rede wäh-
rend des Lesens. Denn mit dem Gedanken, daß du mehr verstehst
als ich von diesen Dingen, folgte ich dir, und so nachfolgend, bin
ich immer entzückt gewesen mit dir, dem göttlichen Haupt.

PHAIDROS: Wohl! auf diese Art meinst du also zu scherzen?

SOKRATES: Denkst du, ich scherze und meine es nicht ganz ernst-
haft?

e PHAIDROS: Freilich nicht, o Sokrates. Aber in Wahrheit sage mir
beim Zeus der Freundschaft, glaubst du, daß irgendein anderer Hel-
lene etwas anderes, Größeres als dieses und mehr sagen könnte über
dieselbe Sache?

[10. Urteil des S. über die Rede]

SOKRATES: Wie denn? Auch hierin soll von mir und dir die Rede
gelobt werden, daß der Verfasser das Richtige gesagt habe, und nicht
darin nur, weil er alle Worte so rund und genau mit fester Hand ab-

gedreht hat? Wenn es sein soll, muß ich es zugeben, dir zu Gefallen. Denn mir ist es entgangen wegen meiner Unfähigkeit, weil ich nämlich nur auf das Rednerische darin Achtung gab, und dieses, dachte 235 a
ich, würde Lysias selbst nicht für hinreichend halten. Ja, er schien mir gar, wenn du es nicht etwa anders meinst, Phaidros, zwei- oder dreimal dasselbe zu sagen, als wäre es ihm eben nicht gar leicht, vieles zu reden über dieselbe Sache, oder ihm vielleicht auch gar nichts gelegen hieran. Und daher ist er mir vorgekommen wie ein junger Mensch, der seine Freude daran hat zu zeigen, daß er imstande ist, indem er diese Sache jetzt so, dann anders ausdrückt, beidemal vortrefflich zu reden.

Phaidros: Nichts ist dies gesagt, Sokrates. Denn eben dies findet b
sich ganz vorzüglich in der Rede. Denn was Schickliches zu sagen in der Sache lag, davon hat sie nichts übergangen, so daß etwas anderes Größeres und Besseres als das von ihm Angeführte niemand jemals sagen kann.

Sokrates: Dieses werde ich nun nicht mehr imstande sein dir zu glauben. Denn weise Männer und Frauen aus alter Zeit, die eben hierüber geredet und geschrieben haben, werden mich der Unwahrheit zeihen, wenn ich es dir zu Gefallen einräume.

Phaidros: Wer sind diese? Und wo hast du Besseres als dies ge- c
hört?

[11. Erfülltheit des S. mit besseren Argumenten zum selben Thema]

Sokrates: So jetzt gleich kann ich es nicht sagen; offenbar aber habe ich dergleichen von irgend jemand gehört, entweder von der schönen Sappho oder von dem weisen Anakreon, oder auch von Schriftstellern in ungebundener Rede. Woher ich dieses schließe? Voll ja, du Teurer, tragend die Brust fühle ich, daß ich ganz andere Dinge als jener zu sagen hätte, und nicht schlechtere. Daß ich nun aus mir selbst nichts davon ersonnen habe, weiß ich gewiß, da ich meines Unverstandes mir bewußt bin. Also, denke ich, bleibt nur übrig, daß
ich aus fremden Strömen durch Zuhören angefüllt worden bin, wie d
ein Gefäß; aus Albernheit aber habe ich auch das schon wieder vergessen, wie und von wem ich es gehört.

Phaidros: Wohl, du prächtiger Mann, dies war vortrefflich gesprochen. Du also sollst mir, von wem und wie du es gehört, gar auch wenn ich es verlange, nicht sagen. Nur eben das, was du sagst, tue mir. Unternimm es, dessen, was in meinem Buche steht, dich enthaltend, anderes, Besseres und nicht weniger zu sagen. Dagegen verspreche ich dir, wie die neun Archonten, eine goldne Statue in Lebensgröße nach Delphi zu verehren, und zwar nicht meine nur,
sondern auch deine. e

Sokrates: Ein gar lieber und wirklich goldner Mensch bist du mir, Phaidros, wenn du meinst, ich behaupte, daß Lysias die Sache ganz und gar verfehlt habe und daß es möglich sei, lauter andere Dinge als er zu sagen. Dieses aber, denke ich, kann auch dem schlechtesten Schriftsteller nicht begegnen. Gleich hier, wovon die Rede ist, wer, meinst du wohl, wenn er beweisen wollte, man müsse dem Nicht-

verliebten eher willfahren als dem Verliebten, überginge aber die
236 a Verständigkeit des einen zu loben und die Unverständigkeit des an-
dern zu tadeln, welches ganz notwendig ist, würde dann irgend et-
was anderes zu sagen imstande sein? Sondern dergleichen, glaube
ich, muß man lassen und dem Redenden zugestehen; und in der-
gleichen ist auch nicht die Erfindung, sondern nur die Anordnung
zu loben, an dem nicht Notwendigen und schwerer zu Findenden
aber außer der Anordnung auch die Erfindung.

[12. S. von Phaidros zum Reden gezwungen]

Phaidros: Ich räume ein, was du sagst; denn du dünkst mich ganz
billig gesprochen zu haben. Also will ich es ebenso machen. Daß der
b Verliebte mehr als der Nichtverliebte krank sei, davon will ich dir
verstatten auszugehen, und wenn du nur im übrigen anderes, mehr
und Besseres vorträgst als Lysias, sollst du immer noch neben der
Kypseliden Weihgeschenk aus gehämmerter Arbeit in Olympia ste-
hen.

Sokrates: Du machst Ernst daraus, Phaidros, daß ich deinen Liebling angegriffen, um dich aufzuziehen, und meinst wohl, ich werde wirklich versuchen, über seine Kunst hinaus etwas anderes, Schmukkeres zu sagen.

Phaidros: Was dies nun betrifft, Freund, so gibst du mir jetzt die-
c selbe Blöße. Denn reden mußt du jetzt auf jeden Fall, so, wie du
eben kannst. Damit wir aber nicht den ganzen lästigen Spaß der Ko-
mödie durchzumachen nötig haben, einer dem andern dasselbe zu-
rückgebend: so sieh dich vor und nötige mich nicht erst, dir jenes zu
sagen: «Wenn ich, o Sokrates, den Sokrates nicht kenne, muß ich
auch mich selbst vergessen haben», und «er hatte wohl Lust zu re-
den, machte aber den Spröden»; sondern bedenke, daß wir von hin-
nen nicht gehen, ehe du das gesprochen hast, was du behauptetest in
der Brust zu tragen. Wir sind hier allein ganz einsam, und ich bin
d der stärkere und jüngere. Aus dem allen nun «vernimm was ich
meine», und wolle doch ja nicht gezwungen lieber als freiwillig re-
den.

Sokrates: Aber, du himmlischer Phaidros, lächerlich werde ich mich machen, wenn nach einem trefflichen Künstler ich Ungelehrter unvorbereitet rede über dieselbe Sache.

Phaidros: Weiß du, wie es steht? Höre auf, dich gegen mich zu zieren; sonst weiß ich etwas zu sagen, womit ich dich gleich zwingen kann zu reden.

Sokrates: So sage es also ja nicht.

Phaidros: Mitnichten, sondern ich sage es gerade, und die Rede
soll mir ein Schwur sein. Ich schwöre dir also — ja bei welchem Gotte
e doch? Oder willst du bei dieser Platane? —, daß wahrlich, wenn du
mir nicht die Rede hältst hier angesichts ihrer selbst, ich dir nie eine
andere Rede von irgend jemandem entweder hersagen oder anzei-
gen werde.

Sokrates: Weh! Du Böser! Wie gut hast du den Zwang ausgefunden für einen redeliebenden Mann, daß er tue, was du nur begehrst!

Phaidros: Was hast du also, daß du dich noch sträubst?

Sokrates: O gar nichts mehr, seit du dieses geschworen hast. Denn wie könnte ich wohl einer solchen Lockspeise widerstehen?

Phaidros: Rede also. 237 a

Sokrates: Weißt du wohl, wie ich es machen will?

Phaidros: Womit denn?

Sokrates: Verhüllt will ich sprechen, damit ich aufs schnellste die Rede durchjage und nicht etwa, wenn ich dich ansehe, aus Scham in Verwirrung gerate.

Phaidros: Rede nur, und übrigens halte es, wie du willst.

[13. Einführung und Bestimmung des Anfangs der Rede]

Sokrates: Wohlan denn, o Musen! mögt ihr nun wegen einer Art des Gesanges die hochgekehlten heißen oder nach dem langhalsigen Geschlecht der tonreichen Schwäne diesen Namen führen, greift mit mir an das Werk der Rede, welche dieser Treffliche mich nötigt zu sprechen, damit nur sein Freund, der ihm schon immer kunstreich zu sein schien, ihm nun noch mehr so erscheine. b

Es war also einmal ein Knabe oder vielmehr ein halberwachsener Jüngling, der war gar schön und hatte der Liebhaber sehr viele. Unter diesen war einer sehr listig, welcher den Knaben, in den er nicht minder als irgendeiner sonst verliebt war, dennoch überredet hatte, er sei es nicht; und einmal, als er in ihn drang, überredete er ihn eben dazu, daß er den Nichtverliebten vor dem Verliebten begünstigen müsse. Er redete aber also:

In allen Dingen, mein Kind, gibt es nur einen Anfang für die, welche richtig ratschlagen wollen: sie müssen wissen, worüber sie c
Rat pflegen, oder werden notwendig das Ganze verfehlen. Die meisten nun merken nicht, daß sie das Wesen eines jeden Dinges nicht kennen. Als kennten sie es also, verständigen sie sich nicht darüber im Anfang der Untersuchung, und im Fortgang bezahlen sie dann die Gebühr, sie sind nämlich weder jeder mit sich selbst noch untereinander einig. Mich also und dich möge nicht treffen, was wir andern vorwerfen, sondern da dir und mir die Frage vorliegt, ob mit dem Verliebten oder Nichtverliebten besser sei Freundschaft zu stiften: so laß uns über die Liebe, was sie ist und welche Kraft ihr zukommt, eine Erklärung einstimmig festsetzend, in Hinsicht und Beziehung d
auf diese dann die Untersuchung anstellen, ob sie Vorteile oder Schaden hervorbringt.

[14. Definition der Liebe als Begierde und ihre beiden Arten] Daß nun die Liebe eine Begierde ist, gesteht jeder; wiederum aber wissen wir, daß auch Nichtliebende ebenfalls der Schönen begehren. Woran also wollen wir den Liebenden und den andern unterscheiden? Wir müssen demnach bemerken, daß es in einem jeden von uns zwei herrschende und führende Triebe gibt, welchen wir folgen, wie sie eben führen, eine eingeborene Begierde nach dem Angenehmen und eine erworbene Gesinnung, welche nach dem Besten strebt. Diese beiden nun sind in uns bald übereinstimmend, zuweilen auch wie-

e der veruneinigt, da denn jetzt diese, dann wieder die andere siegt.
Wenn nun die Gesinnung uns zum Besseren durch Vernunft führt
und regiert, so heißt diese Regierung Besonnenheit; wenn aber die
238 a Begierde vernunftlos hinzieht zur Lust und in uns herrscht, wird
diese Herrschaft Frevel genannt. Der Frevel aber ist vielnamig: denn
er ist vielteilig und vielartig. Und die von diesen Arten zufällig den
Vorzug gewonnen hat, trägt ihren eignen Namen zur Benennung auf
den, der sie besitzt, hinüber, einen weder schönen noch wünschens-
werten. Denn eine auf den Wohlgeschmack der Speisen gerichtete,
die Vernunft und die anderen Begierden besiegende Begierde heißt
b Schlemmerei und wird auch dem sie Hegenden dieselbe Bezeichnung
zuziehen. Die aber auf den Trunk, wenn sie den beherrscht, der sie
hegt, und ihn dahin führt, ist klar, welchen Beinamen sie erhalten
wird; und so auch die übrigen Namen, die diesen verwandt sind und
verwandten Begierden zugehören, wie jeder, wenn sie die Herrschaft
führt, zu heißen zukommt, sind bekannt. Und um welcher willen
das Bisherige gesagt worden, ist wohl schon einleuchtend, auch die-
ses aber wird, ausdrücklich gesagt, deutlicher werden, als wenn es
nicht gesagt würde. Nämlich die vernunftlose, jene auf das Bessere
c bestrebte Gesinnung beherrschende Begierde, zur Lust an der Schön-
heit geführt und wiederum von den ihr verwandten Begierden auf
die Schönheit der Leiber hingeführt, wenn sie sich kräftig verstärkt
und den Sieg errungen hat in der Leitung, erhält von ihrem Gegen-
stande, dem Leibe, den Namen und wird Liebe genannt. — Jedoch,
lieber Phaidros, scheint auch dir, wie mir selbst, daß etwas Göttli-
ches mich angewandelt?

Phaidros: Allerdings, o Sokrates, hat ein ganz ungewöhnlicher
Fluß der Rede dich ergriffen.

Sokrates: Still also höre mich weiter. Denn in Wahrheit göttlich
scheint dieser Ort zu sein, so daß, wenn ich etwa gar im Verfolg der
d Rede von den Nymphen ergriffen werde, du dich nur nicht wundern
mögest. Denn schon jetzt bin ich nicht mehr gar fern von Dithy-
ramben.

Phaidros: Sehr richtig bemerkt.

Sokrates: Davon nun bist du Ursache. Doch höre das Übrige, denn
vielleicht möchte abgewendet werden, was über mich kommt. Da-
für nun mag Gott sorgen, wir aber müssen mit unserer Rede uns
wieder zu dem Knaben wenden.

[15. Schädlichkeit des Liebenden für die Seele des Geliebten]

Gut denn, mein Teurer: was dasjenige ist, worüber wir berat-
schlagen, ist nun gesagt und bestimmt. In Beziehung hierauf also
e laß uns das Übrige erörtern, welcher Vorteil oder Schaden von dem
Liebenden oder Nichtliebenden dem Willfährigen wahrscheinlich be-
vorstehe. Notwendig nun wird der von der Begierde Beherrschte und
der Lust Dienende das Geliebte aufs angenehmste für sich zuzurich-
ten suchen. Dem Kranken aber ist alles nicht Widerstrebende ange-
nehm, Gleiches und Stärkeres aber verhaßt. Weder besser also noch
239 a ihm selbst gleich wird ein Liebhaber gern seinen Liebling leiden mögen,

sondern schwächer und unvollkommen wird er ihn immer machen.
Schwächer aber ist der Unverständige als der Weise, der Feige als
der Tapfere, der Unberedte als der Rednerische, der Langsame als
der Schnelldenkende. Solche also und noch andere Übel, wenn sie
dem Gemüt des Geliebten entstehen oder von Natur einwohnen,
müssen den Liebhaber erfreuen, teils auch muß er sie selbst beför-
dern oder sich des augenblicklich Angenehmen beraubt sehen. Nei-
disch muß er also sein, und schon indem er ihn abhält von andern, b
auch nützlichen Verbindungen, durch welche am meisten ein Mann
aus ihm werden könnte, ihm großen Schaden verursachen, den größ-
ten aber in Hinsicht derjenigen, welche ihn im eigentlichen Sinn wei-
se machen würde. Dies nun ist die göttliche Weisheitsliebe, von der
also der Liebhaber den Liebling gewiß, aus Furcht, ihm verächtlich
zu werden, weit entfernt halten und auch übrigens alles anwenden
wird, damit er, unwissend in allen Dingen und in allem auf den
Liebhaber zu sehen genötigt, ein solcher sei, wie er ihm zwar am
meisten zur Lust, sich selbst aber ebensosehr zum Schaden gereicht.
Für die Seele also ist in keiner Hinsicht ein heilsamer Aufseher oder c
Gefährte der Mann, der Liebe hegt.

*[16. Schädlichkeit des Umgangs mit Liebenden für Körper und Be-
sitz]* Wie aber des Körpers, dessen er Herr geworden ist, Bildung
und Pflege und was für eine derjenige besorgen wird, welcher dem
Angenehmen statt des Guten gezwungen ist nachzustreben, das
müssen wir hiernach sehen. Es wird sich aber zeigen, daß er einen
Weichlichen und nicht einen Harten aufsucht, nicht einen, der im
reinen Sonnenschein aufgewachsen ist, sondern im dumpfigen Schat-
ten, männlicher Arbeiten und anstrengender Leibesübungen unge-
wohnt, gewöhnt aber an eine zärtliche und unmännliche Lebensart,
mit fremden Farben und Verzierungen aus Mangel an eigenen ge- d
ziert, und was sonst hiermit zusammenhängt, alles dessen sich be-
fleißigend. Das ist bekannt, und es ist nicht nötig, weiter hineinzu-
gehen, sondern eins im allgemeinen aufgestellt, wollen wir uns zu
anderem wenden. Mit einem solchen Körper nämlich wird einer im
Kriege wie in andern dringenden Nöten den Feinden wohl Mut, den
Freunden aber und den Liebhabern selbst Besorgnis einflößen. Die-
ses also wollen wir als bekannt übergehen und das Folgende dartun,
welchen Vorteil oder Schaden für das Besitztum uns des Liebenden e
Umgang und Vormundschaft anrichten wird. Einleuchtend nun ist
hier dies wohl jedem, und am meisten dem Liebhaber, daß er eben
von den liebsten, wohltuendsten und göttlichsten unter allen Besitz-
tümern den Geliebten verwaist zu sehen vor allem wünscht. Denn
Vater und Mutter, Verwandte und Freunde sähe er ihm gern entris-
sen, da er sie für Störer und Tadler eben des angenehmsten Umgan- 240 a
ges mit ihm ansieht. Aber auch den Vermögenden an Gold oder an-
derem Eigentum kann er nicht für ebenso leicht zu erobern achten,
noch wenn dies geschehen, für leicht zu handhaben. Weshalb denn
ganz notwendig der Liebhaber dem Liebling es mißgönnt, wenn er
Vermögen besitzt, geht es aber verloren, sich erfreut. Ferner auch

ehelos, kinderlos, herdlos muß solange als möglich den Liebling der Liebhaber zu sehen wünschen, die ihm süße Frucht aufs längste zu genießen sich sehnend.

[17. Die zur Verderblichkeit hinzukommende Unerfreulichkeit des Liebhabers] Es gibt freilich noch anderes Verderbliche, aber doch hat
b ein Dämon mit dem meisten eine unmittelbare Lust gemischt; so hat dem Schmeichler, einem furchtbaren Tiere und großen Übel, doch die Natur ein nicht ungebildetes Vergnügen beigemischt. Auch eine Hetäre könnte einer als verderblich tadeln, und was man sich sonst an dergleichen Geschöpfen und Geschäften hegt und pflegt, wobei aber doch immer sich findet, daß es für den Augenblick sehr angenehm ist; dem Liebling aber ist der Liebhaber außer dem Verderblichen auch noch im täglichen Umgang höchst unerfreulich. Denn
c gleich und gleich an Jahren, sagt schon der alte Spruch, erfreut einander, weil, glaube ich, die Gleichheit des Alters, zu gleichen Vergnügungen hinführend, durch diese Ähnlichkeit Freundschaft hervorbringt. Und dennoch gibt es Überdruß auch in dem Umgange von solchen. Aber das Gezwungene, sagt man, ist gewiß allen lästig, in allen Dingen, und dieses noch zur Unähnlichkeit hinzu findet sich ganz besonders in dem Umgange des Liebhabers mit dem Liebling. Denn den so viel Jüngeren will der Ältere weder Tag noch Nacht
d gern verlassen, so sehr wird er vom inneren Ungestüm und Stachel getrieben, welches ihm zwar immer Vergnügen gewährt, indem er den Geliebten sieht, hört, berührt und mit allen Sinnen genießt, so daß er ihm mit Lust unaufhörlich anklebend dient: welchen Trost aber oder welche Lust gewährt es dem Geliebten, um zu verhindern, daß er nicht, wenn er jenen so lange Zeit um sich hat, den äußersten Widerwillen fasse, indem er eine alternde, nicht mehr blühende Gestalt vor Augen hat, und was hiermit sonst zusammenhängt, was
e schon in der Erzählung zu hören dem Ohre nicht erfreulich ist, viel weniger in der Wirklichkeit, wenn man unaufhörlich gezwungen ist, sich damit selbst zu befassen; indem er ferner mit argwöhnischer Wachsamkeit bewacht wird überall und gegen alle und unzeitiges überschwengliches Lob anhören muß, und ebenso auch Tadel, schon von dem Nüchternen unerträglichen, ganz unanständigen aber noch überdies von dem Berauschten, dem mit übersatter unverhüllter Dreistigkeit redenden.

[18. Treulosigkeit des Liebhabers]

Indem er liebt also, ist er ihm verderblich sowohl als widerlich; hat aber die Liebe aufgehört, so ist er ihm für die künftige Zeit treulos, für welche er so vieles mit vielen Schwüren und Bitten verhei-
241 a ßend ihn vormals kaum festhielt, daß er den unangenehmen Umgang ertrug in Hoffnung des Vorteils. Dann also, wenn er erfüllen soll, hat er schon einen andern Herrn und Führer in sich aufgenommen, Verstand und Besonnenheit anstatt der Liebe und des Wahnsinns, und ist ein anderer geworden seinem Liebling unbemerkt. Dieser also fordert den Dank für das Damalige, indem er ihm Wort

und Tat in Erinnerung bringt, als ob er noch mit demselben Menschen redete. Jener aber will aus Scham nicht wagen zu gestehen, daß er ein anderer geworden, noch auch weiß er, wie er die Schwüre und Versprechungen aus der damaligen unverständigen Zeit, nun er zu Verstande gekommen ist und sich besonnen hat, erfüllen kann, b
ohne, wenn er eben wie der Ehemalige handelt, ihm auch ähnlich und wieder derselbe zu werden. Ein Ausreißer wird er also nun, und notgedrungen entsagend begibt sich der ehemalige Liebhaber, nun die Scherbe anders gefallen ist, seinerseits auf die Flucht. Der andere aber muß ihm nachsetzen, unwillig und in Verwünschungen ausbrechend, weil er die ganze Sache von Anbeginn nicht verstanden hat, daß er nämlich nie hätte dem Verliebten und also notwendig Unverständigen willfahren sollen, sondern weit eher dem Nichtver- c
liebten und Verständigen; wo aber nicht, daß er sich dann allemal einem Treulosen hingäbe, einem Beschwerlichen, Neidischen, Widerlichen, Verderblichen für sein Vermögen, Verderblichen auch für die Tüchtigkeit seines Körpers, am verderblichsten aber für die Ausbildung seiner Seele, über welche es doch weder für Menschen noch Götter in Wahrheit etwas Köstlicheres weder gibt noch jemals geben kann. Dieses also mußt du bedenken, o Knabe, und die Freundschaft des Liebhabers kennenlernen, daß sie nicht wohlwollender Natur ist, sondern daß nur nach Art der Speise um der Sättigung willen, gleichwie Wölfe das Lamm, so den Knaben Liebhaber lieben. d

Da hast du es, Phaidros. Nicht weiter sollst du mich nun auch reden hören, sondern hier soll die Rede ihr Ende haben.

[19. S., entschlossen fortzugehen, wird aufgehalten durch Phaidros]

Phaidros: Aber ich dachte ja, sie wäre erst in der Hälfte, und würde nun noch Gleiches von dem Nichtverliebten sagen, daß man dem lieber willfahren müsse, indem sie darstellte, was er Gutes an sich hat. Warum also, o Sokrates, hörst du schon jetzt auf?

Sokrates: Hast du denn nicht gemerkt, du Seliger, daß ich schon e
Verse spreche, nicht mehr nur Dithyramben, und das noch, indem ich tadle? Wenn ich nun erst anfinge, den andern zu loben, was, meinst du, werde es dann werden? Weißt du wohl, daß ich von den Nymphen, denen du mich recht absichtlich vorgeworfen, ganz vollkommen werde begeistert werden? Ich sage also nur mit einem Worte, daß, weshalb wir den einen geschmäht haben, davon dem andern das entgegenstehende Gute beiwohne. Was bedarf es einer langen Rede? Denn über beide ist genug gesagt, und so mag nun über das Märchen ergehen, was recht ist, ich aber gehe über diesen Fluß zu- 242 a
rück, ehe ich von dir zu etwas noch Ärgerem gezwungen werde.

Phaidros: Nur jetzt noch nicht, Sokrates, bis die Hitze vorübergeht. Oder siehst du nicht, daß die Sonne eben recht im Mittag steht? Sondern laß uns hier bleiben und über das Gesprochene reden, bis wir, sobald es sich abgekühlt hat, gehen können.

Sokrates: Göttlich bist du, was Reden betrifft, Phaidros, und recht zu bewundern. Denn ich glaube, von allen während deines Lebens gesprochenen Reden hat niemand mehr als du ans Licht gebracht, b teils selbst redend, teils andere auf irgendeine Art dazu nötigend. Simmias den Thebaner nehme ich aus, die übrigen übertriffst du bei weitem. Auch jetzt wieder scheinst du mir Ursache geworden zu sein, daß eine Rede gesprochen werden muß.

Phaidros: Keinen Krieg verkündigst du mir hiermit. Aber wie doch und was für eine Rede?

[20. Notwendigkeit einer Reinigung für die beiden Reden]

Sokrates: Als ich im Begriff war, du Guter, durch den Fluß zu gehen, hat sich mir das Daimonische und das gewohnte Zeichen ge-
c meldet, das mich jedesmal abhält, wenn ich etwas tun will, und eine Stimme glaubte ich von dorther zu hören, die mir wehrte, von dannen zu gehen, bevor ich mich gereinigt, als habe ich etwas gesündigt gegen die Gottheit. Nun bin ich auch ein Wahrsager, kein großer zwar, sondern nur wie die, welche schlecht schreiben, soviel ich für mich selbst brauche. Daher also kenne ich schon genau die Versündigung. Denn ein weissagendes Wesen, Freund, ist doch auch die Seele. Denn mich beunruhigte schon lange etwas, als ich noch die Rede sprach, und ich ängstete mich nach dem Ibykos, ob ich nicht ge-
d gen Götter «frevelnd eitlen Ruhm von den Menschen tauschte». Nun aber weiß ich die Versündigung.

Phaidros: Welche meinst du denn?

Sokrates: Eine arge Rede, Phaidros, eine sehr arge hast du selbst hergebracht und auch mich zu reden gezwungen.

Phaidros: Wieso doch?

Sokrates: Eine einfältige und auch etwas ruchlose; und welche ärgere könnte es wohl geben?

Phaidros: Keine gewiß, wenn du recht hast.

Sokrates: Wie denn? Hältst du den Eros nicht für der Aphrodite Sohn und einen Gott?

Phaidros: Das sagt man von ihm.

Sokrates: Nicht aber Lysias sagt es, noch auch deine Rede, welche
e durch meinen von dir bezauberten Mund ist gesprochen worden. Wenn also, wie es doch ist, Eros ein Gott und die Liebe etwas Göttliches ist, so kann sie ja nicht etwas Übles sein. Die vorigen Reden aber sprachen beide von ihr, als wäre sie dieses. Hierdurch also sündigten sie gegen den Eros; nächstdem aber ist auch ihre Einfalt sehr artig, daß sie, ohne irgend etwas Gesundes oder Wahres gesagt zu
243 a haben, sich ein Ansehn geben, als wären sie etwas, wenn sie vielleicht einige Leutlein hintergehend sich geltend machen bei ihnen. Ich also, Freund, muß mich reinigen. Es gibt aber für die in Dichtungen über die Götter Sündigenden eine alte Reinigung, von welcher Homeros nichts wußte, Stesichoros aber. Denn als er der Augen beraubt ward wegen Schmähung der Helena, blieb ihm nicht wie dem Homeros die Ursache unbekannt, sondern als ein den Musen Vertrauter erkannte er sie und dichtete sogleich sein

«Unwahr ist diese Rede,
denn nie bestiegst du die zierlichen Schiffe,
b noch kamst du je zur Feste von Troja»,

und nachdem er den ganzen sogenannten Widerruf gedichtet, ward er alsbald wieder sehend. Ich nun will eben hierin weiser sein als er. Denn ehe mir noch etwas Übles begegnet wegen Schmähung des Eros, will ich versuchen, ihm den Widerruf zu entrichten mit entblößtem Haupt, und nicht wie vorher mit verhülltem aus Scham.

PHAIDROS: Angenehmeres als dieses, Sokrates, konntest du mir gar nicht sagen.

[21. Schamlosigkeit jener Reden und Ansatz zu einer neuen]

SOKRATES: Und du siehst es doch ein, mein guter Phaidros, wie c
schamlos die beiden Reden gesprochen haben, die letzte sowohl als
die aus dem Buche gelesene? Denn hätte ein edler Mann von sanftem Gemüt, der einen ebensolchen liebt oder je zuvor geliebt hat, uns zugehört, als wir sagten, daß Liebhaber über Kleinigkeiten großen Zwist erregten und den Lieblingen abgünstig wären und verderblich: meinst du nicht, er würde glauben, solche zu hören, die, unter Bootsknechten aufgewachsen, nie eine anständige Liebe gesehen? Und daß viel fehlen würde, daß er uns beistimmen sollte in dem,
worin wir die Liebe tadelten? d

PHAIDROS: Vielleicht wohl, beim Zeus, o Sokrates.

SOKRATES: Aus Scham also vor diesem und aus Furcht vor dem Eros selbst will ich mit einer trinkbaren Rede gleichsam den Seegeschmack des zuvor Gehörten hinunterspülen. Ich rate aber auch dem Lysias, aufs baldigste dafür zu schreiben, daß man dem Liebenden eher als dem Nichtliebenden, wenn sonst alles gleich ist, willfahren müsse.

PHAIDROS: Sei nur versichert, daß es gewiß so geschehen soll. Denn hast du des Liebhabers Lob gesprochen, so muß notwendig Lysias
von mir genötigt werden, auch hierüber eine Rede zu schreiben. e

SOKRATES: Das glaube ich gern, solange du bleibst, wer du bist.

PHAIDROS: Fasse dir also Mut und rede.

SOKRATES: Wo ist mir aber der Knabe, zu dem ich sprach? Damit er auch dieses höre und nicht etwa unbelehrt voreilig dem Nichtliebenden willfahre.

PHAIDROS: Dieser ist dir immer ganz nahe zugegen, so oft du willst.

[22. Drei Arten göttlichen Wahnsinns als Urheber größter Güter]

SOKRATES: So wisse denn, schöner Knabe, daß die vorige Rede von
dem Myrrhinusier Phaidros herrührte, dem Sohne des Pythokles; 244 a
die ich aber jetzt sprechen will, ist von dem Stesichoros aus Himera, dem Sohne des Euphemos. So aber muß sie gesprochen werden: Unwahr ist jene Rede, welche behauptet, daß, wenn ein Liebhaber da sei, man vielmehr dem Nichtliebenden willfahren müsse, weil nämlich jener wahnsinnig sei, dieser aber bei Sinnen. Denn wenn freilich ohne Einschränkung gälte, daß der Wahnsinn ein Übel ist, dann wäre dieses wohlgesprochen: nun aber entstehen uns die größten Güter aus einem Wahnsinn, der jedoch durch göttliche Gunst verliehen wird. Denn die Prophetin zu Delphi und die Priesterinnen zu

b Dodone haben im Wahnsinn vieles Gute in privaten und öffentlichen Angelegenheiten unserer Hellas zugewendet, bei Verstande aber Kümmerliches oder gar nichts. Wollten wir auch noch die Sibylla anführen, und was für andere sonst noch durch begeistertes Wahrsagen vielen vieles für die Zukunft vorhersagend geholfen, so würden wir langweilen mit Erzählung allgemein bekannter Dinge. Dies aber ist wert, es anzuführen, daß auch unter den Alten die, welche die Namen festgesetzt, den Wahnsinn nicht für etwas Schändliches oder für einen Schimpf hielten, weil sie sonst nicht der edelsten
c Kunst, durch welche die Zukunft beurteilt wird, eben diesen Namen einflechtend die Wahnsagekunst genannt hätten; sondern dafür haltend, er sei etwas Schönes, wenn er durch göttliche Schickung entsteht, in dieser Meinung haben sie den Namen eingeführt. Und die Neueren erst haben dann ungeschickterweise das R hineingesetzt statt des N und sie Wahrsagekunst geheißen. Ebenso haben sie jene andere, von Besonnenen vermittels der Vögel und anderer Zeichen angestellte Erforschung der Zukunft, da diese mit Bewußtsein menschlichem Dafürhalten Einsicht und Wissenschaft verschaffen, das Wißsagen genannt, welches jetzt die Neueren, mit dem breiten
d Doppellaut prunkend, in Weissagen verwandelt haben. Soviel heiliger und ehrenvoller nun jenes Wahrsagen ist als dieses Weissagen, dem Namen nach und der Sache nach, um soviel vortrefflicher ist auch nach dem Zeugnis der Alten ein göttlicher Wahnsinn als eine bloß menschliche Verständigkeit. Ebenso hat auch von Krankheiten und den schwersten Plagen, wie sie ja aus alter Schuld irgendwoher einigen Geschlechtern verhängt waren, ein Wahnsinn, der auftrat und vorhersagte, denen es not war, Errettung gefunden, welcher, zu
e Gebeten und Verehrungen der Götter fliehend und dadurch reinigende Gebräuche und Geheimnisse erlangend, jeden seiner Teilhaber für die gegenwärtige und künftige Zeit sicherte, dem auf rechte Art Wahnsinnigen und Besessenen die Lösung der obwaltenden
245 a Drangsale erfindend. Die dritte Eingeistung und Wahnsinnigkeit von den Musen ergreift eine zarte und heilig geschonte Seele aufregend und befeuernd, und in festlichen Gesängen und andern Werken der Dichtkunst tausend Taten der Urväter ausschmückend, bildet sie die Nachkommen. Wer aber ohne diesen Wahnsinn der Musen in den Vorhallen der Dichtkunst sich einfindet, meinend, er könne durch Kunst allein genug ein Dichter werden, ein solcher ist selbst ungeweiht und auch seine, des Verständigen, Dichtung wird von der des Wahnsinnigen verdunkelt.

b *[23. Ziel der folgenden Darlegung]* Soviel und noch mehr kann ich rühmen von des Wahnsinns, der von den Göttern kommt, herrlichen Taten. So daß wir eben dieses ja nicht scheuen wollen, noch uns irgendeine Rede irren lassen, die uns damit schreckt, daß wir vor dem Verzückten den Besonnenen vorziehen sollen als Freund; sondern erst, wenn sie dieses noch zu jenem erwiesen, soll sie den Preis davontragen, daß nämlich nicht zum Heil die Liebe dem Liebenden wie dem Geliebten von den Göttern gesendet wird. Wir aber haben das

Gegenteil zu erweisen, daß zur größten Glückseligkeit die Götter diesen Wahnsinn verleihen. Und dieser Beweis wird den Vernünft- c
lern unglaublich sein, den Weisen aber glaubhaft. Zuerst nun muß über der Seele Natur, der göttlichen sowohl als menschlichen, durch Betrachtung ihres Tuns und Leidens richtige Einsicht vorangehen. Der Anfang des Erweises ist dieser.

[24. Die Unsterblichkeit der Seele] Seele insgesamt ist unsterblich. Denn das stets Bewegte ist unsterblich; was aber anderes bewegt und selbst von anderem bewegt wird, insofern es ein Aufhören der Bewegung hat, hat auch ein Aufhören des Lebens. Allein also das sich selbst Bewegende, weil es nie sich selbst verläßt, wird auch nie aufhören, bewegt zu sein, sondern auch allem, was sonst bewegt wird, ist dieses Quelle und Anfang der Bewegung. Der Anfang aber ist unentstanden. Denn aus dem Anfang muß alles Entstehende entste- d
hen, er selbst aber aus nichts. Denn wenn der Anfang aus etwas entstände, so entstände er nicht aus dem Anfang. Da er aber unentstanden ist, muß er notwendig auch unvergänglich sein. Denn wenn der Anfang unterginge, könnte weder er jemals aus etwas anderem noch etwas anderes aus ihm entstehen, da ja alles aus dem Anfang entstehen muß. Demnach also ist der Bewegung Anfang das sich selbst Bewegende; dies aber kann weder untergehen noch entstehen, oder der ganze Himmel und die gesamte Erzeugung müßten zusam- e
menfallend stillstehen und hätten nichts, woher bewegt sie wiederum entstehen könnten. Nachdem sich nun das sich von selbst Bewegende als unsterblich gezeigt hat, so darf man sich auch nicht schämen, eben dieses für das Wesen und den Begriff der Seele zu erklären. Denn jeder Körper, dem nur von außen das Bewegtwerden kommt, heißt unbeseelt, der es aber in sich hat aus sich selbst, beseelt, als sei dieses die Natur der Seele. Verhält sich aber dieses so, daß nichts anderes das sich selbst Bewegende ist als die Seele, so ist notwendig auch die Seele unentstanden und unsterblich. Von ihrer 246 a
Unsterblichkeit nun sei dieses genug.

[25. Gleichnishafte Bestimmung des Wesens der Seele] Von ihrem Wesen aber müssen wir dieses sagen, daß, wie es an sich beschaffen sei, überhaupt auf alle Weise eine göttliche und weitschichtige Untersuchung erfordert, womit es sich aber vergleichen läßt, dies eine menschliche und leichtere. Auf diese Art also müssen wir davon reden. Es gleiche daher der zusammengewachsenen Kraft eines befiederten Gespannes und seines Führers. Der Götter Rosse und Führer nun sind alle selbst gut und guter Abkunft, die andern aber vermischt. Und zunächst nun zügelt bei uns der Führer das Gespann, b
ferner ist von den Rossen das eine gut und edel und solchen Ursprungs, das andere aber entgegengesetzter Abstammung und Beschaffenheit. Schwierig und mühsam ist daher notwendig bei uns die Lenkung. Woher ferner die Benennungen sterblicher und unsterblicher Tiere stammen, müssen wir auch zu erklären versuchen. Alles, was Seele ist, waltet über alles Unbeseelte und durchzieht den

ganzen Himmel, verschiedentlich in verschiedenen Gestalten sich
c zeigend. Die vollkommene nun und befiederte schwebt in den hö-
heren Gegenden und waltet durch die ganze Welt; die entfiederte
aber schwebt umher, bis sie auf ein Starres trifft, wo sie nun wohn-
haft wird, einen erdigen Leib annimmt, der nun durch ihre Kraft
sich selbst zu bewegen scheint, und dieses Ganze, Seele und Leib zu-
sammengefügt, wird dann ein Tier genannt und bekommt den Bei-
namen sterblich; unsterblich aber nicht aus irgend erwiesenen Grün-
den, sondern wir bilden uns, ohne Gott weder gesehen zu haben
d noch hinlänglich zu erkennen, ein unsterbliches Tier als auch eine
Seele habend und einen Leib habend, aber auf ewige Zeit beide zu-
sammen vereinigt. Doch dieses verhalte sich, wie es Gott gefällt, und
auch nur so sei hiermit davon geredet. Nun aber laßt uns die Ursa-
che vor dem Verlust des Gefieders, warum es der Seele ausfällt, be-
trachten. Es ist aber diese.

*[26. Das Göttliche als die Nahrung des Seelengefieders. Beschrei-
bung des Aufstiegs der Götter zum überhimmlischen Ort]* Die Kraft
des Gefieders besteht darin, das Schwere emporhebend hinaufzufüh-
ren, wo das Geschlecht der Götter wohnt. Auch hat es am meisten
von dem, was in Beziehung zum Körper steht, am Göttlichen An-
e teil. Das Göttliche aber ist schön, weise, gut und was dem ähnlich
ist. Hiervon also nährt sich und wächst vornehmlich das Gefieder
der Seele, durch das Mißgestalte aber, das Böse und was sonst je-
nem entgegengesetzt ist, zehrt es ab und vergeht. Der große Herr-
scher im Himmel Zeus nun, seinen geflügelten Wagen lenkend, zieht
als erster aus, alles anordnend und versorgend, und ihm folgt die
247 a Schar der Götter und Dämonen in elf Zügen geordnet. Denn Hestia
bleibt in der Götter Haus allein. Alle andern aber, welche zu der
Zahl der zwölf als herrschende Götter geordnet sind, führen an in
der Ordnung, die jedem angewiesen ist. Viel Herrliches nun gibt es
zu schauen und zu begehen innerhalb des Himmels, wozu der seli-
gen Götter Geschlecht sich hinwendet, jeder das Seinige verrichtend.
Es folgt aber, wer jedesmal will und kann: denn Mißgunst ist ver-
bannt aus dem göttlichen Chor. Wenn sie aber zum Fest und zum
Mahle gehen und gegen die äußerste unterhimmlische Wölbung
b schon ganz steil aufsteigen: dann gehen zwar der Götter Wagen mit
gleichem wohlgezügeltem Gespann immer leicht, die andern aber
nur mit Mühe. Denn das vom Schlechten etwas an sich habende
Roß, wenn es nicht sehr gut erzogen ist von seinem Führer, beugt
sich zum Boden hinunter und drückt mit seiner ganzen Schwere,
woraus viel Beschwerde und der äußerste Kampf der Seele entsteht.
Denn die unsterblich Genannten, wenn sie an den äußersten Rand
gekommen sind, wenden sich hinauswärts und stehen so auf dem
c Rücken des Himmels, und hier stehend reißt sie der Umschwung mit
fort, und sie schauen, was außerhalb des Himmels ist.

[27. Der überhimmlische Ort und die Lebensweise der Götter] Den überhimmlischen Ort aber hat noch nie einer von den Dichtern hier besungen, noch wird ihn je einer nach Würden besingen. Er ist aber so beschaffen — denn ich muß es wagen, das Wahre zu sagen, zumal da ich von der Wahrheit zu reden habe. Das farblose, gestaltlose, wahrhaft seiende Wesen, beschaubar allein für der Seele Führer, die Vernunft, um welches her das Geschlecht der wahrhaften Wissenschaft ist, hat nämlich jenen Ort inne. Da nun Gottes Verstand d
sich von unvermischter Vernunft und Wissenschaft nährt, wie auch der jeder Seele, welche sich darum kümmert, das Gebührende aufzunehmen: so freuen sie sich, das Seiende wieder einmal zu erblicken, und nähren sich durch Beschauung des Wahren und lassen es sich wohlsein, bis der Umschwung sie wieder an die vorige Stelle zurückgebracht. In diesem Umlauf nun erblicken sie die Gerechtigkeit selbst, erblicken sie auch die Besonnenheit und die Wissenschaft, nicht die, welche eine Entstehung hat, noch welche eine andere ist in einem anderen von den Dingen, die wir jetzt seiend nennen, sondern e
die in dem, was wahrhaft ist, befindliche wahrhaft Wissenschaft; und so auch von dem andern das wahrhaft Seiende erblickt die Seele, und wenn sie sich daran erquickt hat, taucht sie wieder in das Innere des Himmels und kehrt nach Hause zurück. Ist sie dort angekommen: so stellt der Führer die Rosse zur Krippe, wirft ihnen Ambrosia vor und tränkt sie dazu mit Nektar.

[28. Verhältnis der anderen Seelen zum Wahren. Das Gesetz der Adrasteia] Dieses nun ist der Götter Lebensweise. Von den andern 248 a
Seelen aber konnten einige, welche am besten den Göttern folgten, das Haupt des Führers hinausstrecken in den äußeren Ort und so den Umschwung mitvollenden, geängstet jedoch von den Rossen und kaum das Seiende erblickend; andere erhoben sich bisweilen und tauchten dann wieder unter, so daß sie im gewaltigen Sträuben der Rosse einiges sahen, anderes aber nicht. Die übrigen allesamt folgen zwar auch dem Droben nachstrebend, sind aber unvermögend und werden unter der Oberfläche mit herumgetrieben, einander tretend und stoßend, indem jede sucht, der andern zuvorzukommen. Getüm- b
mel entsteht nun, Streit und Angstschweiß, wobei durch Schuld schlechter Führer viele verstümmelt werden, vielen vieles Gefieder beschädigt; alle aber gehen nach viel erlittenen Beschwerden unteilhaft der Anschauung des Seienden davon, und so davongegangen halten sie sich an scheinhafte Nahrung. Weshalb eben jener große Eifer, der Wahrheit Feld zu schauen, wo es ist; nämlich die dem Edelsten der Seele angemessene Weide stammt her aus jenen Wiesen, und des Gefieders Kraft, durch welches die Seele gehoben wird, c
nährt sich hiervon, und das Gesetz der Adrasteia ist dieses: welche Seele als des Gottes Begleiterin etwas erblickt hat von dem Wahrhaften, daß diese bis zum nächsten Auszuge keinen Schaden erleide, und wenn sie dies immer bewirken kann, auch immer unverletzt bleibe. Wenn sie aber, unvermögend es zu erreichen, nichts sieht, sondern ihr ein Unfall begegnet und sie dadurch, von Vergessen-

heit und Trägheit angefüllt, niedergedrückt wird und so das Gefie-
der verliert und zur Erde fällt: dann ist ihr gesetzt, in der ersten Zeu-
d gung noch in keine tierische Natur eingepflanzt zu werden, sondern
die am meisten geschaut habende in den Keim eines Mannes, der ein
Freund der Weisheit oder des Schönen werden wird, oder ein den
Musen und der Liebe Dienender; die zweite in den eines verfassungs-
mäßigen Königs oder eines Kriegerischen und Herrschenden; die
dritte eines Staatsmannes oder der ein Hauswesen regiert und ein
gewerbetreibendes Leben führt; die vierte in einen Freund von Mü-
hen oder Leibesübungen oder der sich mit der Heilung des Körpers
beschäftigen wird; die fünfte wird ein wahrsagendes und den Ge-
e heimnissen gewidmetes Leben führen; der sechsten wird ein dichte-
risches oder sonst mit der Nachahmung sich beschäftigendes gemäß
sein; der siebenten ein ländliches oder handarbeitendes; der achten
ein sophistisches oder volksschmeichelndes; der neunten ein tyran-
nisches. Unter allen diesen nun erhält, wer gerecht gelebt, ein besse-
res Teil, wer ungerecht, ein schlechteres.

*[29. Für die Wiederverkörperung geltende Bestimmungen. Die Aus-
nahmestellung des Philosophen]* Denn dorthin, woher jede Seele
kommt, kehrt sie nicht zurück in zehntausend Jahren, denn sie wird
249 a nicht eher befiedert als in solcher Zeit, ausgenommen die Seele des-
sen, der ohne Falsch philosophiert oder nicht unphilosophisch die
Knaben geliebt hat. Diese können im dritten tausendjährigen Zeit-
raum, wenn sie dreimal nacheinander dasselbe Leben gewählt, also
befiedert nach dreitausend Jahren heimkehren. Die übrigen aber,
wenn sie ihr erstes Leben vollbracht, kommen vor Gericht. Und nach
diesem Gericht gehen einige in die unterirdischen Zuchtörter, wo sie
ihre Strafe verbüßen; andere aber, in einen Ort des Himmels entho-
ben durch das Recht, leben dort dem Leben gemäß, welches sie in
b menschlicher Gestalt geführt. Im tausendsten Jahre aber gelangen
beiderlei Seelen zur Verlosung und Wahl des zweiten Lebens, welches
jede wählt, wie sie will. Dann kann auch eine menschliche Seele in ein
tierisches Leben übergehen, und ein Tier, das ehedem Mensch war, wie-
der zum Menschen. Denn eine, die niemals die Wahrheit erblickt hat,
kann auch niemals diese Gestalt annehmen; denn der Mensch muß
nach Gattungen Ausgedrücktes begreifen, indem er von vielen Wahr-
c nehmungen zu einem durch Denken Zusammengebrachten fortgeht.
Und dies ist Erinnerung an jenes, was einst unsere Seele gesehen, Gott
nachwandelnd und das übersehend, was wir jetzt als seiend bezeich-
nen, und zu dem wahrhaft Seienden das Haupt emporgerichtet. Daher
auch wird mit Recht nur des Philosophen Seele befiedert: denn sie ist
immer durch Erinnerung soviel als möglich bei jenen Dingen, bei
denen Gott sich befindend eben deshalb göttlich ist. Solcher Erin-
nerungen also sich recht bedienend, mit vollkommener Weihung im-
mer geweiht, kann ein Mann allein wahrhaft vollkommen werden.
Indem er nun menschlicher Bestrebungen sich enthält und mit dem
d Göttlichen umgeht, wird er von den Leuten wohl gescholten als ein
Verwirrter, daß er aber begeistert ist, merken die Leute nicht.

*[30. Die vierte Art des Wahnsinns: Begeisterung durch das Wieder-
erinnertwerden an die Schönheit dort]* Und hier ist nun die ganze
Rede angekommen von jener vierten Art des Wahnsinns – in Hin-
sicht auf welchen derjenige, der bei dem Anblick der hiesigen Schön-
heit, jener wahren sich erinnernd, neubefiedert wird und mit dem
wachsenden Gefieder aufzufliegen zwar versucht, aber unvermögend
ist, nur wie ein Vogel hinaufwärts schauend, was drunten ist, jedoch
gering achtend, beschuldigt wird seelenkrank zu sein – daß nämlich
diese unter allen Begeisterungen als die edelste und des edelsten Ur- e
sprungs sich erweist, an dem sowohl, der sie hat, als an dem, der
ihr zugesellt ist, und daß, wer dieses Wahnsinns teilhaftig die Schö-
nen liebt, ein Liebhaber genannt wird. Nämlich, wie bereits gesagt,
jede Seele eines Menschen muß zwar ihrer Natur nach das Seiende
geschaut haben, oder sie wäre in dieses Gebilde nicht gekommen;
sich aber bei dem Hiesigen an jenes zu erinnern, ist nicht jeder leicht, 250 a
weder denen, die das Dortige nur kümmerlich sahen, noch denen,
welche, nachdem sie hierher gefallen, ein Unglück betroffen, so daß
sie, irgendwie durch Umgang zum Unrecht verleitet, das ehedem ge-
schaute Heilige in Vergessenheit gestellt; wenige also bleiben üb-
rig, denen die Erinnerung stark genug beiwohnt. Diese nun, wenn
sie ein Ebenbild des Dortigen sehen, werden entzückt und sind nicht
mehr ihrer selbst mächtig, was ihnen aber eigentlich begegnet, wis-
sen sie nicht, weil sie es nicht genug durchschauen. Denn der Gerech- b
tigkeit, Besonnenheit, und was sonst den Seelen köstlich ist, hiesige
Abbilder haben keinen Glanz, sondern mit trüben Werkzeugen kön-
nen unter Mühen von ihnen nur wenige jenen Bildern sich nahend
des Abgebildeten Geschlecht erkennen. Die Schönheit aber war da-
mals glänzend zu schauen, als mit dem seligen Chore wir dem Jupi-
ter, andere einem andern Gotte folgend, des herrlichsten Anblicks
und Schauspiels genossen und in ein Geheimnis geweiht waren, wel-
ches man wohl das allerseligste nennen kann, und welches wir fei- c
erten, untadelig selbst und unbetroffen von den Übeln, die unserer
für die künftige Zeit warteten, und so auch zu untadeligen, unver-
fälschten, unwandelbaren, seligen Gesichten vorbereitet und geweiht
in reinem Glanze, rein und unbelastet von diesem unserm Leibe, wie
wir ihn nennen, den wir jetzt eingekerkert wie ein Schaltier mit uns
herumtragen.

*[31. Wirkung der Schönheit auf den, der in ihr Wesen eingeweiht
ist]* Dieses möge der Erinnerung geschenkt sein, um derentwillen es
aus Sehnsucht nach dem Damaligen jetzt ausführlicher dargestellt
wurde. Was nun die Schönheit betrifft, so glänzte sie, wie gesagt,
schon hervor, als sie unter jenen war, und auch nun wir hierher ge- d
kommen sind, haben wir sie aufgefaßt durch den deutlichsten unse-
rer Sinne aufs deutlichste uns entgegenschimmernd. Denn das Ge-
sicht ist der schärfste aller körperlichen Sinne, vermittels dessen die
Weisheit zwar nicht geschaut wird – denn sehr heftige Liebe würde
sie wohl erregen, wenn uns von ihr ein so helles Ebenbild dargebo-
ten würde für das Gesicht – noch auch das andere Liebenswürdige;

sondern nur der Schönheit ist dieses zuteil geworden, daß sie uns
e das Hervorleuchtendste ist und das Liebreizendste. Wer nun nicht
noch frischen Andenkens ist oder schon verderbt, der wird auch nicht
heftig von hier dorthin gezogen zu der Schönheit selbst, indem er,
was hier ihren Namen trägt, erblickt; so daß er es auch nicht an-
schauend verehrt, sondern der Lust ergeben, gedenkt er sich auf tie-
rische Art zu vermischen, und roher Weise sich ihm nahend, fürchtet
251 a er sich nicht noch scheut sich, widernatürlich der Lust nachzugehen.
Wer aber noch frische Weihung an sich hat und das Damalige viel-
fältig geschaut, wenn der ein gottähnliches Angesicht erblickt oder
eine Gestalt des Körpers, welche die Schönheit vollkommen darstel-
len: so schaudert er zuerst, und es wandelt ihn etwas an von den da-
maligen Ängsten, hernach aber betet er sie anschauend an wie einen
Gott, und fürchtete er nicht den Ruf eines übertriebenen Wahnsinns,
so opferte er auch, wie einem heiligen Bilde oder einem Gotte, dem
Liebling. Und hat er ihn gesehen, so überfällt ihn, wie nach dem
b Schauder des Fiebers, Umwandlung und Schweiß und ungewohnte
Hitze. Durchwärmt nämlich wird er, indem er durch die Augen den
Ausfluß der Schönheit aufnimmt, durch welchen sein Gefieder gleich-
sam begossen wird. Ist er nun durchwärmt, so schmilzt um die Kei-
me des Gefieders hinweg, was schon seit lange verhärtet sie ver-
schloß und hinderte hervorzutreiben. Fließt aber Nahrung zu, so
schwillt der Kiel des Gefieders und drängt, hervorzutreten aus der
Wurzel überall an der Seele, denn sie war ehedem ganz befiedert.

[32. Der Zustand der Liebenden und seine Ursache] Hierbei also
c gärt alles an ihr und sprudelt auf, und was die Zahnenden an ih-
ren Zähnen empfinden, wenn sie eben ausbrechen, Jucken und Reiz
im Zahnfleisch, eben das empfindet auch die Seele dessen, dem das
Gefieder hervorzubrechen anfängt, es gärt in ihr und juckt sie und
kitzelt sie, wenn sie das Gefieder heraustreibt. Wenn sie also nun,
die Schönheit des Knaben sehend und die davon ausströmenden und
sich losreißenden Teile, die deshalb Reize heißen, in sich aufnehmend,
befruchtet und erwärmt wird: so hat sie Linderung der Schmerzen
d und ist froh. Ist sie aber getrennt von ihm und wird trocken: so hem-
men wieder die Mündungen jener Auswege, wo das Gefieder durch-
bricht, indem sie sich zusammenschrumpfend schließen, den Trieb
des Gefieders. Dieser also, mit dem Reiz eingeschlossen, hüpft wie
die schlagenden Adern und sticht überall gegen die ihm bestimmten
Öffnungen, so daß die ganze Seele von allen Seiten gestachelt um-
herwütet und sich abängstet, aber auch wieder im Besitz der Erinne-
rung an den Schönen frohlockt. Da nun beides so miteinander ver-
mischt ist, bangt sie sich über einen so widersinnigen Zustand, und
aus dieser Unruhe gerät sie in Geistesverwirrung, und bei diesem
e Wahnsinn kann sie weder des Nachts schlafen, noch bei Tage irgend-
wo ausdauern, sondern sehnsüchtig eilt sie immer dahin, wo sie den,
der die Schönheit besitzt, zu erblicken hofft. Hat sie ihn nun gese-
hen und sich neuen Reiz zugeführt: so löst sich wieder auf, was vor-
her verstopft war, und sie erholt sich, indem Stiche und Schmerzen

aufhören, und kostet wieder für den Augenblick jene süßeste Lust.
Daher sie auch gutwillig den Schönen nicht verläßt, noch irgend 252 a
jemand werter achtet als ihn, sondern Mutter, Brüder und Freunde
sämtlich vergißt, den fahrlässigerweise zerrütteten Wohlstand für
nichts achtet; und selbst das Anständige und Sittliche, womit sie es
sonst am genauesten nahm, gänzlich hintansetzend, ist sie bereit,
wie nahe es nur sein kann, dem Gegenstande ihres Verlangens zu
dienen und bei ihm zu ruhen. Denn außer ihrer Verehrung hat sie
auch in dem Besitzer der Schönheit den einzigen Arzt gefunden für b
die unerträglichsten Schmerzen. Diesen Zustand nun, o schöner
Knabe, zu dem ich rede, nennen die Menschen Liebe, wie er aber bei
den Göttern heißt, dieses hörend wirst du vielleicht bei deiner Jugend
lächeln. Es haben nämlich einige Homeriden, wie ich glaube, in ih-
ren geheimen Gedichten zwei Verse auf die Liebe, von denen der eine
sehr leichtfertig ist und gar nicht eben wohllautend. Sie singen näm-
lich so: «Sterblichen nun heißt dieser der Gott der geflügelten Lie-
be; Göttern der Flügler, dieweil er mit Macht das Gefieder heraus-
treibt.» Dies nun steht dir frei zu glauben oder auch nicht; dennoch c
aber ist eben jenes in Wahrheit der Zustand der Liebenden und seine
Ursache.

*[33. Verschiedenartigkeit der Liebenden nach dem Gott, dem sie fol-
gen]* Wer nun aus des Zeus Begleitern davon ergriffen wird, kann
stärker die Schmerzen des Flügelbenannten ertragen. Wenn aber,
die des Ares Diener waren und mit diesem wandelten, von der Liebe
gefangen werden und in etwas glauben beleidigt zu sein von dem
Geliebten, dann sind sie blutdürstig und bereit, sich selbst und den
Liebling hinzuopfern. Und ebenso nach Art eines jeden andern Got- d
tes, zu dessen Zuge jemand gehörte, diesen nämlich nach Vermögen
ehrend und nachahmend lebt jeder, solange er noch unverdorben ist
und sein erstes hiesiges Dasein durchlebt, und in diesem Sinne geht
er auch um mit seinen Geliebten und den übrigen und verhält sich
gegen sie. So erwählt auch jeder sich nach seiner Gemütsart eine Lie-
be zu einem Schönen, und als wäre nun jener sein Gott selbst, bildet
er ihn aus und schmückt ihn wie ein heiliges Bild, um ihn zu vereh-
ren und ihm begeisterte Feste zu feiern. Die also dem Zeus angehö- e
ren, erstreben, daß ihr Geliebter ein der Seele nach dem Zeus
ähnlicher sei. Daher sehen sie zu, wo einer philosophisch und an-
führend ist von Natur; und wenn sie einen gefunden und liebge-
wonnen, so tun sie alles, damit er ein solcher auch wirklich werde.
Wenn sie also sich nie zuvor dieser Sache befleißigt: so werden sie
nun kräftig darin arbeitend lernen, woher sie nur können, und auch
selbst nachforschen. Und indem sie bei sich selbst nachspüren, ge-
lingt es ihnen, die Natur ihres Gottes aufzufinden, weil sie unabläs- 253 a
sig genötigt sind, auf den Gott zu schauen, und indem sie ihn in der
Erinnerung auffassen, nehmen sie begeistert von ihm Sitten und Be-
strebungen an, soweit einem Menschen von einem Gotte etwas zu
überkommen möglich ist, und dieses dem Geliebten zuschreibend,
hängen sie ihm noch mehr an; und wenn sie vom Zeus schöpfen wie

die Bacchantinnen, so gießen sie es auf des Geliebten Seele und ma-
b chen ihn, wie sehr es nur möglich ist, ähnlich ihrem Gotte. Welche
aber der Here folgten, die suchen einen Königlichen, und wenn sie
ihn gefunden, tun sie mit ihm in allen Stücken ebenso. So auch die
Verehrer des Apollon und jedes Gottes suchen sich den Knaben ih-
rem Gotte ähnlich geartet, und wenn sie ihn gefunden haben, dann
leiten sie ihn zu desselben Gottes Lebensweise und Gemütsart, indem
sie selbst ihn nachahmen und auch den Liebling überreden und in
das Maß fügen, jeder wie sehr er vermag, ohne dem Neide oder un-
edler Mißgunst Raum zu geben gegen den Geliebten, sondern aufs
c beste und auf alle Weise zu jeder Ähnlichkeit mit ihnen selbst und
dem Gott ihn hinzuleiten versuchend, tun sie es. Eifer also der wahr-
haft Liebenden und Weihung, wenn sie erlangt haben, wonach sie
sich beeifern, wie ich es beschrieben, wird so schön und beglückend
durch den aus Liebe wahnsinnigen Freund dem Geliebten zuteil,
wenn er ihn erobert hat. Erobert aber wird er, wenn er gefunden ist,
auf diese Art.

[34. Beschaffenheit der beiden Seelenrosse] Wie ich im Anfang die-
ser Erzählung dreifach jede Seele zerteilt habe, in zwei roßgestaltige
d Teile und drittens in den dem Führer ähnlichen, so bleibe es uns auch
jetzt noch angenommen. Von den beiden Rossen, sagten wir weiter,
sei eines gut, eines aber nicht. Welches aber die Vortrefflichkeit des
guten und des schlechten Schlechtigkeit ist, haben wir nicht erklärt,
jetzt aber müssen wir es sagen. Das nun von beiden, welches die bes-
sere Stelle einnimmt, ist von geradem Wuchse, leicht gegliedert, hoch-
halsig, mit gebogener Nase, weiß von Haar, schwarzäugig, ehrlie-
bend mit Besonnenheit und Scham, und als wahrhafter Meinung
freund wird es ohne Schläge nur durch Befehl und Worte gelenkt;
e das andere aber ist senkrückig, plump, schlecht gebaut, hartnackig,
kurzhalsig, mit aufgeworfener Nase, schwarz von Haut, glasäugig
und rot unterlaufen, aller Wildheit und Starrsinnigkeit freund, rauh
um die Ohren, taub, der Peitsche und dem Stachel kaum gehorchend.

[35. Die Bändigung des ungezügelten Rosses] Wenn nun der Führer
beim Anblick der liebreizenden Gestalt, die ganze Seele durch die
Wahrnehmung erwärmend, bald überall den Stachel des Kitzels und
254 a Verlangens spürt: so hält das dem Führer leicht gehorchende Roß,
der Scham wie immer so auch dann nachgebend, sich selbst zurück,
den Geliebten nicht anzuspringen; das andere aber scheut nun nicht
länger Stachel noch Peitsche des Führers, sondern springend strebt
es mit Gewalt vorwärts, und auf alle Weise dem Spanngenossen und
dem Führer zusetzend nötigt es sie, hinzugehen zu dem Liebling
und der Gaben der Lust gegen ihn zu gedenken. Jene beiden wider-
b streben zwar anfangs unwillig als einer argen und ruchlosen Nöti-
gung ausgesetzt, zuletzt aber, wenn des Ungemachs kein Ende ist,
machen sie sich dann, von jenem fortgerissen, auf, nachgebend und
versprechend, das Gebotene zu tun, und so kommen sie hin und schau-
en des Lieblings glänzende Gestalt. Indem nun der Führer sie er-

blickt, wird seine Erinnerung hingetragen zum Wesen der Schön-
heit, und wiederum sieht er sie mit der Besonnenheit auf heiligem
Boden stehen. Dieses erblickend fürchtet er sich, und von Ehrfurcht
durchdrungen beugt er sich zurück und kann sogleich nicht anders,
als so gewaltig die Zügel rückwärts ziehen, daß beide Rosse sich auf c
die Hüften setzen, das eine gutwillig, weil es nie widerstrebt, das
wilde aber höchst ungern. Indem sie nun weiter zurückgehen, be-
netzt das eine vor Scham und Bewunderung die ganze Seele mit
Schweiß, das andere aber, ist nur erst der Schmerz vom Gebiß und
dem Falle vorüber, hat sich kaum erholt, so bricht es zornig in
Schmähungen aus, vielfach den Führer und den Spanngenossen be-
schimpfend, daß sie aus Feigheit und Unmännlichkeit Pflicht und
Versprechen verlassen hätten; und aufs neue sie wider ihren Willen d
vorwärts zu gehen zwingend, gibt es kaum nach, wenn sie bitten, es
bis weiterhin aufzuschieben. Kommt nun die festgesetzte Zeit, so er-
innert es jene, die dessen nicht zu gedenken sich anstellen, braucht
Gewalt, wiehert, zieht sie mit sich fort und zwingt sie wieder, in der-
selben Absicht dem Geliebten zu nahen. Und wenn sie nicht mehr
fern sind, beugt es sich vornüber, streckt den Schweif in die Höhe,
beißt in den Zügel und zieht sie schamlos weiter. Dem Führer aber
begegnet nur noch mehr dasselbe wie zuvor, er wird wie vom Start- e
seil zurückgeschnellt, zieht noch gewaltsamer dem wilden Rosse das
Gebiß aus den Zähnen, so daß ihm die schmähsüchtige Zunge und
die Backen bluten, und Schenkel und Hüften am Boden festhaltend,
läßt er es büßen. Hat nun das böse Roß mehrmals dasselbe erlitten
und die Wildheit abgelegt, so folgt es gedemütigt des Führers Über-
legung und ist beim Anblick des Schönen von Furcht übermannt.
Daher es dann endlich dahin kommt, daß des Liebhabers Seele dem
Liebling verschämt und schüchtern nachgeht.

[36. Die Gewinnung der Gegenliebe des Lieblings] Da nun dieser ei- 255 a
nem Gotte gleich mit jeder Art der Verehrung geehrt wird von einem
nicht etwa nur sich so anstellenden Verliebten, sondern einem, der
sich wahrhaft in diesem Zustande befindet, und er auch selbst von
Natur dem Verehrer geneigt ist, wenn er auch ehedem von einigen
Spielgefährten oder andern fälschlich wäre überredet worden, welche
sagten, es wäre schändlich, sich einem Liebenden zu nahen, und er
deshalb den Liebenden abgewiesen; so hat doch nun im Verlauf der
Zeit die Jugend und das Unvermeidliche dazu geführt, ihn zuzulas-
sen zu seinem Umgange. Denn niemals ist dies bestimmt, daß ein b
Böser einem Bösen freund, oder ein Guter einem Guten nicht freund
werde. Läßt er ihn aber zu und verstattet ihm Gespräch und Umgang,
so wird das nahe erscheinende Wohlwollen des Liebenden den Ge-
liebten entzücken, der bald inne wird, daß seine andern Freunde und
Angehörigen auch allzumal ihm so gut wie nichts an Freundschaft
erweisen im Vergleich zum begeisterten Freund. Läßt er ihn nun so
eine Zeitlang gewähren und ist ihm nahe, dann ergießt sich bei den
Berührungen in den Übungsplätzen, und wo sie sonst zusammen-
kommen, die Quelle jenes Stromes, den Zeus, als er den Ganymedes c

liebte, Liebreiz nannte, reichlich gegen den Liebhaber, und teils
strömt sie in ihn ein, teils von ihm, dem Angefüllten, wieder heraus:
und wie ein Wind oder ein Schall von glatten und starren Körpern
abprallend wieder dahin, woher er kam, zurückgetrieben wird,
so geht auch die Ausströmung der Schönheit wieder in den Schönen
zurück durch die Augen, auf welchem Weg sie ihrer Natur nach in
die Seele geht, und wenn sie dorthin gelangt, befeuchtet sie die dem
d Gefieder bestimmten Ausgänge, treibt so dessen Wachstum voran
und erfüllt auch des Geliebten Seele mit Liebe. Er liebt also, wen
aber, weiß er nicht, ja überhaupt nicht, was ihm begegnet, weiß er
oder kann es sagen, sondern wie einer, der sich von einem andern
Augenschmerzen geholt, hat er keine Ursache anzugeben; denn daß
er wie in einem Spiegel in dem Liebenden sich selbst beschaut, weiß
er nicht. Und wenn nun jener gegenwärtig ist, so hat auch er gleich
wie jener Befreiung von den Schmerzen, ist er aber abwesend, so
schmachtet auch er, wie nach ihm geschmachtet wird, mit der Liebe
e Schattenbilde, der Gegenliebe, behaftet. Er nennt es aber und glaubt
es nicht Liebe, sondern Freundschaft, wünscht aber doch eben wie
jener, nur minder heftig, ihn zu sehen, zu berühren, zu umarmen,
neben ihm zu liegen, und also, wie zu erwarten, tut er hierauf bald
alles dieses. Bei diesem Zusammenliegen nun hat das unbändige
Roß des Liebhabers vieles dem Führer zu sagen und fordert für die
vielen Mühseligkeiten einen kleinen Genuß; das des Lieblings hat
256 a zwar nichts zu sagen, aber voll brünstigen unbekannten Verlangens
umarmt es den Liebhaber und küßt ihn und liebkost ihn als den besten
Freund, und wenn sie zusammen liegen, wäre es wohl geneigt,
sich nicht zu weigern, ihm an seinem Teile gefällig zu sein, wenn er
es zu erlangen wünschte. Der Spanngenoß hingegen mit dem Führer
sträuben sich hiergegen mit Scham und Vernunft.

[37. Leben und Lohn der Liebenden] Wenn nun die besseren Teile
der Seele, welche zu einem wohlgeordneten Leben und zur Liebe der
Weisheit hinleiten, den Sieg erlangen: so führen sie hier schon ein
b seliges und einträchtiges Leben, sich selbst beherrschend und sittsam
dasjenige besiegt habend in ihrer Seele, dem Schlechtes, und das befreit,
dem Vortreffliches einwohnt; sterben sie aber, so haben sie,
schon befiedert und leicht geworden, von den drei wahrhaft olympischen
Kampfgängen schon in einem gesiegt, über welches Gut ein
noch größeres weder menschliche Besonnenheit dem Menschen verschaffen
kann, noch göttlicher Wahnsinn. Wenn sie aber ein minder
c edles und nicht philosophisches, doch aber ehrliebendes Leben führen:
so finden wohl leicht einmal beim Trunk oder in einem andern
unbesorgten Augenblick die beiden unbändigen Rosse die Seelen unbewacht
und führen sie zusammen, so daß sie das, was die Menge
für das seligste hält, wählen und vollbringen; und haben sie es einmal
vollbracht, so werden sie es nun auch in der Folge genießen, aber
selten, weil nicht des ganzen Gemütes Zustimmung hat, was sie tun.
Als Freunde also werden auch diese, obgleich nicht ganz so wie jene,
d miteinander, während ihrer Liebe und auch, wenn sie darüber hin-

aus sind, leben, überzeugt, daß sie die größten Pfänder einander ge-
geben und angenommen haben, welche frevelhaft wäre jemals wie-
der ungültig zu machen und in Feindschaft zu geraten. Am Ende
aber gehen sie unbefiedert zwar, aber doch mit dem Triebe, sich zu
befiedern, aus dem Körper, so daß auch sie nicht geringen Lohn für
den Wahnsinn der Liebe davontragen. Denn in die Finsternis und
den unterirdischen Pfad ist denen nicht mehr bestimmt zu geraten,
welche schon eingeschritten waren in den himmlischen Pfad, sondern
ein lichtes Leben führend und miteinander wandelnd glücklich zu
sein, und wenn sie wieder befiedert werden, es der Liebe wegen zu e
gleicher Zeit zu werden.

[38. Schluß der Rede und Gebet an Eros] Diese so großen und so
göttlichen Vorzüge, o Knabe, wird dir des Liebhabers Freundschaft
erwerben. Die Vertraulichkeit aber mit dem Nichtliebenden, welche
durch sterbliche Besonnenheit verdünnt auch nur Sterbliches und
Sparsames austeilt, erzeugt in der geliebten Seele jene von der Men-
ge als Tugend gelobte Gemeinheit und wird ihr Ursache, neuntausend 257 a
Jahre um die Erde sich umherzutreiben und vernunftlos unter der Erde.

Dieses sei dir, lieber Eros, nach unsern Kräften aufs beste und
schönste als Widerruf dargebracht und entrichtet, der im übrigen so-
wohl als auch im Ausdruck des Phaidros wegen etwas dichterisch
abgefaßt werden mußte. Und möchtest du, dem Vorigen Verzeihung,
diesem aber Beifall schenkend, günstig und gnädig mir die Kunst
der Liebe, welche du mir verliehen, im Zorn weder nehmen noch
schmälern. Verleihe mir vielmehr, noch mehr als jetzt von den Schö-
nen geehrt zu sein. Haben wir aber in der vorigen Rede etwas dir b
Widerwärtiges gesprochen, Phaidros und ich: so rechne es dem Ly-
sias als Vater dieser Rede zu und laß ihn solcher Reden sich enthal-
tend zur Philosophie, zu welcher sich sein Bruder Polemarchos schon
gewendet hat, sich hinwenden, damit auch dieser sein Verehrer nicht
länger wie jetzt auf beiden Schultern trage, sondern lediglich der
Liebe mit philosophischen Reden sein Leben widme.

[39. Ist das Schreiben von Reden schimpflich und wird es mißachtet?]

PHAIDROS: Ich bete mit dir, Sokrates, daß, wofern dies besser für
uns ist, es so geschehen möge. Deine Rede aber habe ich schon lange c
bewundert, um wieviel schöner als die erste du sie ausgearbeitet hast.
So daß ich zweifle, ob mir nicht Lysias immer nur gering erscheinen
würde, wenn er es auch unternehmen wollte, dieser eine andere gegen-
überzustellen. Auch hat ihm erst neulich einer von unsern Staatsmän-
nern eben dieses zum Schimpf vorgeworfen und ihn die ganze Schmäh-
rede hindurch immer den Redenschreiber genannt. Vielleicht also, daß
er sich schon aus Empfindlichkeit des Schreibens enthalten wird.

SOKRATES: Gar lächerliche Meinungen, junger Mann, bringst du
vor, und sehr weit verfehlst du deinen Freund, wenn du ihn für so d
schreckhaft hältst. Vielleicht aber glaubst du gar, der, welcher ihm
dies als einen Schimpf vorwarf, habe, was er sagte, auch so gemeint
wie er es sagte?

Phaidros: Das war wohl offenbar genug, Sokrates. Auch weißt du ja selbst so gut wie ich, daß überall die im Staate Vermögendsten und Geachtetsten sich schämen, Reden zu schreiben und Schriften von sich zu hinterlassen, aus Furcht, in der Folgezeit den Namen zu bekommen, sie wären Sophisten gewesen.

Sokrates: Du weißt nur nicht, wie dies zusammenhängt, Phai-
e dros, und außerdem weißt du auch nicht, daß gerade die sich am
meisten dünkenden Staatsmänner auch am meisten verliebt sind in
das Redenschreiben und Schriftenhinterlassen, da sie ja, wenn sie
eine Rede geschrieben, dermaßen ihren Lobern zugetan sind, daß
sie gleich vorne namentlich hinschreiben, wer sie jedesmal gelobt.

Phaidros: Wie meinst du dieses? Denn ich verstehe es nicht.

258 a Sokrates: Du verstehst nicht, daß am Anfang bei der Schrift eines Staatsmannes zuerst sein Lober aufgeführt wird?

Phaidros: Wieso?

Sokrates: «Es hat gefallen», sagt er, «dem Rate» oder «dem Volke», oder beiden, und «der und der hat vorgeschlagen», womit dann der Schriftsteller sein Ich sehr ehrenvoll erwähnt und belobt. Hierauf erst redet er weiter, seine Weisheit den Lobern vortragend, und verfaßt bisweilen eine gar lange Schrift. Oder scheint dir so etwas eine ganz andere Sache als eine Rede in Schrift verfaßt?

b Phaidros: Mir eben nicht.

Sokrates: Nicht wahr, wenn eine solche stehen bleibt, so geht der Dichter fröhlich aus dem Schauspiel, wenn sie aber ausgelöscht wird und er also leer ausgeht beim Redenschreiben und nicht für würdig gehalten wird, eine Schrift zu hinterlassen, dann trauert er mit seinen Freunden?

Phaidros: Und gar sehr.

Sokrates: Offenbar also doch nicht als Verächter des Geschäftes, sondern als großer Bewunderer.

Phaidros: Ganz gewiß.

Sokrates: Wie aber, wenn ein Redner oder König es dahin bringt,
c mit dem Ansehen des Lykurgos oder des Solon oder Dareios ausge-
rüstet, ein unsterblicher Redenschreiber in seinem Staate zu werden,
hält er selbst sich nicht noch lebend für göttergleich, und denken
nicht die nach ihm Kommenden ebenso von ihm, wenn sie seine
Schriften betrachten?

Phaidros: Gar sehr.

Sokrates: Glaubst du also, daß einer von diesen, wie sehr er auch dem Lysias abgeneigt sei, ihm dieses zum Schimpf rechne, daß er Reden verfaßt?

Phaidros: Es ist wohl nicht zu glauben nach dem, was du sagst, denn er müßte ja seine eigne Neigung beschimpfen.

[40. Thema des folgenden Gesprächs: die Art und Weise des guten Redens]

d Sokrates: Das also ist wohl jedem klar, daß das Redenschreiben an sich nichts Häßliches ist.

Phaidros: Wie sollte es?

Sokrates: Aber das, glaube ich, wird schon schlecht sein, wenn jemand nicht schön redet und schreibt, sondern häßlich und schlecht.

Phaidros: Offenbar.

Sokrates: Welches ist nun aber die Art und Weise, gut zu schreiben oder nicht? Sollen wir hierauf, o Phaidros, den Lysias prüfen, und wer sonst jemals etwas geschrieben hat oder schreiben wird, es sei nun eine Staatsschrift oder eine andere, und in Versen, wie ein Dichter, oder ohne Silbenmaß als ein Undichterischer?

Phaidros: Du fragst, ob wir sollen? Weshalb, sozusagen, lebte ei- e
ner denn, wenn nicht für solche Lust? Doch wohl nicht um jener willen, vor welchen man erst Unlust empfinden muß, oder auch hernach keine Lust empfindet, welches fast alle die körperlichen Vergnügungen an sich haben und deshalb mit Recht niedrige genannt werden.

Sokrates: Muße haben wir ja, wie es scheint. Auch dünken mich die Zikaden, wie sie in der Hitze pflegen, über unsern Häuptern sin-
gend und sich untereinander besprechend, herabzuschauen. Wenn 259 a
sie nun auch uns um nichts besser als andere in der Mittagsstunde uns nicht unterredend sähen, sondern aus Trägheit der Seele von ihnen eingesungen schlummernd: so möchten sie mit Recht über uns spotten und denken, ein paar Knechte wären in ihrem Aufenthalt eingekehrt, um wie Schafe, die bei der Quelle Mittag machen, des Schlafes zu pflegen. Wenn sie uns aber sähen im Gespräch begriffen und uneingesungen bei ihnen als Sirenen vorbeischiffen, dann
dürften sie uns die Gabe, welche ihnen von den Göttern für die b
Menschen verliehen ist, mitteilen zum Beweis ihrer Zufriedenheit.

[41. Der Mythos von den Zikaden]

Phaidros: Was doch für eine haben sie? Denn nie muß ich davon gehört haben.

Sokrates: Nicht fein steht es für einen Musenfreund, dergleichen nicht gehört zu haben. Man sagt nämlich, diese wären Menschen gewesen von denen vor der Zeit der Musen. Als aber diese erzeugt worden und der Gesang erschienen, wären einige von den damaligen so
entzückt worden von dieser Lust, daß sie singend Speise und Trank c
vergessen und so unvermerkt gestorben wären. Aus welchen nun seitdem das Geschlecht der Zikaden entsteht, mit dieser Gabe von den Musen ausgestattet, daß sie von der Geburt an keiner Nahrung bedürfen, sondern ohne Speise und Trank sogleich singen, bis sie sterben, dann aber zu den Musen kommen und ihnen verkündigen, wer hier jede von ihnen verehrt. Der Terpsichore melden und empfeh-
len sie die, welche sie in Chören verehren, der Erato, die sie durch d
Liebesgesänge feiern, und so den übrigen, jeder nach der ihr eigentümlichen Verehrung. Der ältesten aber, Kalliope, und ihrer nächstfolgenden Schwester Urania, welche ja vornehmlich unter den Musen über den Himmel und über göttliche und menschliche Reden gesetzt sind und die schönsten Töne von sich geben, verkündigen sie die, welche philosophisch leben und ihre Art der Musik ehren.

Aus vielen Ursachen also müssen wir etwas reden und nicht schlafen am Mittage.

Phaidros: Reden also wollen wir.

[42. Notwendigkeit, daß der Redner das Wahre über seinen Gegenstand wissen muß, und Gegenthese des Phaidros]

e Sokrates: Wollen wir nun, was wir uns eben vorgesetzt hatten zu
untersuchen, wie man nämlich gut und recht schreibe und wie nicht,
dieses besprechen?

Phaidros: Gewiß.

Sokrates: Muß nun nicht, wo gut und schön soll geredet werden, des Redenden Verstand die wahre Beschaffenheit dessen erkennen, worüber er reden will?

Phaidros: So vielmehr habe ich immer gehört, lieber Sokrates,
260 a wer ein Redner werden wolle, habe nicht nötig, was wahrhaft gerecht
sei, zu lernen, sondern nur was der Volksmenge, welche zu entscheiden hat; so scheint, ebenso auch nicht, was wahrhaft gut sei oder schön, sondern nur was so scheinen werde; denn hierauf gründe sich das Überreden, nicht auf der Sache wahre Beschaffenheit.

Sokrates: «Nicht zu verwerfen ja soll ein Wort sein», o Phaidros, was die Weisen geredet haben, sondern zu untersuchen, ob nicht etwas Wahres damit gesagt ist. So wollen wir also auch das nun Gesagte nicht loslassen.

Phaidros: Ganz recht.

Sokrates: Betrachten wir es demnach so.

Phaidros: Wie denn?

b Sokrates: Wenn ich dich überredete, du solltest, um gegen die
Feinde zu ziehen, dir ein Pferd anschaffen, wir kennten aber beide
kein Pferd, sondern nur soviel wüßte ich von dir, daß Phaidros
glaubt, das Pferd sei dasjenige unter den zahmen Tieren, welches die
längsten Ohren hat —

Phaidros: Lächerlich, o Sokrates, wäre das.

Sokrates: Das noch nicht, aber wenn ich rechten Fleiß auf die Über-
redung wendend eine Rede abfaßte, ein Lob auf den Esel, den ich
Pferd nennte, und darin ausführte, wieviel wert das Tier wäre zu
Hause und im Felde, brauchbar, um von ihm herab zu fechten, ge-
c schickt, das Gepäck zu tragen, und zu vielen andern Dingen nützlich?

Phaidros: Über alle Maße lächerlich wäre dann dieses.

Sokrates: Aber ist es nicht besser, lächerlich und ein Freund zu sein als gewaltig und Feind?

Phaidros: Offenbar.

Sokrates: Wenn also der Redekünstler unwissend über das Gute
und Böse einen ebenso beschaffenen Staat sich vornimmt und ihn
zu überreden sucht, nicht etwa einen nichtsbedeutenden Esel als ein
Pferd anpreisend, sondern ein Übel als ein Gut, und nachdem er die
Meinungen des Volkes kennengelernt, ihn nun überredet, Übles zu
tun statt des Guten: was für eine Frucht, glaubst du, werde die Re-
d dekunst dann ernten von dem, was sie gesät?

Phaidros: Eben keine sonderliche.

[43. Die Redekunst als eine Seelenführung und als dieselbe in allen Verhältnissen]

Sokrates: Haben wir aber auch nicht, mein Guter, gröber als sich ziemen will, die Kunst der Reden gelästert? Sie aber würde vielleicht sagen: Was schwatzt ihr Wunderlichen doch durcheinander? Denn ich zwinge ja keinen der Wahrheit noch Unkundigen, das Reden zu lernen, sondern gilt mein Rat, so nimmt, wer jene erworben, dann auch mich dazu. Das aber behaupte ich, daß ohne mich auch der das Wahre weiß, nicht verstehen wird, kunstmäßig zu überreden. Hätte sie nun nicht ganz recht, wenn sie dieses spräche? e

Phaidros: Ich gestehe es.

Sokrates: Wenn nur die gegen sie auftretenden Reden ihr werden gelten lassen, daß sie eine Kunst ist. Denn ich glaube einige Reden herbeikommen und behaupten zu hören, daß sie lügt, und daß sie keine Kunst ist, sondern ein ganz kunstloses Handwerk.

Phaidros: Diese Reden brauchen wir, o Sokrates. Bringe sie denn 261 a
zur Stelle und frage sie aus, was doch und wie sie es meinen.

Sokrates: Kommt also her, ihr hübschen Kinderchen, und überredet den Vater schöner Kinder, Phaidros, daß, wenn er nicht gründlich philosophiert, er auch niemals gründlich über irgend etwas reden wird. Phaidros also soll antworten.

Phaidros: Fragt denn.

Sokrates: Ist also nicht überhaupt die Redekunst eine Seelenleitung durch Reden, nicht nur in Gerichtshöfen und was sonst für öffentlichen Versammlungen, sondern auch im gewöhnlichen Leben, dieselbe in kleinen sowohl als großen Dingen, und um nichts vor- b
trefflicher ist ihr Richtiges, ob es nun große oder geringfügige Dinge betrifft? Oder was hast du hierüber gehört?

Phaidros: Beim Zeus, dieses gar nicht; sondern eigentlich wird nur in Rechtsverhandlungen nach der Kunst gesprochen und geschrieben, dann spricht man auch so in Volksreden, Weiteres aber habe ich nicht gehört.

Sokrates: Hast du denn nur von des Nestor und Odysseus' Anweisungen zur Redekunst gehört, die sie vor Ilion in Muße ausgearbeitet haben, von der des Palamedes aber hast du nichts gehört?

Phaidros: Ja, beim Zeus, ich auch nicht von Nestors, wenn du uns c
nicht den Gorgias als einen Nestor zurichten willst, oder einen Thrasymachos und Theodoros als Odysseus.

[44. Erweis, daß zum kunstmäßigen Reden Kenntnis der Wahrheit notwendig ist]

Sokrates: Vielleicht; doch diese wollen wir lassen. Du aber sage mir, was tun denn in der Gerichtsstätte die Parteien? Reden sie denn nicht gegeneinander? Oder wie sollen wir es nennen?

Phaidros: Gerade so.

Sokrates: Über das, was recht ist und unrecht?

Phaidros: Ja.

Sokrates: Wer nun dieses durch Kunst tut, wird der nicht machen, d daß dieselbe Sache denselben Menschen jetzt als recht erscheine, und wenn er will, auch wieder als unrecht?

PHAIDROS: Wie anders?

SOKRATES: Und so auch in den Volksversammlungen, daß dem Staat dasselbe jetzt gut dünke, jetzt wieder das Gegenteil?

PHAIDROS: So freilich.

SOKRATES: Und wissen wir nicht vom eleatischen Palamedes, daß er durch Kunst so redet, daß den Hörenden dasselbe ähnlich und unähnlich erscheint, eins und vieles, ruhig und bewegt?

PHAIDROS: Allerdings.

SOKRATES: Nicht also nur auf die Gerichtsstätten erstreckt sich die Kunst des Gegenredens und auf die Volksversammlung, sondern,
e wie es scheint, für alles, was geredet wird, gäbe es, wenn es eine gibt, nur diese eine Kunst, durch welche jemand imstande ist, jedes Ding jedem, dem es nur möglich ist, und für alle, bei denen es möglich ist, ähnlich darzustellen, und was ein anderer so verähnlichend verbirgt, ans Licht zu bringen.

PHAIDROS: Wie eigentlich meinst du dieses?

SOKRATES: Den also Forschenden, glaub' ich, wird es sich zeigen. Entsteht Täuschung eher zwischen dem, was viel voneinander unterschieden ist oder wenig?

262 a PHAIDROS: In dem, was wenig.

SOKRATES: Aber du wirst doch, wenn du immer nur um ein weniges fortgehst, leichter andern unvermerkt zum Gegenteil gelangen, als wenn um vieles.

PHAIDROS: Wie sollte ich nicht!

SOKRATES: Es muß also, wer andere zwar täuschen will, selbst aber nicht getäuscht werden, die Ähnlichkeit der Dinge und ihre Unähnlichkeit genau kennen.

PHAIDROS: Notwendig.

SOKRATES: Wird er aber wohl imstande sein, wenn er die wahre Beschaffenheit eines jeden Dinges nicht kennt, die größere oder geringere Ähnlichkeit mit diesem Unbekannten in andern Dingen zu unterscheiden?

b PHAIDROS: Unmöglich.

SOKRATES: Und nicht wahr, denen, welche sich etwas anders vorstellen, als es ist, und sich täuschen, hat sich dies offenbar durch irgendeine Ähnlichkeit eingeschlichen?

PHAIDROS: So geht es wohl zu damit.

SOKRATES: Kann also wohl diese Kunst, immer um ein weniges durch Ähnlichkeiten von dem, was jedesmal wahr ist, fortzuleiten und so zum Gegenteil hinzuführen oder sich selbst davor zu hüten, derjenige besitzen, der nicht erkannt hat, was jedes in Wahrheit ist?

PHAIDROS: Niemals.

c SOKRATES: Wer also die Wahrheit nicht weiß und nur Meinungen nachgejagt hat, der, lieber Freund, wird, wie es scheint, eine gar lächerliche und unkünstliche Redekunst zusammenbringen.

PHAIDROS: So wird es wohl sein.

[45. Vorhaben, den Anfang der Rede des Lysias auf Kunstmäßigkeit zu prüfen]

SOKRATES: Willst du nun, daß wir in des Lysias Rede, die du bei dir hast, und in den von uns gesprochenen etwas sehen von dem, was wir als kunstlos setzen und was als kunstmäßig?

PHAIDROS: Sehr gern, zumal wir jetzt so trocken hin geredet haben ohne hinreichende Beispiele.

SOKRATES: Und recht durch gutes Glück, wie es scheint, sind diese
beiden Reden gesprochen worden, welche ein Beispiel enthalten, wie d
der, welcher das Richtige weiß, spielend in Reden die Zuhörer verleiten kann. Und ich, o Phaidros, schreibe dieses den hier wohnenden Göttern zu. Vielleicht auch, daß die Dienerinnen der Musen, die Sänger über unsern Häuptern, uns diese Gabe eingehaucht haben. Denn ich habe doch an keiner Kunst des Redens irgend Anteil.

PHAIDROS: Dies sei, wie du sagst; nur mache deutlich, was du meinst.

SOKRATES: So komm denn und lies mir von des Lysias Rede den Anfang.

PHAIDROS: «Von dem, was mich anbetrifft, bist du unterrichtet, e
und wie ich glaube, es werde uns zuträglich sein, daß dieses zustande komme, hast du gehört. Ich wünsche aber, nicht etwa deshalb zu verfehlen, um was ich bitte, weil ich nicht zu deinen Liebhabern gehöre. Da eben jene zu gereuen pflegt —»

SOKRATES: Halt inne! Worin also fehlt dieser und verfährt kunstlos? Das sollen wir sagen, nicht wahr?

PHAIDROS: Ja. 263 a

[46. Zwei Arten der Worte: solche zweifelhaften und solche eindeutigen Sinns. Forderung an den Redner, die zweifelhaften zu erkennen und zu bestimmen]

SOKRATES: Ist nun nicht dieses jedem einleuchtend, daß über einige Worte wir einstimmig sind, über andere uneinig?

PHAIDROS: Ich glaube zwar zu verstehen, was du meinst, doch aber sage es noch deutlicher.

SOKRATES: Wenn jemand das Wort Eisen oder Silber ausspricht, denken wir dabei nicht alle dasselbe?

PHAIDROS: Gewiß.

SOKRATES: Wie aber, wenn gerecht oder gut? Wendet sich da nicht der eine hier, der andere dorthin, und sind wir nicht uneinig untereinander und mit uns selbst?

PHAIDROS: Allerdings.

SOKRATES: In einigem also stimmen wir überein, in anderem b
nicht.

PHAIDROS: So ist es.

SOKRATES: In welchen aber von beiden werden wir täuschbarer sein, und in welchen also die Redekunst am meisten vermögen?

PHAIDROS: Offenbar, wo wir unstet sind.

SOKRATES: Wer also die Kunst der Rede aufsuchen will, muß diese beiden zuerst rein und gehörig voneinander getrennt und sich eines

Kennzeichens beider Gattungen bemächtigt haben, der, worin die
Menge unstet sein muß, und der, worin nicht.
c Phaidros: Einen schönen Begriff, o Sokrates, hätte der aufgefaßt,
der sich dieser Sache bemächtigt hätte.

Sokrates: Dann, glaube ich, muß er sich, wenn ihm ein bestimmter Fall vorliegt, nicht irren, sondern das genau erkennen, worüber er reden will, zu welcher von beiden Gattungen es gehört.

Phaidros: Wie anders?

Sokrates: Wie also die Liebe? Wollen wir sagen, sie gehöre zu den zweifelhaften oder zu den andern?

Phaidros: Zu den zweifelhaften ohne weiteres. Oder würde sie dir sonst wohl zugelassen haben zu sagen, was du eben von ihr sagtest, erst, daß sie ein Verderben wäre für den Geliebten und den Liebenden, und dann wieder, daß sie das größte wäre unter allen Gütern?

d Sokrates: Sehr richtig gesprochen. Aber sage mir auch dieses, denn
ich kann mich der Begeisterung wegen dessen nicht mehr recht erinnern, ob ich die Liebe erklärt habe im Anfange der Rede?

Phaidros: Beim Zeus, und nicht zu sagen, wie gut.

Sokrates: Sieh da! Wieviel kunstreicher in Reden sind nach dem,
was du sagst, die Nymphen des Acheloos und Pan, der Sohn des Hermes, als Lysias, der Sohn des Kephalos! Oder sage ich nichts, sondern hat auch Lysias im Anfange seiner Liebesrede uns genötigt,
die Liebe für *ein* Bestimmtes, welches er selbst wollte, anzunehmen,
e und hiernach den ganzen Fortgang seiner Rede angeordnet? Willst
du, daß wir seinen Anfang noch einmal lesen?

Phaidros: Wenn du es meinst. Was du jedoch suchst, steht nicht da.

Sokrates: Lies nur, damit ich ihn selbst höre.

[47. Notwendigkeit, daß die Rede als ein gegliedertes Ganzes Anfang und Ende hat]

Phaidros: «Von dem, was mich anbetrifft, bist du unterrichtet,
und wie ich glaube, es werde uns zuträglich sein, daß dieses zustande
komme, hast du gehört. Ich wünsche aber, nicht etwa deshalb zu
264 a verfehlen, um was ich bitte, weil ich nicht zu deinen Liebhabern gehöre. Da eben jene dann zu gereuen pflegt, was sie Gutes erwiesen haben, sobald ihre Begierde gestillt ist.»

Sokrates: Ja, viel scheint freilich zu fehlen, daß dieser das tun sollte, was wir verlangen, der nicht einmal vom Anfang, sondern vom Ende an rückwärts die Rede durchschwimmen will, und da anfängt, wo der Liebhaber schon aufgehört haben könnte zu seinem Liebling zu reden. Oder war dies wieder nichts gesagt, Phaidros, liebes Haupt?

b Phaidros: Freilich wohl ist das nur das Ende, Sokrates, worüber er
redet.

Sokrates: Und wie? Alles übrige in der Rede, scheint es nicht unordentlich durcheinandergeworfen? Oder ist deutlich, daß das Zweite aus irgendeinem Grunde habe das Zweite sein müssen, oder irgendeines von den folgenden Stücken? Mir wenigstens schien es, als einem

Nichtwissenden, daß der Schreiber ganz vornehm gesagt hat, was ihm eben einfiel. Hast du aber vielleicht irgendeine rednerische Notwendigkeit aufzuzeigen, warum der Mann dieses so in der Ordnung nacheinander gestellt hat?

Phaidros: Du bist sehr gut, daß du mir zutraust, die Arbeit jenes
so genau zu beurteilen. c

Sokrates: Aber dieses, glaube ich, wirst du doch auch behaupten, daß eine Rede wie ein lebendes Wesen müsse gebaut sein und ihren eigentümlichen Körper haben, so daß sie weder ohne Kopf ist noch ohne Fuß, sondern eine Mitte hat und Enden, die gegen einander und gegen das Ganze in einem schicklichen Verhältnis gearbeitet sind.

Phaidros: Wie sollte ich nicht?

Sokrates: Betrachte also deines Freundes Rede, ob sie sich so oder anders verhält, und du wirst sie gewiß nicht verschieden finden von jener Aufschrift, welche auf Midas den Phrygier soll gemacht worden sein.

Phaidros: Was für eine Aufschrift, und was hat sie Besonderes an d
sich?

Sokrates: Es ist diese:

«Eherne Jungfrau bin ich und lieg an dem Grabe des Midas,
Bis nicht Wasser mehr fließt, noch erblühn hochstämmige Bäume,
Immer verweilend allhier an dem vielbetränten Denkmal,
Daß auch der Wanderer wisse, wo Midas liege begraben.»

Daß es nun bei diesem keinen Unterschied macht, was zuerst gele- e
sen wird oder zuletzt, dies merkst du doch, glaub' ich.

Phaidros: Du verspottest ja unsere Rede, Sokrates.

[48. Übergang zu den beiden Reden des S.]

Sokrates: So wollen wir, damit du nicht verdrießlich wirst, diese ganz lassen, wiewohl sie noch vielerlei zu enthalten scheint, was, wenn einer es ansieht, ihm wohl nützlich sein kann, wenn er es aber nachzuahmen unternimmt, nicht gar sehr, und wollen zu den andern Reden gehen. Denn es war etwas in ihnen, was denen wohl zu beachten ziemt, welche über die Redekunst nachdenken wollen.

Phaidros: Welches meinst du denn? 265 a

Sokrates: Sie waren doch einander entgegen. Denn eine behauptete, man müsse dem Verliebten, die andere, man müsse dem Nichtverliebten willfahren.

Phaidros: Und ganz tapfer beide.

Sokrates: Ich glaubte, du würdest der Wahrheit gemäß sagen, ganz wahnsinnig. Was sie jedoch suchten, ist eben dieses. Wir behaupten ja, die Liebe sei eine Art von Wahnsinn, nicht wahr?

Phaidros: Ja.

Sokrates: Und vom Wahnsinn gebe es zwei Arten, die eine aus menschlicher Krankheit, die andere aus göttlicher Umwechslung des gewöhnlichen ordentlichen Zustandes.

Phaidros: So war es. b

Sokrates: Den göttlichen teilten wir wiederum in vier Teile nach

vier Göttern, indem wir den weissagenden Anhauch dem Apollon
zuschrieben, dem Dionysos den der Einweihungen, den Musen den
dichterischen, den vierten aber der Aphrodite und dem Eros, den
Wahnsinn der Liebe nämlich, welchen wir für den besten erklärten,
und ich weiß nicht mehr wie den Zustand der Liebe abbildend, wo-
bei wir vielleicht etwas Richtiges getroffen haben, vielleicht auch an-
derwärts hin abgeschweift sind, vermischten wir mit einer nicht
c durchaus unglaublichen Rede einen mythischen Hymnos und besan-
gen so gar züchtig und fromm deinen und meinen Herrn, den Eros,
den Beschützer schöner Knaben.

Phaidros: Ja, wie es mir gar nicht unerfreulich war zu hören.

[49. Die zwei Prinzipien in den Reden des S.: das Zusammenfassen zu einer Gestalt und wiederum das Zerteilen dieser Gestalt]

Sokrates: Dies laß uns denn daraus nehmen, wie von dem Tadel die Rede herüberkam zum Loben.

Phaidros: Wie meinst du es also?

Sokrates: Mir erscheint alles übrige in der Tat nur im Scherze ge-
sprochen; nur dies beides, was jene Reden durch einen glücklichen
Zufall gehabt haben, wenn sich dessen Kraft einer gründlich durch
d Kunst aneignen könnte, wäre es eine schöne Sache.

Phaidros: Was doch für welches?

Sokrates: Das vielfach Zerstreute zusammenschauend überzuführen in *eine* Gestalt, um jedes genau zu bestimmen und deutlich zu machen, worüber er jedesmal Belehrung erteilen will; so wie wir jetzt eben von der Liebe erst nach gegebener Erklärung, was sie sei, vielleicht gut, vielleicht auch schlecht geredet haben, wenigstens das Klare und mit sich selbst Übereinstimmende hatte unsere Rede von daher.

Phaidros: Und welches zweite meinst du, Sokrates?

e Sokrates: Ebenso auch wieder nach Begriffen zerteilen zu können
gliedermäßig, wie jedes gewachsen ist, ohne etwa, wie ein schlechter
Koch verfahrend, irgendeinen Teil zu zerbrechen. Sondern so, wie
eben unsere beiden Reden das Unverständige der Seele als *einen* Be-
griff insgesamt auffaßten: und so, wie aus unserm Leibe, als *einem*,
266 a zweifache und gleichnamige Teile herauswachsen, welche als rechte
und linke bezeichnet werden, ebenso den Aberwitz in uns gleichsam
als *eine* Gestalt gewachsen glaubend nahmen die Reden, die eine sich
den links abgeschnittenen Teil und ließ nicht nach, ihn weiter zer-
schneiden, bis sie, daß ich so sage, eine linke Liebe darin auffand,
welche sie sehr mit Recht schmähen konnte; die andere führte uns
zu dem Wahnsinn rechts, und, eine jener zwar gleichnamige, aber
göttliche Liebe darin auffindend und vorzeigend, lobte sie diese als
b Ursache unserer größten Güter.

Phaidros: Vollkommen richtig.

[50. S. als Freund der dialektischen Kunst]

Sokrates: Hiervon also bin ich selbst ein großer Freund, Phaidros, von diesen Einteilungen und Zusammenfassungen, damit ich doch

reden und denken kann, und wenn ich einen andern für fähig halte zu sehen, was in eins gewachsen ist und in vieles, dem folg' ich «wie eines Unsterblichen Fußtritt». Ob ich jedoch diejenigen, welche dieses imstande sind zu tun, recht oder unrecht bename, mag Gott wissen, ich nenne sie aber bis jetzt Dialektiker. Nun aber sage mir auch, c
wie man die, welche von dir und Lysias gelernt haben, nennen soll? Oder ist eben jenes die Redekunst, deren Thrasymachos und die andern sich bedienend selbst Künstler im Reden sind und auch andere dazu machen, die ihnen Geschenke wie Königen bringen wollen?

Phaidros: Königliche Männer zwar sind sie, nicht aber dessen kundig, wonach du fragst. Daher dünkst du mich jenes ganz recht zu benennen, indem du es Dialektik nennst, die Rhetorik aber dünkt mich uns bis jetzt noch entgangen zu sein.

Sokrates: Wie sagst du? Das muß etwas Schönes sein, was von d
jener verlassen doch durch Kunst soll erlangt werden. Indes wollen wir es auf keine Weise verschmähen, du und ich, sondern sagen, was denn nur ist das noch Übrigbleibende an der Redekunst.

Phaidros: Mancherlei Dinge, Sokrates, die du ja findest in den über die Redekunst geschriebenen Büchern.

[51. Die Herrlichkeiten der bestehenden Rhetorik]

Sokrates: Gar gut erinnerst du mich. Den *Eingang* zuerst, wie der am Anfang der Rede muß gesprochen werden, dieses meinst du, nicht wahr? Diese Herrlichkeiten der Kunst?

Phaidros: Ja. e

Sokrates: Dann kommt zweitens die *Erzählung,* wie sie es nennen, und die *Zeugnisse* dabei, drittens die *Beweise,* viertens die *Wahrscheinlichkeiten;* und noch von einer *Beglaubigung* und *Nebenbeglaubigung* denke ich, redet der vortreffliche byzantinische Daidalos im Reden.

Phaidros: Den wackern Theodoros meinst du?

Sokrates: Wen sonst? Und daß man eine *Widerlegung* und *Ne-* 267 a
benwiderlegung führen müsse in der Anklage sowohl als Verteidigung. Und auch den schönsten Parier Euenos holen wir nicht herbei, der die *Vorandeutung* zuerst erfunden hat und das *Nebenlob*? Ja einige sagen, er habe sich allerlei *Nebenschimpf* in Verse gebracht dem Gedächtnis zuliebe. Denn er ist ein kluger Mann. Den Teisias aber und Gorgias wollen wir ganz ruhen lassen, welche zuerst das Scheinbare entdeckt haben, daß es über das Wahre gehe und mehr zu ehren sei, und welche machen, daß das Kleine groß und das Große klein erscheint durch die Kraft der Rede, und vom Neuen auf alte,
vom Alten aber auf neue Art sprechen, und welche die Gedrängtheit b
der Rede und auch die unendliche Länge über jeden Gegenstand erfunden haben. Als dieses einmal Prodikos von mir hörte, lachte er und sagte, er allein habe gefunden, was für Sätze die Kunst brauche, nämlich weder lange noch kurze, sondern mäßige.

Phaidros: Sehr weise, o Prodikos!

Sokrates: Und vom Hippias wollen wir nicht reden? Ich glaube, dieser Fremdling aus Elis stimmte ihm auch bei.

Phaidros: Warum auch nicht?
Sokrates: Wie aber sollen wir vortragen des Polos Sammlung von
c Worten, wie die *Doppelrederei*, die *Spruchrederei*, die *Bildrederei*
und den Erwerb des Wohlklangs der Lykimnischen Wörter, die er
jenem geschenkt hat?
Phaidros: Hatte nicht vieles dergleichen auch Protagoras?
Sokrates: Ein gewisses *Geradesprechen*, mein Sohn, und noch vie-
les und Schönes andere. Aber in jammertönender, von Alter und Ar-
mut hergenommener Reden Kunst hat doch offenbar gesiegt des
Chalkedoniers Kraft. Auch im Erzürnen der Menge ist dieser Mann
d gewaltig, und wiederum die Erzürnten bezaubernd zu kirren, wie er
sagt; und im Verleumden und auch Verleumdungen-Abwälzen, wo-
her es irgend gehe, ist er der erste. Über das Ende der Rede aber
sind sie alle nur einer Meinung, was nämlich einige die *Übersicht*,
andere wieder anders nennen.
Phaidros: Daß man am Ende noch in kurzem die Zuhörer an al-
les erinnern soll, was gesagt worden, das meinst du?
Sokrates: Das meine ich, und was du noch sonst etwa zu sagen
hast über die Kunst der Reden.
Phaidros: Kleinigkeiten, nicht der Rede wert.
268 a Sokrates: Lassen wir also die Kleinigkeiten; diese Dinge aber laß
uns noch einmal besser beim Lichte besehen, was für eine Kunstge-
walt, und wann, sie eigentlich haben.
Phaidros: Eine sehr starke doch, o Sokrates, in den Versammlun-
gen des Volkes.
Sokrates: Die haben sie freilich. Aber, du Wunderlicher, sieh doch
auch du zu, ob dir das ganze Gewebe so lose erscheint wie mir.
Phaidros: Zeige es nur.

*[52. Unterscheidung notwendiger Vorkenntnisse vom Wissen der
Kunst selbst]*

Sokrates: Sage mir also: Wenn jemand zu deinem Freunde Ery-
ximachos oder dessen Vater Akumenos käme, sagend: «Ich verste-
he solche Dinge dem Körper beizubringen, daß ich ihn erhitze, wenn
b ich will, und auch abkühle, und daß ich ihn, wenn es mir gut dünkt,
speien mache oder auch abführen, und noch vielerlei dergleichen,
und weil ich dieses verstehe, behaupte ich ein Arzt zu sein, auch je-
den andern dazu zu machen, dem ich nur diese Kenntnisse mitteile»;
was, meinst du, werden sie erwidern, wenn sie dieses angehört?
Phaidros: Was sonst, als ihn fragen, ob er auch noch verstände,
wem und wann er dies alles antun müsse und in welchem Grade?
Sokrates: Wenn er nun sagte, keineswegs, sondern ich verlange,
c wer jenes von mir lernt, müsse dieses schon selbst verstehen, wo-
nach du fragst.
Phaidros: Dann, glaube ich, würde er sagen, der Mensch ist toll
und glaubt, weil er in Büchern oder sonstwo einige Mittelchen ge-
funden hat, ein Arzt geworden zu sein, obwohl er nichts von der
Kunst versteht.
Sokrates: Und wie, wenn jemand zum Sophokles oder Euripides

käme, sagend, er verstände über Geringes ganz lange Reden zu dich-
ten und auch über Wichtiges ganz kurze, auch klägliche, wenn er
wollte, und im Gegenteil wieder furchtbare und drohende und was
mehr dergleichen, und sich nun einbildete, indem er dies lehre, die d
tragische Dichtkunst zu lehren?

PHAIDROS: Auch diese, o Sokrates, würden, glaube ich, jeden auslachen, welcher glaubte, die Tragödie wäre etwas anderes als eine solche Zusammenstellung dieser einzelnen Stücke, wie sie einander und dem Ganzen angemessen sind.

SOKRATES: Aber nicht unfein, glaube ich, würden sie ihn herunter-
reißen, sondern wie ein Tonkünstler, wenn er mit einem zusammen-
träfe, der sich einbildet, ein Harmonieverständiger zu sein, weil er ver- e
stände, eine Saite so hoch und so tief als möglich anzuschlagen, nicht
mit Heftigkeit sagen würde: Du erbärmlicher Wicht, du bist ver-
rückt; sondern wie es einem Künstler geziemt, sanfter in der Weise:
Bester Mann, freilich muß auch das wissen, wer ein Tonkünstler
werden will, aber dies hindert nicht, daß dennoch einer, der deine
Fertigkeit hat, auch nicht das mindeste von der Harmonie verstehen
kann, denn du besitzt nur die Vorkenntnisse, welche zur Harmonie
notwendig gehören, aber nicht die Harmonie selbst.

PHAIDROS: Sehr richtig.

SOKRATES: So auch würde Sophokles jenem, der sich gegen ihn 269 a
rühmte, sagen; er habe die Vorkenntnisse zur tragischen Kunst, nicht
diese Kunst selbst, und Akumenos die Vorkenntnisse der Heilkunde,
nicht die Heilkunde selbst.

PHAIDROS: Allerdings freilich.

[53. Erweis, daß die traditionelle Rhetorik sich nur bei den Vorkenntnissen aufhält und das Eigentliche nicht besitzt]

SOKRATES: Wie aber? Sollen wir glauben, der «süßredende Adra-
stos» oder Perikles, wenn sie etwas hörten von den schönen Kunst-
stücken, die wir jetzt durchgegangen sind, dem *Kurzreden* und *Bil-
derreden,* und was wir sonst noch näher gegen das Licht untersu-
chen wollten, würden etwa unwillig wie ich und du unfeinerweise b
ein ungesittetes Wort ausstoßen gegen die, welche dieses geschrieben
haben und lehren, als wäre es die Redekunst, oder würden sie, die
so viel weiseren als wir, dies auch uns verweisen und sagen: O Phai-
dros und Sokrates, nicht unwillig muß man werden, sondern Nach-
sicht haben, wenn solche, die überhaupt nicht verstehen, mit Begrif-
fen umzugehen, auch nicht vermögend gewesen sind zu bestimmen,
was eigentlich die Redekunst ist, und dieses Umstandes wegen, wenn
gleich sie nur die notwendigen Vorkenntnisse dieser Kunst besitzen,
dennoch glaubten, die Redekunst selbst erfunden, und so auch, wenn
sie jenes jemanden lehrten, ihn vollkommen in der Redekunst un- c
terrichtet zu haben; und wenn sie hingegen, daß dies alles auf über-
redende Art gebraucht und ein Ganzes daraus zusammengesetzt
werde, diese Vollkommenheit in die Reden hineinzubringen ihren
Schülern, als wäre es eine Kleinigkeit, selbst überlassen?

PHAIDROS: Allerdings, o Sokrates, scheint es ungefähr so zu ste-

hen mit der Kunst, welche diese Männer als die Redekunst lehren und in Schriften vortragen, und mir scheinst du ganz wahr gesprochen zu haben. Aber nun die Kunst des wahren und überzeugenden
d Redners, wie und woher kann sich diese jemand zu eigen machen?

SOKRATES: Mit dem Können, so daß einer ein vollkommener Kämpfer wird, wird es wahrscheinlich, ja vielleicht notwendig eben die Bewandtnis haben, wie in andern Dingen. Nämlich wenn du von Natur rednerische Anlage hast, so wirst du ein berühmter Redner werden, sofern du noch Wissenschaft und Übung hinzufügst, an welchem aber von diesen es dir fehlt, von der Seite wirst du unvollkommen sein. Was aber an der Sache Kunst ist, dazu scheint mir die Anleitung nicht auf dem Wege herauszukommen, den Lysias und Thrasymachos gehen.

PHAIDROS: Aber auf welchem dann?

e SOKRATES: Perikles, o Bester, mag doch wohl eigentlich unter allen der Eingeweihteste gewesen sein in die Redekunst.

PHAIDROS: Wieso?

[54. Grund für die Größe echter Redekunst: das Wissen von der Natur des Ganzen]

SOKRATES: Alle größeren Künste bedürfen doch etwas von spitz-
270 a findigem und hochfliegendem Geschwätz über die Natur. Denn nur hieraus kann jene Würde und Zuversichtlichkeit im Erfolg entstehen, welche Perikles außer seinen Naturgaben sich in so hohem Grade erworben hatte. So denke ich wenigstens: weil er mit dem Anaxagoras, der ja wohl ein solcher war, zusammentraf und jener hohen Kenntnisse voll ward und zur Natur des Verstandes und Unverstandes gelangte, wovon ja Anaxagoras so viel Reden machte, hat er von dort her, was ihr nützlich war, in die Redekunst herübergebracht.

PHAIDROS: Wie meinst du dieses?

b SOKRATES: Es hat dieselbe Bewandtnis mit der Redekunst wie mit der Heilkunst.

PHAIDROS: Wieso?

SOKRATES: In beiden mußt du die Natur auseinanderlegen, die des Leibes in der einen, der Seele in der andern, wenn du nicht nur hergebrachterweise und erfahrungsmäßig, sondern nach der Kunst jenem durch Anwendung von Arznei und Nahrung Gesundheit und Stärke verschaffen, dieser durch angeordnete Belehrungen und Sitten, welche Überzeugung und Tugend du willst, mitzuteilen begehrst.

PHAIDROS: Allem Ansehen nach, o Sokrates, ist es so.

c SOKRATES: Und glaubst du, die Natur der Seele richtig begreifen zu können ohne des Ganzen Natur?

PHAIDROS: Wenn man dem Asklepiaden Hippokrates glauben soll, auch nicht einmal die des Körpers ohne ein solches Verfahren.

SOKRATES: Sehr schön, o Freund, daß er dieses sagt. Wir müssen aber doch außer dem Hippokrates auch noch die Vernunft fragend untersuchen, ob sie einstimmt.

PHAIDROS: Das gebe ich zu.

[55. Unbedingte Erfordernisse für eine kunstmäßige Behandlung der Rhetorik: dialektische Methode und Kenntnis des Wesens der Seele]

Sokrates: So sieh nun zu, was über die Natur Hippokrates sagt
und die richtige Vernunft. Muß man nicht so nachdenken über eines
jeden Dinges Natur: Zuerst ob das einheitlich ist oder vielgestaltig, d
was wir selbst als Künstler behandeln und auch andere dazu ge-
schickt machen wollen. Dann daß man, wenn es einheitlich ist, seine
Kraft untersuche, was für eine es hat von Natur, um auf was für
Dinge zu wirken, und was für eine, um Einwirkungen und von was
für welchen aufzunehmen; wenn es aber mehrere Gestalten hat, daß
man diese erst aufzähle und so von jeder wie vorher von dem einen
sehe, was sie ihrer Natur nach ausrichten, und was sie von welchem
andern erleiden kann.

Phaidros: So wird es geschehen müssen.

Sokrates: Jedes Verfahren ohne dieses wäre nur wie eines Blin-
den Wanderung. Aber keineswegs darf, wer irgendeiner Sache kunst- e
mäßig nachstrebt, einem Blinden oder Tauben verglichen werden
können, sondern offenbar ist, daß, wenn jemand kunstmäßig Reden
mitteilt, er auch das Wesen der Natur dessen genau muß zeigen kön-
nen, dem er seine Reden anbringen will; dieses aber wird doch die
Seele sein.

Phaidros: Was sonst?

Sokrates: Gegen diese also ist sein ganzer Kampf gerichtet: denn 271 a
in ihr will er Überzeugung hervorbringen. Nicht wahr?

Phaidros: Freilich.

Sokrates: Offenbar also muß Thrasymachos und wer sonst mit Fleiß eine rhetorische Kunstlehre geben will, zuerst mit aller Genauigkeit lehren und anschaulich machen, ob die Seele eins ist und sich überall ähnlich oder auch nach der Gestalt des Leibes vielartig. Denn dieses, behaupten wir, hieße die Natur eines Dinges zeigen.

Phaidros: Allerdings.

Sokrates: Zum andern, worauf sie ihrer Natur nach wirkt, und was, und wovon sie und was für Wirkungen erfährt.

Phaidros: Dieses freilich auch.

Sokrates: Drittens, nachdem er der Reden wie auch der Seele Ar- b
ten und ihr verschiedenes Verhalten ordentlich auseinandergesetzt,
wird er alle verschiedenen Ursachen durchgehen, jedes mit jedem zu-
sammenhaltend und lehrend, was für eine Seele durch was für Re-
den aus welcher Ursache überredet werden oder unüberredet bleiben
wird.

Phaidros: Am vortrefflichsten, wie es scheint, wäre es freilich so.

Sokrates: Nie wenigstens, o Freund, wird, was auf andere Art ge-
lehrt oder gesprochen wird, kunstmäßig geschrieben und gesprochen
sein, weder über einen andern noch über diesen Gegenstand. Aber
die du gehört hast und die jetzt rednerische Kunstlehren schreiben, c
sind listig und verheimlichen, daß sie sich gar trefflich auf die Seele
verstehen. Ehe sie also nicht auf diese Art reden und schreiben, wol-
len wir ihnen nicht glauben, daß sie kunstmäßig schreiben.

Phaidros: Auf welche Art denn?

Sokrates: Dieses mit bestimmten Worten wirklich auszuführen ist nicht leicht getan; indes will ich, wie man schreiben müsse, wenn es kunstmäßig beschaffen sein soll, so weit es sich tun läßt, erklären.

Phaidros: So erkläre es denn.

[56. Die vollendet kunstmäßige Rhetorik]

Sokrates: Da die Kraft der Rede eine Seelenleitung ist, so muß,
d wer ein Redner werden will, notwendig wissen, wieviel Arten die Seele hat. Diese also sind so und so viele und so und so beschaffene, wonach denn auch die Menschen einige solche werden und andere wieder solche. Ist nun dieses eingeteilt, so gibt es wiederum so und so viele Arten von Reden, und so und so ist jede beschaffen. Solche Menschen nun sind durch solche Reden aus der und der Ursache zu solchen Dingen leicht zu überreden, solche anderen aber aus jener Ursache schwer. Hat er nun dieses gehörig begriffen, so muß er ferner, wenn er nun der Sache selbst im Leben ansichtig wird und sie
e behandelt werden soll, ihr genau mit seiner Wahrnehmung nachgehen können, oder er wird eben nichts weiter wissen als die Regeln, die er damals gehört hat. Wenn er aber richtig anzugeben weiß, was für ein Mensch wodurch überredet wird, und auch imstande ist, wenn er ihn antrifft, ihn zu erkennen und sich selbst zu zei-
272 a gen: dies ist nun ein solcher, und eine solche Natur, von der damals die Rede war, steht nun in der Tat vor dir, bei der du also hier diese Art von Reden anwenden mußt, um sie zu dieser Sache zu überreden – wenn er dies alles innehat und dann noch die Zeiten zu beurteilen weiß, wann er reden und innehalten soll, und von den gedrängten Stellen und den mitleiderregenden Stellen, und was sonst für vorhandene Arten von Verstärkungen der Rede er gelernt hat, von denen er weiß, wo sie an ihrer Stelle sind und wo nicht: dann ist seine Kunst schön und ganz vollendet, eher aber nicht; sondern an welchem auch von diesen Stücken es jemand ermangeln läßt, wenn
b er redet oder lehrt oder schreibt, doch aber behauptet, nach der Kunst zu reden, wer es dem nicht glaubt ist klüger. «Wie nun», wird vielleicht unser Schriftsteller sagen, «o Phaidros und Sokrates, scheint euch nun eine so oder eine anders abgehandelte Redekunst annehmungswürdig?»

Phaidros: Unmöglich, o Sokrates, eine andere, wiewohl sie auf diese Art als keine geringe Arbeit erscheint.

Sokrates: Wohl wahr. Eben deshalb nun solltest du alles Gesagte noch einmal nach allen Seiten umwendend betrachten, ob sich viel-
c leicht wo ein leichterer oder kürzerer Weg zu ihr zeigt, damit nicht vergeblich einen langen und beschwerlichen einschlage, wem doch ein kurzer und ebener offensteht. Hast du also etwas hierzu Dienliches vom Lysias oder irgend jemand anderen gehört, so rufe es dir ins Gedächtnis und versuche es vorzutragen.

Phaidros: Wenn es nur auf den Versuch ankommt, hätte ich wohl etwas, aber jetzt habe ich es nicht so bei der Hand.

Sokrates: Willst du also, daß ich dir sage, was ich von einigen, die sich hiermit abgeben, gehört habe?

Phaidros: Warum nicht?

Sokrates: Sagt man doch, o Phaidros, es sei recht, auch des Wolfes Sache zu verteidigen.

Phaidros: So tue du denn auch so. d

[57. Die Theorie der bestehenden Rhetorik und ihr Postulat: Aufsuchung des Scheinbaren]

Sokrates: Sie behaupten also, man dürfe dieses gar nicht so ernsthaft behandeln, noch von so weitem ausholend ableiten; denn durchaus, was wir auch gleich zu Anfang dieser Rede gesagt haben, sei es nicht nötig, daß irgendwie an der Wahrheit teilhabe davon, was gerecht und gut sei in den Angelegenheiten oder wer so sei unter den Menschen von Natur oder durch Erziehung, wer künftig ein zureichender Redner sein wolle. Denn ganz und gar kümmere sich vor den Gerichtsstätten niemand das mindeste um die Wahrheit in diesen Dingen, sondern nur um das Glaubliche, und dieses sei das Scheinbare, worauf also derjenige seine Aufmerksamkeit zu wenden e
habe, der kunstgerecht reden wolle. Denn bisweilen dürfe er das Geschehene gar nicht einmal sagen, wenn es nicht zugleich auch den Schein für sich hat, sondern nur das Scheinbare, in der Anklage sowohl als Verteidigung, und auf alle Weise müsse, wer redet, nur dem Scheinbaren nachjagen, dem Wahren völlig Lebewohl sagend; denn jenes überall in der Rede für sich zu haben, das mache die 273 a
ganze Kunst aus.

Phaidros: Gerade dieses, o Sokrates, wie du es vorgetragen hast, sagen diejenigen, welche sich für Kunstverständige in Reden ausgeben. Ich erinnere mich wohl, daß wir im vorigen ganz kürzlich auch dieses berührt haben; es dünkt aber denen, die sich hiermit abgeben, etwas sehr Großes zu sein.

Sokrates: Du hast ja den Teisias selbst fleißig getrieben, so mag uns nun auch Teisias sagen, ob er etwas anderes meint unter dem Scheinbaren als das, was die Menge leicht glaubt? b

Phaidros: Was könnte es anderes sein?

Sokrates: Dieses also ist, wie es scheint, sehr weise und kunstreich ausgedacht, was er schreibt: daß nämlich, wenn ein Schwacher aber Mutiger einen Starken aber Feigen niederwirft, ihm den Mantel oder sonst etwas wegnimmt und dann vor Gericht geführt wird, keiner von beiden die Wahrheit sagen müsse; sondern der Feige müsse sich hüten zu gestehen, daß er von jenem Mutigen allein bezwungen worden, dieser aber müsse dies freilich behaupten, daß sie allein waren, jenes aber vorzüglich gebrauchen: wie sollte also ich als ein sol- c
cher mich wohl an einen solchen gewagt haben? Dann würde jener doch seine Feigheit nicht bekennen, und indem er auf eine neue Lüge sönne, vielleicht auch seinem Gegner einen neuen Beweis an die Hand geben. Und ebenso beschaffen ist auch in andern Fällen das nach der Kunst Gesprochene. Nicht so, Phaidros?

Phaidros: Wie anders?

Sokrates: Weh! gar eine verborgene Kunst hat uns offenbar dieser Teisias aufgefunden, oder wer es sonst eigentlich ist und woher am liebsten benannt. Aber, Freund, wollen wir so zu ihm sprechen oder nicht?

d Phaidros: Wie denn?

[58. Zusammenfassende Antwort an die Rhetorik. Das den Göttern Wohlgefällige als Ziel]

Sokrates: Etwa so: O Teisias, schon lange, ehe du noch hergekommen bist, haben wir gesagt, daß dieses Scheinbare den Leuten aus einer Ähnlichkeit mit dem Wahren beikommt; die Ähnlichkeiten aber, haben wir eben gezeigt, wird überall der, welcher die Wahrheit in der Sache erkannt hat, am besten zu finden wissen. So daß, wenn du etwas anderes über die Kunst der Reden zu sagen hast, wir es gern anhören wollen; wo nicht, so müssen wir dem jetzt eben Abgehandelten glauben, daß, wenn nicht jemand sowohl die verschie-
e denen Naturen der Zuhörer aufzuzählen als auch die Gegenstände
nach ihren Arten einzuteilen und die einzelnen unter *einen* Begriff zusammenzufassen imstande ist, er niemals in Reden so kunstreich sein wird, als es dem Menschen möglich ist; daß aber dieses niemals einer erlangen kann ohne vielfältige Anstrengung, welcher sich der Vernünftige nicht um mit den Menschen zu reden und zu verhandeln unterziehen soll, sondern nur um den Göttern Wohlgefälliges reden zu können und ihnen wohlgefällig alles nach Vermögen auszurichten. Denn nicht seinen Mitknechten, o Teisias, so sagen weisere als wir, muß gefällig zu werden, wer Vernunft hat, sich be-
274 a streben, höchstens nur nebenbei, sondern seinen guten und hohen
Gebietern. Darum, wenn der Weg lang ist, so wundere dich nicht; denn großer Dinge wegen wird er uns angemutet, nicht derer die du denkst. Es wird aber, wie die Rede zeigt, auch dieses, wenn es jemand will, durch jenes am besten erlangt.

Phaidros: Ganz trefflich dünkt mich dieses gesagt zu sein, o Sokrates, wenn es nur jemand imstande wäre.

Sokrates: Aber strebt man nach Schönem, so ist auch schön, über
b sich ergehen zu lassen, was eben erfolgt.

Phaidros: Jawohl.

Sokrates: Darüber nun, was Kunst ist und Kunstlosigkeit im Reden, möchte dieses genug sein.

Phaidros: Vollkommen.

Sokrates: Von der Anständigkeit und Unanständigkeit des Schreibens aber, wo angewendet es gut ist und wo unschicklich, davon wäre noch übrig zu reden. Nicht wahr?

Phaidros: Ja.

[59. Scheinbarer Nutzen des Schreibens: der Mythos von Theuth]

Sokrates: Weißt du wohl, wie du eigentlich Gott wohlgefällig das Reden behandeln und davon sprechen mußt?

Phaidros: Keineswegs, du aber?

c Sokrates: Eine Sage wenigstens habe ich darüber zu erzählen von
den Alten, das Wahre aber wissen nur jene selbst. Könnten wir aber

dieses finden, würden wir uns dann noch irgend um menschliche Urteile kümmern?

Phaidros: Lächerliches fragst du! Aber erzähle, was du gehört zu haben behauptest.

Sokrates: Ich habe also gehört, zu Naukratis in Ägypten sei einer von den dortigen alten Göttern gewesen, dem auch der Vogel, welcher Ibis heißt, geheiligt war, der Gott selbst aber habe Theuth geheißen. Dieser habe zuerst Zahl und Rechnung erfunden, dann die Meßkunst und die Sternkunde, ferner das Brett- und Würfelspiel, und so d
auch die Buchstaben. Als König von ganz Ägypten habe damals Thamus geherrscht in der großen Stadt des oberen Landes, welche die Hellenen das ägyptische Theben nennen, den Gott selbst aber Ammon. Zu dem sei Theuth gegangen, habe ihm seine Künste gewiesen und begehrt, sie möchten den andern Ägyptern mitgeteilt werden. Jener fragte, was doch eine jede für Nutzen gewähre, und je nachdem ihm, was Theuth darüber vorbrachte, richtig oder unrichtig dünkte, tadelte er oder lobte. Vieles nun soll Thamus dem e
Theuth über jede Kunst dafür und dawider gesagt haben, welches weitläufig wäre alles anzuführen. Als er aber an die Buchstaben gekommen, habe Theuth gesagt: Diese Kunst, o König, wird die Ägypter weiser machen und gedächtnisreicher, denn als ein Mittel für Erinnerung und Weisheit ist sie erfunden. Jener aber habe erwidert: O kunstreichster Theuth, einer weiß, was zu den Künsten gehört, ans Licht zu bringen; ein anderer zu beurteilen, wieviel Schaden und Vorteil sie denen bringen, die sie gebrauchen werden. So hast auch du jetzt, als Vater der Buchstaben, aus Liebe das Ge- 274 a
genteil dessen gesagt, was sie bewirken. Denn diese Erfindung wird den Seelen der Lernenden vielmehr Vergessenheit einflößen aus Vernachlässigung der Erinnerung, weil sie im Vertrauen auf die Schrift sich nur von außen vermittels fremder Zeichen, nicht aber innerlich sich selbst und unmittelbar erinnern werden. Nicht also für die Erinnerung, sondern nur für das Erinnern hast du ein Mittel erfunden, und von der Weisheit bringst du deinen Lehrlingen nur den Schein bei, nicht die Sache selbst. Denn indem sie nun vieles gehört haben ohne Unterricht, werden sie sich auch vielwissend zu sein dünken, obwohl sie größtenteils unwissend sind, und schwer zu behandeln, b
nachdem sie dünkelweise geworden statt weise.

Phaidros: O Sokrates, leicht erdichtest du uns ägyptische und was sonst für ausländische Reden du willst.

Sokrates: Sollen doch, o Freund, in des Zeus dodonäischem Tempel einer Eiche Reden die ersten prophetischen gewesen sein. Den Damaligen nun, weil sie eben nicht so weise waren wie ihr Jüngeren, genügte es in ihrer Einfalt, auch der Eiche und dem Stein zuzuhören, wenn sie nur wahr redeten. Dir aber macht es vielleicht einen c
Unterschied, wer der Redende ist und woher. Denn nicht darauf allein siehst du, ob sich so oder anders die Sache verhält.

Phaidros: Mit Recht hast du mich gescholten. Auch dünkt mich mit den Buchstaben es sich so zu verhalten, wie der Thebaner sagt.

[60. Schwäche des durch die Schrift überlieferten toten Wissens]

SOKRATES: Wer also eine Kunst in Schriften hinterläßt, und auch wer sie aufnimmt, in der Meinung, daß etwas Deutliches und Sicheres durch die Buchstaben kommen könne, der ist einfältig genug und weiß in Wahrheit nichts von der Weissagung des Ammon, wenn er glaubt, geschriebene Reden wären noch sonst etwas als nur demje-
d nigen zur Erinnerung, der schon das weiß, worüber sie geschrieben sind.

PHAIDROS: Sehr richtig.

SOKRATES: Denn dieses Schlimme hat doch die Schrift, Phaidros, und ist darin ganz eigentlich der Malerei ähnlich; denn auch diese stellt ihre Ausgeburten hin als lebend, wenn man sie aber etwas fragt, so schweigen sie gar ehrwürdig still. Ebenso auch die Schriften: Du könntest glauben, sie sprächen, als verständen sie etwas, fragst du sie aber lernbegierig über das Gesagte, so bezeichnen sie doch nur stets ein und dasselbe. Ist sie aber einmal geschrieben, so
e schweift auch überall jede Rede gleichermaßen unter denen umher, die sie verstehen, und unter denen, für die sie nicht gehört, und versteht nicht, zu wem sie reden soll und zu wem nicht. Und wird sie beleidigt oder unverdienterweise beschimpft, so bedarf sie immer ihres Vaters Hilfe; denn selbst ist sie weder sich zu schützen noch zu helfen imstande.

PHAIDROS: Auch hierin hast du ganz recht gesprochen.

276 a SOKRATES: Wie aber? Wollen wir nicht nach einer anderen Rede sehen, der echtbürtigen Schwester von dieser, wie sie entsteht und wieviel besser und kräftiger als jene sie gedeiht?

PHAIDROS: Welche doch meinst du, und wie soll sie entstehen?

SOKRATES: Welche mit Einsicht geschrieben wird in des Lernenden Seele, wohl imstande, sich selbst zu helfen, und wohl wissend zu reden und zu schweigen, gegen wen sie beides soll.

PHAIDROS: Du meinst die lebende und beseelte Rede des wahrhaft Wissenden, von der man die geschriebene mit Recht wie ein Schattenbild ansehen könnte.

[61. Das Schreiben als ein Spiel des Wissenden, und sein Ernst beim Säen unsterblicher Samen]

b SOKRATES: Allerdings eben sie. Sage mir aber dieses, ob ein verständiger Landmann den Samen, den er vor andern pflegen und Früchte von ihm haben möchte, recht eigens im heißen Sommer in einem Adonisgärtchen bauen und sich freuen wird, ihn in acht Tagen schön in die Höhe geschossen zu sehen, oder ob er dieses nur als ein Spiel und bei festlichen Gelegenheiten tun wird, wenn er es denn tut; jenen aber, womit es ihm Ernst ist, nach den Vorschriften der Kunst des Landbaues in den gehörigen Boden säen und zufrieden sein, wenn, was er gesäet, im achten Monat seine Vollkommenheit erlangt?

c PHAIDROS: Gewiß so, o Sokrates, würde er dieses im Ernst, jenes, wie du sagtest, nur anders tun.

SOKRATES: Und sollen wir sagen, daß, wer vom Gerechten, Schönen und Guten Erkenntnis besitzt, weniger verständig als der Landmann verfahren werde mit seinem Samen?

PHAIDROS: Keineswegs wohl.

SOKRATES: Nicht zum Ernst also wird er sie ins Wasser schreiben, mit Tinte sie durch das Rohr aussäend, mit Worten, die doch unvermögend sind, sich selbst durch Rede zu helfen, unvermögend aber auch, die Wahrheit hinreichend zu lehren?

PHAIDROS: Wohl nicht, wie zu vermuten.

SOKRATES: Freilich nicht; sondern die Schriftgärtchen wird er nur d
des Spieles wegen, wie es scheint, besäen und beschreiben. Wenn er aber schreibt, um für sich selbst einen Vorrat von Erinnerungen zu sammeln auf das vergeßliche Alter, wenn er es etwa erreicht, und für jeden, welcher derselben Spur nachgeht: so wird er sich freuen, wenn er sie zart und schön gedeihen sieht; und wenn andere sich mit andern Spielen ergötzen, bei Gastmahlen sich benetzend und was dem verwandt ist, dann wird jener statt dessen mit dem Genannten spielend die Zeit verbringen.

PHAIDROS: Ein gar herrliches, o Sokrates, nennst du neben den ge- e
ringeren Spielen: das Spiel dessen, der von der Gerechtigkeit, und was du sonst erwähntest, dichtend mit Reden zu spielen weiß.

SOKRATES: So ist es allerdings, Phaidros. Weit herrlicher aber, denke ich, ist der Ernst mit diesen Dingen, wenn jemand nach den Vorschriften der dialektischen Kunst, eine gehörige Seele dazu wählend, mit Einsicht Reden säet und pflanzt, welche sich selbst und dem, der sie gepflanzt, zu helfen imstande und nicht unfruchtbar sind, son- 277 a
dern einen Samen tragen, vermittels dessen einige in diesen, andere in anderen Seelen gedeihend, eben dieses unsterblich zu erhalten vermögen und den, der sie besitzt, so glückselig machen, als einem Menschen nur möglich ist.

PHAIDROS: Allerdings ist etwas noch weit Herrlicheres, was du hier sagst.

[62. Zusammenfassende Feststellung darüber, was kunstmäßiges Reden bedeutet]

SOKRATES: Jetzt erst, Phaidros, können wir auch jenes entscheiden, nachdem wir uns hierüber vereinigt.

PHAIDROS: Was doch?

SOKRATES: Das, was wir eigentlich sehen wollten, und bei dem wir nur hierauf gekommen sind, ob wir nämlich nicht finden könnten, wie wohl dem Lysias das Redenschreiben zur Schande gereiche, und b
auch wegen der Reden selbst, welche mit Kunst und welche ohne Kunst geschrieben wären. Was nun kunstmäßig ist oder nicht, dünkt mich schon ziemlich deutlich gemacht worden zu sein.

PHAIDROS: Es dünkte mich auch, erinnere mich aber doch noch einmal.

SOKRATES: Nämlich ehe nicht jemand die wahre Beschaffenheit eines jeden Dinges kennt, worüber er redet und schreibt, und es an sich selbst vollständig zu erklären imstande ist, und nachdem er es erklärt, es auch wieder in seine Unterarten bis zum Unteilbaren zu

teilen, und ebenso auch mit der Seele Natur bekannt, die einer jeden
c angemessene Art der Rede herauszufinden versteht, und sie dann so
ordnet und ausschmückt, daß er bunten Seelen auch bunte und wohl-
lautreiche Reden gibt, einfachen aber einfache, eher werde er noch
nicht vermögend sein, so weit es die Sache erlaubt, mit Kunst das
Geschlecht der Reden zu behandeln, weder um zu lehren, noch um
zu überreden, wie unsere ganze vorherige Rede gezeigt hat.

PHAIDROS: Allerdings, so ungefähr war uns dieses erschienen.

[63. Entscheidung der Frage, welches Reden und Schreiben schimpflich ist und welches nicht]

d SOKRATES: Wie aber jenes, ob es etwas Schönes ist oder Verächtli-
ches, Reden zu sprechen und zu schreiben, und wie betrieben es mit
Recht zum Schimpf gerechnet werden könnte oder nicht, hat uns
nicht auch dieses schon das eben zuvor Besprochene deutlich gemacht?

PHAIDROS: Welches denn?

SOKRATES: Daß wenn, es sei nun Lysias oder ein anderer, jemals
etwas geschrieben hat oder schreiben wird, in privaten Angelegen-
heiten oder in öffentlichen, indem er Gesetze vorschlägt, also eine
Staatsschrift verfaßt, in der Meinung, es sei große Gründlichkeit und
Klarheit darin, das gereicht dem Schreibenden zum Schimpf, es mag
es ihm nun einer vorrücken oder nicht. Denn Tag und Nacht nicht
unterscheiden zu können im Gerechten und Ungerechten, Bösen und
e Guten, das ist in der Tat unabwendlich das Allerschimpflichste, und
wenn auch das ganze Volk es lobte.

PHAIDROS: Gewiß.

SOKRATES: Wer aber weiß, daß in einer geschriebenen Rede über
jeden Gegenstand vieles notwendig nur Spiel sein muß und daß kei-
ne Rede, gebunden oder ungebunden, als sonderlich der Mühe wert
geschrieben sei noch auch gesprochen, soviele nämlich ohne tiefere
Untersuchung und Belehrung nur des Überredens wegen zusammen-
gearbeitet und gesprochen worden, sondern in der Tat auch die be-
278 a sten unter ihnen nur zur Erinnerung gedient haben für den schon
Unterrichteten; in denen hingegen, welche gelehrt und des Lernens
wegen gesprochen oder wirklich in die Seele hineingeschrieben wor-
den, vom Gerechten, Schönen und Guten, in diesen allein weiß, daß
etwas Wirksames sei und Vollkommenes und der Anstrengung Wür-
diges, weswegen auch nur solche Reden verdienten, gleichsam seine
echten Kinder genannt zu werden, zuerst die in ihm selbst, wenn
sie als von ihm gefundene einwohnt, hernach was etwa für Kinder
b und Brüder von dieser zugleich in andern Seelen anderer nach Ver-
hältnis eingewachsen sind, und deshalb alle andern gehen läßt —
dieser mag dann wohl ein solcher sein, Phaidros, wie ich und du
wünschten, daß ich und du sein möchten.

PHAIDROS: Auf alle Weise will und wünsche auch ich mit dir, was du sagst.

[64. Botschaften an Lysias und Isokrates, Schlußgebet]

SOKRATES: Also sei nun unter uns genug gescherzt über das Re-

den; und du gehe hin und verkündige dem Lysias, daß wir beide, zu
der Nymphen Quelle und Ruhesitz hinabgestiegen, dort Reden ge-
hört, welche uns befahlen, zuerst dem Lysias und wer sonst Reden c
abfaßt, dann dem Homeros und wer sonst Gedichte, für sich be-
stehende oder von Gesang begleitete, verfertigt hat, drittens auch
dem Solon und wer sonst in bürgerlichen Versammlungen Schrif-
ten, die er Gesetze nennt, geschrieben hat, zu sagen: wenn er der-
gleichen abgefaßt, wohl wissend, wie sich die Sache in Wahrheit ver-
hält, und imstande, in Erörterung über das Geschriebene eingehend,
demselben Hilfe zu leisten und redend selbst sein Geschriebenes nur
als etwas Schlechtes darzustellen, daß er dann auch nicht mit dem
Namen genannt werden müsse, der nur hiervon hergenommen ist,
sondern mit einem auf jenes sich beziehenden, woran er ernstlich d
Fleiß gewendet.

Phaidros: Was für Namen also willst du ihm erteilen?

Sokrates: Jemand einen Weisen zu nennen, o Phaidros, dünkt
mich etwas Großes zu sein und Gott allein zu gebühren; aber einen
Freund der Weisheit oder dergleichen etwas möchte ihm selbst ange-
messener sein und auch an sich schicklicher.

Phaidros: Und nicht aus der Weise.

Sokrates: Also wer nichts Besseres hat, als was er nach langem
Hin- und Herwenden, Aneinanderfügen und Ausstreichen abgefaßt
oder geschrieben hat, den wirst du mit Recht einen Dichter oder Re- e
denschreiber oder Gesetzverfasser nennen.

Phaidros: Wie anders?

Sokrates: Dieses also verkündige deinem Freunde.

Phaidros: Wie aber du? Was wirst du tun? Denn wir dürfen doch
auch deinen Freund nicht übergehen.

Sokrates: Welchen doch?

Phaidros: Isokrates den Schönen; was wirst du dem verkündigen,
o Sokrates? Was sollen wir sagen, daß er sei?

Sokrates: Jung ist Isokrates noch; was mir aber von ihm ahnt will 279 a
ich sagen.

Phaidros: Was also?

Sokrates: Er dünkt mich zu gut, um ihn mit des Lysias Reden zu
vergleichen, was seine Naturgabe betrifft, auch von edlerer Mischung
des Gemütes, so daß es nichts Wunderbares wäre, wenn er bei rei-
ferem Alter teils in den Reden, auf die er jetzt seinen Fleiß wendet,
alle, die sich je mit Reden abgegeben, weiter als Kinder hinter sich
zurückließe, teils auch, wenn ihm dieses nicht mehr genügte, ihn zu
etwas Größerem ein göttlicher Trieb hinführte. Denn von Natur
schon, Phaidros, ist etwas Philosophisches in der Seele des Mannes. b
Dieses also will ich im Namen dieser Götter dem Isokrates als mei-
nem Lieblinge verkündigen; du aber jenes als dem deinigen dem
Lysias.

Phaidros: Das soll geschehen. Aber laß uns nun gehen, da auch
die Hitze gelinder geworden.

Sokrates: Ziemt es sich nicht, erst zu diesen zu beten und dann zu
gehen?

Phaidros: Warum nicht?

Sokrates: O lieber Pan und ihr Götter, die ihr sonst hier zugegen seid, verleihet mir, schön zu werden im Innern, und daß, was ich
c Äußeres habe, dem Inneren befreundet sei. Für reich möge ich den Weisen halten, und solche Menge Goldes besitzen, wie ein anderer als der Besonnene gar nicht tragen und führen könnte.

Bedürfen wir noch etwas anderes, o Phaidros? Ich für mich habe hinreichend gebetet.

Phaidros: Auch für mich bete dieses mit: denn Freunden ist alles gemeinsam.

Sokrates: Laß uns denn gehen.

PARMENIDES

A. Einleitung: Überlieferung des Gesprächs durch Antiphon über Pythodoros. Anwesenheit der Eleaten in Athen und Vorlesung des Zenon aus seiner Schrift (1. Kap., 126 a 1—127 d 5).

B. Hauptteil:

I. Die Problematik des von Sokrates angenommenen Seins für sich bestehender Begriffe. 1. Ziel der Beweisgänge Zenons und die Ansetzung des Sokrates; a) Sinn und Inhalt der Schrift des Zenon: Aufzeigung der Unmöglichkeit des Seins der Vielheit (2. Kap., 127 d 6—128 e 4); b) Sokratische Ansetzung eines Seins der Begriffe selbst und das Problem, ob diese Verschiedenheit an sich nehmen (3. Kap., 128 e 5—130 a 2). 2. Kritische Betrachtung der sokratischen Position durch Parmenides; a) Frage des Parmenides: Von welchen Gegenständen gibt es für sich bestehende Begriffe (4. Kap., 130 a 3—130 e 4); b) Einwände des Parmenides gegen die Ansicht vom Gegenwärtigsein der Begriffe selbst in den Dingen (5. Kap., 130 e 4—132 b 2); c) Widerlegung der Auffassung der Begriffe selbst als Gedanken und Urbilder. Die größte Schwierigkeit: Das Sein der Begriffe selbst für sich selbst (6. Kap., 132 b 3—134 a 1); d) Unerkennbarkeit der seienden Begriffe und Erkenntnislosigkeit der Götter als Folge des Ansatzes für sich bestehender Begriffe? (7. Kap., 134 a 2 bis 135 c 4). 3. Übergang zur dialektischen Übung; a) Parmenides über die zum Finden der Wahrheit nötige Übung und Bitte um eine Probe (8. Kap., 135 c 5—136 e 4); b) Einleitung zur dialektischen Übung (9. Kap., 136 e 5—137 c 3).

II. Vorführung einer dialektischen Übung über das Sein des Eins durch Parmenides.

A. *Erste Voraussetzung: Wenn Eins ist.*
1. Abschnitt: Das Eins für sich selbst;
a) Erste Durchführung: Wenn *Eins* ist, α) Das Eins-Seiende ist weder ganz noch hat es Teile (9. Kap., 137 c 4—137 d 2), β) Das Eins-Seiende hat weder Anfang noch Ende noch Gestalt und ist nirgends (10. Kap., 137 d 2—138 b 6), γ) Das Eins-Seiende hat weder Bestehen noch Wechsel und ist weder einerlei noch verschieden, weder ähnlich noch unähnlich, weder gleich noch ungleich, sei es mit sich selbst oder mit einem anderen (11. Kap., 138 b 7—140 d 8), δ) Das Eins-Seiende ist weder älter noch jünger, noch gleich alt wie es selbst oder ein anderes. Das Eins-Seiende ist nicht und ist nicht Eins, und es gibt von ihm keine Benennung und keine Erkenntnis (12. Kap., 140 e 1 — 142 a 8);
b) zweite Durchführung: Wenn Eins *ist*, α) Das seiende Eins ist Ganzes und hat Teile, es ist unendlich der Menge nach. Wenn Eins *ist*, dann ist auch Zahl (13. Kap., 142 b 1—144 a 9), β) Das Sein und das Eins als Teile des seienden Eins sind Vieles (14. Kap., 144 b 1—144 e 7) γ) Das seiende Eins hat Anfang, Ende und Gestalt, es ist sowohl in sich selbst als auch in einem anderen, hat Bewegung und Ruhe und ist sowohl mit sich selbst einerlei als auch von sich selbst verschieden (15. Kap., 144 e 8 bis 146 d 2), δ) Das seiende Eins ist verschieden von den Anderen und mit ihnen einerlei. Das seiende Eins ist ähnlich den Anderen (16. Kap., 146 d 3 bis 148 a 6), ε) Das seiende Eins ist unähnlich den anderen und sich selbst sowohl ähnlich als unähnlich. Das seiende Eins berührt sich selbst und die Anderen und berührt nicht (17. Kap., 148 a 6—149 d 7), ζ) Das

seiende Eins ist gleich und ungleich an Größe und Zahl sowohl sich selbst als den Anderen (18. Kap., 149 d 8 — 151 e 2), κ) Das seiende Eins ist und wird und ist und wird nicht jünger und älter als es selbst. Das seiende Eins ist älter als die Anderen (19. Kap., 151 e 3 — 153 b 7), ϑ) Das seiende Eins ist jünger als die Anderen. Das seiende Eins ist weder älter noch jünger als die Anderen und wird und wird nicht weder älter noch jünger als die Anderen. Das seiende Eins war und ist und wird sein, und es gibt von ihm Benennung und Erkenntnis (20. Kap., 153 b 8 bis 155 e 3);
c) dritte Durchführung: Wenn *Eins ist.* Das seiende Eins-Seiende ist weder, noch ist es nicht, es bewegt sich weder, noch ruht es. Das seiende Eins-Seiende als der Übergang und der Augenblick als sein Ort (21. Kap., 155 e 4 — 157 b 5).
2. Abschnitt: Das Eins und die Anderen;
a) Erste Durchführung: Das seiende Eins und die Anderen. Wenn Eins *ist,* dann sind die Anderen Ganzes und haben Teile, sie sind unbegrenzt und begrenzt, ähnlich und unähnlich sowohl sich selbst als untereinander (22. Kap., 157 b 6 — 159 b 1);
b) zweite Durchführung: Das Eins-Seiende und die Anderen. Wenn *Eins* ist, dann sind die Anderen weder Eins noch Vieles, weder ähnlich noch unähnlich dem Eins oder sich selbst, und ihnen kommt schlechterdings keine Bestimmung zu (23. Kap., 159 b 2 — 160 b 4).

B. *Zweite Voraussetzung? Wenn Eins nicht ist.*
1. Abschnitt: Das Nicht-Eins für sich selbst;
a) Erste Durchführung: Wenn *Eins* nicht ist. Das Eins-Nichtseiende hat Erkenntnis und Verschiedenheit an sich, es hat Unähnlichkeit mit den Anderen und Ähnlichkeit mit sich selbst, es hat Gleichheit, Größe und Kleinheit an sich und Sein und Nichtsein, es besteht und wechselt und verändert sich und verändert sich nicht (24. Kap., 160 b 5 — 163 b 6);
b) zweite Durchführung: Wenn Eins *nicht ist.* Das nichtseiende Eins ist nicht, es wird weder, noch vergeht es, es verändert sich nicht, noch besteht es. Das nichtseiende Eins hat weder Größe noch Kleinheit noch Gleichheit, weder Ähnlichkeit noch Verschiedenheit, und es gibt von ihm keine Erkenntnis und keine Benennung (25. Kap., 163 b 7 — 164 b 3).
2. Abschnitt: Das Nicht-Eins und die Anderen;
a) Erste Durchführung: Das Eins-Nichtseiende und die Anderen. Wenn *Eins* nicht ist, dann sind die Anderen als Massen voneinander verschieden, und diese Massen werden Eins zu sein scheinen, es aber nicht sein, sie werden als gleich und ungleich, als begrenzt und unbegrenzt, als ähnlich und unähnlich erscheinen, ohne irgend etwas dergleichen zu sein (26. Kap., 164 b 5 — 165 e 1);
b) zweite Durchführung: Das nichtseiende Eins und die Anderen. Wenn Eins *nicht ist,* dann sind die Anderen weder Eins noch Vieles, noch erscheinen sie so, dann ist von den Anderen keine Vorstellung und kein Schein. Wenn Eins nicht ist, dann ist Nichts (27. Kap., 165 e 2 — 166 c 2)

C. *Schlußzusammenfassung: Wenn Eins ist oder nicht ist* (28. Kap., 166 c 2 — 166 c 5).

Kephalos erzählt

[1. Überlieferung des Gesprächs durch Antiphon über Pythodoros.
Anwesenheit der Eleaten in Athen und Vorlesung des Zenon] Als
126 a wir von Hause, aus Klazomenai, zu Athen angekommen, begegne-
ten wir auf dem Markte dem Adeimantos und Glaukon. Und Adei-
mantos reichte mir die Hand und sagte: Willkommen, Kephalos,
und wenn du hier etwas bedarfst, das in unserm Vermögen steht,
so sage es. – Eben recht deshalb, erwiderte ich, bin ich hier, euch
um etwas zu bitten. – Sage nur, sprach er, deine Bitte. – Darauf
b sagte ich: Wie heißt doch noch euer Halbbruder von mütterlicher
Seite? Denn ich entsinne mich dessen nicht, er war aber noch ein
Knabe, als ich das erste Mal aus Klazomenai herkam, und das ist
schon lange her. Sein Vater, glaube ich, hieß Pyrilampes. – Ganz
recht, war die Antwort, und er selbst Antiphon. Aber weshalb fragst
du eigentlich nach ihm? – Dies hier, antwortete ich, sind Landsleute
von mir, sehr philosophische Männer, und haben gehört, jener An-
tiphon habe sehr viel mit einem gewissen Pythodoros, einem Freun-
c de des Zenon, gelebt, und er habe die Unterredungen, welche einst
Sokrates, Zenon und Parmenides gehalten, durch oftmaliges Anhö-
ren vom Pythodoros im Gedächtnis. – Ganz richtig, entgegnete er.
– Diese nun, fuhr ich fort, wünschten wir zu hören. – Das ist nichts
Schwieriges, antwortete er. Denn noch als ein heranwachsender
Knabe hat er sie sich sehr zu eigen gemacht, jetzt hingegen beschäf-
tigt er sich wie sein gleichnamiger Großvater vorzüglich mit der
Pferdezucht. Also wenn ihr wollt, laßt uns zu ihm gehen; denn er
ging gerade eben von hier nach Hause und wohnt ganz nahebei in
Melite.

127 a Dies gesprochen, gingen wir und trafen den Antiphon zu Hause,
wie er eben dem Schmied einen Zaum zur Ausbesserung übergab.
Nachdem er nun diesen abgefertigt und die Brüder ihm gesagt, wes-
halb wir kämen, erkannte er auch mich von meiner ersten Reise her
und begrüßte mich. Und als wir ihn baten, das Gespräch zu erzäh-
len, machte er zuerst Schwierigkeiten, weil es, sagte er, eine gar müh-
same Sache wäre; hernach jedoch erzählte er.

Also Antiphon sagte, Pythodoros habe ihm erzählt, Zenon und
Parmenides wären einst zu den großen Panathenäen gekommen.
b Parmenides nun wäre damals schon hoch bejahrt gewesen, ganz weiß-
haarig, aber edlen Ansehens, wohl fünfundsechzig Jahre alt. Zenon
aber wäre etwa vierzig gewesen, wohlgewachsen und von angeneh-
mem Aussehen, auch hätte er dafür gegolten, des Parmenides Lieb-
ling gewesen zu sein. Gewohnt hätten sie beim Pythodoros außer-
c halb der Stadt im Kerameikos, wohin dann auch Sokrates gekommen
wäre und einige andere mit ihm, alle begierig, die Schrift des Ze-

non zu hören; denn damals wäre diese zuerst von jenen hergebracht
worden. Sokrates aber wäre damals noch sehr jung gewesen. Vorge-
lesen hätte Zenon selbst, Parmenides aber wäre eben draußen ge-
wesen; und nur noch wenig von der Vorlesung sei übrig gewesen, als
er selbst, Pythodoros, wie er sagte, von draußen hereingekommen d
und mit ihm Parmenides sowie auch Aristoteles, der hernach zu den
Dreißig gehört hat, und nur sehr Weniges hätten sie noch gehört
von dem Buche. Übrigens hätte er selbst es schon früher vom Ze-
non gehört.

[2. Sinn und Inhalt der Schrift des Zenon: Aufzeigung der Unmöglichkeit des Seins der Vielheit]

Nachdem nun Sokrates zu Ende gehört, habe er gebeten, den ersten
Abschnitt des ersten Beweisgangs noch einmal zu lesen, und als es ge-
schehen, habe er gesagt: Wie, o Zenon, meinst du dieses? Wenn das e
Seiende Vieles wäre: so müßte es auch ähnlich sein und unähnlich?
Dieses aber wäre unmöglich, denn weder könnte das Unähnliche
ähnlich noch das Ähnliche unähnlich sein? Meinst du es nicht so? –
Gerade so, habe Zenon gesagt. – Und also, wenn unmöglich das Un-
ähnliche ähnlich sein könnte und das Ähnliche unähnlich, so könnte
ja unmöglich Vieles sein. Denn wenn Vieles wäre, würde ihm jenes
Unmögliche begegnen. Ist es dieses, was deine Beweisgänge sagen
wollen, nichts anders als allem sonst Geglaubten zuwider behaup-
ten, daß nicht Vieles sei? Und hiervon hältst du jeden deiner Beweis-
gänge für einen Aufweis, so daß du auch meinst, so viele Aufweise
geführt zu haben, als du Beweisgänge geschrieben hast, daß nicht
Vieles ist? Meinst du es so, oder habe ich es nicht recht begriffen? – 128 a
Keineswegs, habe Zenon gesagt, sondern du hast ganz richtig ver-
standen, was die ganze Schrift will. – Ich merke also wohl, habe So-
krates gesagt, daß Zenon dir, Parmenides, nicht nur im übrigen in
Freundschaft verbunden zu sein wünscht, sondern auch vermittels
dieser Schrift. Denn gewissermaßen hat er dasselbe geschrieben wie
du; indem er es aber herumdreht, versucht er uns zu hintergehen,
als sage er etwas anderes. Denn du in deinen Gedichten sagst, das
Ganze sei Eins, und stellst dafür gut und tüchtig Beweise auf. Dieser b
aber sagt wiederum, es wäre nicht Vieles, ebenfalls mit Darlegung
vieler und starker Beweisgründe. Dies nun, daß der eine behauptet,
es wäre Eins, und der andere, es wäre nicht Vieles, und jeder so re-
det, daß er nichts von dem gesagt zu haben scheint, was der andere,
obwohl es doch ungefähr das Nämliche sein muß, das ist offenbar
uns andern zu hoch, wie ihr es durchgeführt habt. – Ja, Sokrates, habe
Zenon gesagt, so hast auch du die eigentliche Bewandtnis dieser
Schrift noch nicht durchaus inne, obgleich du dem Inhalt wie ein
spartanischer Hund sehr gut nachspürst und auf der Fährte bleibst. c
Allein zuerst schon entgeht dir dieses, daß die Schrift sich ganz und
gar nicht so wichtig macht, daß sie, obschon nichts anderes, als was
du anführst, besagend, dieses den Leuten zu verheimlichen suchte,
als wollte sie etwas Großes ausrichten. Sondern was du von ihr sag-
test, ist nur etwas Zufälliges; eigentlich aber ist diese Schrift eine

Hilfe für den Satz des Parmenides gegen diejenigen, welche sich her-
d ausnehmen, ihn zu verspotten, als ob, wenn Eins ist, gar vielerlei
Lächerliches und ihm selbst Widersprechendes bei dem Satz heraus-
käme. Es streitet also diese Schrift gegen die, welche das Viele be-
haupten, und gibt ihnen gleiches zurück und noch mehr, indem sie
deutlich zu machen sucht, daß noch weit Lächerlicheres ihrem Satze,
wenn Vieles ist, als dem «wenn Eines ist» begegnet, wenn ihn je-
mand recht durchnimmt. Aus solcher Streitlust also habe ich sie, als
ich noch jung war, geschrieben, und nachdem sie geschrieben war,
hat sie mir jemand entwendet. So daß ich nicht einmal mit mir selbst
e zu Rate gehen konnte, ob ich sie ans Licht geben sollte oder nicht.
Insofern also irrst du dich, Sokrates, als du glaubst, sie sei nicht mit
der Streitlust eines Jünglings, sondern mit der Ehrliebe des reiferen
Alters geschrieben. Sonst, wie ich schon gesagt, hast du sie nicht übel
abgeschildert. –

*[3. Sokratische Ansetzung eines Seins der Begriffe selbst und das
Problem, ob diese Verschiedenheit an sich nehmen]* Wohl, ich nehme
das an, habe Sokrates gesagt, und glaube, daß es sich nach deiner
Aussage verhält. Dies aber sage mir: setzt du nicht an, daß an und
129 a für sich ein Begriff der Ähnlichkeit ist, und wiederum ein anderer
diesem entgegengesetzter, welcher das Unähnliche ist, und daß an
diesen beiden ich und du und alles andere, was wir Vieles nennen,
Anteil nehmen? Und was die Ähnlichkeit an sich nimmt, wird ähn-
lich, eben dadurch und sofern es die Ähnlichkeit an sich nimmt, was
aber die Unähnlichkeit, unähnlich, und was beide, beides? Wenn
aber auch alles diese beiden entgegengesetzten Begriffe an sich nimmt
und auch wirklich vermöge dieses Ansichhabens beider ähnlich und
b unähnlich mit sich ist: was ist doch daran Wunderbares? Denn wenn
freilich jemand zeigte, die Ähnlichkeit selbst wäre unähnlich oder
die Unähnlichkeit ähnlich, das wäre, denke ich, ein Wunder. Zeigt
er aber, wie dem, was beides an sich hat, auch beides zukommt: so
dünkt mich, o Zenon, dies gar nichts Widersinniges. Auch nicht,
wenn jemand zeigt, alles sei Eins, weil es die Einheit an sich hat, und
dasselbe sei auch wieder Vieles, indem es Menge an sich hat; aber
wird er zeigen, was Eins ist, das selbst sei Vieles, und wiederum, das
c Viele selbst sei Eins: dieses werde ich gewiß bewundern. Und eben-
so nun in Hinsicht auf alles andere: wenn jemand zeigte, daß den
Gattungen und Begriffen selbst diese entgegengesetzten Beschaffen-
heiten zukommen, das wäre wert, es zu bewundern; wenn aber von
mir jemand zeigen kann, daß ich Eins bin und Vieles, was Wunder,
indem er ja nur zu sagen braucht, wenn er zuerst mich als Vieles
zeigen will, daß etwas anderes mein Rechtes ist und anderes mein
Linkes, anderes das Vordere und anderes das Hintere, wie auch oben
und unten auf gleiche Weise: denn so, denke ich, habe ich Vielheit
an mir. Wenn aber hernach als Eins, wird er sagen, daß unter uns
d sieben hier ich *ein* Mensch bin, an mir habend insofern auch Ein-
heit, so daß er beides ganz richtig gezeigt hätte. Wenn nun jemand
unternimmt, dergleichen zugleich als Eins und Vieles zu erweisen,

Steine, Holz und solcherlei: so wollen wir sagen, er habe uns etwas
als Vieles und Eins gezeigt, aber nicht, daß das Eins Vieles oder das
Viele Eins ist, und er bringe also gar nichts Wunderbares vor, son-
dern was wir alle gern zugeben. Wenn aber jemand, wie ich eben
sagte, zuvörderst die Begriffe selbst aussonderte, die Ähnlichkeit
und Unähnlichkeit, die Vielheit und die Einheit, die Bewegung und e
die Ruhe und alle von dieser Art, und dann zeigt, daß diese auch un-
ter sich miteinander vermischt und voneinander getrennt werden
können, das, o Zenon, habe er gesagt, würde mir gewaltige Freude
machen. Jenes nun glaube ich hier sehr wacker durchgeführt zu se-
hen; weit mehr aber, wie gesagt, würde es mich auf diese Art erfreu-
en, wenn jemand diese nämliche Schwierigkeit auch als in die Be-
griffe selbst auf vielfache Art verflochten, wie ihr an den sichtbaren 130 a
Dingen sie durchgegangen seid, ebenso auch an dem, was mit dem
Verstande aufgefaßt wird, aufzeigen könnte.

[4. Frage des Parmenides: Von welchen Gegenständen gibt es für sich bestehende Begriffe?]

Indem Sokrates dieses sprach, sagte Pythodoros, habe er seines-
teils geglaubt, Parmenides und Zenon würden über jedes fast ver-
drießlich sein; sie aber hätten auf seine Rede sehr genau achtgege-
ben und oftmals einander lächelnd angesehen, als freuten sie sich
sehr über den Sokrates. Welches auch, nachdem er aufgehört, Par-
menides geäußert und gesagt: Wie sehr, o Sokrates, verdienst du
gerühmt zu werden wegen deines Eifers für die Forschungen. Und b
sprich, teilst du selbst so, wie du sagst, die Begriffe selbst besonders
und das, was sie annimmt, wieder besonders? Und dünkt dich etwas
die Ähnlichkeit selbst zu sein, getrennt von jener Ähnlichkeit, die
wir an uns haben, und so auch das Eins und das Viele und alles, was
du eben vom Zenon gehört hast? — Mich dünkt es, habe Sokrates
gesagt. — Auch etwa dergleichen, ein Begriff des Gerechten für sich
und des Schönen und Guten, und von allem, was wiederum dieser
Art ist? — Ja, habe er gesagt. — Und wie, auch einen Begriff der c
Menschen, getrennt von uns und allen, welche ebenso sind wie wir,
einen Begriff selbst des Menschen oder des Feuers oder des Wassers?
— Hierüber, habe er gesagt, bin ich oftmals in Zweifel gewesen, o
Parmenides, ob man auch hiervon eben das behaupten soll, wie von
jenem, oder etwas anderes. — Etwa auch über solche Dinge, o Sokra-
tes, welche gar lächerlich herauskämen, wie Haare, Kot, Schmutz
und was sonst noch recht geringfügig und verächtlich ist, bist du in
Zweifel, ob man behaupten solle, daß es auch von jedem unter die-
sen einen Begriff besonders gebe, der wiederum etwas anderes ist d
als die Dinge, die wir handhaben, oder ob man es nicht behaupten
solle? — Keineswegs, habe Sokrates gesagt, sondern daß diese eben
das sind, was wir sehen, und daß zu glauben, es gebe noch einen Be-
griff von ihnen, doch gar zu wunderlich sein möchte. Zwar hat es
mich bisweilen beunruhigt, ob es sich nicht bei allen Dingen auf
gleiche Art verhalte. Dann aber, wenn ich hier zu stehen komme,
fliehe ich, aus Furcht, in eine bodenlose Albernheit versinkend um-

zukommen; komme ich hingegen wieder zu jenen Gegenständen,
von denen wir jetzt eben zugaben, daß es Begriffe von ihnen gebe,
so beschäftige ich mich mit diesen und verweile gern dabei. — Du
e bist eben noch jung, o Sokrates, habe Parmenides gesagt, und noch
hat die Philosophie dich nicht so ergriffen, wie ich glaube, daß sie
dich noch ergreifen wird, wenn du nichts von diesen Dingen mehr
gering achten wirst. Jetzt aber siehst du noch auf der Menschen Mei-
nungen deiner Jahre wegen.

*[5. Einwände des Parmenides gegen die Ansicht vom Gegenwärtig-
sein der Begriffe selbst in den Dingen]* Dieses also sage mir: glaubst
du, wie du sagst, es gebe gewisse Begriffe, durch deren Aufnahme in
sich diese andern Dinge den Namen von ihnen erhalten, so daß, was
131 a die Ähnlichkeit aufnimmt, ähnlich, was die Größe, groß, was aber
die Güte und Gerechtigkeit, gerecht wird und gut? — Allerdings, ha-
be Sokrates gesagt. — Also muß entweder den ganzen Begriff oder
einen Teil davon jedes Aufnehmende in sich aufnehmen? Oder kann
es außer diesen noch eine andere Aufnahme in sich geben? — Wie
sollte es wohl? entgegnete er. — Dünkt dich also der ganze Begriff
in jedem einzelnen von den vielen zu sein, obgleich er einer ist, oder
wie? — Was, o Parmenides, habe Sokrates gefragt, sollte ihn denn
b hindern, darin zu sein? — Eins und dasselbe seiend also soll er in
vielen getrennt voneinander Seienden zugleich sich befinden und
also selbst von sich selbst getrennt sein? — Nicht doch, habe Sokra-
tes gesagt, wenn wie ein und derselbe Tag überall zugleich und den-
noch keineswegs getrennt von sich selbst ist, so auch jeder Begriff
in allen Dingen zugleich derselbe wäre. — Sehr anmutig, o Sokrates,
habe Parmenides gesagt, setzt du eins als dasselbe an vielen Orten
zugleich, wie wenn du mit einem Segeltuch viele Menschen bedek-
kend sagen wolltest, das eine wäre ganz über Vielen. Oder glaubst
c du nicht, so etwas ungefähr zu sagen? — Vielleicht. — Wäre nun so
das Segeltuch ganz über jedem, oder nicht vielmehr über jedem ein-
zelnen auch ein anderer Teil desselben? — Ein Teil freilich. — Teilbar
also, o Sokrates, sind die Begriffe selbst, und was sie in sich hat, hät-
te nur einen Teil in sich, und nicht mehr ganz wäre der Begriff in
jedem, sondern nur ein Teil von jedem? — So scheint es wenigstens.
— Wirst du also, habe er gesagt, wollen, daß der eine Begriff uns
wirklich geteilt werde, und wird er dann noch *einer* sein? — Keines-
wegs. — Denn sieh nur weiter, habe Parmenides gesagt, wenn du
nun die Größe selbst teilen willst und dann jedes von den vielen gro-
d ßen Dingen durch einen als die Größe selbst kleineren Teil der Grö-
ße groß sein soll, ist das nicht offenbar unvernünftig? — Gar sehr,
habe er gesagt. — Und wie, wenn jedes einen kleinen Teil von der
Gleichheit bekommt, so soll es, weil es etwas hat, was kleiner ist als
die Gleichheit, eben dadurch einem andern gleich sein? — Unmög-
lich. — Aber es habe jemand von uns einen Teil der Kleinheit, so
wird doch die Kleinheit selbst größer sein als dieses, welches ihr Teil
ist. Die Kleinheit selbst wird demnach größer sein: dasjenige aber,
e dem das Hinweggenommene beigelegt wird, wird kleiner dadurch,

nicht aber größer als zuvor. — Dieses kann ja wohl nicht sein, habe
er gesagt. — Auf welche Weise also, o Sokrates, sollen dir dann die
andern Dinge die Begriffe aufnehmen, da sie weder teilweise sie auf-
nehmen können noch auch ganz? — Beim Zeus, habe er gesagt, es
scheint mir keineswegs leicht, dies irgendwie auseinanderzusetzen.
— Wie aber nun? Was meinst du zu folgendem? — Wozu? — Ich
glaube, daß du aus folgendem Grunde annimmst, jeder Begriff für 132 a
sich sei eines. Wenn dir nämlich vielerlei Dinge groß zu sein schei-
nen: so scheint dir dies vielleicht eine und dieselbe Gestalt zu sein,
wenn du auf alle siehst, weshalb du dann glaubst, das Große sei
eins. — Ganz richtig, habe er gesagt. — Wie aber nun, das Große
selbst und die andern großen Dinge, wenn du die ebenso mit der
Seele zusammen überschaust: erscheint dir nicht wiederum *ein* Gro-
ßes, wodurch notwendig ist, daß dieses alles dir groß erscheint? —
Das leuchtet sehr ein. — Noch ein anderer Begriff der Größe wird dir
also zum Vorschein kommen außer jener ersten Größe und den die-
se an sich habenden Dingen, und wiederum über allen diesen zusam-
men noch ein anderer, wodurch diese alle groß sind, und so wird dir b
jeder Begriff nicht mehr eines sein, sondern ein unbegrenzt Vielfaches. —

*[6. Widerlegung der Auffassung der Begriffe selbst als Gedanken
oder Urbilder. Die größte Schwierigkeit: Das Sein der Begriffe selbst
für sich selbst]* Aber, o Parmenides, habe Sokrates gesagt, ob nicht
etwa jeder von diesen Begriffen nur ein Gedanke ist, welchem nicht
gebührt, irgendwo anders zu sein als in den Seelen. Denn so wäre
doch jeder eines, und es würde ihnen nicht mehr das begegnen, was
eben gesagt worden ist. — Wie also, habe jener gesagt, jeder von die-
sen Gedanken wäre einer, aber ein Gedanke von nichts? — Unmög-
lich. — Also von etwas? — Ja. — Was ist oder was nicht ist? — Was c
ist. — Nicht wahr, von etwas Gewissem, was eben jener Gedanke als
an allen jenen Dingen befindlich bemerkt als *eine* gewisse Gestalt?
— Ja. — Und dies soll nicht der Begriff sein, was so gedacht wird, ei-
nes zu sein, immer dasselbe seiend in allem? — Das scheint wieder
notwendig. — Wie aber weiter, habe Parmenides gesagt, wenn du
behauptest, die übrigen Dinge haben in sich die Begriffe, mußt du
nicht entweder glauben, daß jedes aus Gedanken bestehe und daß
sie alle denken, oder daß sie Gedanken seiend doch undenkend sind?
— Allein auch das, habe Sokrates gesagt, hat ja keinen Sinn. Sondern,
o Parmenides, eigentlich scheint es mir sich so zu verhalten, daß d
nämlich diese Begriffe gleichsam als Urbilder dastehen in der Na-
tur, die andern Dinge aber diesen gleichen und Nachbilder sind, und
daß die Aufnahme der Begriffe in die andern Dinge nichts anderes
ist, als daß diese ihnen nachgebildet werden. — Wenn nun, sagte
Parmenides, etwas dem Begriff ist nachgebildet worden, ist es mög-
lich, daß der Begriff dem Nachgebildeten nicht ähnlich sei, insofern
dieses ihm ähnlich gemacht worden ist? Oder gibt es eine Möglichkeit,
daß das Ähnliche einem nicht Ähnlichen ähnlich ist? — Es gibt keine.
— Und ist es nicht sehr notwendig, daß das Ähnliche mit dem Ähn-
lichen eins und dasselbe muß aufgenommen haben? — Notwendig. e

— Das aber, durch dessen Aufnahme in sich die ähnlichen Dinge
ähnlich sind, ist nicht das eben der Begriff selbst. — Auf alle Weise
freilich. — Es ist also nicht möglich, daß etwas einem Begriff ähn-
lich ist, noch ein Begriff etwas anderem; wo nicht, so erscheint im-
mer ein anderer Begriff über jenen, und wenn jener wieder ähnlich
133 a ist, noch einer, und niemals hört dieses Erscheinen eines neuen Be-
griffes auf, wenn der Begriff dem, was ihn in sich aufgenommen
hat, ähnlich sein soll. — Das ist sehr richtig. — Also auch nicht durch
Ähnlichkeit nehmen die andern Dinge die Begriffe auf: sondern
man muß eine andere Art suchen, wie sie sie aufnehmen. — So steht es.
— Siehst du also nun, Sokrates, habe Parmenides gesagt, wie groß
die Schwierigkeit ist, wenn jemand die Begriffe als an und für sich
seiend erklärt? — Jawohl. — Wisse demnach nur, habe er weiter ge-
sagt, daß du, um es geradeheraus zu sagen, noch gar nicht berührt
b hast, wie groß die Verlegenheit ist, wenn du für jegliches jedesmal
abgesondert einen Begriff aufstellen willst. — Wie das? habe er ge-
fragt. — Unter vielem anderen, habe Parmenides gesagt, ist das
größte dieses: Wenn jemand behaupten will, es käme diesen Begrif-
fen nicht einmal zu, erkannt zu werden, wenn sie so beschaffen wä-
ren, wie wir sagten, daß Begriffe sein müßten, dem, der dies sagte,
könnte man nicht beweisen, daß er unrecht habe, wenn nicht der
Bezweifelnde schon sehr geübt ist und von guten Gaben, und Lust
hat, dem, der den Beweis führen will, durch viele und weit ausholen-
de Erörterungen zu folgen; sonst wird der nicht zu überzeugen sein,
c welcher behaupten will, sie wären unerkennbar. — Woher dieses, o
Parmenides? habe Sokrates gefragt. — Weil, glaube ich, Sokrates,
du sowohl als jeder, welcher setzt, es gebe von jeglichem Ding ein
Wesen für sich, auch zugestehen wird, daß zuerst kein einziges hier-
von bei uns sich finde? — Wie wäre es auch sonst an sich, habe So-
krates gesagt. — Ganz recht, habe jener gesagt. Diejenigen Ideen al-
so, welche nur in Wechselbeziehung aufeinander sind, was sie sind,
haben auch ihr Wesen an sich nur in Beziehung auf einander und
d nicht in Beziehung auf ihre unter uns befindlichen Nachbilder, oder
wofür man sie sonst halten will von dem, durch dessen Aufnahme
in uns wir dies und das zu sein genannt werden. Das aber bei uns
befindliche jenen Gleichnamige ist dies wiederum in bezug auf ein-
ander und nicht auf die Begriffe, und ist es für einander und wieder-
um nicht für jene, die auch so genannt werden. — Wie meinst du
das? habe Sokrates gefragt. — So, habe Parmenides gesagt, daß,
wenn einer von uns des andern Herr ist oder Knecht, so ist er nicht
des Herrn an sich, welcher Herr *ist*, nicht dessen Knecht; noch auch
e des Knechtes an sich, welcher Knecht *ist*, Herr ist der Herr; sondern
als Menschen sind sie für einander dieses beides. Die Herrschaft
selbst aber ist, was sie ist, von der Knechtschaft selbst, und ebenso
ist Knechtschaft selbst die Knechtschaft von der Herrschaft selbst.
Nicht aber hat, was bei uns ist, sein Vermögen in Beziehung auf je-
nes, noch jenes auf uns: sondern, wie ich sage, unter sich und für
134 a sich ist jenes und unseres ebenso für sich. Oder verstehst du nicht,
was ich meine? —

[7. Unerkennbarkeit der seienden Begriffe und Erkenntnislosigkeit der Götter als Folge des Ansatzes für sich bestehender Begriffe?]

Sehr gut, habe Sokrates gesagt, verstehe ich es. — Also, habe er fortgefahren, auch die Erkenntnis an sich, was Erkenntnis *ist*, wäre die Erkenntnis jenes an sich, was Wahrheit *ist*? — Allerdings. — Und jede einzelne Erkenntnis, welche *ist*, wäre auch nur Erkenntnis des einzelnen Seienden, was *ist*. Oder nicht? — Ja. — Aber die Erkenntnis bei uns, muß die sich nicht beziehen auf die Wahrheit bei uns? Und so jede einzelne Erkenntnis bei uns wäre folglich nur Erkenntnis des einzelnen Seienden bei uns? — Notwendig. — Aber die Be- b
griffe an sich haben wir weder, wie du zugibst, noch ist es möglich, daß sie unter uns angetroffen werden. — Auf keine Weise. — Sonach werden erkannt von dem Begriff an sich der Erkenntnis die Gattungen selbst, welche im einzelnen *sind*? — Ja. — Welchen wir aber nicht haben. — Freilich nicht. — Also wird auch von uns kein Begriff an sich erkannt, weil wir die Erkenntnis selbst nicht haben. — Es scheint nicht. — Unerkennbar also ist uns das Schöne an sich, was *ist*, und so auch das Gute und alles, was wir uns als für sich seiende Ideen c
vorstellen. — So scheint es leider. — Sieh aber nun hiervon auf jenes noch Ärgere. — Auf welches? — Wirst du zugeben oder nicht, daß, wenn an sich eine Gattung Erkenntnis *ist*, diese weit genauer sein müsse als die Erkenntnis bei uns, und so auch die Schönheit und alles andere auf gleiche Weise? — Ja. — Besitzt also irgend etwas anderes diese Erkenntnis an sich: so wirst du nicht wollen, daß irgend jemand anders mehr als Gott die genaueste Erkenntnis habe? — Natürlich. — Wird nun etwa Gott, die Erkenntnis selbst besitzend, wie- d
derum vermögend sein, das, was bei uns ist, zu erkennen? — Warum das nicht? — Weil, sagte Parmenides, unter uns ausgemacht ist, o Sokrates, daß weder jene Begriffe in Beziehung auf das bei uns Befindliche dasjenige Vermögen haben, welches sie haben, noch auch das bei uns Befindliche in Beziehung auf jene; sondern abgesondert jedes von beiden für sich. — Das ist freilich ausgemacht. — Wenn sich also jene genaueste Herrschaft bei Gott befindet und jene genaueste Erkenntnis: so wird diese Herrschaft über jene niemals uns beherrschen, noch auch diese Erkenntnis uns erkennen oder irgend e
etwas bei uns. Sondern ganz auf gleiche Weise herrschen wir nicht über jene mit unserer Herrschaft, noch erkennen wir irgend etwas von dem Göttlichen mit unserer Erkenntnis; und auch sie sind aus demselben Grunde nicht unsere Herren, noch erkennen sie die menschlichen Dinge, als Götter. — Aber, sagte er, daß das nur nicht eine allzu wunderliche Rede ist, wenn einer die Gottheit des Wissens beraubt! — Dennoch aber, o Sokrates, habe Parmenides gesagt, muß dies und noch gar vieles andere von den Begriffen gelten, wenn die- 135 a
se Ideen Seiendes sein sollen und jemand als etwas für sich jeden Begriff setzen will. So daß, wer es anhört, bedenklich werden muß und bestreiten, daß dergleichen überhaupt *ist*, oder wenn ja, daß es ganz notwendig der menschlichen Natur unerkennbar sein müßte. Und wer dies sagt, muß nicht nur glauben, etwas Rechtes zu sagen, sondern auch, wie wir eben sagten, sehr schwer eines andern zu

überzeugen sein; und sehr wohl begabt muß der sein, der dies soll
begreifen können, daß eine Gattung jedes einzelnen *ist* und ein We-
b sen an sich; noch vortrefflicher aber der, welcher es ausfindet und
dies alles gehörig auseinandersetzend auch andere lehren kann. –
Dies, o Parmenides, räume ich dir ein, sprach Sokrates, denn du
sagst es ganz nach meinem Sinn. – Dennoch aber, o Sokrates, sagte
Parmenides, wenn jemand auf der andern Seite nicht zugeben will, daß
Begriffe Seiendes sind, weil er eben auf alles Vorige und mehr Ähn-
liches hinsieht und keinen Begriff für jedes Besondere bestimmt set-
zen will: so wird er nicht haben, wohin er seinen Verstand wende,
c wenn er nicht eine Idee für jegliches Seiende zuläßt, die immer die-
selbe bleibt, und so wird er das Vermögen der Dialektik gänzlich
aufheben; welche Folge du eben vornehmlich scheinst beachtet zu
haben. – Ganz richtig, habe Sokrates gesagt. –

*[8. Parmenides über die zum Finden der Wahrheit nötige Übung
und Bitte um eine Probe]* Was also willst du tun in Hinsicht der
Philosophie? Wohin willst du dich wenden, wenn du über diese Din-
ge keine Erkenntnis besitzt? – Das glaube ich nicht recht abzusehen
für jetzt. – Allzufrüh eben, habe Parmenides gesagt, ehe du dich
gehörig geübt hast, o Sokrates, unternimmst du zu bestimmen, was
d schön ist und gerecht und gut, und so jeden andern Begriff. Schon
neulich habe ich dies bemerkt, als ich hörte, wie du dich mit dem
Aristoteles unterredetest. Schön allerdings und göttlich, das wisse
nur, ist der Trieb, der dich treibt zu diesen Forschungen. Strecke dich
aber zuvor noch besser und übe dich vermittels dieser für unnütz ge-
haltenen und von den meisten auch nur Geschwätz genannten Wis-
senschaft, solange du noch jung bist: denn wo nicht, so wird dir die
Wahrheit entgehen. – Welches aber, o Parmenides, ist die Art und
Weise, sich zu üben? – Dieselbe, o Sokrates, die du eben vom Zenon
e gehört hast. Indes aber habe ich mich darüber doch gefreut von dir,
als du diesem sagtest, du gäbest ihm nicht zu, nur an den sichtbaren
Dingen und in Beziehung auf sie die Untersuchung durchzuführen,
sondern in Beziehung auf jenes, was man vornehmlich mit dem Ver-
stande auffaßt und für Begriffe hält. – Es schien mir eben, habe So-
krates hinzugefügt, auf jene Art nicht schwer, von den Dingen zu
zeigen, daß sie ähnlich und unähnlich sind und daß ihnen alles, was
man nur will, zukommt. – Und mit Recht, sagte Parmenides. Au-
ßerdem mußt du aber noch dies tun, daß du nicht nur etwas als sei-
end voraussetzend untersuchst, was sich aus der Voraussetzung er-
136 a gibt: sondern auch, daß jenes nämliche nicht sei, mußt du hernach
zugrunde legen, wenn du dich noch besser üben willst. – Wie meinst
du das? fragte Sokrates. – Zum Beispiel, sagte Parmenides, nach der
Voraussetzung, von welcher Zenon ausgegangen ist, wenn Vieles
ist, was muß sich dann ergeben für das Viele selbst an sich und in
Beziehung auf das Eins, und auch für das Eins an sich und in Be-
ziehung auf das Viele; und ebenso mußt du dann auch untersuchen,
wenn Vieles nicht ist, was sich dann ergeben muß für das Eins so-
wohl als für das Viele jedes an sich und in Beziehung auf einander.

Ebenso wenn du voraussetzt, wenn es Ähnlichkeit gibt oder wenn b
es sie nicht gibt, ist zu sehen, was aus jeder von beiden Voraussetzungen folgt, sowohl für das Vorausgesetzte selbst als für das Andere insgesamt, an sich und in Beziehung auf einander. Auch von dem Unähnlichen gilt dasselbe und von der Bewegung und Ruhe, von dem Entstehen und Vergehen, ja von dem Sein selbst und dem Nichtsein. Und mit einem Worte, was du auch zugrunde legst, es als seiend und nicht seiend oder was sonst davon annehmend, davon
mußt du sehen, was sich jedesmal ergibt für das Gesetzte selbst und c
für jedes andere Einzelne, was du herausnehmen willst, sowohl für Mehreres als auch für Alles insgesamt ebenso. Ebenso auch, was sich für das Übrige ergibt, an sich und in Beziehung auf jedes Einzelne, was du jedesmal herausheben willst, du magst nun das, wovon du ausgingst, als seiend voraussetzen oder als nichtseiend, wenn du vollkommen geübt auch die Wahrheit gründlich durchschauen willst. — Ein unendliches Geschäft, o Parmenides, beschreibst du, sagte Sokrates, und ich verstehe es noch nicht recht. Warum aber gehst du es nicht selbst durch, irgend etwas voraussetzend, damit ich es desto
besser begreife? — Ein großes Werk, o Sokrates, sagte er, legst du d
mir auf, und in meinem Alter. — Aber du also, habe Sokrates gesagt, o Zenon, warum willst du nicht etwas abhandeln? — Darauf habe Zenon lächelnd geantwortet: Wir wollen ihn selbst bitten, den Parmenides. Denn das ist nichts Geringes, was er sagt; oder siehst du nicht selbst, welche Arbeit du aufträgst? Wären wir nun mehrere, so lohnte es nicht, ihn zu bitten: denn unschicklich ist es, dergleichen vor Vielen zu reden, zumal einem Manne von solchen Jahren. Denn
die Menge weiß nicht, daß, ohne so das ganze Gebiet durchzugehen e
und zu umwandeln, es nicht möglich ist, die Wahrheit treffend richtige Einsicht wirklich zu erlangen. Ich also, o Parmenides, schließe mich der Bitte des Sokrates an, damit auch ich nach langer Zeit dich einmal wieder höre. —

[9. Einleitung zur dialektischen Übung und erste Voraussetzung: Wenn Eins ist. — Das Eins-Seiende ist weder ganz noch hat es Teile]

Als dieses Zenon gesprochen, sagte Antiphon, habe Pythodoros selbst, wie er ihm erzählt, und so auch Aristoteles und die anderen den Parmenides gebeten, eine Probe zu geben von dem, was er meine, und ja nicht anders zu tun. — Hierauf habe Parmenides gesagt: Ich muß wohl gehorchen. Wiewohl es mir, glaube ich, wie dem Rosse
des Ibykos gehen wird, welchem als einem wackern zwar, aber schon 137 a
bejahrten Streiter, weil es im Begriff, noch einmal den Kampf des Wagens zu bestehen, aus Kunde vor dem, was ihm bevorstand, gezittert, eben deshalb jener selbst sich vergleicht, sagend, auch er werde, wider Willen, so alt schon, gezwungen, noch einmal die Bahn der Liebe zu gehen. So fühle auch ich, wenn ich dessen gedenke, nicht wenig Furcht, wie ich wohl in solchem Alter ein so großes und schwieriges Meer von Untersuchungen durchschwimmen soll. Indessen, denn ich muß euch wohl gefällig sein, zumal auch Zenon einstimmt, wir sind ja unter uns. Von wo also fangen wir an, und was sollen

b wir zuerst zugrunde legen? Oder wollt ihr, da doch einmal das müh-
same Spiel soll gespielt werden, daß ich von mir selbst anfange und
von meiner Voraussetzung, indem ich das Eins selbst zugrunde le-
ge, wenn es ist und wenn es nicht ist, was dann sich ergeben muß?
— Das tue allerdings, habe Zenon gesagt. — Wer aber, sprach Par-
menides, wird mir antworten? Oder wohl der jüngste? Denn der
würde am wenigsten Vorwitz treiben und gewiß antworten, was er
meint, zugleich aber würde mir seine Antwort einen Ruhepunkt ge-
c währen. — Ich bin dir hierzu bereit, o Parmenides, habe darauf Ari-
stoteles gesagt. Denn mich meinst du, wenn du den jüngsten meinst.
Frage also, ich werde schon antworten.

Wohlan, habe Parmenides gesagt, wenn *Eins* ist, so kann doch
wohl das Eins nicht Vieles sein? — Wie sollte es wohl! — Weder dür-
fen also Teile desselben, noch darf es selbst ganz sein. — Wie das?
— Der Teil ist doch wohl Teil eines Ganzen? — Ja. — Und wie das
Ganze? Wäre nicht das, dem kein Teil fehlte, ganz? — Allerdings. —
In beiden Fällen also wird das Eins aus Teilen bestehen, wenn es ganz
ist und wenn es Teile hat? — Notwendig. — In beiden Fällen also wä-
d re das Eins Vieles und nicht Eins. — Richtig. — Es soll aber nicht Vie-
les sein, sondern Eins. — Das soll es. —

*[10. Das Eins-Seiende hat weder Anfang noch Ende noch Gestalt
und ist nirgends]* Weder also kann das Eins ganz sein noch Teile ha-
ben, wenn es Eins sein soll. — Freilich nicht. — Wenn es nun gar kei-
nen Teil hat: so hat es doch auch weder Anfang noch Ende noch eine
Mitte. Denn dergleichen wären doch schon Teile desselben. — Rich-
tig. — Gewiß aber sind Anfang und Ende die Grenzen eines jeden. —
Wie sonst? — Unbegrenzt also ist das Eins, wenn es weder Anfang
noch Ende hat? — Unbegrenzt. — Also auch ohne Gestalt; denn es
e kann weder Rund noch Gerade an sich haben. — Wieso? — Rund ist
doch wohl das, dessen Enden überall von der Mitte gleich weit ab-
stehen? — Ja. — Gerade aber das, dessen Mitte vor beiden Enden da-
vor ist? — So ist es. — Also hätte das Eins Teile und wäre Vieles, es
möchte nun die gerade Gestalt an sich haben oder die kreisförmige.
— Allerdings. — Also ist es weder gerade noch kreisförmig, wenn es
138 a doch nicht einmal Teile hat. — Richtig. —

Ferner, wenn es so beschaffen ist, kann es auch nirgends sein. Denn
es kann weder in einem Anderen noch in sich selbst sein. — Wieso
doch? — In einem Anderen seiend, müßte es von jenem, in welchem
es wäre, rings umgeben sein und es vielfach an vielen Orten berüh-
ren. Dem Einen aber und Teillosen und vom Runden nichts an sich
Habenden ist es unmöglich, rings herum an vielen Orten zu berüh-
ren. — Unmöglich. — Wiederum, in sich selbst seiend, wäre ihm als
Umgebendes nichts anderes als es selbst, wenn es doch in sich selbst
b sein soll. Denn daß etwas in etwas es nicht Umgebendem sei, ist un-
möglich. — Unmöglich freilich. — Also wäre anderes davon das Um-
gebende und wieder anderes das Umgebene. Denn ganz kann nicht
dasselbe beides leiden und auch tun. Und so wäre demnach das Eins
nicht mehr Eins, sondern Zwei. — Freilich nicht Eins. — Also ist das

Eins wohl gar nicht wo, wenn es weder sich selbst noch einem andern
einwohnt. – Das ist es nicht. –

[11. Das Eins-Seiende hat weder Bestehen noch Wechsel und ist weder einerlei noch verschieden, weder ähnlich noch unähnlich, weder gleich noch ungleich, sei es mit sich selbst oder mit einem andern]

Sieh also, wenn es sich so damit verhält, ob es wohl bestehen oder
wechseln kann. – Wieso denn nicht? – Weil, wenn es wechselt, es
sich entweder bewegt oder sich verändert. Denn dies sind die einzi-
gen Wechslungen. – Ja. – Wird aber das Eins anders als es selbst, c
so kann es ja unmöglich noch Eins sein. – Unmöglich. – Verände-
rungsweise also wechselt es nicht. – Offenbar nicht. – Ob aber durch
Bewegung? – Vielleicht. – Allein, wenn das Eins sich bewegte: so
müßte es sich entweder an demselben Orte rings herumdrehen, oder
es müßte eine Stelle vertauschen mit einer andern. – Notwendig. –
Nicht wahr aber, dreht es sich ringsherum, so muß es auf seiner Mit-
te ruhen und andere Teile haben, welche sich um die Mitte herum-
bewegen? Dem aber weder Mitte noch Teile zukommen, auf welche d
Weise soll sich das jemals um die Mitte herumbewegen? – Auf kei-
ne Weise. – Vertauscht es aber seinen Ort: so kommt es zu einer an-
deren Zeit anderswohin und bewegt sich so? – Wenn es sich frei-
lich bewegen soll. – Daß es aber in etwas sei, hat sich uns als ihm
unmöglich gezeigt. – Ja. – Ist also nicht noch unmöglicher, daß es
in etwas komme? – Ich sehe nicht ein, wieso. – Wenn etwas wo hin-
einkommt, muß es nicht notwendig teils noch nicht in jenem sein,
da es ja erst hineinkommt, teils auch nicht ganz außerhalb dessel-
ben, da es ja schon hineinkommt? – Notwendig. – Wenn dies also
einem begegnen kann: so kann es nur dem begegnen, was Teile hat. e
Denn davon kann einiges schon in jenem, anderes zugleich noch au-
ßerhalb desselben sein; was aber keine Teile hat, das ist nicht im-
stande, auf irgendeine Weise zugleich ganz entweder innerhalb oder
außerhalb von etwas zu sein. – Das ist richtig. – Was aber weder
Teile hat, noch ein Ganzes ist, kann das nicht noch weit unmögli-
cher irgendwo hineinkommen, da es weder teilweise noch ganz hin-
einkommen kann? – Offenbar. – Weder also kann es wohin gehend
und in etwas hineinkommend seinen Ort vertauschen, noch durch 139 a
Herumdrehung an demselben Ort oder durch Veränderung wech-
seln. – Es scheint nicht. – Nach jeder Art von Wechsel also ist das
Eins unbeweglich. – Unbeweglich. – Aber wir behaupten auch, daß
es unmöglich in etwas sein kann. – Das behaupten wir. – Also wird
es auch niemals in demselben sein. – Wieso? – Weil es ja doch in
dem sein müßte, in welchem als demselben es sein soll. – Das ist
wahr. – Aber es konnte ja weder sich selbst noch einem andern ein-
wohnen. – Freilich nicht. – Niemals also kann das Eins in demsel-
ben sein. – Es scheint nicht. – Was aber niemals in demselben ist,
das hat keine Ruhe und besteht nicht. – Nein, nicht möglich. – Das b
Eins also, wie es scheint, besteht weder noch wechselt es. – Freilich
nicht, wie wir sehen. –

Aber es wird auch ferner nicht einerlei sein weder mit sich selbst

noch mit einem anderen, aber auch wiederum nicht verschieden weder von sich selbst noch von einem andern könnte es sein. — Wie das? — Wäre es verschieden von sich selbst: so wäre es verschieden von Eins und also nicht Eins. — Wahr. — Wäre es ferner einerlei mit
c einem anderen: so wäre es jenes, es selbst aber wäre es nicht. So daß es auch auf diese Art nicht mehr das wäre, was es ist, Eins, sondern ein anderes als Eins. — Freilich nicht. — Also einerlei mit einem andern oder verschieden von sich selbst wird es nicht sein. — Nein. — Es wird aber auch nicht verschieden sein von einem andern, solange es Eins ist. Denn dem Eins gebührt das gar nicht, verschieden zu sein von irgend etwas, sondern allein dem Verschiedenen vom Verschiedenen und keinem andern. — Richtig. — Insofern es also Eins ist, wird es nicht verschieden sein. Oder glaubst du? — Nicht doch. — Wenn aber nicht insofern, dann auch nicht, inwiefern es Es selbst ist; und wenn nicht, inwiefern es Es selbst ist, dann überhaupt nicht selbst. Wenn es also als es selbst auf keine Weise verschieden ist,
d dann ist es auch nicht verschieden von etwas. — Richtig. — Aber es wird auch nicht einerlei sein mit sich selbst. — Wie das nicht? — Die Natur des Eins ist nicht dieselbe wie die des Einerlei. — Wie doch? — Weil nicht, wenn etwas einerlei mit etwas geworden ist, es auch Eins wird. — Aber was denn? — Was einerlei mit dem Vielen geworden ist, das wird doch notwendig Vieles und nicht Eins. — Das ist wahr. — Sondern nur, wenn das Eins und das Einerlei gar nicht voneinander verschieden wären, dann müßte, wenn etwas einerlei geworden ist, es auch immer Eins geworden sein, und wenn Eins, einerlei. —
e Allerdings. — Also wenn das Eins mit sich selbst einerlei sein wird, wird es nicht Eins sein, insofern es Es selbst ist, und so wird es Eins seiend auch wieder nicht Eins sein. — Aber das ist ja unmöglich. — Also ist auch dem Eins unmöglich, entweder verschieden zu sein von einem anderen oder einerlei mit sich selbst. — Unmöglich. — So wäre demnach das Eins verschieden oder einerlei weder mit sich selbst noch mit einem andern. — Freilich nicht. —

Es wird aber auch weder ähnlich noch unähnlich sein weder sich selbst noch einem anderen. — Wieso? — Weil dasjenige, dem irgend einerlei zukommt, ähnlich ist. — Ja. — Das Einerlei aber hatte sich gezeigt, seiner Natur nach außerhalb des Eins zu sein. — So zeigte es
140 a sich. — Wenn aber dem Eins noch etwas zukäme außer dem Eins zu sein: so käme ihm zu, mehr zu sein als Eins, dies aber ist unmöglich. — Ja. — Also kann auch niemals dem Eins einerlei zu sein zukommen, weder mit einem andern noch mit sich selbst. — Offenbar nicht. — Also kann es auch nicht ähnlich sein, weder einem anderen noch sich selbst. — Es scheint nicht. — Ebensowenig kommt auch dem Eins zu, verschieden zu sein: denn auch so käme ihm zu, mehr zu sein als Eins. — Freilich mehr. — Welchem nun Verschiedenes zukommt von sich selbst oder einem anderen, das wäre sich selbst oder dem ande-
b ren unähnlich, wenn ja dasjenige, welchem einerlei zukommt, ähnlich ist. — Richtig. — Das Eins also, wie es scheint, welchem auf keine Weise Verschiedenes zukommt, ist auch auf keine Weise unähnlich, weder sich selbst noch einem anderen. — Nein allerdings. —

Also weder ähnlich noch unähnlich weder einem anderen noch sich
selbst wäre das Eins. — Offenbar nicht. —

Aber so beschaffen, wird es auch weder gleich noch ungleich sein,
weder sich noch einem anderen. — Wie doch? — Um gleich zu sein,
wird es von einerlei Maßen sein müssen als jenes, dem es gleich ist.
— Ja. — Um aber größer oder kleiner zu sein, müßte es in Beziehung
auf gleiches Maß enthaltende Dinge mehrere Maße halten als die c
kleineren und wenigere als die größeren. — Ja. — In Beziehung auf
nicht gleiches Maß enthaltende aber müßte es von kleineren Maßen
als die einen, von größeren als die anderen sein. — Wie anders? —
Ist es aber nicht unmöglich, daß dasjenige, dem gar nicht das Einer-
lei zukommt, einerlei Maß oder sonst irgend etwas einerlei haben
könne? — Unmöglich. — Gleich also ist es weder sich selbst noch einem
anderen, da es nicht von einerlei Maßen ist? — Nein, wie es sich zeigt. —
Soll es aber von weniger Maßen sein oder mehreren: so muß es doch
von wieviel Maßen, von soviel Teilen sein, und so wäre es wieder
nicht Eins, sondern soviel, als es Maße hätte. — Richtig. — Ist es aber d
nur von *einem* Maße: so wäre es dem Maße gleich. Das aber hat sich
als unmöglich gezeigt, daß es irgendeinem gleich sein könnte. — So
hat es sich gezeigt. — Indem es also weder *ein* Maß an sich hat noch
viele noch wenige, noch überhaupt einerlei, wird es auch weder sich
selbst noch einem anderen gleich sein; ebensowenig auch wiederum
größer oder kleiner als es selbst oder ein anderes. — Auf alle Weise
verhält es sich so. —

[12. Das Eins-Seiende ist weder älter noch jünger noch gleich alt wie es selbst oder ein anderes. Das Eins-Seiende ist nicht und ist nicht Eins, und es gibt von ihm keine Benennung und keine Erkenntnis]

Und wie? Dünkt dich wohl das Eins älter oder jünger sein oder auch e
das nämliche Alter wie etwas haben zu können? — Warum denn
nicht? — Weil es, um einerlei Alter wie es selbst oder etwas anderes
zu haben, auch eine Gleichheit der Zeit und eine Ähnlichkeit an sich
haben müßte, die es doch, wie wir sagten, nicht an sich hat, weder
Gleichheit noch Ähnlichkeit. — Das sagten wir freilich. — Aber auch,
daß es keine Unähnlichkeit und Ungleichheit an sich hätte, auch das
sagten wir. — Allerdings. — Wie wird es also möglich sein, daß es äl-
ter oder jünger ist als irgend etwas oder auch von gleichem Alter, da 141 a
es so ist? — Auf keine Weise. — So ist demnach das Eins weder älter
noch jünger noch von demselben Alter, weder wie es selbst noch wie
etwas anderes. — Offenbar nicht. — Also kann auch wohl das Eins
überhaupt nicht in der Zeit sein, wenn es so beschaffen ist? Oder
wird nicht notwendig, was in der Zeit ist, immer älter als es selbst?
— Notwendig. — Und das Ältere ist doch immer nur älter als ein
Jüngeres? — Was sonst? — Was also älter wird als es selbst, das wird b
zugleich auch jünger als es selbst, wenn es doch etwas haben soll,
als was es älter wird. — Wie meinst du dies? — So: Verschieden darf
eins vom andern nicht erst werden, wovon es schon verschieden ist;
sondern wovon es schon verschieden ist, davon ist es verschieden,
wovon es geworden ist, davon ist es geworden, wovon es werden

wird, davon wird es werden; wovon es aber verschieden wird, da-
von ist es noch nicht verschieden geworden und wird es auch nicht
erst werden und ist es auch noch nicht; sondern wird es eben und
c ist es anders nicht. — Natürlich freilich. — Nun aber ist doch das Äl-
tere eine Verschiedenheit vom Jüngeren, und von nichts anderem. —
So ist es. — Also was älter wird als es selbst, das wird notwendig zu-
gleich auch jünger als es selbst. — So scheint es. — Dennoch aber muß
es auch weder mehrere Zeit werden als es selbst, noch auch wenige-
re, sondern gleiche Zeit mit sich selbst werden und sein und gewor-
den sein und sein werden. — Notwendig allerdings auch das. — Not-
wendig also ist auch, wie es scheint, daß alles, was in der Zeit ist und
d dem dieses eignet, das nämliche Alter mit sich selbst habe und zu-
gleich auch älter sowohl als jünger werde als es selbst. — So sieht es
aus. — Aber das Eins hatte von allen diesen Beschaffenheiten nichts
an sich? — Nichts. — Also hat es auch keine Zeit an sich und ist in
keiner Zeit. — Freilich nicht, wie unsere Rede zeigt. —

Wie nun? Das War und Wurde und Istgeworden, deutet das nicht
auf ein Ansichhaben einer einmal gewesenen Zeit? — Allerdings. —
e Und das Wirdsein und Wirdgewordensein und Wirdwerden auf das
einer hernach kommenden? — Ja. — Und das Ist und Wird auf das
einer jetzt gegenwärtigen? — Ohne Zweifel. — Wenn also das Eins
auf keine Weise irgendeine Zeit an sich hat: so ist es weder je ge-
worden, noch wurde es oder war es, noch ist es jetzt geworden oder
wird oder ist, noch wird es in Zukunft geworden sein oder wird wer-
den oder wird sein. — Vollkommen richtig. — Kann denn aber auf
irgendeine andere Art etwas ein Sein haben als auf eine von diesen?
— Auf keine. — Also hat das Eins auf keine Art ein Sein? — Nein,
wie es aussieht. — Auf keine Weise also ist das Eins. — Nein, wie es
sich zeigt. — Es ist also auch nicht so, daß es Eins ist. Denn alsdann
wäre es doch seiend und ein Sein an sich habend. Sondern, wie es
scheint, ist das Eins weder Eins noch ist es, wenn man einer solchen
142 a Rede glauben darf. — So ist es beinahe. — Was aber nicht ist, kann
wohl für dieses Nichtseiende etwas sein oder von ihm? — Wie sollte
es? — Also ist auch kein Wort für es, keine Erklärung davon, noch
auch irgendeine Erkenntnis, Wahrnehmung oder Vorstellung. —
Offenbar nicht. — Also wird es auch nicht benannt, nicht erklärt,
nicht vorgestellt, nicht erkannt, noch auch etwas, was es an sich hät-
te, wahrgenommen. — Es scheint nicht. — Ist es nun wohl möglich,
daß es sich mit dem Eins so verhalte? — Nicht wohl, wie mich
dünkt. —

*[13. Rückkehr zur ersten Voraussetzung: Das seiende Eins ist Gan-
zes und hat Teile, es ist unendlich der Menge nach. Wenn Eins ist,
dann ist auch Zahl]*

b Willst du also, daß wir noch einmal von vorn auf unsere Voraus-
setzung zurückgehen, ob sich uns etwas verändert darstellen wird,
wenn wir sie noch einmal durchgehen? — Das will ich sehr gern. —
Also, wenn Eins ist, sagen wir doch, was dann für dasselbe folge,
was es auch sei, das müssen wir zugestehen. Nicht wahr? — Ja. —

So sieh noch einmal von Anfang. Wenn Eins *ist*, ist es dann wohl
möglich, daß es zwar ist, aber kein Sein an sich hat? — Nicht mög-
lich. — Also wäre doch auch das Sein des Eins, und zwar als nicht
einerlei seiend mit dem Eins: denn sonst wäre jenes nicht dessen
Sein, und es, das Eins, hätte nicht das Sein an sich, sondern es wäre c
ganz einerlei zu sagen: Eins ist und Eins eins. Das ist aber nicht un-
sere Voraussetzung, wenn Eins eins, was alsdann folgt, sondern
wenn Eins *ist*. Nicht so? — Allerdings. — So demnach, daß das *Ist* et-
was anderes bedeutet als das *Eins*? — Notwendig. — Wird also wohl
etwas anderes, als daß Eins das Sein an sich hat, gemeint, wenn je-
mand zusammengefaßt sagt: Eins *ist*? — Dieses freilich. —

Noch einmal also laß uns sagen: wenn Eins *ist*, was daraus fol-
gen wird. Sieh also zu, ob nicht notwendig diese Voraussetzung das
Eins als ein solches zeigt, welches Teile hat? — Wie doch? — So. d
Wenn vom *Ist* des seienden Eins gesprochen wird und vom *Eins* des
Eins-Seienden, es ist aber das Sein und das Eins nicht dasselbe, sondern
nur desselben, eben jenes Vorausgesetzten, des seienden Eins, ist es
dann nicht notwendig als das Ganze seiendes Eins, und werden nicht
das Eins und das Sein hiervon Teile? — Notwendig. — Wollen wir
nun jeden dieser Teile nur Teil nennen, oder müssen wir nicht den
Teil Teil des Ganzen nennen? — Des Ganzen. — Ein Ganzes ist also,
was Eins ist, und es hat Teile. — Allerdings. —

Wie nun? Wird wohl einer von diesen beiden Teilen des seienden
Eins, das Eins und das Seiende, jemals ablassen, entweder das Eins e
ein Teil zu *sein* oder das Seiende *ein* Teil zu sein? — Das wird nicht
geschehen. — Also hält auch wieder jeder von diesen Teilen das Eins
fest und auch das Seiende, und so entsteht zum wenigsten der Teil
wieder aus zwei Teilen. Und so immer auf dieselbe Art, welcher Teil
gesetzt wird, hält immer diese beiden Teile. Denn das Eins hält im-
mer das Seiende, und das Seiende das Eins: so daß notwendig das
immer Zwei-Werdende niemals Eins *ist*. — Auf alle Weise freilich. 143 a
— Ist also nicht auf diese Art das seiende Eins unendlich der Menge
nach? — So scheint es wenigstens. —

Sieh nun auch noch dieses. — Welches? — Das Eins, sagen wir, ha-
be Sein an sich, weil es ist. — Ja. — Und deshalb ist uns das seiende
Eins als Vieles erschienen? — So ist es. — Wie nun? Das Eins selbst,
welchem wir das Sein zuschrieben, wenn wir dies in unserm Ver-
stande allein und für sich nehmen, ohne dasjenige, was es, wie wir
sagen, an sich hat, wird es uns so wenigstens nur als Eins erschei-
nen, oder auch so an sich selbst als Vieles? — Als Eins, glaube ich
wenigstens. — Laß uns also sehen. Ist nicht notwendig das Sein des- b
selben etwas anderes und es selbst auch etwas anderes, wenn doch
das Eins nicht das Sein ist, sondern nur als Eins das Sein an sich hat?
— Notwendig. — Ist nun das Eins etwas anderes und das Sein etwas
anderes: so ist weder vermöge des Einsseins das Eins von dem Sein
verschieden noch vermöge des Seinsseins das Sein von dem Eins,
sondern vermöge des Verschiedenen und Anderen sind sie verschie-
den voneinander. — Allerdings. — So daß das Verschiedene weder
mit dem Eins noch mit dem Sein einerlei ist? — Wie sollte es auch?

c — Wie nun, wenn wir aus diesen herausnehmen, wie du willst, das
Sein und das Verschiedene, oder das Sein und das Eins, oder das Eins
und das Verschiedene, haben wir nicht in jedem Falle herausgenom-
men, was wir mit Recht *Beides* nennen können? — Wie doch? — So.
Kann man sagen Sein? — Ja. — Und hernach auch wieder sagen Eins?
— Auch dieses. — Ist nicht so jedes von ihnen besonders gesagt? —
Ja. — Wie aber, wenn ich sage Sein und Eins, ist dann nicht beides ge-
sagt? — Freilich. — Also auch, wenn ich Sein und Verschiedenes sa-
ge oder Verschiedenes und Eins, auch so sage ich doch gewiß jedes-
d mal beides? — Ja. — Was aber mit Recht Beides genannt wird, kann
das wohl Beides zwar sein, nicht aber Zwei? — Unmöglich. — Was
aber Zwei war, muß davon nicht jedes für sich Eins sein? — Das ist
nicht zu vermeiden. — Da also diese als je zwei zusammen sind, so
muß auch jedes für sich Eins sein. — Offenbar. — Wenn aber jedes
von ihnen Eins ist und wir dann zu irgendeiner von den Verbindun-
gen irgendein Eins hinzusetzen, wird dann nicht das Gesamte not-
wendig Drei? — Ja. — Und ist Drei nicht ungerade und Zwei gerade?
— Wie anders? — Und wie? Wenn Zwei ist, muß es dann nicht auch
e notwendig zweimal geben, und wenn Drei, dreimal? Wenn doch in
Zwei zweimal Eins steckt und in Drei dreimal Eins? — Notwendig.
— Wenn aber Zwei und zweimal ist, ist dann nicht auch notwendig
zweimal zwei? Und wenn Drei und dreimal, dann nicht auch not-
wendig dreimal drei? — Wie anders? — Und wie? Wenn drei ist und
zweimal und so auch zwei und dreimal, ist dann nicht notwendig
auch zweimal drei und dreimal zwei? — Gar sehr. — Also ist auch
144 a Gerades gerademal und Ungerades ungerademal und Gerades un-
gerademal und Ungerades gerademal. — So ist es. — Wenn es sich
nun so verhält, glaubst du, daß irgendeine Zahl übrig bleibt, welche
nicht notwendig sein muß? — Keine gewiß. — Wenn also Eins *ist*, so
ist notwendig auch Zahl. — Notwendig. — Und wenn Zahl ist, so ist
auch Vieles und eine unendliche Menge Seiendes. Oder wird die Zahl
nicht unendlich der Menge nach und Sein an sich habend? — Freilich
gewiß. — Wenn nun jede Zahl Sein an sich hat: so muß es auch jeder
einzelne Teil der Zahl an sich haben. — Ja. —

[14. Das Sein und das Eins als Teile des seienden Eins sind Vieles]

b Unter Alles also, welches als Vieles ist, ist das Sein verteilt und ver-
läßt nichts von allem Seienden, weder das kleinste noch größte?
Oder ist das wohl unvernünftig erst zu fragen? Denn wie könnte
wohl das Sein etwas Seiendes verlassen? — Auf keine Weise. — Zer-
schnitten also ist es in Kleinstes und Größtes und auf jede mögliche
Art Seiendes, und es ist mehr als alles geteilt, und es sind unzählige
c Teile des Seins. — So verhält es sich. — Als zahlreichste also sind sei-
ne Teile? — Freilich. — Wie nun? Ist unter diesen etwas, welches
zwar Teil des Seins wäre, aber *kein* Teil? — Wie wäre wohl so etwas
möglich? — Sondern wenn er ist, ist er notwendig, solange er ist,
auch *einer;* keiner kann er unmöglich sein. — Unmöglich. — Jedem
einzelnen Teile des Seins wohnt also das Eins bei und läßt weder
von dem Kleineren noch von dem Größeren noch von sonst einem.

— So ist es. — Kann es nun wohl Eins seiend an vielen Stellen zu-
gleich ganz sein? Dies beschaue. — Ich beschaue und sehe, daß es un- d
möglich ist. — Geteilt also, wenn nicht ganz. Denn anders kann es
auf keine Weise zugleich allen Teilen des Seins einwohnen als ge-
teilt. — Ja. — Das Geteilte ist aber doch notwendig soviel, wie der
Teile sind? — Notwendig. — Also haben wir nicht richtig gesprochen,
als wir eben sagten, in die zahlreichsten Teile wäre das Sein geteilt.
Denn es ist in nicht mehr als das Eins verteilt, sondern gleich, wie es
scheint, mit dem Eins. Denn weder das Seiende verläßt das Eins noch e
das Eins das Seiende; sondern diese zwei werden immer überall in
allem gleich. — So zeigt es sich offenbar allerwärts. — Also ist auch
das Eins selbst von dem Sein zerschnitten Vieles und unbegrenzter
Menge. — Offenbar. — Nicht nur also das seiende Eins ist Vieles,
sondern auch das Eins selbst ist von dem Seienden geteilt notwendig
Vieles. — Allerdings. —

[15. Das seiende Eins hat Anfang, Ende und Gestalt, es ist sowohl in sich selbst als auch in einem Anderen, hat Bewegung und Ruhe und ist sowohl mit sich selbst einerlei als auch von sich selbst verschieden]

Ferner wohl, da Teile Teile des Ganzen sind: so ist das Eins auch
begrenzt in Beziehung auf das Ganze. Oder werden nicht die Teile
von dem Ganzen umfaßt? — Notwendig. — Und das Umfassende ist 145 a
doch wohl Grenze? — Wie sollte es nicht! — Das seiende Eins ist also
Eins und Vieles, Ganzes und Teile, begrenzt und unbegrenzter Men-
ge. — Offenbar. — Nicht auch, wenn doch begrenzt, auch Ränder ha-
bend? — Notwendig. — Und wie, wenn es ein Ganzes ist, wird es
nicht auch Anfang haben und Mitte und Ende? Oder ist es möglich,
daß etwas ein Ganzes sei ohne diese drei? Und wem irgendeins von
diesen fehlt, wird das wohl noch ein Ganzes sein können? — Es wird
nicht können. — Also auch Anfang, wie es scheint, und Mitte und
Ende hat das Eins. — Die hat es. — Aber die Mitte steht doch gleich b
weit ab von den Rändern, sonst wäre sie nicht die Mitte. — Freilich
nicht. — Also auch irgendeine Gestalt, wie es scheint, wird so be-
schaffen seiend das Eins haben, es sei nun eine gerade oder krumme
oder aus beiden gemischte? — Die muß es haben. —

Und wird es nicht, wenn es sich so verhält, in sich selbst sein und
in einem Anderen? — Wieso? — Von den Teilen ist doch jeder im
Ganzen und keiner außerhalb des Ganzen. — Richtig. — Und alle
Teile werden von dem Ganzen umfaßt? — Ja. — Ferner sind doch al- c
le seine Teile das Eins, und weder mehr noch weniger als sie insge-
samt. — Freilich nicht. — Ist nun nicht auch das Ganze das Eins? —
Wie sollte es nicht. — Wenn also alle Teile im Ganzen sind, es sind
aber sowohl alle Teile des Eins als auch das Ganze selbst das Eins,
und alle werden von dem Ganzen umfaßt: so wird also das Eins von
dem Eins umfaßt, und so wäre schon das Eins in sich selbst. — Of-
fenbar. — Aber das Ganze ist doch auch wiederum nicht in den Tei-
len, weder in allen noch in einigen. Denn wenn in allen, dann auch d
notwendig im Eins. Denn in irgendeinem Eins nicht seiend, könnte
es auch nicht mehr in ihnen insgesamt sein, und wenn dies Eins zu

ihnen insgesamt gehört, das Ganze aber in ihm ja nicht ist, wie kann
es noch in ihnen allen sein? — Auf keine Weise. — Ferner auch nicht
in einigen der Teile. Denn wenn in einigen das Ganze wäre: so wä-
re das Mehrere in dem Wenigeren, welches unmöglich ist. — Un-
möglich freilich. — Wenn nun weder in mehreren noch in einem
noch in allen Teilen das Ganze ist, muß es nicht notwendig entwe-
der in irgendeinem Andern sein oder gar nirgends sein? — Notwen-
e dig. — Und nirgends seiend wäre es ja nichts; ein Ganzes aber seiend
muß es, da es nicht in sich selbst ist, im Anderen sein. — Allerdings.
— Inwiefern also das Eins Ganzes ist, ist es im Anderen; insofern es
aber alle seienden Teile ist, ist es in sich selbst. Und auf diese Art ist
notwendig das Eins sowohl selbst in sich selbst als auch im Ande-
ren. — Notwendig. —

Wenn aber das Eins so beschaffen ist, muß es nicht dann auch
sowohl sich bewegen als ruhen? — Wie? — Es ruht doch, sofern es
146 a selbst in sich selbst ist. Denn indem es im Eins ist und aus diesem
nicht herausgeht, ist es in demselben, in sich selbst. — So ist es frei-
lich. — Was aber immer in demselben ist, das muß immer ruhend
sein. — Allerdings. — Und wie? Was immer im Anderen ist, muß
das nicht im Gegenteil niemals in demselben sein? Und wenn es nie-
mals in demselben ist, auch nicht ruhen; und wenn es nicht ruht,
dann sich bewegen? — So ist es. — Daher muß das Eins, da es immer
sowohl in sich selbst als im Anderen ist, auch immer sowohl sich be-
wegen als ruhen. — Offenbar. —

Ferner muß es auch mit sich selbst sowohl einerlei sein als auch
b von sich verschieden, und ebenso mit den Anderen sowohl einerlei
als davon verschieden, wenn ihm das Vorige alles zukommt. — Wie-
so? — Alles verhält sich doch zu allem und jedem so: entweder ist es
einerlei oder verschieden; oder, wenn es weder einerlei ist noch ver-
schieden: so muß es ein Teil dessen sein, zu dem es sich so verhält,
oder auch für dieses als für seinen Teil das Ganze. — Offenbar. —
Ist nun wohl das Eins selbst sein eigner Teil? — Mitnichten. — Auch
nicht also als für seinen Teil ist es selbst sein eigenes Ganzes, indem
es auch so zu sich selbst als Teil wäre. — Unmöglich also, freilich. —
c Ist aber etwa das Eins vom Eins verschieden? — Nicht füglich. — Also
ist es auch nicht von sich selbst verschieden? — Freilich nicht. —
Wenn es nun weder von sich selbst verschieden ist noch auch selbst
Ganzes oder Teil von sich selbst, muß es dann nicht mit sich selbst
einerlei sein? — Notwendig. — Und wie? Was selbst anderwärts ist
als es selbst, welches in demselben mit sich selbst ist, muß das nicht
notwendig verschieden von sich selbst sein, indem es doch ander-
wärts sein soll? — Mich wenigstens dünkt es. — So aber hat sich uns
das Eins gezeigt, selbst in sich selbst seiend und zugleich auch in ei-
nem Anderen. — So hat es sich freilich gezeigt. — Verschieden also
d wäre, wie es scheint, insofern das Eins von sich selbst. — Es scheint.
— Wie nun? Wenn etwas von etwas verschieden ist, wird es nicht von
einem verschieden Seienden verschieden sein? — Notwendig. —

[16. Das seiende Eins ist verschieden von den Anderen und mit ihnen einerlei. Das seiende Eins ist ähnlich den Anderen] Und nicht wahr, alles, was nicht Eins ist, ist verschieden von dem Eins, und das Eins von den Nicht-Eins? — Wie sonst? — Verschieden also wäre das Eins von den Anderen. — Verschieden. — Sieh nun weiter: Das Einerlei selbst und das Verschieden, sind diese beiden nicht einander entgegengesetzt? — Wie sonst? — Kann also wohl jemals das Einerlei in dem Verschiedenen oder das Verschiedene in dem Einerlei sein? — Es kann nicht. — Wenn also das Verschiedene niemals in dem Einerlei ist: so gibt es nichts, worin das Verschiedene irgend einige Zeit sein kann. Denn wenn es nur irgend einige in etwas wä- e
re: so wäre diese Zeit hindurch das Verschiedene in dem Einerlei. Ist es nicht so? — So ist es. — Da es nun aber niemals in dem Einerlei ist: so wird auch niemals das Verschiedene in irgend etwas Seiendem sein. — Richtig. — Also wird es auch weder in dem Eins noch in den Nicht-Eins sein? — Freilich nicht. — Also nicht vermöge des Verschiedenen kann das Eins von den Nicht-Eins noch die Nicht-Eins von dem Eins verschieden sein. — Freilich nicht. — Noch auch können sie vermöge ihrer selbst voneinander verschieden sein, wenn sie das Verschiedene gar nicht in sich haben. — Wie sollten sie? — Wenn sie 147 a
aber weder vermöge ihrer selbst verschieden sind noch vermöge des Verschiedenen, entgeht ihnen dann nicht auf alle Weise dies, daß sie voneinander verschieden sind? — Es entgeht ihnen. — Aber ferner, mit dem Eins hat doch alles Nicht-Eins keine Gemeinschaft? Denn sonst wäre es nicht Nicht-Eins, sondern gewissermaßen Eins. — Wahr. — Also sind auch die Nicht-Eins keine Zahl. Denn auch so wären sie nicht ganz und gar Nicht-Eins, wenn sie eine Zahl hätten. — Freilich nicht. — Und wie, sind etwa die Nicht-Eins Teile des Eins? Oder würden auch so die Nicht-Eins Gemeinschaft haben mit dem Eins? — Sie würden. — Wenn also ganz und gar das eine Eins ist und die anderen Nicht-Eins: so kann auch das Eins kein Teil der Nicht-Eins sein noch b
auch das Ganze für jene als seine Teile; ebensowenig wiederum sind die Nicht-Eins Teile des Eins, noch Ganzes für das Eins als ihren Teil. — Freilich nicht. — Wir sagten aber, was von einander weder Teil noch Ganzes wäre noch auch verschieden, das werde miteinander einerlei sein. — Das sagten wir. — Wollen wir also auch sagen, daß das Eins, welches sich so gegen die Nicht-Eins verhält, mit ihnen einerlei ist? — Das wollen wir sagen. — Also ist das Eins, wie es scheint, verschieden von den Anderen und von sich selbst und einerlei mit jenen und mit sich selbst. — Das scheint wohl zu erhellen durch diese Ausführung. —

Ist es etwa auch ähnlich und unähnlich sowohl sich selbst als den c
Anderen? — Vielleicht. — Da es sich doch verschieden von den Anderen gezeigt hat: so sind wohl auch die Anderen verschieden von ihm? — Wie anders? — Also verschieden ist es so von den Anderen wie die Anderen von ihm, und weder mehr noch weniger? — Wie sonst? — Wenn also weder mehr noch weniger, dann ebenso? — Ja. — Also, inwiefern ihm zukommt, verschieden zu sein von den Anderen und gleichermaßen den Anderen von ihm, insofern kommt

beiden einerlei zu, dem Eins mit den Anderen und den Anderen mit
d dem Eins. — Wie meinst du das? — So: Mit jedem Worte benennst
du doch etwas? — Ich gewiß. — Wie nun? Kannst du dasselbe Wort
wohl mehrere Male sagen, oder nur einmal? — Ich kann jenes. — Ist
es nun so, daß, wenn du es einmal aussprichst, du dann jenes damit
bezeichnest, wofür es das Wort ist; wenn aber mehrmals, dann nicht
jenes? Oder mußt du nicht, du magst nun dasselbe Wort einmal oder
öfter aussprechen, auch immer notwendig dasselbe sagen? — Freilich.
— Nun ist doch auch das Verschiedene ein Wort für etwas? — Aller-
e dings. — Wenn du es also aussprichst, es sei nun einmal oder öfter,
so geschieht es nicht in Beziehung auf etwas anderes, und du be-
zeichnest nicht etwas anderes damit als eben jenes, wofür es das
Wort ist. — Notwendig. — Indem wir nun sagen, daß die Anderen
verschieden vom Eins sind und das Eins auch verschieden von den
Anderen: so sagen wir zwar zweimal «verschieden», gebrauchen
aber den Ausdruck um nichts mehr für ein anderes Wesen, son-
dern immer für jenes, wofür es das Wort ist. — Allerdings. — Inwie-
148 a fern also das Eins von den Anderen verschieden ist und die Anderen
von dem Eins; so kommt, weil beiden einerlei, nämlich Verschiede-
nes, zukommt, dem Eins nicht anderes, sondern dasselbe zu mit den
Anderen; und wem einerlei zukommt, das ist ähnlich. Nicht wahr?
— Ja. — Inwiefern also dem Eins zukommt, verschieden von den An-
deren zu sein, eben insofern wäre alles und jedes allem und jedem
ähnlich. Denn Jegliches ist ja von Jeglichem verschieden. — So scheint
es. —

*[17. Das seiende Eins ist unähnlich den Anderen und sich selbst so-
wohl ähnlich als unähnlich. Das seiende Eins berührt sich selbst und
die Anderen und berührt nicht]* Aber das Ähnliche war doch dem
Unähnlichen entgegengesetzt? — Ja. — Nicht auch das Verschiedene
dem Einerlei? — Auch dieses. — Aber auch das hatte sich gezeigt, daß
b eben das Eins mit den Anderen einerlei war. — Das hatte sich ge-
zeigt. — Und das ist doch die entgegengesetzte Beschaffenheit, einer-
lei mit den Anderen zu sein und verschieden von den Anderen zu
sein? — Freilich wohl. — Sofern es aber verschieden war, hatte es sich
als ähnlich gezeigt. — Ja. — Sofern es also einerlei ist, wird es unähn-
lich sein vermöge der Beschaffenheit, welche jener ähnlichmachen-
den entgegengesetzt ist. Und ähnlich machte doch die Verschieden-
heit? — Ja. — Unähnlich also wird die Einerleiheit machen; oder sie
wird der Verschiedenheit nicht entgegengesetzt sein. — So scheint es.
c — Ähnlich also und unähnlich wird das Eins den Anderen sein: so-
fern es verschieden ist, ähnlich, sofern es einerlei ist, unähnlich. —
Es hat freilich, wie es scheint, auch eine solche Bewandtnis damit. —
Aber auch diese hat es. — Welche? — Daß ihm, sofern ihm einerlei
zukommt, nicht Andersartiges zukommt, und daß es, wiefern ihm
nicht Andersartiges zukommt, auch nicht unähnlich ist und daß es,
wiefern nicht unähnlich, insofern ähnlich ist. Ebenso daß es, wie-
fern ihm Anderes zukommt, andersartig ist und als ein Andersarti-
ges auch unähnlich. — Richtig gesagt. — Also als einerlei mit den

Anderen und auch, weil es verschieden ist, in beider Hinsicht und in
jeder wäre das Eins den Anderen ähnlich sowohl als unähnlich. — d
Allerdings. — Auf dieselbe Art also auch sich selbst, da es ja auch
von sich selbst sowohl verschieden als auch mit sich selbst einerlei
sich gezeigt hat, muß es in beider Hinsicht und in jeder ähnlich und
unähnlich erscheinen. — Notwendig. —

Wie aber wegen des Berührens, ob das Eins sich selbst und die
Anderen berührt oder nicht berührt, wie verhält es sich damit? Be-
trachte es! — Ich betrachte. — Nämlich das Eins hatte sich doch ge-
zeigt als selbst in sich selbst als Ganzem seiend. — Richtig. — Aber
auch in den Anderen? — Ja. — Wiefern nun in den Anderen, berührt
es die Anderen; wiefern aber selbst in sich selbst, wird es abgehal- e
ten zwar, die Anderen zu berühren, berührt aber selbst sich selbst,
indem es in sich ist. — Offenbar. — Auf diese Art also berührt das
Eins sich selbst und die Anderen. — Es berührt. — Wie aber so? Muß
nicht jedes, was ein anderes berühren soll, dicht an jenem zu Berüh-
renden liegen, die Stelle einnehmend, welche neben jener ist, in der
das zu Berührende liegt? — Notwendig. — Auch das Eins also, wenn
es sich selbst berühren soll, muß dicht anliegen neben sich selbst, die
angrenzende Stelle einnehmend an jene, in welcher es selbst ist. —
Das muß es freilich. — Wäre also das Eins Zwei: so könnte es der-
gleichen wohl tun und an zwei Stellen zugleich sein. Solange es aber 149 a
Eins ist, wird es wohl nicht können? — Nein, freilich nicht. — Die-
selbe Unmöglichkeit also ist es für das Eins, Zwei zu sein und selbst
sich selbst zu berühren. — Dieselbe. — Aber ebensowenig wird es die
Anderen berühren. — Wieso? — Weil wir doch sagen, was berühren
soll, muß getrennt von, aber dicht an dem zu Berührenden sein, und
kein Drittes darf zwischen ihnen sein. — Richtig. — Zwei also müs-
sen aufs wenigste sein, wenn eine Berührung sein soll. — Gewiß. —
Wenn aber zu den zwei Angrenzenden sich ein Drittes anfügt: so
werden sie selbst drei sein, die Berührungen aber zwei. — Ja. — Und b
so wird mit jedem einen Hinzukommenden auch eine Berührung
hinzukommen, und es folgt, daß die Berührungen um Eins weniger
sind als die Menge der Zahlen. Denn um wieviel die ersten zwei die
Berührungen übertrafen, so daß sie der Zahl nach mehr waren als
diese, um ebensoviel wird auch jede folgende Zahl alle Berührun-
gen übertreffen. Denn es kommt nun jedesmal Eins zu der Zahl hin- c
zu und auch eine Berührung zu den Berührungen. — Richtig. —
Wieviel also der Zahl nach die Dinge sind, soviel weniger eins sind
immer ihre Berührungen. — Richtig. — Und wenn nur Eins da ist
und keine Zwei ist: so ist auch keine Berührung. — Wie auch? —
Und nicht wahr, wir sagten, die Anderen vom Eins wären weder Eins
noch hätten sie das Eins in sich, da sie ja Andere sind. — Freilich
nicht. — Also ist auch keine Zahl in den Anderen, wenn kein Eins
darin ist. — Wie sollte es? — Also sind die Anderen weder Eins noch
Zwei noch haben sie einen Namen von irgendeiner andern Zahl. — d
Nein. — Das Eins ist also allein, und eine Zwei ist nicht da. — Offen-
bar nicht. — Also ist auch keine Berührung, wenn nicht Zwei da sind.
— Freilich nicht. — Weder also das Eins berührt die Anderen noch

die Anderen das Eins, wenn doch gar keine Berührung ist. — Freilich nicht. — Auf diese Art also wird nach diesem allen das Eins sich selbst und die Anderen berühren sowohl, als auch nicht berühren. — So scheint es. —

[18. Das seiende Eins ist gleich und ungleich an Größe und Zahl sowohl sich selbst als den Anderen] Ist es etwa auch sich selbst und den Anderen gleich und ungleich? — Wieso? — Wenn das Eins größer wäre als die Anderen oder kleiner, oder wiederum die Anderen
e größer als das Eins oder kleiner; so wäre doch weder das Eins dadurch, daß es Eins ist, noch die Anderen dadurch, daß sie andere sind als das Eins, größer oder kleiner in Beziehung aufeinander, eben durch dieses ihr Wesen; sondern wenn sie außerdem, daß sie dies sind, auch noch jedes von ihnen die Gleichheit hätte, so wären sie gleich gegeneinander, und wenn diese die Größe hätten und jenes die Kleinheit, oder auch Größe das Eins, Kleinheit die Andern, welchem von beiden Begriffen dann auch noch die Größe beiwohnte, der wäre größer, welchem aber die Kleinheit, der wäre kleiner? — Notwendig. — Also *sind* doch zwei solche Begriffe, Größe und Kleinheit: denn wenn sie nicht wären, so könnten sie nicht einander ent-
150 a gegen sein und dem Seienden einwohnen. — Wie könnten sie? — Wenn also dem Eins Kleinheit einwohnt: so muß sie entweder in dem Ganzen oder in einem seiner Teile einwohnen. — Notwendig. — Wie nun, wenn sie in dem Ganzen wohnte? Wäre sie dann nicht entweder dem Eins gleichlaufend ganz durch dasselbe verbreitet, oder aber es umfassend? — Offenbar. — Und wäre nicht die Kleinheit, wenn sie dem Eins gleichlaufend wäre, ihm auch gleich, umfaßte sie es aber, dann größer? — Wie sonst? — Ist es nun wohl möglich, daß die Kleinheit größer als etwas sein kann oder ihm gleich, und daß sie also das Geschäft der Gleichheit oder der Größe verrichtet und nicht
b ihr eigenes? — Nicht möglich. — In dem ganzen Eins kann also die Kleinheit nicht sein, sondern wenn ja, dann in einem Teile. — Ja. — Aber nicht in einem ganzen Teile, weil sonst dasselbe erfolgen würde, wie oben für das Ganze: sie würde dem Teile gleich sein oder größer, in dem sie sich eben befände. — Notwendig. — In keinem Seienden also kann jemals Kleinheit sein, wenn sie weder in einem Teile ist noch im Ganzen; und es wird also nichts klein sein als die Kleinheit selbst. — Es scheint nicht. — So wird aber auch nicht Größe darin sein: denn sonst müßte ein anderes Größeres sein noch außer
c der Größe selbst, dasjenige nämlich, in welchem die Größe einwohnte, und das, obwohl für jenes ein Kleines nicht ist, worüber es doch hervorragen müßte, wenn es groß sein soll; dies aber war unmöglich, da Kleinheit nirgends einwohnt. — Richtig. — Die Größe selbst aber ist doch nur größer als die Kleinheit selbst, nicht als etwas anderes, und die Kleinheit selbst nur kleiner als die Größe selbst, und als nichts anderes. — Freilich nicht. — Also sind auch die Anderen weder größer noch kleiner als das Eins, indem sie weder Größe noch
d Kleinheit in sich haben. Noch auch haben diese beiden selbst ihre Eigenschaft des Überragens und Überragtwerdens für das Eins, son-

dern nur füreinander. Ebensowenig nun kann auch das Eins größer
oder kleiner sein als diese beiden oder als die Anderen, wenn es we-
der Größe noch Kleinheit in sich hat. — Offenbar wohl nicht. — Ist
nun das Eins weder größer noch kleiner als die Anderen, so ist doch
notwendig, daß es diese weder überragt noch von ihnen überragt
wird? — Notwendig. — Nun aber ist doch das weder Überragende
noch Überragte notwendig ausgeglichen, und wenn ausgeglichen,
dann auch gleich. — Wie anders. — Demnach muß auch das Eins sich e
gegen sich selbst so verhalten, da es weder Größe an sich hat noch
Kleinheit, daß es nämlich sich selbst weder überragt noch von sich
überragt wird, sondern als mit sich ausgeglichen auch sich selbst gleich
sein wird. — Allerdings. — Das Eins also wäre sich selbst und den
Anderen gleich. — Offenbar. —

Ferner aber, da es selbst in sich selbst ist: so muß es auch außer
sich herumsein und sich selbst umfassend größer sein als es selbst,
von sich aber umfaßt, kleiner; und so wiederum ist das Eins größer 151 a
und auch kleiner als es selbst. — Das ist es. — Ist nicht auch dieses
notwendig, daß nichts ist außer dem Eins und den Anderen? — Wie
auch nicht? — Aber auch irgendwo muß doch immer das Seiende
sein. — Ja. — Muß nun nicht das irgendwo Seiende in einem Größe-
ren sein, indem es selbst kleiner ist? Denn anderswie kann wohl
nicht eins im andern sein. — Nicht wohl. — Da nun aber nichts wei-
ter ist außer den Andern und dem Eins und diese doch in etwas sein
müssen: müssen sie nicht notwendig ineinander sein, das Eins in
den Anderen und die Anderen in dem Eins, oder nirgends sein? —
Das leuchtet ein. — Inwiefern also das Eins in den Andern ist, wären b
die Anderen als Umgebende größer als das Eins und das Eins als
Umgebenes kleiner als die Anderen. Inwiefern aber die Anderen in
dem Eins sind, wäre auch das Eins auf dieselbe Art größer als die
Anderen und die Anderen kleiner als das Eins. — So scheint es. —
Das Eins also ist gleich und größer und kleiner selbst als es selbst
und die Anderen. — Offenbar. — Und gewiß doch, wenn größer und
kleiner und gleich, ist es auch von gleichen Maßen und von mehre-
ren und wenigeren als es selbst und die Anderen; und wenn von Ma- c
ßen, auch von Teilen. — Wie anders? — Von gleichen Maßen aber
und von mehreren und wenigeren seiend, ist es doch auch der Zahl
nach mehr und weniger als es selbst und die Anderen, und auch sich
selbst und den Anderen gleich in derselben Hinsicht. — Wieso? —
Als was es größer ist, als das hält es auch mehrere Maße, und wie-
viel Maße, soviel auch Teile. Und ebenso mit dem Kleineren, und
mit dem Gleichen gleichfalls. — Richtig. — Also, wenn es größer und
kleiner ist als es selbst und auch sich gleich: so ist es auch von glei-
chen Maßen und von mehreren und wenigeren als es selbst, und d
wenn von Maßen, auch von Teilen? — Wie anders? — Ist es nun von
soviel Teilen als es selbst: so ist es auch der Menge nach sich selbst
gleich. Und wenn von wenigern, ist es auch weniger, wenn von meh-
reren, mehr der Zahl nach als es selbst. — Offenbar. — Und wird sich
nicht gegen die Anderen das Eins ebenso verhalten? Inwiefern es
sich größer zeigt als jene, ist es auch mehr der Zahl nach, inwie-

fern aber kleiner, auch weniger, und inwiefern es gleich ist an Grö-
ße, ist es auch gleich an Menge den Anderen? — Notwendig. — So
e demnach, wie es scheint, ist wiederum das Eins gleich und mehr und
weniger an Zahl selbst als es selbst und als die Anderen. — Das ist
es. —

*[19. Das seiende Eins ist und wird und ist und wird nicht jünger und
älter als es selbst. Das seiende Eins ist älter als die Anderen]* Ob nun
wohl das Eins auch Zeit an sich hat und jünger und älter als es selbst
und als die Anderen ist und wird, und auch wieder weder jünger
noch älter als es selbst oder die Anderen, wenn es Zeit an sich hat?
— Wie das? — Das Sein muß ihm doch zukommen, wenn Eins *ist*.
— Ja. — Ist aber das Sein wohl etwas anderes als Teilhabung am We-
152 a sen in der gegenwärtigen Zeit, so wie das War für die vergangene
und das Wirdsein für die künftige Zeit das Ansichhaben des Wesens
ist? — So ist es. — Es hat also Anteil an der Zeit, wenn anders auch
am Sein. — Allerdings. — Doch wohl, indem die Zeit fortgeht? — Ja.
— So wird es demnach immer älter als es selbst, wenn es mit der Zeit
fortgeht? — Notwendig. — Erinnern wir uns wohl noch, daß das Äl-
tere immer älter wird als ein Jüngerwerdendes? — Daran erinnern
wir uns. — Also, wenn das Eins älter als es selbst wird, muß es älter
b werden als es selbst das Jüngerwerdende. — Notwendig. — Es wird
also jünger sowohl als älter als es selbst auf diese Art. — Ja. —

Es *ist* aber älter, nicht wahr, wenn es werdend in der Zeit des Jetzt
ist zwischen dem War und Wirdsein? Denn es kann doch nicht aus
dem Vorher in das Nachher fortschreitend das Jetzt überspringen.
— Freilich nicht. — Hält es aber dann nicht inne mit dem Älterwer-
c den, wenn es auf das Jetzt trifft, und *wird* dann nicht, sondern *ist*
schon älter? Denn fortschreitend würde es niemals von dem Jetzt er-
griffen werden. Nämlich das Fortschreitende verhält sich so, daß es
beide berührt, das Jetzt und das Hernach, das Jetzt nämlich verlas-
send und das Hernach ergreifend, zwischen beiden werdend, dem
Jetzt und dem Hernach. — Richtig. — Wenn es also notwendig ist,
daß alles Werdende am Jetzt nicht vorbeigehe: so hält es auch not-
d wendig, wenn es an diesem ist, mit dem Werden inne, und *ist* als-
dann das, in dessen Werden es eben begriffen ist. — Das leuchtet ein.
— Also auch das Eins, wenn es im Älterwerden auf das Jetzt trifft,
hält es inne mit dem Werden und *ist* alsdann älter. — Allerdings. —
Also als was es älter *wurde*, als das *ist* es auch älter? Es ward aber
älter als es selbst? — Ja. — Es *ist* aber das Ältere älter als ein Jüngeres?
— Das ist es. — Auch jünger *ist* also dann das Eins als es selbst,
wenn es älter werdend auf das Jetzt trifft. — Notwendig. — Das Jetzt
e aber wohnt dem Eins bei sein ganzes Sein hindurch. Denn es *ist* im-
mer *jetzt*, wenn es ist. — Wie sollte es nicht? — Immer also *ist* sowohl
als *wird* das Eins älter und jünger als es selbst. — So scheint es. —
Ist oder *wird* es aber wohl mehrere Zeit als es selbst, oder die gleiche?
— Die gleiche. — Gewiß aber doch hat, was die gleiche Zeit ist oder
wird, auch einerlei Alter? — Wie anders? — Was aber dasselbe Alter
hat, das ist weder älter noch jünger. — Freilich nicht. — Das Eins al-

so, da es mit sich selbst gleiche Zeit ist und wird, ist und wird weder
jünger noch älter als es selbst. — Nein, dünkt mich. —

Wie aber? Etwa als die Anderen? — Das weiß ich nicht zu sagen.
— Das aber weißt du doch zu sagen, daß die Anderen vom Eins, 153 a
wenn sie doch Verschiedene sind und nicht Verschiedenes, mehr sind
als Eins. Denn wenn es Verschiedenes wäre, so wäre es Eins: da sie
aber Verschiedene sind, so sind sie mehr als Eins und haben also
Menge. — Die müssen sie haben. — Da sie aber als Menge sind, so
müssen sie auch einer größeren Zahl teilhaftig sein als des Eins. —
Wie sonst? — Und wie doch? Wollen wir sagen, daß von der Zahl
das Mehrere eher werde und geworden sei oder das Wenigere? —
Das Wenigere. — Das Wenigste also zuerst: dies ist aber das Eins.
Nicht wahr? — Ja. — Das Eins also ist zuerst geworden von allem, b
was Zahl hat. Aber auch die Anderen haben Zahl, da sie Andere und
nicht Anderes sind. — Die haben sie. — Zuerst geworden aber ist es,
glaube ich, auch früher geworden, und die Anderen später. Das spä-
ter Gewordene aber ist jünger als das früher Gewordene; und auf
diese Art also wären die Anderen jünger als das Eins und das Eins
älter als die Anderen. — Das wäre es. —

*[20. Das seiende Eins ist jünger als die Anderen. Das seiende Eins
ist weder älter noch jünger als die Anderen und wird und wird nicht
weder älter noch jünger als die Anderen. Das seiende Eins war und
ist und wird sein, und es gibt von ihm Benennung und Erkenntnis]*

Wie aber dieses? Wäre wohl das Eins gegen seine eigne Natur ge-
worden, oder ist das unmöglich? — Unmöglich. — Nun aber hatte c
sich doch das Eins gezeigt als Teile habend; wenn aber Teile, dann
auch Anfang, Mitte und Ende. — Ja. — Wird nun nicht bei allem zu-
erst der Anfang, sowohl bei dem Eins als bei jedem der Anderen,
und dann nach dem Anfang auch die Anderen alle bis zum Ende?
— Wie sonst? — Aber wir wollen doch sagen, daß diese Anderen alle
Teile des Ganzen und Einen sind und daß jenes selbst erst zugleich
mit dem Ende Eins und Ganzes geworden ist? — Das wollen wir sa-
gen. — Das Ende aber, glaube ich, wird zuletzt, und erst mit diesem
zugleich wird seiner Natur nach das Eins. So daß, wenn notwendig d
das Eins nicht gegen seine eigne Natur wird, es mit dem Ende zu-
gleich später als die Anderen seiner Natur nach werden muß. — Das
leuchtet ein. — Also ist das Eins jünger als die Anderen, und die An-
deren älter als das Eins. — Jetzt freilich zeigt es sich wieder so. —

Aber wie? Der Anfang oder irgendein anderer Teil vom Eins oder
von irgend sonst etwas, was nur ein Teil ist und nicht Teile, muß
das nicht Eins sein, wenn doch ein Teil? — Notwendig. — Also zu-
gleich sowohl mit dem ersten Werdenden würde das Eins als mit
dem zweiten, und verließe nichts von den andern Werdenden, was e
auch immer zu irgend etwas hinzukommen möchte, bis es endlich
zum letzten hindurchgelangt ein ganzes Eins geworden ist, nachdem
es weder Mitte noch Ende noch Anfang noch irgendein Anderes in
dem Werden verlassen. — Richtig. — Mit allen Anderen also hält
das Eins gleiches Alter: so daß, wenn das Eins selbst nicht gegen sei-

ne Natur werden soll, es weder früher noch später als die Anderen
154 a geworden sein kann, sondern zugleich. Und insofern also wäre das
Eins weder älter noch jünger als die Anderen, noch auch diese als das
Eins; auf die vorige Art aber war es älter sowohl als jünger, und
ebenso auch verhielten sich die Anderen gegen jenes. — Allerdings.
So demnach *ist* es und ist geworden. Wie aber steht es mit dem
Werden, ob es auch älter und jünger *wird* als die Anderen und die
Anderen als jenes, und auch wiederum weder jünger noch älter? Ver-
hält es sich etwa wie mit dem Sein, so auch mit dem Werden, oder
b anders? — Ich weiß es nicht zu sagen. — Aber ich soviel wenigstens,
daß, wenn eines schon älter *ist* als das andere, es nicht noch um meh-
reres älter werden kann, als schon bei dem ersten Gewordensein der
Unterschied des Alters betrug; und ebensowenig kann das Jüngere
noch jünger werden. Denn zu Ungleichem Gleiches hinzugesetzt, es
sei nun Zeit oder sonst etwas, macht, daß immer derselbe Unter-
schied bleibt, um den beides zuerst unterschieden war. — Unum-
gänglich. — Keineswegs also kann ein Seiendes jemals älter oder jün-
c ger *werden* als ein anderes, da es immer in gleichem Unterschiede
des Alters bleibt; sondern es ist und ist geworden älter, und das an-
dere jünger, wird es aber nicht. — Richtig. — Also auch das Eins, wel-
ches ist, wird niemals weder älter noch jünger als die Anderen, wel-
che sind. — Freilich nicht. — Sieh aber, ob sie insofern älter und jün-
ger gegeneinander werden. — Inwiefern? — Insofern, als das Eins
sich älter gezeigt hatte als die Anderen und die Anderen als das Eins.
— Wie also? — Wenn das Eins älter ist als die Anderen: so ist es doch
d mehrere Zeit geworden als die Anderen? — Ja. — Betrachte also wei-
ter: Wenn wir zu mehrerer und wenigerer Zeit die gleiche Zeit hin-
zusetzen, wird dann noch immer die mehrere von der wenigeren um
den gleichen Teil verschieden sein oder um einen kleineren? — Um
einen kleineren. — Also wird nicht das Eins, ebenso wie es zuerst von
den Anderen dem Alter nach verschieden war, auch hernach noch
verschieden sein: sondern indem es um gleiche Zeit mit den Anderen
zunimmt, wird es immer um wenigeres dem Alter nach davon un-
terschieden sein als zuvor. Oder nicht? — Ja. — Und was weniger dem
e Alter nach unterschieden ist von einem andern als vorher, das wird
doch jünger als vorher in Beziehung auf das, als was es vorher älter
war? — Jünger. — Wird aber das Eins jünger, werden dann nicht die
Anderen älter gegen das Eins als vorher? — Freilich. — Das jünger
Gewordene wird also älter gegen das früher Gewordene und älter
Seiende. Es *ist* aber niemals älter, sondern wird nur immer älter als
jenes; jenes nämlich nimmt zu im Jüngeren, dieses aber im Älteren.
155 a Ebenso wiederum wird das Ältere jünger als das Jüngere. Denn da
sie beide in das ihnen Entgegengesetzte fortschreiten: so werden sie
auch das Entgegengesetzte voneinander, das Jüngere nämlich älter
als das Ältere, und das Ältere jünger als das Jüngere; geworden sein
können sie es aber niemals. Denn wären sie es geworden: so würden
sie es nicht mehr, sondern wären es. Nun aber *werden* sie älter ge-
geneinander und jünger. Das Eins nämlich wird jünger als die An-
b deren, weil es sich gezeigt hatte als älter seiend und früher geworden.

Und die Anderen werden älter als das Eins, weil sie später geworden sind. Aus demselben Grunde aber verhalten sich die Anderen auch ebenso gegen das Eins, da sie ja auch älter als dieses uns erschienen waren und früher geworden. – So zeigt es sich. – Inwiefern also überhaupt nicht etwas älter wird noch auch jünger als ein anderes, vermöge des der Zahl nach immer gleichen Verschiedenseins voneinander: insofern wird auch weder das Eins älter oder jünger als die Anderen noch auch die Anderen als das Eins. Inwiefern aber das früher von dem später Gewordenen notwendig immer um einen an- c
deren Teil sich unterscheidet, und so auch das Spätere von dem Früheren: insofern werden die Anderen gegen das Eins und das Eins gegen die Anderen jünger sowohl als älter. – Allerdings. – Folglich diesem allen gemäß *ist* und *wird* das Eins älter sowohl als jünger als es selbst und die Anderen; und ist und wird auch weder älter noch jünger als es selbst oder die Anderen. – So ist es auf alle Weise. –
Da aber dem Eins Zeit beigelegt ist und ein Älter- und Jüngerwerden, d
muß es nicht notwendig auch ein Vorher haben und ein Nachher und ein Jetzt, wenn ihm doch Zeit beigelegt ist? – Notwendig. – Also war das Eins und ist und wird sein, und wurde und wird und wird werden. – Wie sonst? – Also wäre auch wohl etwas für es und von ihm, und war und ist und wird sein. – Freilich. – Also ist auch Erkenntnis von ihm und Vorstellung und Wahrnehmung, da ja auch wir jetzt alles dieses in Beziehung auf dasselbe zustande bringen. – Ganz richtig behauptest du. – Also ist auch ein Wort für es und eine
Erklärung, und es wird benannt und erklärt, und was überhaupt e
nur in dieser Art von allem andern ist, das ist auch vom Eins. – Auf alle Weise freilich verhält es sich so. –

[21. Zweite Rückkehr zur ersten Voraussetzung: Das seiende Eins-Seiende ist weder noch ist es nicht, es bewegt sich weder noch ruht es. Das seiende Eins-Seiende als der Übergang und der Augenblick als sein Ort]

Wohlan, laß es uns noch zum drittenmal sagen: Das *Eins*, wenn es *ist*, wie wir es durchgeführt haben, muß es nicht notwendig, da es Eins ist und Vieles und auch weder Eins noch Vieles und mit der Zeit Gemeinschaft habend, sofern es Eins *ist*, zu einer Zeit das Sein an sich haben; und sofern es *nicht ist*, auch wiederum zu einer Zeit das Sein nicht an sich haben? – Notwendig. – Und wird es wohl, wann es das Sein hat, eben alsdann es auch nicht haben können? Oder, wann es das Sein nicht hat, eben alsdann es auch haben können? – Nicht möglich. – In anderer Zeit also hat es, und in anderer hat es nicht das Sein. Denn einzig auf diese Art kann es dasselbe an
sich haben und auch nicht haben. – Richtig. – Also ist auch eine sol- 156 a
che Zeit, wo es das Sein annimmt und von dem Sein abläßt. Oder wie soll es ihm möglich sein, dasselbe jetzt zu haben und dann auch wieder nicht zu haben, wenn es nicht irgendwann auch es erfaßt und es fahren läßt? – Keineswegs. – Und das Sein annehmen, nennst du das nicht Werden? – Ich nenne es so. – Und vom Sein ablassen, nennst du das nicht Vergehen? – Freilich. – Das Eins also, wie es

scheint, da es das Sein erfaßt und fahren läßt, wird auch und ver-
b geht. — Notwendig. — Da es nun Eins ist und Vieles und werdend
und vergehend, wird nicht, wenn es Eins wird, das Vielsein verge-
hen, wenn es aber Vieles wird, das Einssein vergehen? — Freilich. —
Und indem es Eins wird und Vieles, wird es dann nicht notwendig
gesondert und vermischt? — Notwendig. — Und indem es unähnlich
wird und ähnlich, muß es doch auch sich verähnlichen und sich ver-
unähnlichen? — Ja. — Und wenn größer und kleiner und gleich, muß
es auch wachsen und abnehmen und sich angleichen. — So ist es. —
c Und wenn es in der Bewegung stillsteht und aus der Ruhe zur Bewe-
gung übergeht: so muß es doch selbst auch nicht in *einer* Zeit sein.
— Wie könnte es? — Daß das zuvor Ruhende hernach bewegt werde
und das zuvor Bewegte hernach ruhe, dies kann ihm einesteils ohne
Übergang unmöglich begegnen. — Freilich wie? — Eine Zeit aber gibt
es andernteils nicht, in der etwas zugleich weder bewegt sein noch
ruhen könnte. — Die gibt es wohl nicht. — Aber es kann doch auch
nicht übergehen ohne Übergang. — Nicht glaublich. — Wann also
geht es über? Denn weder in Ruhe seiend noch in Bewegung kann
d es übergehen, noch in der Zeit seiend. — Freilich nicht. — *Ist* also etwa
jenes Unfaßbare, worin es dann ist, wenn es übergeht? — Welches
denn? — Der Augenblick. Denn das Augenblickliche scheint derglei-
chen zu bezeichnen, daß von ihm aus Übergehendes sein kann in
eins von beiden. Denn aus der Ruhe geht nichts noch während des
Ruhens über, noch aus der Bewegung während des Bewegtseins; son-
dern dieses unfaßbare Wesen, der Augenblick, liegt zwischen der
e Bewegung und der Ruhe als in keiner Zeit seiend, und in ihn hinein
und aus ihm hervor geht das Bewegte über zur Ruhe und das Ru-
hende zur Bewegung. — So mag es wohl sein. — Auch das Eins also,
wenn es ruht und auch sich bewegt, muß aus einem zum andern über-
gehen; denn nur so kann es beides tun. Geht es aber über: so geht
es im Augenblick über, und indem es übergeht, ist es in gar keiner
Zeit und bewegt sich alsdann weder noch ruht. — Freilich nicht. —
Verhält es sich nun etwa ebenso auch mit den andern Übergängen,
wenn es aus dem Sein in das Vergehen übergeht oder aus dem Nicht-
157 a sein in das Werden, daß es alsdann jedesmal auf gewisse Weise zwi-
schen einer Bewegung und einer Ruhe ist und alsdann weder ist noch
nicht ist, weder wird noch vergeht? — So scheint es ja. — Auf eben
die Weise also auch, wenn es aus dem Eins in Vieles übergeht, oder
aus Vielem in Eins, ist es weder Eins noch Vieles, wird weder geson-
dert noch vermischt. Und aus dem Ähnlichen ins Unähnliche, aus
dem Unähnlichen ins Ähnliche gehend, ist es weder ähnlich noch un-
ähnlich, weder ein Verähnlichendes noch ein Verunähnlichendes;
b und aus dem Kleinen ins Große und ins Gleiche und ins Entgegenge-
setzte übergehend ist es weder klein noch groß, noch gleich, noch wach-
send, noch abnehmend, noch angleichend. — So scheint es. — Alle die-
se Beschaffenheiten also kommen dem Eins zu, wenn es *ist*. — Ge-
wiß. —

[22. Das seiende Eins und die Andern. Wenn Eins ist, dann sind die Anderen Ganzes und haben Teile, sie sind unbegrenzt und begrenzt, ähnlich und unähnlich sowohl sich selbst als untereinander]

Wie aber den Anderen zukomme beschaffen zu sein, wenn Eins
ist, sollen wir nicht das erwägen? — Das wollen wir. — So laß uns
denn sagen: Wenn Eins *ist*, wie müssen die Anderen als Eins be-
schaffen sein? — Das laß uns sagen. — Also, wenn sie andere als das
Eins sind, so ist das Eins nicht die Anderen, sonst wären sie nicht
andere als das Eins. — Richtig. — Ebensowenig aber sind die Ande- c
ren des Eins gänzlich beraubt, sondern sie haben es in gewisser Wei-
se an sich. — Wie denn? — Weil die Anderen als das Eins doch aus
Teilen bestehend andere sind. Denn wenn sie nicht Teile hätten, so
wären sie ganz und gar Eins. — Richtig. — Teile aber, behaupten wir,
sind nur von demjenigen, was ein Ganzes ist. — Das behaupten wir.
— Das Ganze aber ist doch notwendig Eins aus Vielen, dessen Tei-
le eben die Teile sind. Denn jeder Teil muß nicht ein Teil von Vie-
len sein, sondern ein Teil vom Ganzen. — Wie doch das? — Wenn
etwas ein Teil Vieler wäre, unter denen es auch selbst wäre: so wür- d
de es sowohl sein eigener Teil sein, welches unmöglich ist, als auch
eines jeden der anderen, wenn es doch *aller* Teil sein soll. Denn wenn
es von *einem* nicht Teil ist: so wird es nur ein Teil der anderen außer
diesem sein. Und so wird es eines jeden Teil nicht sein, wenn aber
nicht eines jeden, dann auch keines unter den Vielen. Was es aber
von keinem ist, das doch von allen denen zu sein, von deren keinem
es, sei es nun Teil oder sonst irgend etwas ist, das ist unmöglich. —
Das leuchtet freilich ein. — Nicht also von den Vielen oder Gesamten
ist der Teil Teil, sondern nur von *einer* gewissen Idee und einem
Eins, welches, aus Allen insgesamt vollkommenes Eins geworden, e
Ganzes genannt wird; hiervon muß der Teil Teil sein. — Allerdings
freilich. — Wenn also die Anderen Teile haben, so müssen sie auch
mit dem Ganzen und Einen Gemeinschaft haben. — Freilich. — *Ein*
vollkommenes, Teile habendes Ganzes also sind notwendig die Ande-
ren als das Eins. — Notwendig. — Ferner gilt aber auch dasselbe von
jedem einzelnen Teile. Denn auch dieser muß notwendig mit dem
Eins Gemeinschaft haben. Nämlich wenn jedes Einzelne davon 158 a
Teil ist, so bedeutet doch dieses «ein Einzelnes sein» ein Eins, näm-
lich daß es ein von den Andern abgesondertes für sich Seiendes, wenn
anders ein Einzelnes, ist. — Richtig. — An sich kann es also offenbar
das Eins haben, wenn es auch ein anderes als das Eins *ist*, denn sonst
hätte es das Eins nicht an sich, sondern wäre das Eins selbst. Nun aber
ist das Eins-Sein außer dem Eins selbst jedem andern ganz unmög-
lich. — Unmöglich. — Das Eins aber an sich zu haben, ist notwendig
für das Ganze und für den Teil. Jenes Eins wird nämlich als Ganzes
sein, dessen Teile eben die Teile sind, und wiederum jenes Einzelne
Eins als Teil des Ganzen, das eines Teiles Ganzes ist. — So ist es. —
Also als verschieden vom Eins wird, was das Eins an sich hat, es an b
sich haben. — Wie sonst? — Das Verschiedene vom Eins muß aber doch
Vieles sein. Denn wenn die Anderen als das Eins weder Eins wären
noch auch mehr als Eins: so wären sie ja nichts. — Freilich nicht. —

Wenn aber mehr als Eins ist, was am Eins als Teil und am Eins als Ganzen Gemeinschaft hat: sind dann nicht notwendig jene das Eins in sich Aufnehmenden selbst unbegrenzt der Menge nach? — Wie doch? — Laß es uns so betrachten. Ist es nicht so, daß sie zu der Zeit, wenn sie das Eins aufnehmen, es aufnehmen als solche, die noch nicht Eins sind und nicht Eins an sich haben? — Ganz offenbar. —
c Also als Menge, worin das Eins nicht darin ist. — Als Menge freilich. — Wie nun? Wenn wir in Gedanken hiervon das wenigste, was wir nur immer können, hinwegnehmen, würde nicht notwendig auch jenes Hinweggenommene, da es das Eins nicht an sich hat, eine Menge sein und nicht Eins? — Notwendig. — Betrachten wir also auf diese Weise immer an und für sich die verschiedene Natur des Begriffs: so wird, wieviel immer wir jedesmal davon sehen, ein Unbegrenztes an Menge sein. — Auf alle Weise freilich. — Indessen, wenn Eins je-
d der einzelne Teil als Teil geworden ist, dann hat er auch Begrenzung gegen die andern und gegen das Ganze, und das Ganze gegen die Teile. — Offenbar freilich. — Den Anderen als das Eins kommt also zu, daß aus ihnen selbst und dem Eins, wenn beide in Gemeinschaft treten, ein Verschiedenes in ihnen selbst entsteht, welches darin Begrenzung gegeneinander bewirkt; ihre eigne Natur aber für sich gibt ihnen Unbegrenztheit. — Das leuchtet ein. — Also sind die Anderen als das Eins, ganz und auch ihren Teilen nach, unbegrenzt sowohl als auch Begrenztheit an sich habend. — Allerdings. —
e Nicht auch ähnlich sowohl als unähnlich untereinander und sich selbst? — Inwiefern? — Inwiefern sie doch ihrer eignen Natur gemäß alle unbegrenzt sind, insofern kommt ihnen doch allen einerlei zu. — Allerdings. — Aber auch, inwiefern sie alle der Begrenztheit teilhaftig sind, auch insofern kommt ihnen einerlei zu. — Was sonst? — Inwiefern ihnen aber Begrenztheit zukommt und auch Unbegrenztheit, kommen ihnen doch diese Beschaffenheiten zu als einander
159 a entgegengesetzte? — Ja. — Entgegengesetztes aber ist das Unähnlichste? — Wie anders? — Also nach beiderlei Beschaffenheit einzeln genommen sind sie sich selbst und untereinander ähnlich; nach beiden Beschaffenheiten zusammen sind sie auf beide Arten ganz entgegengesetzt und höchst unähnlich. — So mag es wohl sein. — Auf diese Art also sind die Anderen selbst mit sich selbst und untereinander ähnlich und unähnlich. — Das sind sie. — Also auch, daß sie einerlei sind und voneinander verschieden, bewegt und ruhend, und daß alle diese entgegengesetzten Beschaffenheiten den Anderen als das Eins zukommen, wird uns nicht mehr schwer sein zu finden, nachdem
b wir schon gesehen haben, daß ihm diese zukommen. — Richtig gesprochen. —

[23. Das Eins-Seiende und die Anderen. Wenn Eins ist, dann sind die Anderen weder Eins noch Vieles, weder ähnlich noch unähnlich dem Eins oder sich selbst, und ihnen kommt schlechterdings keine Bestimmung zu]

Wie nun, wenn wir dieses als schon offenbar ließen und wiederum betrachteten: Wenn *Eins* ist, verhalten etwa die Anderen als das Eins

sich zugleich auch nicht so oder nur so? — Das laß uns tun. — Gehen
wir also noch einmal von Anfang an durch: Wenn *Eins* ist, was muß
den Anderen als das Eins zukommen? — Das wollen wir durchgehn.
— Ist nun nicht das Eins ganz abgesondert von den Anderen, und
abgesondert auch die Anderen von dem Eins-Sein? — Wieso doch? —
Weil außer ihnen nicht noch Verschiedenes ist, was ein anderes wäre
als das Eins und zugleich auch ein anderes als die Anderen. Denn
alles ist ausgesprochen, wenn man sagt Eins und die Anderen. — Al- c
les freilich. — Also ist kein von diesen Verschiedenes mehr, in wel-
chem als demselben das Eins und die Anderen sein könnten. — Nein
freilich. — Niemals also werden das Eins und die Anderen in demsel-
ben sein. — Es scheint nicht. — Also abgesondert? — Ja. — Auch, daß
das wahre Eins keine Teile habe, sagen wir doch? — Wie sollte es? —
Also kann das Eins weder ganz in den Anderen sein noch auch des-
sen Teile, wenn es abgesondert ist von den Anderen und gar keine
Teile hat? — Wie könnte es? — Auf keine Weise also können die An- d
deren das Eins an sich haben, da sie weder als Teil noch ganz es an
sich haben können. — Es scheint nicht. — Auf keine Weise also sind
die Anderen Eins, noch haben sie irgendein Eins in sich. — Freilich
nicht. — Also sind auch die Anderen nicht Vieles. Denn wenn sie Vie-
les wären, so wäre Eins jedes von diesen als Teil des Ganzen. Nun
aber sind die Anderen als Eins weder Eins noch Vieles, weder ein
Ganzes noch Teile, da sie auf keine Weise etwas vom Eins an sich
haben. — Richtig. — Also auch Zwei oder Drei sind die Anderen we-
der selbst, noch haben sie diese Zahlen an sich, wenn sie doch des
Eins auf alle Weise beraubt sind. — So ist es. — e

Also auch ähnlich oder unähnlich dem Eins sind die Anderen we-
der selbst, noch haben sie überhaupt Ähnlichkeit oder Unähnlichkeit
an sich. Denn wenn sie selbst ähnlich und unähnlich wären oder un-
ter sich selbst Ähnlichkeit und Unähnlichkeit hätten, so hätten doch
die Anderen als das Eins zwei einander entgegengesetzte Begriffe in
sich. — Das leuchtet ein. — Unmöglich aber war es doch, daß dasjenige
Zwei an sich haben konnte, was nicht einmal Eins an sich hat. — Un-
möglich. — Also auch weder ähnlich noch unähnlich noch beides sind
die Anderen. Denn wären sie ähnlich oder unähnlich, so hätten sie 160 a
einen von beiden Begriffen an sich; wären sie beides, dann *beide* ent-
gegengesetzte. Dieses aber hat sich als unmöglich gezeigt. — Rich-
tig. —

Ebenso sind sie weder einerlei noch verschieden, weder bewegt
noch ruhend, weder werdend noch untergehend, weder größer noch
kleiner noch gleich, noch kommt ihnen sonst etwas dergleichen zu.
Denn wenn die Anderen vertragen könnten, daß etwas dergleichen
ihnen zukäme: so müßten sie auch Eins und Zwei und Drei und Ge-
rades und Ungerades an sich haben, welches an sich zu haben sich
ganz unmöglich gezeigt hat für die des Eins auf alle Weise gänzlich b
Beraubten. — Vollkommen wahr. — Auf diese Art also, wenn *Eins
ist*, ist das Eins Alles und auch wieder nicht einmal Eins, sowohl für
sich selbst als für die Anderen gleichermaßen. — Vollständig erwie-
sen freilich. —

[24. Zweite Voraussetzung: Wenn Eins nicht ist. Das Eins-Nicht-seiende hat Erkenntnis und Verschiedenheit an sich, es hat Unähnlichkeit mit den Anderen und Ähnlichkeit mit sich selbst, es hat Gleichheit, Größe und Kleinheit an sich und Sein und Nichtsein, es besteht und wechselt und verändert sich und verändert sich nicht]

Wohl! Wenn aber nun das Eins *nicht ist*, was dann erfolge, müs-
sen wir das nicht demnächst erwägen? — Das müssen wir freilich er-
wägen. — Was ist aber eigentlich diese Voraussetzung: Wenn *Eins*
c nicht ist? Ist sie wohl unterschieden von der: «Wenn *Nicht-Eins* nicht
ist»? — Unterschieden allerdings. — Nur unterschieden, oder ist es
nicht vielmehr ganz das Gegenteil zu sagen: Wenn *Nicht-Eins* nicht
ist, als: Wenn *Eins* nicht ist ? — Ganz das Gegenteil. — Wie nun,
wenn jemand sagt: Wenn Größe nicht ist oder: Wenn Kleinheit nicht
ist, oder etwas anderes dergleichen: so deutet er doch in jedem Falle
an, daß ein Verschiedenes das Nichtseiende nennt? — Allerdings. —
Also auch jetzt deutet er an, daß er etwas von den Anderen Verschie-
denes das Nichtseiende nennt, indem er sagt: Wenn *Eins* nicht ist?
Und wir wissen, was er meint? — Das wissen wir. — Erstens also
meint er etwas Erkennbares, sodann auch von den Andern Verschie-
denes, wenn er sagt *Eins*, er mag ihm nun das Sein beilegen oder das
d Nichtsein. Denn dasjenige, wovon gesagt wird, es sei nicht, wird
doch nichtsdestoweniger als etwas erkannt und auch als verschieden
von den Anderen. Oder nicht? — Notwendig. —

Hiernach also laß uns von Anfang an sagen: Wenn *Eins* nicht ist,
was dann sein muß. Zuerst also muß ihm dieses zukommen, wie es
scheint, daß Erkenntnis davon ist, oder man müßte auch nicht ein-
mal verstehen, was gesagt wird, wenn jemand sagt: Wenn *Eins*
nicht ist. — Wahr. — Also auch, daß die Anderen verschieden von ihm
sind, oder auch jenes müßte nicht verschieden von den Anderen ge-
nannt werden? — Allerdings. — Auch eine Verschiedenheit kommt
e ihm also zu außer der Erkenntnis. Denn man meint doch nicht die
Verschiedenheit der Anderen, wenn man sagt, das Eins ist verschie-
den von den Anderen; sondern eben die jenes, des Eins. — Das ist
offenbar. — Also an dem Jenes und an dem Etwas und an dem Davon
und Dafür und Daraus und an allem, was dem ähnlich ist, hat das
Eins-Nichtseiende Anteil. Denn sonst könnte weder vom Eins auch
nur die Rede sein noch von vom Eins Verschiedenen; noch auch wäre
etwas für jenes oder von jenem oder könnte auch nur von ihm gesagt
werden, wenn es weder an dem Etwas noch an den Anderen der Art
Anteil hätte. — Richtig. — Sein also kann das Eins freilich nicht, wenn
es nicht *ist*: aber vielerlei an sich zu haben, hindert es nichts; sondern
161 a dies ist vielmehr notwendig, wenn doch jenes Eins und nicht Anderes
nicht ist. Denn wenn weder das Eins noch jenes ist, sondern auf et-
was anderes die Rede gehen soll: so darf man ja überhaupt nicht ein-
mal etwas aussagen. Wenn aber nur jenes Eins und nicht sonst et-
was zugrunde liegt als nichtseiend: so muß es notwendig mit jenem
und vielem anderen in Verbindung stehen. — Ganz gewiß. —

Also auch Unähnlichkeit wird es haben gegen die Anderen. Denn

die Anderen als das Eins müssen als verschiedene auch verschieden-
artig sein. — Ja. — Und das Verschiedenartige auch anders beschaffen?
— Freilich. — Und das anders Beschaffene sollte nicht unähnlich sein?
— Unähnlich allerdings. — Und nicht wahr, wenn die Anderen dem b
Eins unähnlich sind: so sind doch offenbar die Unähnlichen einem
Unähnlichen unähnlich? — Offenbar. — Also hat auch das Eins eine
Unähnlichkeit, vermöge deren die Anderen ihm unähnlich sind. —
Das scheint. — Wenn es nun eine Unähnlichkeit mit den Anderen hat,
hat es dann nicht notwendig auch eine Ähnlichkeit mit sich selbst?
— Wieso? — Wenn das Eins eine Unähnlichkeit an sich hätte mit dem
Eins: so könnte von einem solchen Etwas gar nicht die Rede sein als
vom Eins; sondern schon die Voraussetzung handelte nicht vom
Eins, sondern von einem Andern als Eins. — Allerdings wohl. — Das
soll sie aber nicht. — Freilich nicht. — So muß also das Eins eine Ähn- c
lichkeit mit sich selbst an sich haben. — Es muß. —

Aber ebensowenig ist es ja auch gleich den Anderen. Denn wäre
es gleich, so wäre es ja schon, und wäre ihnen ähnlich nach Maßgabe
der Gleichheit. Dieses beides ist aber unmöglich, wenn das Eins nicht
ist. — Unmöglich. — Wenn es nun aber den Anderen nicht gleich ist:
sind dann nicht notwendig auch die Anderen ihm nicht gleich? —
Notwendig. — Und ist das Nichtgleiche nicht ungleich? — Ja. — Und
das Ungleiche nicht dem Ungleichen ungleich ?— Wie sonst? — Auch
eine Ungleichheit also eignet dem Eins, vermöge deren die Anderen
ihm ungleich sind. — Die eignet ihm. — Aber zur Ungleichheit gehört d
doch Größe und Kleinheit? — Freilich. — Hat also ein solches Eins
auch Größe und Kleinheit an sich? — Das scheint beinahe. — Größe
und Kleinheit aber sind immer voneinander entfernt? — Allerdings.
— Also ist immer etwas zwischen ihnen? — Das ist. — Weißt du nun
etwas anderes, das zwischen ihnen wäre, als die Gleichheit? — Nein,
sondern eben sie. — Was also Größe und Kleinheit hat, das hat auch
die zwischen beiden seiende Gleichheit. — Das ist deutlich. — Das
Eins-Nichtseiende hat also auch Gleichheit an sich und Größe und e
Kleinheit. — Das scheint. —

Ja, auch ein Sein muß es irgendwie an sich haben. — Wie das? —
Es muß sich doch so verhalten, wie wir sagen. Denn wenn es sich nicht
so verhält: so sagen wir auch nichts Wahres, die wir sagen, das *Eins*
ist nicht. Wenn wir aber etwas Wahres sagen, dann offenbar auch
etwas Seiendes. Oder nicht so? — Freilich so. — Wenn wir also etwas
Wahres zu sagen behaupten: so behaupten wir notwendig auch, et-
was Seiendes zu sagen. — Notwendig. — Also *ist*, wie es scheint, das 162 a
Eins-Nichtseiende. Denn wenn es *nicht* Nichtseiendes *ist*, sondern
von dem Sein etwas nachläßt zum Nichtsein: so wird es sogleich
Seiendes sein. — Auf alle Weise freilich. — Es muß also ein Band ha-
ben mit dem Nichtsein, nämlich das Nichtseiend-Sein, wenn es nicht-
sein soll; auf ähnliche Art, wie auch das Seiende das Nichtsein des
Nichtseienden haben muß, damit es seinerseits vollständiglich sei.
Denn nur so kann sowohl das Seiende recht sein, als das Nichtseiende
recht nichtsein, wenn dem Seienden das Sein des Seiendseins eignet
und das Nichtsein des Nichtseiendseins, wofern es vollständiglich

b sein soll: dem Nichtseienden aber das Nichtsein des Nichtseiend-
Nichtseins und das Sein des Nichtseiendseins, wenn auch dieses, das
Nichtseiende, vollständiglich nichtsein soll. — Vollkommen richtig.
— Also, da dem Seienden ein Nichtsein und dem Nichtseienden ein
Sein zukommt: so eignet auch dem Eins, da es nicht-ist, notwendig
ein Sein für das Nichtsein. — Notwendig. — Auch ein Sein also zeigt
sich für das Eins, wenn es nicht-ist. — Es zeigt sich. — Und doch auch
ein Nichtsein, da es ja nicht ist. — Wie könnte das fehlen? —

Ist es nun wohl möglich, daß ein irgendwie Beschaffenes auch
nicht so beschaffen sei, ohne aus dieser Beschaffenheit überzugehen?
— Nicht möglich. — Auf einen Übergang also deutet alles dergleichen,
c was so und auch nicht so beschaffen ist. — Wie sonst? — Übergang
aber ist Wechsel? Oder was wollen wir behaupten? — Wechsel. —
Das Eins aber zeigt sich als seiend und nichtseiend? — Ja. — Also als
so und auch nicht so beschaffen zeigt sich das Eins? — Es scheint. —
Also auch wechselnd erscheint das Eins-Nichtseiende, da es auch ei-
nen Übergang aus dem Sein in das Nichtsein erleidet. — Das mag
wohl sein. — Aber doch, wenn es nirgends ist, weil es ja *nicht* ist,
wenn es nicht-ist: so kann es auch nicht von irgendwoher sich wohin
umstellen. — Wie könnte es? — Nicht also durch Ortsveränderung
d wechselt es. — Freilich nicht. — Ebensowenig auch kann es sich an ei-
nerlei Ort herumdrehen, denn das Einerlei berührt es nirgends. Denn
das Einerlei ist seiend, und das Nichtseiende kann unmöglich in ir-
gendeinem Seienden sein. — Unmöglich freilich. — Also kann auch
nicht das Eins-Nichtseiende sich in jenem herumdrehen, in welchem
es nicht ist. — Freilich nicht. — Und ebensowenig kann das Eins sich
in sich selbst verändern, weder es als das Seiende noch als das Nicht-
seiende. Denn die Rede wäre ja dann nicht mehr von dem Eins, wenn
es ein anderes geworden wäre als es selbst, sondern von einem ande-
ren. — Richtig. — Wenn es sich nun weder verändert noch sich an
einerlei Ort herumdreht noch von seinem Orte sich bewegt: kann es
e dann noch sonstwie wechseln? — Wie wohl? — Und was nicht wech-
selt, hat doch notwendig Ruhe, und was Ruhe hat, besteht? — Not-
wendig. — Das Eins-Nichtseiende also, wie es scheint, besteht sowohl
als es wechselt. — So scheint es. —

Ferner aber, wenn es nun wechselt, muß es sich doch sehr notwen-
163 a dig verändern: denn inwiefern etwas wechselt, insofern verhält es
sich nicht mehr so, wie es sich verhielt, sondern anders. — Richtig.
— Das wechselnde Eins also verändert sich auch. — Ja. — Aber das
auf keine Weise Wechselnde wird auch auf keine Weise verändert.
— Freilich nicht. — Inwiefern also das Eins-Nichtseiende wechselt, in-
sofern verändert es sich; inwiefern es aber nicht wechselt, insofern
verändert es sich nicht. — Freilich nicht. — Das Eins-Nichtseiende also
verändert sich und verändert sich auch nicht. — Das ist deutlich. —
Und das Veränderte, wird das nicht notwendig ein verschiedenes von
b dem zuvor und vergeht aus der vorigen Beschaffenheit? Das nichtver-
änderte aber wird weder, noch vergeht es? — Notwendig. — Auch das
Eins-Nichtseiende also als verändertes wird und vergeht: als nichtver-
ändertes aber wird es weder, noch vergeht es. Und so wird sowohl als

vergeht das Eins-Nichtseiende, und wird auch so wenig als es vergeht. — Freilich auch nicht. —

[25. Rückkehr zur zweiten Voraussetzung: Das nichtseiende Eins ist nicht, es wird weder noch vergeht es, es verändert sich nicht noch besteht es. Das nichtseiende Eins hat weder Größe noch Kleinheit noch Gleichheit, weder Ähnlichkeit noch Verschiedenheit, und es gibt von ihm keine Erkenntnis und keine Benennung]

Noch einmal nun laß uns zum Anfange zurückkehren, um zu se-
hen, ob uns noch dasselbe erscheinen wird, was auch jetzt, oder an-
deres. — Das laß uns. — Nicht wahr, wenn Eins *nicht ist*, so fragten
wir, was muß sich alsdann mit ihm zutragen? — Ja. — Das Nichtist c
aber, wenn wir das sagen, bedeutet es wohl etwas anderes als eine
Abwesenheit des Seins für dasjenige, wovon wir sagen, es sei nicht?
— Nichts anderes. — Wenn wir also sagen, daß etwas *nicht sei*, mei-
nen wir damit: es sei nur irgendwie nicht, und irgendwie sei es? Oder
bedeutet dieses Nichtist ganz einfach, daß eben das nicht Seiende
nirgend und auf keine Art ist, und auf keine Art ein Sein an sich hat?
— Auf das allereinfachste freilich. — Weder also kann das nicht Sei-
ende sein, noch auch irgendwie anders mit dem Sein Gemeinschaft
haben. — Freilich nicht. — d

Und das Werden und Vergehen, ist das wohl etwas anderes als,
jenes ein Ergreifen, dieses ein Fahrenlassen des Seins? — Nichts ande-
res. — Was aber mit diesem gar keine Gemeinschaft hat, kann doch
auch weder es ergreifen noch es fahren lassen? — Wie könnte es? —
Das Eins also, da es auf keine Art ist, kann auch das Sein auf keine
Art weder festhalten noch fahrenlassen noch ergreifen. — Nicht wohl.
— Weder also vergeht das nichtseiende Eins, noch wird es, da es auf
keine Art mit dem Sein Gemeinschaft hat? — Nein, wie sich zeigt. —
Noch auch wird es irgendwie verändert: denn es würde dann schon e
und verginge, wenn ihm dies zukäme. — Richtig. — Wenn es aber
sich nicht verändert, dann notwendig wechselt es auch wohl nicht?
— Notwendig. — Ebensowenig werden wir auch sagen, daß das nir-
gendwo Seiende bestehe. Denn das Bestehende muß in irgendeinem
Selbigen ständig sein. — Wie sollte es anders? — Auf diese Art dem-
nach werden wir von dem nicht Seienden wiederum, weder daß es
bestehe, noch daß es wechsele, behaupten können. — Gewiß nicht. —

Noch auch kann ihm etwas Seiendes eignen. Denn wenn es etwas
als Seiendes an sich hätte, hätte es auch schon ein Sein irgendwie an 164 a
sich. — Offenbar. — Weder Größe also noch Kleinheit noch Gleich-
heit hat es an sich. — Freilich nicht. — Noch auch Ähnlichkeit oder
Verschiedenheit weder mit sich selbst noch mit den Anderen kann es
haben? — Nein, wie sich zeigt. — Und wie? Können wohl die Anderen
irgendwie für es sein, wenn überhaupt nichts für es sein soll? — Das
kann nicht sein. — Also weder ihm ähnlich noch unähnlich, noch ei-
nerlei mit ihm noch verschieden davon sind die Anderen. — Freilich
nicht. — Und wie? Kann wohl ein Davon oder Dafür, ein Etwas oder
Dieses oder Dessen oder Eines-andern oder Für-ein-anderes, oder
ein Je oder Hernach oder Jetzt oder Erkenntnis oder Vorstellung oder b

Wahrnehmung oder Erklärung oder Benennung, oder irgend etwas anderes Seiendes, kann dergleichen wohl für das nicht Seiende sein? — Das kann es nicht. — Auf diese Art also Eins nicht seiend, wird es sich auch auf keinerlei Weise verhalten. — Freilich scheint es sich auf keinerlei Weise zu verhalten. —

[26. Das Eins-Nichtseiende und die Anderen. Wenn Eins nicht ist, dann sind die Anderen als Massen voneinander verschieden, und diese Massen werden Eins zu sein scheinen, es aber nicht sein, sie werden als gleich und ungleich, als begrenzt und unbegrenzt, als ähnlich und unähnlich erscheinen, ohne irgend etwas dergleichen zu sein]

Nun laß uns auch noch sagen: Wenn *Eins* nicht ist, was dann den
Anderen zukommen muß. — Das laß uns sagen. — Andere müssen
sie doch irgendwie sein. Denn wenn sie nicht einmal Andere sind,
so wäre auch gar nicht von den Anderen die Rede. — So ist es. — Und
wenn von den Anderen die Rede ist, so sind die Anderen verschie-
dene. Oder brauchst du nicht immer für dasselbe das Wort «Ande-
c res» und «Verschiedenes»? — Ich gewiß. — Verschieden aber, sagen
wir, ist das Verschiedene von einem Verschiedenen; also auch wohl
das Andere ein Anderes von einem Anderen? — Ja. — Also auch für
die Anderen, wenn sie andere sein sollen, ist etwas, als welches sie
andere sind? — Notwendig. — Was denn wäre wohl dieses? Als das
Eins sind sie nicht andere, da das Eins nicht ist. — Freilich nicht. —
Also untereinander. Denn dieses bleibt nur noch übrig, oder sie wä-
ren andere in Beziehung auf gar nichts. — Richtig. — Als Menge ge-
nommen also wird jedes gegen das übrige anderes sein. Denn als Eins
genommen kann es nicht, wenn ein *Eins* nicht ist: sondern, wie es
d scheint, ist jede Masse davon unendlich der Menge nach, und wenn
auch einer, was ihn das allerkleinste dünkt, davon nähme, so erscheint
es doch plötzlich, wie im Traume, anstatt daß es ihn Eins zu sein dünk-
te, als Vieles, und anstatt sehr klein, ganz groß gegen das aus ihm
noch weiter Zerteilbare. — Ganz richtig. — Als solche Massen also wä-
ren die Anderen untereinander andere, wenn sie, ohne daß *Eins* ist,
andere sein sollen. — Offenbar freilich. — Also werden es viele Massen
sein, jede als Eins erscheinend, es aber nicht seiend, wenn doch *Eins*
nicht sein soll. — So ist es. — Auch eine Zahl von ihnen wird es also
e zu geben scheinen, wenn jede Masse als eine erscheint, da es viele
sind. — Freilich. — Und einiges darunter wird Gerades, anderes Un-
gerades, ohne es in Wahrheit zu sein, nur scheinen, wenn doch *Eins*
nicht sein soll. — Freilich ist es nicht so. —

Ja, auch ein Allerkleinstes, sagen wir, scheint darunter zu sein;
dieses selbe aber zeigt sich wiederum als Vieles und Großes gegen
165 a jedes unter den Vielen, die als kleine sind. — So ist es. — Auch
gleich also diesen Vielen und Kleinen zu sein, wird jegliche Masse
vorgestellt werden. Denn sie kann nicht scheinend aus dem Größe-
ren ins Kleinere übergehen, ehe sie nicht auch in das zwischen bei-
den zu kommen scheint; und dies wäre doch der Schein der Gleich-
heit? — Allem Anschein nach. — Wird nicht auch jede Masse als be-

grenzt gegen eine andere und für sich selbst erscheinen, obwohl sie
weder Anfang noch Mitte noch Ende hat? — Wie doch das? — Weil
jedesmal, wenn jemand etwas davon in seinen Gedanken festhält,
als wäre es eins von diesen dreien, immer vor dem Anfang noch ein
anderer Anfang erscheint, und nach dem Ende noch ein anderes zu- b
rückbleibendes Ende, und in der Mitte noch eine genauere und klei-
nere Mitte als jene Mitte, weil man eben nicht als Eins ein jedes von
ihnen fassen kann, da das Eins nicht ist. — Vollkommen wahr. —
Und ganz zermalmt wird, glaube ich, notwendig durch Zerstücke-
lung alles Seiende, was nur irgend jemand in seinem Verstande auf-
faßt, denn es würde immer als Masse ohne Eins aufgefaßt. — Aller-
dings. — Eine solche nun erscheint dem, der von ferne und nur mit
stumpfem Blick darauf sieht, notwendig als Eins, wer sie aber nahe- c
bei und scharf betrachtet, dem erscheint jedes Einzelne als eine un-
endliche Menge, wenn es doch des *Eins*, welches ja nicht ist, beraubt
ist. — Das ist ganz notwendig. — So müssen demnach jegliche An-
deren als unbegrenzt und als begrenzt, als Eines und Vieles erschei-
nen, wenn Eins nicht ist, wohl aber die Anderen als das Eins. — So
muß es sein. —

Werden sie nicht auch ähnlich und unähnlich zu sein scheinen? —
Wie das? — Wie gewisse Gemälde, weil sie dem entfernt Stehenden
alle als Eins erscheinen, so auch einerlei beschaffen und ähnlich zu
sein scheinen. — Freilich. — Dem näher Hinzutretenden aber als vie- d
le und verschiedene und durch den Schein der Verschiedenheit ver-
schiedenartig und einander unähnlich. — So ist es. — Auch ähnlich
also und unähnlich erscheinen notwendig die Massen sich selbst und
untereinander. — Allerdings. — Also auch einerlei und verschieden
voneinander, sich berührend und außer einander, und bewegt nach
allen verschiedenen Bewegungen und doch auch ruhend auf alle
Weise, und werdend und untergehend und keins von beiden, und
alles dergleichen, was durchzugehen uns nun schon sehr leicht sein
würde, erscheinen sie, wenn, ohne daß *Eins* ist, Vieles sein soll. —
Vollkommen wahr allerdings. — e

*[27. Das nichtseiende Eins und die Anderen. Wenn Eins nicht ist,
dann sind die Anderen weder Eins noch Vieles, noch erscheinen sie
so, dann ist von den Anderen keine Vorstellung und kein Schein.
Wenn Eins nicht ist, dann ist Nichts]*

Noch einmal also laß uns nun wiederum zu dem Anfange zurück-
kehrend sagen: Wenn Eins *nicht ist*, die Anderen als das Eins aber
sind, was dann sein muß. — Laß es uns also sagen. — Also, Eins wer-
den die Anderen nicht sein? — Wie sollten sie auch? — Also auch
nicht Vieles. Denn unter vielen Seienden wäre allemal auch Eins.
Denn wenn keins von ihnen Eins ist, so sind sie auch alle zusammen
nichts, so daß sie auch nicht Viele sein können. — Richtig. — Ist also
das Eins nicht in den Anderen: so sind auch diese weder Vieles noch
Eins. — Freilich nicht. — Und sie scheinen auch weder Eins noch Vie- 166 a
les. — Wie das? — Weil die Anderen nicht mit irgendeinem nicht
Seienden irgendwo, irgendwie, irgendeine Gemeinschaft haben kön-

nen, noch auch irgend etwas von dem nicht Seienden bei irgend et-
was von den Anderen sein kann, denn das nicht Seiende hat ja kei-
nen Teil. — Richtig. — Also auch keine Vorstellung des nicht Seien-
den ist bei den Anderen, noch irgendein Schein davon, und das nicht
Seiende wird also auf keine Art irgendwo an den Anderen vorge-
stellt. — Freilich nicht. — Wenn also Eins *nicht ist*, so wird auch nicht
irgend etwas von den Anderen weder Eins zu sein vorgestellt noch
b Vieles. Denn ohne Eins Vieles vorstellen ist unmöglich. — Unmög-
lich freilich. — Wenn also Eins *nicht ist*, so *sind* auch die Anderen
weder, noch werden sie vorgestellt als Eins oder Vieles. — Es scheint
nicht. — Also auch weder ähnlich noch unähnlich. — Freilich nicht. —
Ebensowenig nun einerlei oder verschieden, berührend oder getrennt,
noch was wir sonst alles im Vorigen als dessen Schein aufgezeigt ha-
ben, von dem Allen sind die Anderen weder etwas noch scheinen sie
etwas, wenn das Eins *nicht ist*. — Wahr. — Also auch zusammenge-
c faßt, wenn Eins nicht ist, so ist nichts, würden wir das mit Recht sa-
gen? — Mit dem größten freilich. —

[28. Schlußzusammenfassung] So sei demnach dieses gesagt, und auch, daß, wie es scheint, ob Eins nun ist oder nicht ist, es selbst und die Anderen, und zwar für sich sowohl als in Beziehung aufeinander, alles auf alle Weise ist und nicht ist und scheint sowohl als nicht scheint. — Vollkommen wahr.

THEAITETOS

GLIEDERUNG

A. Einleitung: Die Weissagung des Sokrates über Theaitetos in einem von Eukleides aufgezeichneten Gespräch. Abfassungsweise des Gesprächs und Anstalten zu seiner Verlesung (1. Kap., 142 a 1 — 143 c 8).

B. **Hauptteil: Das Gespräch zwischen Sokrates, Theodoros und Theaitetos.**

I. Die Frage des Sokrates nach der Erkenntnis. 1. a) Preisung der Sinnesart des Theaitetos durch Theodoros und Ankunft des Theaitetos (2. Kap., 143 c 9 — 145 b 5); b) Das von Sokrates aufgestellte Thema der Untersuchung: Was ist Erkenntnis? (3. Kap., 145 b 6 — 146 c 6). 2. a) Erste Antwort des Theaitetos: Aufzählung einer Reihe von Erkenntnissen (4. Kap., 146 c 7 — 147 c 6); b) Erläuterung der Frage durch ein von Theaitetos angeführtes mathematisches Beispiel (5. Kap., 147 c 7 — 148 d 3). 3. a) Sokrates kundig der Hebammenkunst. Das Geschäft der Hebammen (6. Kap., 148 d 4 — 150 b 5); b) Die höhere sokratische Hebammenkunst (7. Kap., 150 b 6 — 151 d 3).

II. Erste These des Theaitetos: Erkenntnis ist Wahrnehmung. 1. a) Zweite Antwort des Theaitetos: Die Erkenntnis ist Wahrnehmung. Protagoras als Vertreter dieses Satzes, dem auch die meisten Weisen und Dichter folgen (8. Kap., 151 d 3 — 152 e 10); b) Weitere Stützen des Satzes: die Bewegung als Ursache von allem Sein und Werden (9. Kap., 153 a 1 bis 153 d 7). 2. a) Anwendung des protagoreischen Satzes auf die Sinneswahrnehmung. Das Problem der Größenverhältnisse (10. Kap., 153 d 8 bis 154 e 6); b) Der erstaunliche Widerstreit bei Aussagen über das Sein und Werden und das Erstaunen als Anfang der Philosophie (11. Kap., 154 e 7 — 155 e 2). 3. a) Darstellung des wahren Sinns der Behauptung, daß alles Bewegung ist (12. Kap., 155 e 3 — 157 d 6); b) Schwierigkeit der Wahrnehmungstäuschungen und der Ununterscheidbarkeit von Wachsein und Traum für den Satz, daß Wahrnehmung Erkenntnis ist (13. Kap., 157 d 7 — 158 e 4); c) Im Sinne der Protagoreer geführter Beweis, daß das, was jeder vorstellt, für ihn auch wahr ist (14. Kap., 158 e 5 bis 160 c 10). 4. a) Übergang zur Prüfung des Satzes (15. Kap., 160 d 1 bis 161 b 7); b) Das Verwunderliche an der ‹Wahrheit› des Protagoras: daß sie sich selbst zuwider einen Unterschied in der Weisheit annimmt (16. Kap., 161 b 8 — 162 b 8); c) Einspruch des Protagoras gegen das eingängige Argument und Bestimmung dessen, was man an Lauten und Buchstaben unmittelbar erkennt (17. Kap., 162 b 9 — 163 c 5). 5. a) Folgt aus dem Satz, Erkenntnis sei Wahrnehmung, daß man als Erinnernder keine Erkenntnis haben kann? Entschluß des Sokrates, den Satz zu verteidigen (18. Kap., 163 c 5 — 165 b 1); b) Weitere für den Satz des Protagoras verfängliche Fragen (19. Kap., 165 b 2 — 165 e 6); c) Von Sokrates vorgebrachte Verteidigung des Protagoras (20. Kap., 165 e 7 — 168 c 5). 6. a) Hinzuziehung des Theodoros zum Gespräch (21. Kap., 168 c 6 bis 169 d 2); b) Nach protagoreischen Prinzipien geführter Beweis, daß es Unterschiede in der Weisheit gibt (22. Kap., 169 d 3 — 171 d 8). 7. a) Erneute Feststellung der Bedeutung des Satzes des Protagoras. Beschreibung der unfreien Sinnesart der Rhetoren (23. Kap., 171 d 9 — 173 c 5); b) Die scheinbare Lächerlichkeit des wahren Philosophen und ihr Grund (24. Kap., 173 c 6 — 175 b 8); c) Die wahre Überlegenheit des Philosophen und das Wesen wahrer Einsicht und Tugend (25. Kap., 175 b 9 — 177 c 5). 8. a) Am Urteil über Künftiges geführter Nachweis, daß in der Tat der eine weiser als der andere und ein wahreres Maß ist (26. Kap., 177 c 6 bis 179 d 5); b) Die beiden Richtungen des älteren Denkens: Herakliteer und Parmenideer (27. Kap., 179 d 6—181 b 7); c) Prüfung des Satzes, daß alles Bewegung ist, und Feststellung, daß nach ihm die Erkenntnis nicht Wahrnehmung sein kann (28. Kap., 181 b 8—183 c 8). 9. a) Scheu des Sokrates, die These des Parmenides zu behandeln. Unterscheidung zwischen dem, womit man wahrnimmt, und dem, vermittels dessen man wahrnimmt (29. Kap., 183 c 9—186 a 1); b) Endgültige Widerlegung der These, daß Erkenntnis Wahrnehmung ist (30. Kap., 186 a 2—187 b 3).

III. Zweite These des Theaitetos: Erkenntnis ist richtige Vorstellung. 1. a) Dritte Antwort des Theaitetos: Erkenntnis ist richtige Vorstellung. Frage des Sokrates nach der Möglichkeit falscher Vorstellung (31. Kap., 187 b 4 bis 189 b 9); b) Unmöglichkeit, daß die falsche Vorstellung eine verwechselte Vorstellung ist (32. Kap., 189 b 10—190 e 4). 2. a) Aufzeigung einer Möglichkeit falscher Vorstellung: das Bild vom Wachsblock in der Seele (33. Kap., 190 e 5—192 d 2); b) Nähere Erläuterung der falschen Vorstellung und ihrer Voraussetzung, der Beschaffenheit des Wachses (34. Kap., 192 d 3—195 b 8); c) Ungenügen dieser Erklärung der falschen Vorstellung (35. Kap., 195 b 9—197 a 7). 3. a) Bestimmung des Wissens als Besitz der Erkenntnis. Das Bild vom Taubenschlag in der Seele (36. Kap., 197 a 8—198 c 10); b) Erklärung der falschen Vorstellung nach diesem Bild und erneutes Scheitern (37. Kap., 198 d 1—200 d 5).

IV. Dritte These des Theaitetos: Erkenntnis ist richtige Vorstellung, verbunden mit Erklärung. 1. Widerlegung des Satzes, daß Erkenntnis richtige Vorstellung ist, und vierte Antwort: Erkenntnis ist mit Erklärung verbundene richtige Vorstellung (38. Kap., 200 d 6—201 d 7). 2. a) Traum des Sokrates von einer Theorie über das Erklärbare und das Unerklärbare (39. Kap., 201 d 8—202 e 8); b) Prüfung, ob Verknüpfungen erkennbar sein können, wenn ihre Urbestandteile es nicht sind (40. Kap., 203 a 1 bis 204 b 6); c) Entscheidung darüber, daß keine Verknüpfung erkennbar und erklärbar sein kann, wenn es ihre Urbestandteile nicht sind (41. Kap., 204 b 7—206 b 12). 3. a) Zwei Definitionen der ‹Erklärung› und ihre Nichtanwendbarkeit beim Satz des Theaitetos (42. Kap., 206 c 1 bis 208 b 10); b) Scheitern der These des Theaitetos auch nach der dritten Definition von ‹Erklärung› (43. Kap., 208 b 11—210 b 10).

V. Schluß des Gesprächs: Schlußwort des Sokrates über das Vermögen seiner geburtshelferischen Kunst (44. Kap., 210 b 11—210 d 4).

Eukleides, Terpsion

[1. Die Weissagung des Sokrates über Theaitetos in einem von Eukleides aufgezeichneten Gespräch. Abfassungsweise des Gesprächs und Anstalten zu seiner Verlesung]

142 a Eukleides: Kommst du soeben erst, o Terpsion, oder bist du schon lange vom Lande hier?

Terpsion: Ziemlich lange schon. Auch habe ich dich gesucht auf dem Markte und mich gewundert, daß ich dich nicht finden konnte.

Eukleides: Ich war eben nicht in der Stadt.

Terpsion: Wo denn also?

Eukleides: Als ich an den Hafen hinunterging, begegnete ich dem Theaitetos, der aus dem Lager vor Korinthos nach Athen gebracht ward.

Terpsion: Lebend oder tot?

b Eukleides: Lebend, aber kaum noch. Denn schon von einigen Wunden befindet er sich übel, noch mehr aber setzt ihm die Krankheit zu, welche unter dem Heere herrscht.

Terpsion: Doch nicht die Ruhr?

Eukleides: Eben sie.

Terpsion: Welch ein Mann ist da in Gefahr!

Eukleides: Gewiß ein edler und trefflicher, o Terpsion! Auch jetzt gerade hörte ich einige ihn höchlich rühmen in bezug auf die Schlacht.

Terpsion: Das ist nichts Unglaubliches, sondern weit wunderbarer wäre es, wenn er sich nicht so bewiesen hätte. Jedoch, wieso ist
c er nicht hier in Megara eingekehrt?

Eukleides: Er eilte heimwärts. Denn gebeten habe ich ihn genug und ihm geraten, allein er wollte nicht. Als ich ihn nun begleitet, habe ich im Zurückgehen wieder des Sokrates gedacht und ihn bewundert, wie weissagend er neben vielem anderen auch von diesem gesprochen hat. Ich glaube, es war kurz vor seinem Tode, als er mit dem Theaitetos, der noch ein heranwachsender Jüngling war, bekannt ward und, nachdem er mit ihm zusammengewesen und Gespräch gepflogen, große Freude hatte an seiner Natur. Wie ich nun nach Athen kam, erzählte er mir die Unterredungen, welche sie ge-
d habt, welche auch sehr verdienen gehört zu werden, und sagte, es könne nicht ausbleiben, dieser müsse ein ausgezeichneter Mann werden, wenn er nur sein volles Alter erreichte.

Terpsion: Und ganz wahr hat er geredet, wie es scheint. Jedoch könntest du wohl erzählen, was für Unterredungen dies gewesen?

Eukleides: Beim Zeus, zum mindesten gewiß nicht so mündlich.
143 a Aber ich zeichnete mir gleich damals, als ich nach Hause kam, etwas darüber auf, und hernach habe ich bei mehrerer Muße nachgeson-

nen und sie aufgeschrieben, und sooft ich nach Athen kam, erfragte ich vom Sokrates, wessen ich mich nicht recht erinnerte, und brachte es in Ordnung, wenn ich wieder hierherkam, so daß fast die ganze Unterredung nachgeschrieben ist.

TERPSION: Ganz recht. Auch sonst habe ich dies schon von dir gehört und wollte dich immer bitten, sie mir mitzuteilen, es ist aber bis jetzt dabei geblieben. Allein, was hindert uns, sie jetzt durchzugehen? Auf alle Weise tut mir ohnedies not, mich auszuruhen, da ich vom Lande komme.

EUKLEIDES: Auch ich habe doch den Theaitetos bis nach Erineos be- b
gleitet, so daß ich ebenfalls gar nicht ungern ruhte. So laß uns dann gehn, und indes wir der Ruhe pflegen, mag uns der Knabe vorlesen.

TERPSION: Wohl gesprochen.

EUKLEIDES: Dieses hier also, Terpsion, ist das Buch. Ich habe aber das Gespräch solchergestalt abgefaßt, nicht als ob Sokrates es mir erzählt, wie er es mir doch erzählt hat, sondern so, als ob er wirklich mit denen redet, welche er als Unterredner nannte. Er nannte aber den Meßkünstler Theodoros und den Theaitetos. Damit näm- c
lich in dem geschriebenen Aufsatz die Nachweisungen zwischen dem Gespräch nicht beschwerlich fielen, wie wenn er selbst, Sokrates, geredet das «Da sprach ich» oder «Darauf sagte ich», und von dem Antwortenden «Das gab er zu», und «Darin wollte er nicht beistimmen», deshalb habe ich geschrieben, als ob er unmittelbar mit jenen redete, mit Hinweglassung aller dieser Dinge.

TERPSION: Gar nicht übel, Eukleides.

EUKLEIDES: So nimm denn das Buch, Knabe, und lies.

SOKRATES, THEODOROS, THEAITETOS

[2. Preisung der Sinnesart des Theaitetos durch Theodoros und Ankunft des Theaitetos]

SOKRATES: Wenn mich die Kyrenaier besonders angingen, o Theo- d
doros, so würde ich dich über sie und wie es dort steht befragen, ob es einige gibt unter den jungen Leuten dort, welche in der Größenlehre oder in einer andern Wissenschaft Fleiß anwenden. Nun aber, denn ich liebe jene weniger als die hiesigen und trage ein besonderes Verlangen, zu wissen, welche von unsern Jünglingen wahrscheinlich einmal Ehre einlegen werden, und daher suche ich selbst dieses nach Möglichkeit zu erforschen und befrage darum auch andere, zu denen ich die Jünglinge gern sich gesellen sehe. Und dich umgeben nicht wenige, wie du es auch verdienst, und zwar auch sonst, beson- e
ders aber wegen der Meßkunst. Wenn dir also einer aufgestoßen ist, der Erwähnung verdient: so wünschte ich es wohl zu wissen.

THEODOROS: Allerdings, Sokrates, darf ich dir wohl gern sagen, und du wirst auch gern hören wollen, was für einen Jüngling ich unter euren Bürgersöhnen angetroffen. Denn wäre er etwa schön, so möchte ich wohl Furcht genug haben, es zu sagen, damit nicht je-

mand meinte, ich hege eine Leidenschaft für ihn. Nun aber — und
werde mir nur nicht böse — ist er eben nicht schön, sondern er gleicht
dir mit der aufgeworfenen Nase und den heraustretenden Augen;
nur hat er diese Züge nicht so stark wie du. Dreist rede ich also, und
144 a so wisse denn, daß unter allen, mit denen ich jemals bekannt ge-
worden, und ich habe schon sehr viele um mich gehabt, ich noch nie
einen so bewundernswürdig wohlgeartet angetroffen. Denn daß ei-
ner, welcher schnell auffaßt wie schwerlich ein anderer, zugleich so
ausgezeichnet gleichmütig ist und überdies beharrlich mehr als jeder
andere, solche habe ich nicht geglaubt daß es gebe, auch sehe ich
nicht, daß es deren sonst gibt. Sondern die Scharfsinnigen wie die-
ser und die von schnellem Verstande und gutem Gedächtnis pflegen
auch zum Zorn sehr reizbar zu sein und werden hin und her geris-
b sen wie Schiffe ohne Ballast, sind auch von Natur mehr heftig als
beharrlich. Die Gesetzteren aber zeigen sich wiederum gewisserma-
ßen träge zum Lernen und gar sehr vergeßlich. Dieser aber schrei-
tet so leicht und sicher und mit Erfolg zu allen Kenntnissen und Un-
tersuchungen und mit solcher Ruhe, gleichsam wie sich das Öl ganz
geräuschlos ausgießt, daß zu bewundern ist, wie er in diesem Alter
dergleichen auf solche Art behandeln kann.

SOKRATES: Du gibst treffliche Botschaft! Aber wem gehört er denn
an unter unsern Bürgern?

THEODOROS: Gehört habe ich zwar den Namen, ich entsinne mich
c seiner aber nicht. Allein er ist unter denen, die hier herankommen,
der mittlere. Denn eben hat er mit diesen seinen Freunden sich drau-
ßen gesalbt, nun aber scheinen sie, nachdem sie sich gesalbt, hierher
zu kommen. Also sieh zu, ob du ihn kennst.

SOKRATES: Ich kenne ihn, es ist der Sohn des Euphronios von Su-
nion, eines Mannes, Freund, gerade so, wie du diesen beschreibst,
der auch sonst sehr wohl angesehen war und ein großes Vermögen
hinterlassen hat. Den Namen des Knaben aber weiß ich nicht.

d THEODOROS: Dessen Namen ist Theaitetos. Das Vermögen indes
haben seine Vormünder, glaube ich, ziemlich heruntergebracht.
Dennoch aber ist auch in dem, was Geld betrifft, seine edle Gesin-
nung zu bewundern.

SOKRATES: Du preisest ihn ja herrlich! So heiße ihn denn sich hier-
her zu uns niedersetzen.

THEODOROS: Das soll geschehen. Theaitetos, hierher zum Sokrates!

SOKRATES: Ja, auf alle Weise, Theaitetos, damit ich mich auch ein-
mal beschaue, was für ein Gesicht ich wohl habe. Denn Theodoros
e sagt, es sei dem deinigen ähnlich. Jedoch, wenn wir nun beide jeder
eine Leier hätten und er sagte, sie wären gleich gestimmt: würden
wir ihm das sogleich glauben, oder würden wir erst untersuchen, ob
er denn auch ein Tonkundiger wäre und so etwas behaupten könne?

THEAITETOS: Das würden wir untersuchen.

SOKRATES: Also, wenn wir ihn als einen solchen fänden, würden
wir ihm glauben; wenn aber von dieser Kunst verlassen, würden
wir ungläubig bleiben?

THEAITETOS: Richtig.

SOKRATES: Nun aber, meine ich wenigstens, wenn wir über die Ähnlichkeit unserer Gesichtszüge gewiß sein wollen, werden wir wohl zusehen müssen, ob er auch ein Maler ist und also hierüber et- 145 a
was behaupten kann oder nicht.

THEAITETOS: So scheint es mir.

SOKRATES: Ist nun wohl Theodoros ein Maler?

THEAITETOS: Nicht, daß ich wüßte.

SOKRATES: Auch kein Meßkünstler?

THEAITETOS: Das freilich auf alle Weise, o Sokrates.

SOKRATES: Etwa auch ein Sternkundiger, ein Rechner, ein Tonkundiger, und was sonst zu diesen Wissenschaften gehört?

THEAITETOS: Ich denke wohl.

SOKRATES: Wenn er also sagt, daß wir uns irgend körperlich ähnlich sind, er sage es nun lobend oder tadelnd, so ist wohl nicht viel darauf zu geben?

THEAITETOS: Vielleicht nicht.

SOKRATES: Wie aber, wenn er die Seele eines von uns der Tugend b
und Weisheit wegen lobte: sollte dann nicht einerseits, wer es hört, sich billig Mühe geben, den Gelobten zu betrachten, dieser aber wiederum sich bereitwillig darstellen?

THEAITETOS: In aller Weise, o Sokrates.

[3. Das von Sokrates aufgestellte Thema der Untersuchung: Was ist Erkenntnis?]

SOKRATES: So ist demnach, lieber Theaitetos, an dir die Reihe, dich darzustellen, an mir aber, dich zu beschauen. Denn wisse nur, daß Theodoros schon viele zwar gegen mich gelobt hat, Fremde sowohl als Bürger, noch keinen aber hat er jemals so gelobt wie dich jetzt eben.

THEAITETOS: Das wäre ja herrlich, Sokrates. Aber sieh zu, daß er es nicht etwa im Scherz gesagt hat. c

SOKRATES: Das hat Theodoros nicht in der Art. Also nimm nur nicht das Eingestandene zurück unter dem Vorwande, er rede im Scherz, damit er nicht genötigt werde, ordentlich Zeugnis abzulegen; denn es wird ihn dann gewiß niemand falschen Zeugnisses anklagen. Sondern bleibe lieber getrost bei deinem Eingeständnis.

THEAITETOS: Wohl werde ich es so halten müssen, wenn du meinst.

SOKRATES: So sage mir denn: lernst du wohl bei dem Theodoros etwas von der Meßkunst?

THEAITETOS: O ja.

SOKRATES: Auch von der Sternkunde und der Tonkunst und den d
Rechnungen?

THEAITETOS: Ich befleißige mich wenigstens.

SOKRATES: Auch ich, o Jüngling, bei diesem und andern, denen ich zutraue, daß sie sich auf etwas hiervon verstehen. Dennoch aber, wiewohl ich im übrigen ziemlich Bescheid weiß, habe ich Zweifel über eine Kleinigkeit, die ich wohl mit dir und diesen untersuchen möchte. Sage mir also, heißt nicht lernen dessen kundiger werden, was man lernt?

THEAITETOS: Wie anders!

SOKRATES: Und die Kundigen, glaube ich, sind doch durch Wissenschaft kundig?

THEAITETOS: Ja.

e SOKRATES: Und das ist doch nichts anderes als Erkenntnis?

THEAITETOS: Was denn?

SOKRATES: Die Wissenschaft. Oder ist man nicht, wovon man Erkenntnis hat, dessen auch kundig?

THEAITETOS: Wie sonst?

SOKRATES: Also ist dies einerlei, Wissenschaft und Erkenntnis.

THEAITETOS: Ja.

SOKRATES: Dies ist nun eben, worüber ich zweifelhaft bin und was
ich durch mich selbst nicht hinreichend ergründen kann, die Erkennt-
nis, was die wohl eigentlich sein mag. Sollten wir es wohl bestim-
146 a men können? Was sagt ihr? Wer von uns will es zuerst erklären?
Wenn er aber fehlt, und so jedesmal wer fehlt, soll, wie es die Kna-
ben beim Ballspiel nennen, als Esel sich setzen. Wer aber, ohne zu
fehlen, den Sieg davonträgt, der soll unser König sein und uns zu
beantworten aufgeben, was er will. Warum schweigt ihr? Ich werde
doch nicht aus Redelust überlästig, Theodoros, indem ich es darauf
anlege, daß ein Gespräch zwischen uns entstehe und wir einander
freund und näher bekannt werden?

b THEODOROS: Keineswegs, Sokrates, kann das überlästig sein. Sondern heiße einen von den Jünglingen dir antworten, denn ich bin dieser Art zu reden ungewohnt, und mich etwa noch daran zu gewöhnen, habe ich nicht mehr die Jahre. Diesen aber steht es sehr wohl an, und sie würden nur um so mehr zunehmen. Denn in der Jugend, das ist wahr, kann man in allem zunehmen. Laß also, wie du angefangen hast, nicht ab vom Theaitetos, sondern befrage ihn.

SOKRATES: Du hörst doch, Theaitetos, was Theodoros sagt, wel-
c chem du ja, glaube ich, nicht wirst ungehorsam sein wollen; auch
würde es wohl dem Jüngeren nicht ziemen, einem weisen Manne,
wenn er etwas aufgibt, in solchen Dingen nicht zu gehorchen. So sa-
ge denn gerade und frei heraus, was denkst du, daß Erkenntnis ist?

THEAITETOS: Ich muß wohl, Sokrates, wenn ihr es doch gebietet. Denn auf jeden Fall, wenn ich auch fehle, werdet ihr es berichtigen.

SOKRATES: Allerdings, sofern wir es vermögen.

[4. Erste Antwort des Theaitetos: Aufzählung einer Reihe von Erkenntnissen]

THEAITETOS: Ich glaube also, daß sowohl dasjenige, was jemand
vom Theodoros lernen kann, Erkenntnisse sind, die Meßkunst näm-
lich und die andern, welche du jetzt eben genannt hast, als auch auf
d der andern Seite die Schuhmacherkunst und die Künste der übrigen
Handwerker scheinen mir alle und jede nichts anderes zu sein als Er-
kenntnis.

SOKRATES: Gar offen und freigebig, Lieber, gibst du mir, um *eines* gefragt, vielerlei und Mannigfaltiges statt des Einfachen.

THEAITETOS: Wie? Was meinst du damit, Sokrates?

SOKRATES: Vielleicht nichts; was ich aber meine, will ich dir erklären. Wenn du sagst, die Schuhmacherkunst, meinst du damit etwas anderes als die Erkenntnis von der Verfertigung der Schuhe?

THEAITETOS: Nichts anderes.

SOKRATES: Und wenn du sagst, die Tischlerei, dann etwas anderes e
als die Erkenntnis von Verfertigung hölzerner Gerätschaften?

THEAITETOS: Auch dann nicht.

SOKRATES: In beiden Fällen also bestimmst du, wovon ein jedes die Erkenntnis ist.

THEAITETOS: Ja.

SOKRATES: Das Gefragte aber war nicht dieses, wovon es Erkenntnis gäbe, noch auch, wievielerlei sie wäre. Denn wir fragten nicht in der Absicht, sie aufzuzählen, sondern um die Erkenntnis selbst zu begreifen, was sie wohl sein mag. Oder ist das nichts gesagt?

THEAITETOS: Allerdings ist es ganz richtig.

SOKRATES: Erwäge auch dieses. Wenn uns jemand etwas ganz Ge- 147 a
wöhnliches, das erste beste, fragte, etwa nach dem Lehm, was der wohl wäre, und wir antworteten ihm, es gäbe Lehm für die Töpfer und Lehm für die Puppenmacher und Lehm für die Ziegelstreicher, ob wir uns nicht lächerlich machten?

THEAITETOS: Vielleicht wohl.

SOKRATES: Zuerst nämlich schon, weil wir glaubten, der Fragende könne nun aus unserer Antwort die Sache verstehen, wenn wir doch wieder sagten, der Lehm, mögen wir nun hernach hinzusetzen der Puppenmacher oder welches andern Handwerkers. Oder glaubst du, b
daß jemand eine besondere Bezeichnung eines Dinges versteht, von dem er nicht weiß, was es ist?

THEAITETOS: Auf keine Weise.

SOKRATES: So versteht also auch «Erkenntnis von Schuhen» nicht, wer überhaupt nicht weiß, was Erkenntnis ist.

THEAITETOS: Freilich nicht.

SOKRATES: Also auch was Schuhmachen ist oder irgendeine andere Kunst, versteht der nicht, der nicht weiß, was Erkenntnis ist.

THEAITETOS: Freilich nicht.

SOKRATES: Es ist also eine lächerliche Antwort von dem, welcher gefragt wird, was Erkenntnis ist, wenn er darauf durch den Namen irgendeiner Kunst antwortet. Denn er antwortet durch eine Erkenntnis von etwas, ohne hiernach gefragt worden zu sein. c

THEAITETOS: So scheint es.

SOKRATES: Dann auch, obwohl er schlicht und kurz antworten konnte, beschreibt er einen unendlichen Weg. So wie auch bei der Frage nach dem Lehm konnte er ganz schlicht und einfach sagen, Erde mit Feuchtigkeit gemischt wäre Lehm, für wen aber der Lehm wäre, das konnte er übergehen.

[5. Erläuterung der Frage durch ein von Theaitetos angeführtes mathematisches Beispiel]

THEAITETOS: Leicht, o Sokrates, erscheint es nun. Du magst aber wohl nach etwas Ähnlichem fragen, wie uns neulich in unsern Bed schäftigungen vorgekommen ist, mir und hier deinem Namensgenossen, dem Sokrates.

SOKRATES: Was doch war das?

THEAITETOS: Von den Quadratwurzeln zeichnete uns Theodoros etwas vor, indem er uns von der dreifüßigen und fünffüßigen bewies, daß sie als Länge nicht meßbar wären durch die einfüßige. Und so ging er jede einzeln durch bis zur siebzehnfüßigen, bei dieser hielt er inne. Uns nun fiel so etwas ein, da der Quadratwurzeln unendlich viele zu sein schienen, wollten wir versuchen, sie zusammenzu-
e fassen in *eins*, wodurch wir diese alle bezeichnen könnten.

SOKRATES: Habt ihr auch so etwas gefunden?

THEAITETOS: Ich denke wenigstens, betrachte du es nur auch.

SOKRATES: So sprich.

THEAITETOS: Wir teilten alle Zahlen insgesamt in zwei Teile. Diejenigen, welche entstehen können durch Gleiches gleichvielmal genommen, nannten wir, mit der Gestalt des Vierecks sie vergleichend, viereckige und gleichseitige.

SOKRATES: Sehr gut.

THEAITETOS: Die aber zwischen diesen, wozu auch drei und fünf
148 a gehören, und jede, welche nicht aus Gleichem gleichvielmal genommen entstehen kann, sondern nur aus einer größeren Zahl wenigermal oder einer kleineren mehrmal genommen, welche also immer von einer größeren und einer kleineren Seite eingefaßt werden, diese nannten wir, mit der länglichen Gestalt sie vergleichend, längliche Zahlen.

SOKRATES: Vortrefflich. Aber wie weiter?

THEAITETOS: Alle Linien nun, welche ein Viereck bilden von gleichseitiger Zahl in der Fläche, nannten wir Längen, welche aber eins von ungleichseitiger, diese nannten wir Wurzeln, weil nämlich sie
b selbst als Längen nicht durch gleiches Maß mit jenen können gemessen werden, wohl aber die Flächen, welche aus ihnen zu entspringen vermögen. Ein Ähnliches findet nun statt bei den körperlichen Zahlen.

SOKRATES: So vortrefflich als möglich, ihr Kinder! Nun wird Theodoros gewiß nicht in die Strafe für falsches Zeugnis verfallen.

THEAITETOS: Doch aber, o Sokrates, kann ich, was du von der Erkenntnis fragst, nicht so beantworten wie das von den Längen und Wurzeln, obwohl du, wie es mir wenigstens scheint, etwas Ähnliches suchst, so daß Theodoros doch wieder unrecht zu haben scheint.

c SOKRATES: Wieso? Wenn er dich nun deines Laufens wegen gelobt und gesagt hätte, er habe noch nie unter den jungen Leuten einen so schnellfüßigen angetroffen, und du hernach beim Wettlauf von einem völlig Ausgebildeten und sehr Schnellen überwunden würdest, würdest du deshalb glauben, daß er dich minder mit Recht gelobt habe?

THEAITETOS: Nein, das nicht.

SOKRATES: Und glaubst du, daß die Erkenntnis, so wie ich es jetzt meinte, zu finden eine Kleinigkeit ist und nicht vielmehr unter die gar schwierigen Aufgaben gehört?

Theaitetos: Beim Zeus, unter die allerschwierigsten, glaube ich.

Sokrates: So sei nur guten Mutes deinetwegen und glaube, daß Theodoros wohl recht gehabt hat. Bestrebe dich aber, wie von an- d
dern Dingen, so besonders von der Erkenntnis die Erklärung zu finden, was sie eigentlich ist.

Theaitetos: Sofern es nur am Bestreben liegt, soll sie wohl ans Licht kommen.

[6. Sokrates kundig der Hebammenkunst. Das Geschäft der Hebammen]

Sokrates: So komm, denn du hast schon sehr gut vorgezeichnet, und versuche nur, deine Antwort wegen jener Seiten der Vierecke nachahmend, so wie du diese, so viele es auch sind, unter *einen* Begriff zusammengefaßt hast, so auch die vielerlei Erkenntnisse durch *eine* Erklärung zu bezeichnen.

Theaitetos: Wisse nur, Sokrates, ich habe oft versucht, dieses her- e
auszufinden, da ich die von dir herumgehenden Fragen hörte: aber ich kann weder mich selbst überreden, daß ich etwas Genügendes ausgedacht hätte, noch höre ich irgendeinen andern die Sache so, wie du es forderst, erklären. Ebensowenig aber kann ich jemals ablassen, darauf zu sinnen.

Sokrates: Du hast eben Geburtsschmerzen, lieber Theaitetos, weil du nicht leer bist, sondern schwanger gehst.

Theaitetos: Das weiß ich weiter nicht; wie es mir aber ergeht, das habe ich dir gesagt.

Sokrates: Also du Lächerlicher hast wohl niemals gehört, daß ich 149 a
der Sohn einer Hebamme bin, einer sehr berühmten und mannhaften, der Phainarete?

Theaitetos: Das habe ich wohl schon gehört.

Sokrates: Etwa auch, daß ich dieselbe Kunst ausübe, hast du gehört?

Theaitetos: Das keineswegs.

Sokrates: Wisse dann, dem ist so. Verrate mich aber nicht damit gegen die andern, denn es weiß niemand von mir, Freund, daß ich diese Kunst besitze. Da es nun die Leute nicht wissen: so sagen sie mir auch dieses zwar nicht nach, wohl aber, daß ich der wunderlichste aller Menschen wäre und alle in Verwirrung brächte. Gewiß hast du das auch gehört?

Theaitetos: Vielfältig. b

Sokrates: Soll ich dir davon die Ursache sagen?

Theaitetos: Allerdings.

Sokrates: Überlege dir nur recht alles von den Hebammen, wie es um sie steht, so wirst du leichter merken, was ich will. Denn du weißt doch wohl, daß keine, solange sie noch selbst empfängt und gebärt, andere entbindet, sondern nur, welche selbst nicht mehr fähig sind zu gebären, tun es.

Theaitetos: So ist es allerdings.

Sokrates: Das soll, wie sie sagen, von der Artemis herrühren, weil dieser, einer Nichtgebärenden, dennoch die Geburtshilfe zuteil ge-

worden. Nun hat sie den ganz Unfruchtbaren zwar nicht verleihen
c können, Geburtshelferinnen zu sein, weil die menschliche Natur zu schwach ist, um eine Kunst zu erlangen in Dingen, deren sie ganz unerfahren ist; wohl aber hat sie diese Gabe denen, die des Alters wegen nicht mehr gebären, beigelegt, um doch der Ähnlichkeit mit ihr selbst einen Vorzug einzuräumen.

Theaitetos: Das scheint annehmlich.

Sokrates: Ist also wohl auch das annehmlich und notwendig, daß, ob eine schwanger ist oder nicht, besser von den Geburtshelferinnen erkannt wird als von andern?

Theaitetos: Gar sehr.

Sokrates: Ja, es können auch die Hebammen durch Arzneimittel
d und Zaubersprüche die Wehen erregen und, wenn sie wollen, sie auch wieder lindern und den Schwergebärenden zur Geburt helfen, oder auch das Kind, wenn diese beschlossen haben, sich dessen zu entledigen, solange es noch ganz klein ist, können sie abtreiben.

Theaitetos: So ist es.

Sokrates: Hast du auch das schon von ihnen vernommen, daß sie ebenfalls die geschicktesten Freiwerberinnen sind, indem sie gründlich zu unterscheiden verstehen, was für eine Frau sich mit was für einem Manne verbinden muß, um die vollkommensten Kinder zu erzielen?

Theaitetos: Das habe ich noch nicht so gewußt.

Sokrates: So wisse denn, daß sie hiermit noch mehr großtun als
e mit dem Nabelschnitt. Überlege auch nur: Glaubst du, daß die Pflege nebst Einsammlung der Früchte des Erdbodens und dann wiederum die Einsicht, welchem Boden man jegliches Gesäme und Gewächs anvertrauen muß, zu einer und derselben Kunst gehören oder zu verschiedenen?

Theaitetos: Nein, sondern zu derselben.

Sokrates: Bei den Frauen aber glaubst du, daß dieses eine andere und das Einsammeln wieder eine andere Kunst ist?

Theaitetos: Das ist wenigstens nicht wahrscheinlich.

150 a Sokrates: Wohl nicht, sondern nur wegen des unrechtlichen und unkünstlerischen Zusammenführens der Männer und Frauen, welches man das Kuppeln nennt, enthalten sich die Hebammen als ehrbare Frauen auch des Freiwerbens, aus Furcht, sie möchten um dieser Kunst willen in jenen Verdacht geraten. Denn eigentlich steht es den wahren Geburtshelferinnen auch allein zu, auf die rechte Art Ehen zu stiften.

Theaitetos: Offenbar.

Sokrates: Soviel also hat es mit den Hebammen auf sich; weniger aber doch als mit meinem Spiel. Denn bei den Frauen kommt es nicht
b vor, daß sie größtenteils zwar echte Kinder gebären, bisweilen aber auch Mondkälber, und daß beides schwierig wäre zu unterscheiden. Denn wäre dies der Fall: so würde es gewiß die schönste und größte Kunst der Hebammen sein, zu unterscheiden, was etwas Rechtes ist und was nicht. Oder glaubst du nicht?

Theaitetos: Das glaube ich wohl.

[7. Die höhere sokratische Hebammenkunst]

SOKRATES: Von meiner Hebammenkunst nun gilt im übrigen al-
les, was von der ihrigen; sie unterscheidet sich aber dadurch, daß sie
Männern die Geburtshilfe leistet und nicht Frauen, und daß sie für
ihre gebärenden Seelen Sorge trägt und nicht für Leiber. Das Größte
aber an unserer Kunst ist dieses, daß sie imstande ist zu prüfen, ob c
die Seele des Jünglings ein Trugbild und Falschheit zu gebären im
Begriff ist oder Fruchtbares und Echtes. Ja, auch hierin geht es mir
eben wie den Hebammen: Ich gebäre nichts von Weisheit, und was
mir bereits viele vorgeworfen, daß ich andere zwar fragte, selbst
aber nichts über irgend etwas antwortete, weil ich nämlich nichts
Kluges wüßte zu antworten, darin haben sie recht. Die Ursache da-
von aber ist diese: Geburtshilfe leisten nötigt mich der Gott, erzeu-
gen aber hat er mir verwehrt. Daher bin ich selbst keineswegs etwa
weise, habe auch nichts dergleichen aufzuzeigen als Ausgeburt mei- d
ner eigenen Seele. Die aber mit mir umgehen, zeigen sich zuerst zwar
zum Teil als gar sehr ungelehrig; hernach aber, bei fortgesetztem
Umgang, alle, denen es der Gott vergönnt, als wunderbar schnell
fortschreitend, wie es ihnen selbst und andern scheint; und dieses
ganz offenbar ohne jemals irgend etwas von mir gelernt zu haben,
sondern nur selbst aus sich selbst entdecken sie viel Schönes und hal-
ten es fest; die Geburtshilfe indes leisten dabei der Gott und ich. Dies
erhellt hieraus: Viele schon haben, dies verkennend und sich selbst e
alles zuschreibend, mich aber verachtend, oder auch selbst von an-
dern überredet, sich früher, als recht war, von mir getrennt und nach
dieser Trennung dann teils infolge schlechter Gesellschaft nur Fehl-
geburten getan, teils auch das, wovon sie durch mich entbunden wor-
den, durch Verwahrlosung wieder verloren, weil sie die falschen und
trügerischen Geburten höher achteten als die rechten; zuletzt aber
sind sie sich selbst und andern gar unverständig vorgekommen, von
welchen einer Aristides, der Sohn des Lysimachos war, und viele an- 151 a
dere mehr. Wenn solche dann wiederkommen, meinen Umgang be-
gehrend, und wunder was darum tun, hindert mich doch das Göttli-
che, was mir zu widerfahren pflegt, mit einigen wieder umzugehen;
bei andern dagegen läßt es das zu, und diese schreiten wieder fort.
Auch darin ergeht es denen, die mit mir umgehen, wie den Gebären-
den: sie haben nämlich Wehen und wissen sich nicht zu lassen bei
Tag und Nacht, weit ärger als jene. Und diese Wehen kann meine b
Kunst erregen sowohl als stillen. So ist es demnach mit diesen be-
schaffen. Bisweilen aber, o Theaitetos, wenn einige mir gar nicht recht
schwanger zu sein scheinen, solchen, weil ich weiß, daß sie meiner
gar nicht bedürfen, bin ich ein bereitwilliger Freiwerber, und mit
Gott sei es gesprochen, ich treffe es zur Genüge, wessen Umgang ih-
nen vorteilhaft sein wird, wie ich denn ihrer schon viele dem Prodi-
kos zugeführt habe, viele auch andern weisen und gottbegabten Män-
nern. Dieses habe ich dir, Bester, deshalb so ausführlich vorgetragen,
weil ich die Vermutung habe, daß du, wie du es auch selbst meinst,
etwas in dir trägst und Geburtsschmerzen hast. So übergib dich al-
so mir, als dem Sohn einer Geburtshelferin und auch selbst der Ge- c

burtshilfe kundigen, und was ich dich frage, das beeifere dich so gut du nur kannst zu beantworten. Und wenn ich bei der Untersuchung etwas, was du sagst, für ein Mondkalb und nichts Echtes befunden habe, also es ablöse und wegwerfe, so erzürne dich darüber nicht, wie die Frauen es bei der ersten Geburt zu tun pflegen. Denn schon viele, mein Guter, sind so gegen mich aufgebracht gewesen, wenn ich ihnen eine Posse abgelöst habe, daß sie mich ordentlich hätten beißen mögen, und wollen nicht glauben, daß ich das aus Wohlmeinen tue, weil sie weit entfernt sind einzusehen, daß kein Gott jemals
d den Menschen mißgünstig ist, und daß auch ich nichts dergleichen aus Übelwollen tue, sondern mir nur eben keineswegs verstattet ist, Falsches gelten zu lassen und Wahres zu unterschlagen.

[8. Zweite Antwort: Die Erkenntnis ist Wahrnehmung. Protagoras als Vertreter dieses Satzes, dem auch die meisten Weisen und Dichter folgen]

Versuche also noch einmal von Anfang an, o Theaitetos, zu sagen, was Erkenntnis ist. Daß du es aber nicht kannst, sage nur niemals. Denn so Gott will und du wacker bist, wirst du es wohl können.

THEAITETOS: Wenn du freilich, Sokrates, solchergestalt zuredest, wäre es schändlich, nicht auf alle Weise mutig zu sagen, was einer
e eben hat. Mir also scheint, wer etwas erkennt, dasjenige wahrzunehmen, was er erkennt; und wie es mir jetzt erscheint, ist Erkenntnis nichts anderes als Wahrnehmung.

SOKRATES: Gut und wacker, Jüngling! So muß sich deutlich machen, wer etwas erklärt. Wohlan, laß uns nun dieses gemeinschaftlich betrachten, ob es eine rechte Geburt ist oder ein Windei. Wahrnehmung, sagst du, sei Erkenntnis.

THEAITETOS: Ja.

SOKRATES: Und gar keine schlechte Erklärung scheinst du gegeben
152 a zu haben von der Erkenntnis, sondern eine, die auch Protagoras gibt; nur daß er dieses nämliche auf eine etwas andere Weise ausgedrückt hat. Er sagt nämlich, der Mensch sei das Maß aller Dinge, der seienden, daß sie sind, der nichtseienden, daß sie nicht sind. Du hast dies doch gelesen?

THEAITETOS: Oftmals habe ich es gelesen.

SOKRATES: Nicht wahr, er meint dies so, daß, wie ein jedes Ding mir erscheint, ein solches ist es auch mir, und wie es dir erscheint, ein solches ist es wiederum dir. Ein Mensch aber bist du sowohl als ich.

THEAITETOS: So meint er es unstreitig.

b SOKRATES: Wahrscheinlich nun wird ein so weiser Mann doch nicht Torheiten reden. Laß uns ihm also nachgehen. Wird nicht bisweilen, indem derselbe Wind weht, den einen von uns frieren, den andern nicht? Oder den einen wenig, den andern sehr stark?

THEAITETOS: Jawohl.

SOKRATES: Sollen wir nun in diesem Falle sagen, daß der Wind an und für sich kalt ist oder nicht kalt? Oder sollen wir dem Protagoras glauben, daß er dem Frierenden ein kalter ist, dem Nichtfrierenden nicht?

THEAITETOS: So wird es wohl sein müssen.

SOKRATES: Und so erscheint er doch jedem von beiden?

THEAITETOS: Freilich.

SOKRATES: Dieses «Erscheint» ist aber eben das Wahrnehmen.

THEAITETOS: So ist es.

SOKRATES: Erscheinung also und Wahrnehmung ist dasselbe beim c
Warmen und allem, was dem ähnlich ist? Denn wie ein jeder es wahrnimmt, so scheint es für ihn auch zu sein.

THEAITETOS: Das leuchtet ein.

SOKRATES: Wahrnehmung ist also wohl immer des Seienden und untrüglich, wenn sie ja Erkenntnis ist.

THEAITETOS: So scheint es.

SOKRATES: Nun, so war denn, bei den Chariten, Protagoras gar überweise und hat die Sache zwar uns, dem großen Haufen, nur dunkel angedeutet, seinen Schülern aber im Geheimen das Rechte gesagt?

THEAITETOS: Wie doch, o Sokrates, meinst du dies? d

SOKRATES: Ich will es dir sagen, und es ist gar keine schlechte Rede, daß nämlich ein Eins selbst für sich selbst gar nichts ist und daß du nicht ein Etwas richtig mit einem Namen oder als wiebeschaffen bezeichnen kannst, vielmehr, wenn du etwas groß nennst, wird es sich auch klein zeigen, und wenn schwer, auch leicht und so gleicherweise in allem, weil eben nichts ein Eins ist, sei es nun als etwas oder als irgendwie beschaffen; sondern durch Bewegung und Veränderung und Vermischung unter einander *wird* alles nur, wovon wir sagen, daß es *ist*, es nicht richtig bezeichnend; denn niemals *ist* eigentlich e
irgend etwas, sondern immer nur *wird* es. Und hierüber mögen denn der Reihe nach alle Weisen, den Parmenides ausgenommen, einig sein, Protagoras sowohl als Herakleitos und Empedokles, und so auch unter den Dichtern die Anführer von beiden Dichtungsarten, Epicharmos der komischen und der tragischen Homeros; denn wenn dieser sagt

«Ursprung der Götter ist Okeanos und Tethys die Mutter»,

will er andeuten, daß alles entsprungen ist aus dem Fluß und der Bewegung. Oder scheint er dir nicht dieses zu meinen?

THEAITETOS: Allerdings auch mir.

[9. Weitere Stützen des Satzes: die Bewegung als Ursache von allem Sein und Werden]

SOKRATES: Wer dürfte nun wohl gegen ein solches Heer und seinen 153 a
Anführer Homeros etwas bestreiten, ohne sich lächerlich zu machen?

THEAITETOS: Leicht ist es nicht, o Sokrates.

SOKRATES: Gewiß nicht, Theaitetos. Zumal auch dies noch hinlängliche Beweise sind für diese Behauptung, daß nämlich allemal die Bewegung das scheinbare Sein und das Werden verursacht, das Nichtsein aber und den Untergang die Ruhe. Denn Wärme und Feuer, welche dann wieder die andern Dinge erzeugen und in Ordnung halten, werden selbst erzeugt durch Umschwung und Reibung, diese aber sind Bewegung. Oder sind dies nicht die Entstehungsarten des Feuers?

b Theaitetos: Dies sind sie freilich.

Sokrates: Ferner entsproßt ja auch das Geschlecht der Lebenden aus eben diesen Ursachen.

Theaitetos: Wie anders?

Sokrates: Und wie? Der ganze Zustand des Leibes, wird er nicht durch Ruhe und Trägheit zerrüttet, durch Leibesübungen aber und Bewegungen im ganzen wohl erhalten?

Theaitetos: Ja.

Sokrates: Und der Zustand der Seele ebenso; pflegt sie nicht durch Lernen und Fleiß, welches Bewegungen sind, Kenntnisse zu erwerben und festzuhalten und so besser zu werden, durch die Ruhe aber, welche sich in Gedankenlosigkeit und Trägheit zeigt, nichts zu lernen
c nicht nur, sondern auch das Gelernte zu vergessen?

Theaitetos: Ganz gewiß.

Sokrates: Das Gute also ist Bewegung für Seele und Leib, und umgekehrt das Gegenteil davon?

Theaitetos: So scheint es.

Sokrates: Soll ich dir nun auch noch die Windstillen anführen und was dem ähnlich ist, wie überall die Ruhe Fäulnis und Zerstörung bewirkt, das Gegenteil aber Erhaltung? Und über dies alles nun noch den letzten Stein hinzutragend beweisen, daß unter der «goldenen Kette» Homeros nichts anderes versteht als die Sonne und al-
d so andeutet, solange der gesamte Umkreis in Bewegung ist und die Sonne, solange *sei* auch Alles und bleibe wohlbehalten bei Göttern und Menschen, wenn aber dieses einmal wie gebunden stillstände, so würden alle Dinge untergehn und, wie man sagt, das Unterste zuoberst gekehrt werden?

Theaitetos: Mir, o Sokrates, scheint er das anzudeuten, was du sagst.

[10. Anwendung des protagoreischen Satzes auf die Sinneswahrnehmung. Das Problem der Größenverhältnisse]

Sokrates: Denke dir also, Bester, die Sache so: Zuerst in Beziehung auf die Augen, was du weiße Farbe nennst, daß dies nicht selbst etwas Besonderes ist außerhalb deiner Augen noch auch in deinen Au-
e gen, und daß du ihm ja keinen Ort bestimmst; denn sonst *wäre* es schon, wenn es irgendwo an einer Stelle ruhend wäre, und würde nicht bloß im Entstehen.

Theaitetos: Aber wie denn?

Sokrates: Folgen wir nur dem eben vorgetragenen Satz, indem wir nichts an und für sich als ein Eins seiend setzen, und es wird uns deutlich werden, daß Schwarz und Weiß und jede andere Farbe aus dem Zusammenstoßen der Augen mit der zu ihr gehörigen Bewegung
154 a entstanden ist, und wovon wir jedesmal sagen, es *sei* Farbe, das wird weder das Anstoßende sein noch das Angestoßene, sondern etwas dazwischen für jeden besonders Entstandenes. Oder möchtest du be-

haupten, daß jede Farbe, eben wie sie dir erscheint, auch einem Hunde oder irgendeinem andern Tiere erscheinen werde?

Theaitetos: Beim Zeus, das möchte ich nicht.

Sokrates: Aber wie? Erscheint einem andern Menschen irgend etwas gerade ebenso wie dir? Bist du davon recht gewiß, oder vielmehr davon, daß etwas nicht einmal dir selbst immer als dasselbe erscheine, da du niemals ganz auf dieselbe Weise dich verhältst?

Theaitetos: Mich dünkt dieses eher als jenes.

Sokrates: Also, wenn das, wodurch wir messen oder womit wir b
berühren, groß oder rot oder warm *wäre*: so könnte es nicht dadurch, daß es mit einem andern zusammenstößt, ein anderes werden, indem es sich selbst gar nicht veränderte. Wenn aber wiederum das Gemessene oder Berührte jedes von diesen *wäre*, so könnte es nicht, wenn etwas Anderes auf es stößt oder diesem Anderen etwas begegnet, indem jedoch ihm selbst nichts widerfährt, dennoch ein anderes werden. Denn jetzt, Freund, werden wir genötigt, wunderbare und lächerliche Dinge getrost zu behaupten, wie Protagoras und jeder, der dasselbe wie er behaupten will, uns vorwerfen würde.

Theaitetos: Wie doch, und was für Dinge meinst du?

Sokrates: Nimm nur ein kleines Beispiel, und du wirst alles wis- c
sen, was ich meine. Sechs Bohnen, wenn du vier dagegen hältst, werden mehr sein als die vier, nämlich noch ein halbes Mal soviel; wenn aber zwölf, dann weniger, nämlich die Hälfte, und man darf nicht einmal leiden, daß etwas anderes behauptet werde. Oder möchtest du es leiden?

Theaitetos: Keineswegs ich.

Sokrates: Wie nun? Wenn dich Protagoras oder ein anderer fragte: «Ist es wohl möglich, Theaitetos, daß etwas größer oder mehr werde auf eine andere Weise, als daß es zugenommen hat?» Was wirst du antworten?

Theaitetos: Wenn ich, o Sokrates, was mir in Beziehung auf diese
Frage allein richtig scheint, antworten soll, so werde ich sagen, es d
ist nicht möglich: wenn aber in Beziehung auf die vorige, so werde ich, um mich zu hüten, daß ich nichts Widersprechendes sage, wohl antworten, es wäre gar wohl möglich.

Sokrates: Sehr gut, Freund, bei der Here, und ganz göttlich. Jedoch, wie mir scheint, wenn du antwortest, es sei möglich, wird dir jenes aus dem Euripides begegnen, es wird uns die Zunge freilich unwiderlegt sein, die Seele aber nicht unwiderlegt.

Theaitetos: Ganz wahr.

Sokrates: Wenn wir also von den gewaltigen Weisen wären, du
und ich, die schon alles durchgeprüft haben in ihrem Gemüt, so würden wir von nun an immer weiter nur zum Zeitvertreib einander e
versuchen und, auf sophistische Art einen eben solchen Kampf beginnend, jeder den Reden des andern mit den seinigen ausweichen. Nun wir aber nur schlichte Menschen sind, werden wir doch zuerst die Sache an sich selbst betrachten wollen, wie das wohl beschaffen ist, was wir behaupten, ob es untereinander stimmt, oder vielleicht nichts weniger als das.

THEAITETOS: Auf jede Weise würde ich meinesteils dieses letztere wollen.

[11. Der erstaunliche Widerstreit bei Aussagen über das Sein und Werden und das Erstaunen als Anfang der Philosophie]

SOKRATES: Auch ich gewiß. Da es sich nun so verhält, können wir nichts als ganz gelassen in voller Muße die Sache wieder von vorn
155 a untersuchen, ohne verdrießlich zu werden, sondern recht aufrichtig uns selber prüfend, was doch diese Erscheinungen in uns eigentlich sind. Von ihnen werden wir nun bei der Betrachtung, wie ich wenigstens glaube, erstens sagen, daß niemals irgend etwas weder mehr noch weniger werde, weder der Masse noch der Zahl nach, solange, als es sich selbst gleich ist. Nicht so?

THEAITETOS: Ja.

SOKRATES: Zweitens auch wohl, daß, wem nichts zugesetzt noch auch abgenommen wird, dieses niemals weder wachse noch schwinde, sondern immer gleich sei.

THEAITETOS: Ganz offenbar.

b SOKRATES: Nicht auch drittens, was vorher nicht war, daß dieses dennoch nachher sein könne, ohne geworden zu sein und zu werden, sei unmöglich?

THEAITETOS: So scheint es freilich.

SOKRATES: Diese drei Behauptungen nun streiten, glaube ich, in unserer Seele miteinander, wenn wir jenes von den Bohnen aussagen oder wenn wir behaupten, daß ich, der ich diese bestimmte Größe habe, ohne entweder zu wachsen oder das Gegenteil zu erleiden binnen Jahresfrist, jetzt zwar größer bin als du, der Jüngere, hernach aber kleiner, obwohl ich von meiner Masse nichts verloren habe,
c sondern nur du an der deinigen gewonnen hast. Denn ich *bin* ja hernach, was ich vorher nicht war, ohne es geworden zu sein. Denn ohne das Werden ist Gewordensein unmöglich, und da ich nichts von meiner Masse eingebüßt habe, *wurde* ich ja niemals kleiner. Und mit tausend und aber tausend Sachen verhält es sich ebenso, wenn wir ja dieses wollen gelten lassen. Du kommst doch wohl mit, Theaitetos? Wenigstens scheinst du mir nicht unerfahren in diesen Dingen zu sein.

THEAITETOS: Wahrlich, bei den Göttern, Sokrates, ich erstaune ungemein, wie doch dieses wohl sein mag; ja bisweilen, wenn ich recht hineinsehe, schwindelt mir ordentlich.

d SOKRATES: Theodoros, du Lieber, urteilt eben ganz richtig von deiner Natur. Denn dies ist der Zustand eines gar sehr die Weisheit liebenden Mannes, das Erstaunen; ja es gibt keinen andern Anfang der Philosophie als diesen, und wer gesagt hat, Iris sei die Tochter des Thaumas, scheint die Abstammung nicht übel getroffen zu haben. Aber hast du schon inne, aus welchem Grunde sich diese Dinge so verhalten zufolge dessen, was, wie wir sagen, Protagoras behauptet, oder noch nicht?

THEAITETOS: Noch nicht recht, glaube ich.

SOKRATES: So wirst du es mir wohl Dank wissen, wenn ich dir von der Meinung dieses Mannes oder vielmehr vieler berühmter Männer den wahren verborgenen Sinn aufspüren helfe. e

THEAITETOS: Wie sollte ich dir das nicht Dank wissen, und zwar sehr vielen?

[12. Darstellung des wahren Sinns der Behauptung, daß alles Bewegung ist]

SOKRATES: Sieh dich aber wohl um und habe acht, daß uns nicht einer von den Ungeweihten zuhöre. Dies sind aber die, welche von nichts anderem glauben, daß es sei, als von dem, was sie recht herzhaft mit beiden Händen greifen können, das Handeln und das Werden aber und alles Unsichtbare gar nicht mit unter dem, was ist, wollen gelten lassen.

THEAITETOS: Das sind ja verstockte und widerspenstige Menschen, Sokrates, von denen du redest.

SOKRATES: Jene freilich, Kind, sind sehr roh. Viel preiswürdiger 156 a
aber sind diese, deren Geheimnisse ich dir jetzt mitteilen will. Der Anfang aber, an welchem auch, was wir vorhin sagten, alles hängt, ist bei ihnen der, daß alles Bewegung ist und anderes außerdem nichts, von der Bewegung aber zwei Arten, beide der Menge nach unendlich, deren eine ihr Wesen hat im Wirken, die andere im Leiden. Aus dem Begegnen und der Reibung dieser beiden gegeneinander entstehen nun Erzeugnisse, der Anzahl nach auch unendliche, je zwei aber immer als Zwillinge, das Wahrnehmbare und die Wahrnehmung, die b
immer zugleich hervortritt und erzeugt wird mit dem Wahrnehmbaren. Die Wahrnehmungen nun führen uns Namen wie diese, Gesicht, Gehör, Geruch, Erwärmung und Erkältung, auch Lust und Unlust werden sie genannt, Begierde und Abscheu, und andere gibt es noch, von unbenannten unzählbare, sehr viele auch noch benannte. Die Arten des Wahrnehmbaren aber sind je eine einer von jenen an- und miterzeugt, dem mancherlei Sehen die mancherlei Farben, dem Hören c
gleichermaßen die Töne, und so den übrigen Wahrnehmungen das übrige ihnen verwandte Wahrnehmbare. Was besagt uns nun diese Erzählung, Theaitetos, in Beziehung auf das vorige? Merkst du es wohl?

THEAITETOS: Noch nicht ganz, o Sokrates.

SOKRATES: So sieh zu, ob wir es irgendwie zu Ende führen. Sie will nämlich sagen, daß alles dieses, wie wir auch sagten, sich bewegt. In dieser Bewegung aber findet sich Schnelligkeit und Langsamkeit. Soviel nun langsam ist, das hat seine Bewegung an demselben Ort und in Beziehung auf das Sichnähernde und erzeugt auf diese d
Weise. Das auf diese Weise Erzeugte aber ist schneller; denn es geht im Raume fort, und in diesem Fortgehn besteht die Natur seiner Bewegung. Wenn nun ein Auge und ein solches anderes ihm Angemessenes, nachdem es sich genähert hat, die Röte erzeugen nebst der ihr mitgeborenen Wahrnehmung, was beides nicht wäre erzeugt worden, wenn eines von jenen beiden auf ein anderes getroffen hätte: dann wird, indem beide sich bewegen, nämlich das Sehen auf seiten der Augen, die Röte aber auf seiten des die Farbe miterzeugenden e

Gegenstandes, auf der einen Seite das Auge erfüllt mit der Gesichts-
wahrnehmung und sieht alsdann und ist geworden nicht eine Ge-
sichtswahrnehmung, sondern ein sehendes Auge; auf der andern
Seite wird das die Farbe Miterzeugende erfüllt mit der Röte und ist
geworden auch wiederum nicht die Röte, sondern ein Rotes, sei es
nun Holz oder Stein oder welchem Dinge sonst begegnet, mit dieser
Farbe gefärbt zu sein. Ebenso ist nun alles übrige, das Harte und
Warme und alles andere, auf dieselbe Art zu verstehen, daß es näm-
157 a lich an und für sich nichts ist, wie wir auch vorher sagten, sondern
daß in dem einander Begegnen alles und allerlei wird vermöge der
Bewegung. Denn auch, daß das Wirkende etwas ist und das Leidende
wiederum etwas, läßt sich an *einem*, wie sie sagen, nicht fest und
sicher bemerken; denn weder *ist* etwas ein Wirkendes, ehe es mit
einem Leidenden zusammentrifft, noch ein Leidendes, ehe mit dem
Wirkenden; ja auch, was mit dem *einen* zusammentreffend ein
Wirkendes wird, zeigt sich, wenn es auf ein anderes fällt, als ein
Leidendes. So daß diesem allen zufolge, wie wir von Anfang an sag-
ten, nichts an und für sich ein Eins *ist*, sondern es immer nur *wird*
b für irgendein anderes, das *Sein* aber muß überall ausgestoßen wer-
den, wiewohl wir es auch jetzt eben aus Gewohnheit und Ungeschickt-
heit gar oft und viel zu gebrauchen genötigt waren. Aber man darf
nach der Rede der Weisen weder das Etwas zugeben, noch das Es,
noch Meins, noch Dieses, noch Jenes, noch irgendeine andere Bezeich-
nung, die fest steht: sondern der Natur gemäß muß man nur reden
von Werdendem und Gewirktem, Vergehendem und Verändertem;
so daß, wenn jemand etwas als beharrlich setzt durch seine Rede, ein
solcher sehr leicht zu Schanden zu machen ist. So muß man nun so-
wohl von dem Einzelnen reden als auch von dem aus vielem Zusam-
c mengefaßten, durch welches Zusammenfassen man Mensch sagt und
Stein und jegliches einzelne Tier und jede Gestaltung. Ist dir dies nun
schmackhaft, Theaitetos, und behagt es dir, so daß du davon kosten
möchtest?

THEAITETOS: Ich weiß nicht recht, Sokrates. Denn auch von dir kann ich nicht innewerden, ob du es sagst als deine Meinung, oder ob du mich nur versuchst.

SOKRATES: Erinnerst du dich nicht mehr, Lieber, daß ich meinesteils
dergleichen gar nicht weiß, auch nichts als das Meinige vorbringe,
sondern ganz und gar unfruchtbar bin in dergleichen? Dir aber will
ich Geburtshilfe leisten, und deshalb bespreche ich dich und lege dir
d zu kosten vor von allerlei Weisheit, bis ich endlich auch deine Mei-
nung mit ans Licht bringe. Ist sie aber ans Licht gebracht, dann will
ich auch gleich sehen, ob sie sich als ein Windei oder als eine gesunde
Geburt zeigen wird. Also halte nur aus und sei guten Mutes und ant-
worte freiweg und tapfer, was dich dünkt über das, wonach ich eben
frage.

THEAITETOS: So frage denn.

[13. Schwierigkeit der Wahrnehmungstäuschungen und der Ununterscheidbarkeit von Wachen und Traum für den Satz, daß Wahrnehmung Erkenntnis ist]

SOKRATES: Erkläre dich also noch einmal, ob es dir recht ist, daß nicht etwas sein, sondern immer nur werden soll Gutes und Schönes und alles, was wir eben durchgegangen sind?

THEAITETOS: Mir freilich scheint, wenn ich dich die Sache so erörtern höre, alles ganz erstaunlich gegründet zu sein, und daß es so müsse gedacht werden, wie du es auseinandersetzt.

SOKRATES: So wollen wir denn auch das nicht zurücklassen, was e
noch übrig ist davon. Es ist aber noch übrig das von den Träumen und Krankheiten, besonders auch dem Wahnsinn, und was man nennt sich verhören oder sich versehen oder sonst eine Sinnentäuschung. Denn du weißt wohl, daß es das Ansehen hat, als könne durch alle diese Fälle einstimmig der Satz widerlegt werden, den wir jetzt eben durchgegangen sind, und als wären auf alle Weise unsere Wahrnehmungen falsch in diesen Fällen und als fehlte viel daran, 158 a
daß, was einem jeden erscheint, dasselbe auch sei, sondern ganz im Gegenteil, als *sei* nichts von dem, was erscheint.

THEAITETOS: Vollkommen recht, o Sokrates.

SOKRATES: Was für eine Ausrede, Jüngling, bleibt also dem noch übrig, welcher sagt, Wahrnehmung sei Erkenntnis, und was jedem erscheine, das sei auch so dem, welchem es erscheint?

THEAITETOS: Es fehlt mir der Mut, Sokrates, zu gestehen, daß ich nicht weiß, was ich sagen soll, weil du mich gerade vorhin gescholten, als ich dies sagte. Und doch wäre ich in der Tat nicht vermögend zu bestreiten, daß die Wahnsinnigen oder die Träumenden falsche Vor- b
stellungen haben, wenn jene Götter zu sein glauben, diese aber geflügelt und sich im Traume als fliegend vorkommen.

SOKRATES: Merkst du auch nicht diesen Einwurf dagegen, besonders was Wachen und Schlafen betrifft?

THEAITETOS: Welchen doch.

SOKRATES: Den du, meine ich, oft gehört haben wirst, wenn man nämlich die Frage aufwirft, was für ein Kennzeichen jemand wohl angeben könnte, wenn einer fragte, jetzt gleich gegenwärtig, ob wir nicht schlafen und alles, was wir vorstellen, nur träumen, oder ob wir wachen und wachend uns unterreden? c

THEAITETOS: Und wahrlich, Sokrates, es ist sehr schwierig, durch was für ein Kennzeichen man es beweisen soll. Denn es folgt ganz genau auf beiden Seiten dasselbe. Denn was wir jetzt gesprochen haben, das können wir ebensogut im Traume zu sprechen glauben; und wenn wir im Traume Träumerisches zu sprechen meinen, so ist ganz wunderbar, wie ähnlich dies jenem ist.

SOKRATES: Du siehst also, daß das Bestreiten nicht schwer ist, wenn sogar darüber gestritten werden kann, ob Schlaf ist oder Wachen. d
Und da die Zeit des Schlafens der des Wachens ziemlich gleich ist und die Seele in jedem von diesen Zuständen behauptet, daß die ihr jedesmal gegenwärtigen Vorstellungen auf alle Weise wahr sind: so behaupten wir, und zwar eine gleiche Zeit hindurch, einmal, daß das

eine, dann wieder ebenso, daß das andere seiend ist, und beharren beidemal gleich fest auf unserer Meinung.

THEAITETOS: Allerdings.

SOKRATES: Verhält es sich nun nicht mit Krankheiten und mit dem Wahnsinn ebenso, bis auf die Zeit, daß die nicht gleich ist?

THEAITETOS: Ganz richtig.

SOKRATES: Und wie? Soll das Wahre aus der Länge und Kürze der Zeit bestimmt werden?

e THEAITETOS: Lächerlich wäre das ja auf vielerlei Weise!

SOKRATES: Hast du aber etwas anderes, Sicheres, woran du zeigen kannst, welche von diesen Vorstellungen die wahren sind?

THEAITETOS: Mich dünkt nicht.

[14. Im Sinne der Protagoreer geführter Beweis, daß das, was jeder vorstellt, auch für ihn wahr ist]

SOKRATES: So höre denn von mir, was diejenigen darüber sagen würden, welche behaupten, was jeder vorstellt, sei dem, der es vorstellt, auch wahr. Sie werden aber, wie ich glaube, uns so befragen: Was ganz und gar von einem andern verschieden ist, o Theaitetos, kann das wohl irgend dasselbe Vermögen mit jenem haben? Und wir wollen nicht annehmen, daß das, wovon die Frage ist, in einer Hinsicht einerlei ist mit jenem und nur in einer andern verschieden, sondern nur, daß es ganz verschieden ist.

159 a THEAITETOS: Es ist ja unmöglich, daß eines mit einem andern einerlei, sei es nun Vermögen oder sonst etwas habe, wenn es ganz und gar davon verschieden ist.

SOKRATES: Muß man nicht auch zugeben, daß ein solches notwendig unähnlich ist?

THEAITETOS: Mir scheint es wenigstens.

SOKRATES: Wenn sich also ereignet, daß etwas einem ähnlich wird oder unähnlich, es sei nun sich selbst oder einem andern, werden wir nicht, wenn es ähnlich wird, sagen, daß es einerlei, wenn aber unähnlich, daß es verschieden wird?

THEAITETOS: Notwendig.

SOKRATES: Haben wir nun nicht vorher gesagt, daß es vielerlei und unzähliges Wirkende gebe, und ebenso Leidendes?

THEAITETOS: Das haben wir.

SOKRATES: Und auch, daß eins mit einem andern und dann wieder mit einem andern sich vermischend nicht beidemal einerlei, sondern Verschiedenes erzeugen wird?

b THEAITETOS: Allerdings.

SOKRATES: So laß uns denn von dir und mir und allem auf dieselbe Weise sagen, der kranke Sokrates und der gesunde Sokrates, sollen wir dies jenem ähnlich nennen oder unähnlich?

THEAITETOS: Meinst du dieses Ganze, den kranken Sokrates, jenem Ganzen, dem gesunden Sokrates?

SOKRATES: Ganz recht hast du verstanden; so meine ich es.

THEAITETOS: Unähnlich dann.

SOKRATES: Auch verschieden etwa auf eben die Art wie unähnlich?

Theaitetos: Notwendig.

Sokrates: Auch von dem Schlafenden also, und was wir sonst jetzt c
angeführt haben, wirst du das nämliche behaupten.

Theaitetos: Ich gewiß.

Sokrates: Wird also nicht jedes seiner Natur nach etwas Wirkende, wenn es den gesunden Sokrates trifft, mit einem verschiedenen zu tun haben, und wenn den kranken, wieder mit einem verschiedenen?

Theaitetos: Wie sollte es nicht!

Sokrates: Und Verschiedenes werden wir also in beiden Fällen zusammen erzeugen, ich der Leidende und jenes das Wirkende?

Theaitetos: Wie sonst?

Sokrates: Wenn nun ich, der Gesunde, Wein trinke: so erscheint er mir lieblich und süß?

Theaitetos: O ja.

Sokrates: Es haben nämlich alsdann nach dem zuvor Eingeräum-
ten das Wirkende und das Leidende erzeugt die Süßigkeit und die d
Wahrnehmung, beide zugleich in Bewegung. Und zwar hat die Wahrnehmung, welche auf der Seite des Leidenden ist, seine Zunge wahrnehmend gemacht, die Süßigkeit aber, welche auf der Seite des Weines um ihn in Bewegung ist, hat den Wein für die gesunde Zunge süß zu sein und zu scheinen gemacht.

Theaitetos: So waren wir allerdings vorher übereingekommen.

Sokrates: Wenn er aber den Kranken trifft, hat er dann nicht zuerst der Wahrheit nach nicht denselben getroffen, da er zu einem dem vorigen Unähnlichen gekommen ist?

Theaitetos: Ja.

Sokrates: Verschiedenes also erzeugen wiederum ein solcher So- e
krates und das Trinken des Weines: An der Zunge nämlich die Wahrnehmung der Bitterkeit, an dem Wein aber die werdende und sich bewegende Bitterkeit, und machen diesen nicht zur Bitterkeit, sondern zu einem bittern, mich aber nicht zur Wahrnehmung, sondern zu einem Wahrnehmenden.

Theaitetos: Ganz offenbar.

Sokrates: Also werde sowohl ich nichts anderes jemals werden, solange ich so wahrnehme – denn nur von etwas anderem eine andere Wahrnehmung macht den Wahrnehmenden zu einem verän-
derten und andern – als auch jenes, das auf mich Wirkende, wird 160 a
niemals, sobald es mit einem andern zusammentrifft, dasselbige erzeugend, ein ebensolches werden. Denn mit anderm muß es anderes erzeugend ein Verändertes werden.

Theaitetos: So ist es.

Sokrates: Ebensowenig aber werde ich für mich selbst ein solcher, noch jenes für sich selbst ein solches werden.

Theaitetos: Natürlich nicht.

Sokrates: Notwendig also muß sowohl ich, wenn ich ein Wahrnehmender werde, es von etwas werden, denn ein Wahrnehmender zwar, aber ein nichts Wahrnehmender zu werden, das ist unmöglich;
als auch jenes muß, wenn es süß oder bitter oder etwas dergleichen b

wird, es notwendig für einen werden. Denn süß, aber für niemanden süß zu werden, ist unmöglich.

Theaitetos: Allerdings muß es so sein.

Sokrates: Es bleibt also, glaube ich, übrig, daß wir für einander
etwas sind oder werden, je nachdem man nun sein oder werden sa-
gen will, da die Notwendigkeit unser Sein zwar verknüpft, aber we-
der mit irgendeinem andern noch mit uns selbst. Also bleibt übrig,
daß es für uns untereinander verknüpft sei. So daß, mag es nun je-
mand Sein nennen, er sagen muß, es sei für etwas oder von etwas
oder in Beziehung auf etwas; oder nenne er es Werden, dann ebenso.
Daß aber etwas an und für sich etwas entweder sei oder werde, das
c darf er weder selbst behaupten noch, wenn ein anderer dies behaup-
tet, es annehmen, wie die Rede, welche wir durchgegangen sind, zeigt.

Theaitetos: So ist es allerdings, Sokrates.

Sokrates: Nicht wahr also, wenn das mich zu etwas Machende für mich ist und nicht für einen anderen: so nehme auch nur ich es wahr, ein anderer aber nicht?

Theaitetos: Wie anders?

Sokrates: Wahr also ist mir meine Wahrnehmung, denn sie ist die meines jedesmaligen Seins. Ich also bin der Richter, nach dem Protagoras, dessen sowohl was mir ist, daß es ist, als dessen was mir nicht ist, daß es nicht ist.

Theaitetos: So scheint es.

[15. Übergang zur Prüfung des Satzes]

d Sokrates: Wie also sollte ich, da ich untrüglich bin und nie fehle
in meiner Vorstellung von dem, was ist oder wird, dasjenige nicht
auch erkennen, was ich wahrnehme?

Theaitetos: Es läßt sich auf keine Weise anders denken.

Sokrates: Vortrefflich also hast du ausgesprochen, daß die Er-
kenntnis nichts anderes ist als Wahrnehmung; und es läuft völlig
auf dasselbe hinaus, daß nach dem Homeros, Herakleitos und ih-
rem ganzen Stamm alles sich wie Ströme bewegt, daß nach dem Pro-
tagoras, dem sehr weisen, der Mensch das Maß aller Dinge ist, und
e daß nach dem Theaitetos, wenn dieses sich so verhält, die Wahr-
nehmung Erkenntnis wird. Nicht wahr, o Theaitetos? Wir sagen
doch, daß dies von dir gleichsam ein neugeborenes Kindlein ist, und
von mir das Hebammenwerk? Oder wie meinst du?

Theaitetos: Notwendig so, Sokrates.

Sokrates: Dieses haben wir also recht mit Mühe endlich geboren,
was es nun auch eigentlich sein mag. Nach der Geburt aber müssen
wir nun das wahre Umtragen im Kreise damit vornehmen, indem
wir durch weitere Untersuchung erforschen, ob nicht das Geborene,
vielleicht ohne daß wir es wußten, nicht wert ist, auferzogen zu wer-
161 a den, sondern ein leeres Windei. Oder glaubst du, dein Kind müsse
man auf alle Fälle auferziehen und nie aussetzen? Oder wirst du es
doch ertragen, wenn du siehst, daß es die Prüfung nicht besteht, und
nicht allzu verdrießlich werden, wenn es dir jemand, unerachtet es
deine erste Geburt ist, wegnimmt?

THEODOROS: Er wird es ertragen, unser Theaitetos, o Sokrates, denn er ist gar nicht hartnäckig. Also, bei den Göttern, sage, ob es sich nun wieder nicht so verhält.

SOKRATES: Offenbar hast du großes Wohlgefallen an solchen Reden, Theodoros, und bist sehr gut, daß du glaubst, ich wäre gleichsam ein Schatzkasten von Behauptungen und brauchte nur ohne Mühe eine herausnehmend zu sagen, daß sich dies wiederum nicht so ver- b
hielte. Wie es aber wirklich damit zugeht, merkst du nicht, daß nämlich keine dieser Behauptungen von mir ausgeht, sondern immer von dem, der sich mit mir unterredet, daß aber ich weiter nichts weiß als nur dieses wenige, nämlich die Rede eines anderen Weiseren aufzufassen und gehörig zu behandeln. Und so will ich es auch jetzt mit diesem versuchen, nicht aber selbst etwas sagen.

THEODOROS: Gut berichtigt, Sokrates, und tue nur so.

[16. Das Verwunderliche an der ‹Wahrheit› des Protagoras: daß sie sich selbst zuwider einen Unterschied in der Weisheit annimmt]

SOKRATES: Weißt du also, Theodoros, was mich wundert von deinem Freunde Protagoras?

THEODOROS: Was doch? c

SOKRATES: Das übrige hat mir alles sehr wohl gefallen, was er sagt, daß nämlich, was jedem scheint, für ihn auch ist, nur über den Anfang seiner Rede wundere ich mich, daß er nicht gleich seine «Wahrheit» so beginnt: das Maß aller Dinge ist das Schwein oder der Affe, oder was man noch unter allem, was Wahrnehmung hat, Unvernünftigeres nennen könnte, damit er recht hochsinnig und herabwürdigend begönne zu uns zu reden, indem er zeigte, daß wir zwar ihn bewunderten wie einen Gott seiner Weisheit wegen, er aber doch um nichts besser wäre an Einsicht als ein unerwachsener Frosch, ge- d
schweige denn als irgendein anderer unter den Menschen. Oder was sollen wir sagen, Theodoros? Denn wenn einem jeden wahr sein soll, was er mittels der Wahrnehmung vorstellt, und weder einer den Zustand des andern besser beurteilen kann, noch auch die Vorstellung des einen der andere vermögender ist in Erwägung zu ziehen, ob sie wahr oder falsch ist, sondern wenn, wie schon oft gesagt ist, jeder nur sein Eignes für sich vorstellt und dieses alles richtig und wahr ist: wie soll denn wohl, o Freund, nur Protagoras weise sein, so daß er mit Recht auch von andern zum Lehrer angenommen wird, und das e
um großen Lohn, wir dagegen unwissender, so daß wir bei ihm in die Schule gehn müssen, obwohl doch jeder Mensch das Maß seiner eignen Weisheit ist? Und wie sollen wir nicht glauben, daß Protagoras dies bloß im Scherz vorbringt? Was nun gar mich betrifft und meine Kunst der Geburtshilfe: so schweige ich ganz davon, welches Gelächter wir billig erregen. Ich glaube aber, es wird auch dasselbe sein mit dem ganzen Geschäft des wissenschaftlichen Unterredens. Denn gegenseitig einer des andern Vorstellungen und Meinungen in Betrachtung ziehen und zu widerlegen suchen, wenn sie doch alle richtig sind, ist das nicht eine langweilige und überlaute Kinderei, wenn anders die Wahrheit des Protagoras wirklich wahr ist und 162 a

nicht nur scherzend aus dem verborgenen Heiligtum des Buches herausgeredet hat?

THEODOROS: Der Mann, o Sokrates, ist mein Freund, wie du oben sagtest. Darum möchte ich weder, daß Protagoras durch meine Eingeständnisse widerlegt würde, noch auch möchte ich dir gegen meine eigene Meinung zuwider sein. Deshalb nimm dir nur wieder den Theaitetos vor; schien er dir doch auch vorher sehr aufmerksam zu folgen.

b SOKRATES: Würdest du denn auch, wenn du nach Lakedaimon kämest, Theodoros, zu den Fechtschulen, und dort die andern entblößt sähest, einige darunter überdies gar nicht vorzügliche Leute, dennoch lieber dich nicht neben ihnen auskleiden und ihnen deine Gestalt zeigen?

THEODOROS: Warum meinst du, daß ich das nicht allerdings vorziehen würde, wenn sie es mir nur vergönnten und sich überreden ließen? So wie ich jetzt euch zu überreden hoffe, mich zuschauen zu lassen und mich, der ich schon ungelenker bin, nicht in den Übungsplatz hineinzuziehen, sondern lieber mit einem jüngeren und vollsaftigern zu ringen.

[17. Einspruch des Prot. gegen das eingängige Argument und Bestimmung dessen, was man an Lauten und Buchstaben unmittelbar erkennt]

SOKRATES: Wenn es dir so recht ist, Theodoros, ist es mir auch nicht
c zuwider, wie man zu sagen pflegt. So muß ich denn wieder zu dem weisen Theaitetos gehen.

Sage also, Theaitetos, zuerst was wir jetzt eben durchgegangen sind, ob du dich nicht ebenfalls verwunderst, daß sich auf einmal zeigt, du seist um nichts schlechter in der Weisheit als irgendeiner unter den Menschen oder auch unter den Göttern? Oder glaubst du, daß das Maß des Protagoras weniger von den Göttern gilt, als von den Menschen?

THEAITETOS: Beim Zeus, keineswegs, und, was du jetzt fragst, es verwundert mich freilich sehr. Denn als wir vorher erörterten, weshalb
d sie wohl sagten, was jedem erscheine, das sei auch für den, dem es erscheine, fand ich, daß dieses vortrefflich gesagt wäre, nun aber ganz im Gegenteil ist es schnell umgeschlagen.

SOKRATES: Du bist eben jung, lieber Sohn, deshalb achtest du schneller auf verfängliche Reden und gibst ihnen Eingang. Denn Protagoras oder ein anderer für ihn würde hierauf sagen: Ihr trefflichen Knaben und Greise sitzt hier zusammen und führt verfängliche Reden, indem ihr die Götter mit hineinzieht in die Sache, welche ich
e gänzlich beiseite setze im Reden sowohl als im Schreiben, ob sie sind oder nicht sind; und was auf den großen Haufen Eindruck machen würde, wenn er es hörte, dergleichen redet ihr, als wäre es nun etwas Schreckliches, wenn jeder Mensch um gar nichts besser wäre in der Weisheit, als irgendein Tier. Beweise aber und notwendige Schlußfolgen führt ihr gar nicht eine einzige an, sondern begnügt euch mit dem Scheinbaren, welches doch weder Theodoros noch irgendein anderer Meßkünstler bei seiner Meßkunst anwenden würde, oder er

wäre auch gar nichts wert. So überlegt nun, du und Theodoros, ob ihr in so wichtigen Dingen solchen Reden Beifall geben wollt, die nur aus Überredungskünsten und Wahrscheinlichkeiten zusammenge- 163 a
setzt sind.

THEAITETOS: Daß dieses billig wäre, Sokrates, würdest weder du noch auch wir sagen wollen.

SOKRATES: Auf eine andere Weise also, wie es scheint, müssen wir die Sache betrachten, wie du behauptest und Theodoros.

THEAITETOS: Allerdings auf eine andere.

SOKRATES: Laßt uns denn auf diese Weise sehen, ob wohl Erkenntnis und Wahrnehmung einerlei ist oder verschieden. Denn darauf ging doch unsere ganze Rede aus, und deshalb haben wir so vielerlei Wunderliches aufgerührt. Nicht wahr?

THEAITETOS: Allerdings.

SOKRATES: Sollen wir also eingestehen, was wir durch Sehen wahr- b
nehmen oder durch Hören, daß wir alles dieses auch zugleich verstehen? Zum Beispiel, Ausländer, deren Sprache wir noch nicht gelernt haben, sollen wir leugnen, daß wir die hören, wenn sie darin sprechen? Oder sollen wir sagen, daß wir sie nicht nur hören, sondern auch das verstehen, was sie sagen? Ebenso, wenn wir Buchstaben noch nicht kennen, doch aber unsere Augen auf sie richten: sollen wir behaupten, daß wir sie nicht sehen, oder daß wir sie auch verstehen, wenn wir sie doch sehen?

THEAITETOS: Das selbst an ihnen, o Sokrates, was wir sehen und hören, werden wir auch zu verstehen behaupten, daß wir nämlich von letzteren die Gestalt und Farbe sehen und auch erkennen, von jenen aber die Höhe und Tiefe hören und auch wissen; daß wir aber, was c
von beiden die Sprachlehrer und Dolmetscher lehren, weder wahrnehmen durch das Sehen und Hören noch also auch verstehen.

SOKRATES: Vortrefflich, Theaitetos! und es wäre nicht recht, dir dieses zu bestreiten, damit dir auch der Mut wachse.

[18. Folgt aus dem Satz, Erkenntnis sei Wahrnehmung, daß man als Erinnernder keine Erkenntnis haben kann? Entschluß des S., den Satz zu verteidigen] Aber betrachte auch dieses andere, welches herbeikommt, und sieh zu, wie wir es abwehren wollen.

THEAITETOS: Was denn?

SOKRATES: Dieses: Wenn jemand fragte, ob es wohl möglich wäre, d
daß einer etwas, wovon er einmal Erkenntnis erlangt und wovon er die Erinnerung noch unverloren bei sich bewahrt, dann, wenn er sich erinnert, eben das doch nicht erkennte, dessen er sich erinnert. Ich bin aber, wie ich merke, sehr weitläufig, da ich doch nur fragen wollte, ob jemand, was er erfahren, indem er sich dessen erinnert, doch nicht weiß.

THEAITETOS: Und auf welche Weise, Sokrates? Dies wäre ja ein Wunder, was du da sagst.

SOKRATES: Bin ich denn etwa irre? Sieh doch zu! Sagst du nicht, das Sehen sei ein Wahrnehmen und jeder Anblick eine Wahrnehmung?

THEAITETOS: So sage ich.

e Sokrates: Wer nun etwas gesehen hat, der hat eine Erkenntnis bekommen von dem, was er gesehen hat, nach unserm jetzigen Satz?

Theaitetos: Ja.

Sokrates: Wie weiter? Gibst du nicht doch auch eine Erinnerung zu?

Theaitetos: O ja.

Sokrates: An nichts oder an etwas?

Theaitetos: An etwas, versteht sich.

Sokrates: Wohl, was einer erfahren und wahrgenommen hat, an etwas davon?

Theaitetos: Woran sonst?

Sokrates: Und was jemand gesehen hat, dessen erinnert er sich doch bisweilen?

Theaitetos: Gewiß erinnert er sich.

Sokrates: Auch indem er die Augen verschließt? Oder hat er es, sobald er dies tut, vergessen?

Theaitetos: Das wäre ja arg, o Sokrates, das zu behaupten.

164 a Sokrates: Und doch müssen wir es, wenn wir nämlich den vorigen Satz retten wollen; wo nicht, so ist es vorbei mit ihm.

Theaitetos: Auch ich, beim Zeus, merke so etwas, noch begreife ich es aber nicht ganz genau. Sage mir also wie?

Sokrates: So: Wer sieht, sagen wir, hat Erkenntnis bekommen von dem, was er sieht. Denn Gesicht und Wahrnehmung und Erkenntnis, haben wir zugegeben, ist einerlei.

Theaitetos: Nun ja.

Sokrates: Wer nun gesehen und Erkenntnis dessen, was er sah, bekommen hat, erinnert sich dessen zwar, wenn er auch die Augen verschließt, sieht es aber dann nicht. Nicht so?

Theaitetos: Ganz recht.

b Sokrates: Dies «Er sieht nicht» heißt aber soviel wie «Er erkennt nicht», wenn doch «Er sieht» ebensoviel ist wie «Er erkennt.»

Theaitetos: Das ist richtig.

Sokrates: Es folgt also, daß jemand das, wovon er Erkenntnis bekommen hat, indem er sich dessen erinnert, doch nicht erkennt, weil er es nicht sieht — eben das, wovon wir gesagt haben, es würde ein Wunder sein, wenn es geschähe.

Theaitetos: Vollkommen recht.

Sokrates: Etwas Unmögliches scheint also zu folgen, wenn jemand sagt, Erkenntnis und Wahrnehmung sei dasselbe.

Theaitetos: So scheint es.

Sokrates: Man muß also sagen, jedes von beiden sei ein anderes.

Theaitetos: So wird es sein müssen.

c Sokrates: Was ist also wohl die Erkenntnis? Wir müssen es, wie es scheint, noch einmal von vorne an erklären. — Allein, Theaitetos, was sind wir doch im Begriff zu tun?

Theaitetos: Wieso?

Sokrates: Es kommt mir vor, als ob wir, nach Art eines schlechten Hahns, ehe wir noch gesiegt haben und von der Sache abspringend unser Siegesgeschrei anstimmten.

THEAITETOS: Wieso denn?

SOKRATES: Gerade als ob es uns nur um den Widerspruch zu tun
wäre, scheinen wir bloß den Worten nachgehend unsere Gegenbe-
hauptung aufgestellt zu haben, und indem wir durch solche Mittel
den Satz überwunden, ganz zufrieden zu sein; und obwohl wir be-
haupten, keine Kunstfechter zu sein, sondern Weisheitsfreunde, tun
wir dennoch unvermerkt gerade dasselbe wie jene gewaltigen Männer. d

THEAITETOS: Ich verstehe noch immer nicht, wie du es meinst.

SOKRATES: So will ich denn versuchen, dir deutlich zu machen, was ich also von der Sache merke. Wir fragten nämlich, ob wohl, wenn jemand etwas erfahren hat und sich dessen erinnert, er es doch nicht erkenne; und nachdem wir gezeigt hatten, daß, wer etwas gesehen hat und dann die Augen verschließt, sich nun dessen erinnert, es aber nicht mehr sieht, zeigten wir, daß er sich erinnere, aber nicht mehr erkenne; dieses aber sei unmöglich, und so ging die Sache verloren, die Protagoreische sowohl als auch zugleich die deinige von Erkenntnis und Wahrnehmung, daß beides einerlei ist.

THEAITETOS: Offenbar. e

SOKRATES: Sie wäre aber, glaube ich, nicht verlorengegangen, Lieber, wenn nur der Vater der andern Geschichte noch lebte, sondern dieser würde ihr noch auf vielerlei Art zu Hilfe gekommen sein. Nun aber, da sie verwaist ist, mißhandeln wir sie, zumal auch nicht einmal die Vormünder, welchen Protagoras sie übergeben hat, ihr zu Hilfe kommen wollen, von denen auch Theodoros hier einer ist. Sondern es scheint, wir selbst werden ihr der Billigkeit wegen beistehen müssen.

THEODOROS: Nicht ich, o Sokrates, sondern vielmehr Kallias, der
Sohn des Hipponikos, ist Vormund für seine Angelegenheiten. Ich 165 a
aber habe mich ziemlich bald aus dem bloßen Denken in die Meß-
kunst gerettet. Dennoch aber werde ich es dir Dank wissen, wenn du
ihm beistehst.

SOKRATES: Wohl gesprochen, Theodoros. So betrachte nun meine Hilfeleistung. Nämlich es muß jemand noch viel gewaltigere Dinge zugestehen als die vorigen, wenn er nicht genau auf die Worte acht hat, so wie wir gewöhnlich pflegen zu bejahen oder zu verneinen. Soll ich dir sagen wie, oder dem Theaitetos?

THEODOROS: Beiden gemeinschaftlich, Sokrates. Antworten aber
mag dir der jüngere; denn wenn er fehlt, wird es ihm weniger übel b
anstehen.

[19. Weitere für den Satz des Protagoras verfängliche Fragen]

SOKRATES: So will ich denn gleich die gewaltigste Frage vorbringen. Das ist aber, glaube ich, eine solche: Ist es wohl möglich, daß derselbe Mensch, der etwas weiß, das, was er weiß, zugleich auch nicht wisse?

THEODOROS: Was wollen wir hierauf antworten, Theaitetos?

THEAITETOS: Ich meinesteils halte es für unmöglich.

SOKRATES: Keineswegs, wenn du nämlich sagst, das Sehen sei Erkennen. Denn was willst du mit der verfänglichen Frage machen,

wenn du einmal, wie man sagt, in die Falle gegangen bist und ein zudringlicher Mensch dir mit der Hand das eine Auge zuhält und
c dich fragt, ob du mit dem zugehaltenen den Mantel sähest?

Theaitetos: Ich werde sagen, mit diesem zwar nicht, wohl aber mit dem anderen.

Sokrates: Also siehst du doch zu gleicher Zeit dasselbe, und siehst es auch nicht.

Theaitetos: Auf gewisse Weise wohl.

Sokrates: Ich begehre ja gar nichts, sagt er alsdann, von der Art und Weise, habe auch danach gar nicht gefragt, sondern nur, ob, was du erkennst, du dieses auch nicht erkennst? Nun aber zeigt sich, daß du siehst, was du auch nicht siehst. Und eingestanden hast du vorher, das Sehen sei Erkennen, und das Nichtsehen Nichterkennen. So berechne nun selbst, was dir hieraus entsteht.

d Theaitetos: Ich berechne schon, das Gegenteil dessen, was ich vorausgesetzt.

Sokrates: Wahrscheinlich, du Wunderbarer, würde dir noch mehr dergleichen begegnen, wenn dich jemand noch außerdem fragte, ob man auch sowohl scharf erkennen könne wie stumpf, oder von nahebei zwar erkennen, von weitem aber nicht, und ebenso heftig und ruhig, und tausend dergleichen, was ein leichtbewaffneter Mann, ein Söldner in Reden, dir in den Hinterhalt legen und, wenn du Erkenntnis und Wahrnehmung als dasselbe gesetzt hast, auf das Hören und Riechen und diese Arten von Wahrnehmungen losgehend, dich widerlegen würde, nicht nachlassend, sondern immer eindrin-
e gend, bis du in Bewunderung seiner verwünschten Weisheit ganz verstrickt würdest, wodurch er dich in seine Gewalt und seinen Gewahrsam bekäme und dich dann losließe nur für soviel Geld, wie du mit ihm übereinkommen würdest. Was für eine hilfreiche Rede würde also wohl, fragst du vielleicht, Protagoras für seine Lehre herbeibringen? Sollen wir nicht versuchen, sie vorzutragen?

Theaitetos: Auf alle Weise.

[20. Von Sokrates vorgebrachte Verteidigung des Protagoras]

Sokrates: Dieses alles nämlich brächte er vor, was wir jetzt, um
166 a ihm beizustehen, sagten, und er würde, glaube ich, ziemlich verächtlich gerade auf uns losgehen und sprechen: «Dieser ehrenwerte Sokrates, weil ein Knäblein sich erschrocken hat, als es gefragt ward, ob wohl derselbe Mensch derselben Sache sich erinnern und sie doch nicht erkennen könnte, und vor Schreck es geleugnet, weil es eben nicht voraussehen konnte, hat er einen Mann wie mich hernach zum Gelächter gemacht in seinen Reden. Die Sache aber, du völlig respektloser Sokrates, verhält sich so. Wenn du etwas von dem Meinigen durch Fragen untersuchst, und der Gefragte wird, indem er das antwortet, was ich selbst geantwortet hätte, des Irrtums überführt: dann werde ich freilich auch überführt. Antwortet er aber etwas an-
b deres, dann geschieht es auch ihm, dem Gefragten, allein. So, um nur bei dem nächsten anzufangen, glaubst du denn, jemand werde dir zugeben, daß einem die Erinnerung an etwas, was ihm begegnete,

einwohnt als ein ebensolcher Zustand, wie der, da es ihm begegne-
te, wiewohl es ihm nun nicht mehr begegnet? Weit gefehlt. Oder
daß jemand Bedenken tragen werde zu gestehen, es sei möglich, daß
derselbe dasselbe wisse und auch nicht wisse? Oder wenn er auch die-
ses fürchten sollte, daß er jemals zugeben werde, der Veränderte sei
noch derselbe, wie ehe er verändert ward? Oder vielmehr, es sei
überhaupt jemand ein *Der* und nicht vielmehr *Die*, und zwar unzäh-
lig viele Werdende, solange es noch Verunähnlichung gibt, wenn
man sich doch hüten soll, daß nicht einer auf die Worte des andern c
Jagd mache. Vielmehr, du Leichtsinniger», würde er sagen,
«gehe doch tapferer auf das los, was ich eigentlich behaupte, wenn
du nämlich kannst, und widerlege dieses, daß nicht jedem von uns
eigentümliche Wahrnehmungen entstehen, oder daß, wenn auch
dieses sei, darum doch nicht das Erscheinende für jenen allein wer-
de oder, wenn man *Sein* sagen soll, sei, dem es erscheint. Sprichst du
aber von Schweinen und Affen, so beträgst du dich nicht nur selbst
wie ein Schwein, sondern überredest auch die, welche dir zuhören,
sich ebenso gegen meine Schrift zu betragen, woran du nicht schön
handelst. Denn ich behaupte zwar, daß sich die Wahrheit so verhalte, d
wie ich geschrieben habe, daß nämlich ein jeder von uns das Maß
dessen sei, was ist und was nicht, daß aber dennoch der eine unend-
lich viel besser sei als der andere, eben deshalb, weil dem einen dieses
ist und erscheint, dem andern etwas anderes. Und weit entfernt bin
ich, zu behaupten, daß es keine Weisheit und keinen Weisen gebe;
sondern eben den nenne ich gerade weise, welcher, wenn einem unter
uns Übles ist und erscheint, die Umwandlung bewirken kann, so daß
ihm Gutes erscheine und sei. Diese Rede aber greife mir nicht wieder
bloß bei dem Worte, sondern vernimm erst folgendermaßen noch
deutlicher, was ich meine. Erinnere dich nämlich nur, was zum Bei- e
spiel in dem Vorigen gesagt wurde, daß dem Kranken bitter scheint
und ist, was er genießt, dem Gesunden aber ist und scheint es das Ge-
genteil. Weiser nun soll man freilich keinen von beiden machen, das
ist ja auch nicht möglich; auch darf man nicht klagen, der Kranke sei 167 a
unverständig, weil er dies so vorstellt, der Gesunde aber weise, weil
anders; wohl aber muß man jenem eine Umwandlung bewirken auf
die andere Seite, denn die andere Beschaffenheit ist die bessere. Eben-
so ist auch in Sachen des Unterrichts von einer Beschaffenheit eine
Umwandlung zu bewirken zur andern. Der Arzt nun bewirkt seine
Umwandlung durch Arzeneien, der Sophist aber durch Reden. Und
niemals hat einer einen, der Falsches vorstellte, dahin gebracht, her-
nach Wahres vorzustellen. Denn es ist weder möglich, das, was nicht
ist, vorzustellen, noch überhaupt anderes, als in jedem erzeugt wird;
dieses aber ist immer wahr. Sondern nur demjenigen, der, vermöge b
einer schlechteren Beschaffenheit seiner Seele, auch ihr Verwandtes
vorstellt, kann eine bessere bewirken, daß er anderes ebensolches vor-
stelle, welches dann einige aus Unkunde Wahres nennen, ich aber nen-
ne nur einiges besser als anderes, wahrer hingegen nenne ich nichts.
Und unter den Weisen, o lieber Sokrates, die Frösche zu meinen bin
ich weit entfernt, sondern in Beziehung auf Leiber verstehe ich dar-

unter die Ärzte, in Beziehung auf Gewächse die Landleute. Denn ich
glaube, daß auch diese den Pflanzen anstatt schlechter Wahrneh-
c mungen, wenn sie etwa krank sind, heilsame und gesunde Wahr-
nehmungen und Wahrheiten beibringen, so wie weise und gute
Redner wiederum machen, daß den Staaten anstatt des Verderbli-
chen das Heilsame gerecht zu sein scheint. Denn was jedem Staate
schön und gerecht erscheint, das ist es ihm ja auch, solange er es dafür
erklärt; der Weise aber macht, daß anstatt des bisherigen Verderbli-
chen ihnen nun Heilsames so erscheint und ist. Auf eben diese Art
nun ist auch der Sophist, der diejenigen, welche sich unterrichten las-
sen, so zu erziehen versteht, allerdings weise und würdig, große Be-
d lohnungen von den Unterrichteten zu empfangen. Und so gilt denn
beides, daß einige weiser sind als andere, und daß doch keiner Fal-
sches vorstellt, und auch du, magst du nun wollen oder nicht, mußt
dir gefallen lassen, ein Maß zu sein. Denn hierdurch wird diese Leh-
re aufrechterhalten, gegen welche du nun einwenden magst, wenn
du aufs neue etwas einzuwenden hast, und zwar so, daß du in einer
Rede das Gegenteil durchführst, oder willst du es lieber durch Fragen,
auch so. Denn auch das muß der Verständige nicht scheuen, sondern
auf alle Weise angreifen. Nur dieses beobachte: betrüge nicht im
e Fragen. Es ist ja auch die größte Unvernunft, wenn einer sagt, es sei
ihm nur an der Tugend gelegen, und sich dann doch nicht anders als
betrügerisch in seinen Reden beweist. Betrügen aber heißt in dieser
Sache, wenn jemand nicht dieses beides gänzlich voneinander trennt,
nämlich anders, wenn er nur streiten will, seine Unterredungen ein-
richtet, anders aber wieder, wenn er untersuchen will, und im ersten
Falle zwar immerhin scherzt und überlistet, soviel er kann, bei der
ordentlichen Untersuchung dagegen ernsthaft ist und den mit ihm
Untersuchenden zurechtweist, nur diejenigen Fehler ihm aufzeigend,
168 a zu denen er durch sich selbst und durch die, mit denen er früher um-
ging, ist verleitet worden. Wenn du es nun so machst, werden die-
jenigen, welche sich mit dir unterhalten, sich selbst die Schuld bei-
messen an ihrer Verwirrung und Ungewißheit, nicht aber dir, und
werden dir nachgeben und dich lieben, sich selbst aber hassen, und
von sich entfliehen in die Philosophie, damit sie andere werden und
nicht länger die bleiben, die sie vorher waren. Wofern du aber, wie
die meisten, das Gegenteil hiervon tust: so wirst du auch das Gegen-
teil erfahren, und die, welche mit dir umgehen, anstatt zu Philoso-
b phen vielmehr zu Feinden dieser Sache machen, wenn sie werden
älter geworden sein. Wenn du mir aber folgst: so wirst du nicht et-
wa feindselig oder streitsüchtig, sondern zu einem gelassenen Ge-
müt dich bequemend wahrhaft untersuchen, wie wir es nur meinen,
wenn wir behaupten, daß sich alles bewegt und daß, was ein jeder
vorstellt, für ihn auch ist, den einzelnen sowohl als den Staat. Und
hieraus kannst du hernach weiter folgern, ob Erkenntnis und Wahr-
nehmung einerlei ist oder verschieden, nicht aber wie vorher bloß
c aus dem gewohnten Gebrauch der Worte und Bezeichnungen, welche
die Leute, wie es eben kommt, herumziehen und dadurch einander
vielfältige Verwirrung bereiten.»

Dieses, o Theodoros, habe ich deinem Freunde zur Hilfe dargebracht, nach dem Vermögen nur weniges von wenigem; wenn er aber selbst lebte, würde er dem Seinigen weit glänzender beigestanden haben.

[21. Hinzuziehung des Theodoros zum Gespräch]

Theodoros: Du scherzt, Sokrates; denn du hast dem Manne mit recht jugendlichem Mute beigestanden.

Sokrates: Wohl gesprochen, Freund. Sage mir aber, hast du wohl
darauf geachtet, was Protagoras eben sagte und uns zum Vorwurf
machte, daß wir, an ein Knäblein unsere Rede richtend, die Furcht d
dieses Knaben mit gegen ihn gebrauchten im Streit? Nannte er nicht
dies einen schlechten Scherz und wollte, wie er selbst sein Maß aller
Dinge sehr tiefsinnig und gründlich behandelte, daß auch wir ernsthaft umgehen sollten mit seiner Rede?

Theodoros: Wie sollte ich nicht darauf geachtet haben?

Sokrates: Wie also? Rätst du an, ihm zu folgen?

Theodoros: Gar sehr.

Sokrates: Du siehst aber doch, daß dieses sämtlich Knaben sind,
dich ausgenommen. Sollen wir also dem Manne folgen, so müssen
wir beide einander fragen und antworten, um seinen Satz ernsthaft e
zu erwägen, damit er uns wenigstens das nicht vorwerfen könne, daß
wir nur spielend mit Kindern seine Rede untersucht hätten.

Theodoros: Wie? Sollte nicht Theaitetos besser als viele, die große Bärte tragen, der Prüfung eines Satzes nachfolgen können?

Sokrates: Doch aber nicht besser, o Theodoros, als du. Denke also
nur nicht, daß ich zwar deinem verstorbenen Freunde auf alle Weise
zu Hilfe kommen müsse, du aber gar nicht. Sondern komm her, o Be- 169 a
ster, und gehe ein wenig mit, nur so weit, bis wir sehen, ob du in
meßkünstlerischen Zeichnungen das Maß sein sollst, oder ob alle
ebensogut wie du sich selbst genügen können auch in der Sternkunde
und dem übrigen, worin du den Ruf hast, dich auszuzeichnen.

Theodoros: Es ist wahrlich nicht leicht, Sokrates, wenn man bei dir
sitzt, nicht Rede stehen zu müssen, und ich habe eben gar sehr vorbeigeschossen, als ich meinte, du würdest mir wohl erlauben, mich
nicht zu entkleiden, und würdest mich nicht zwingen wie die Lakedaimonier. Du aber scheinst dich gar mehr dem Skiron zu nähern.
Denn die Lakedaimonier befehlen, nur entweder sich zu entfernen b
oder sich zu entkleiden, du aber scheinst deine Sache mehr nach Art
des Antaios durchzuführen; denn wer einmal da ist, den läßt du gar
nicht los, bis du ihn gezwungen hast, sich zu entkleiden und in Reden
mit dir zu streiten.

Sokrates: Vortrefflich, o Theodoros, hast du meine Krankheit durch
diese Vergleichung beschrieben. Nur daß ich noch wackerer bin als jene.
Denn gar mancher Herakles und Theseus, mächtig im Reden, hat
sich mir schon gestellt und mich tüchtig zusammengehauen; aber ich
lasse deshalb doch nicht ab, eine so gewaltige Liebe hat mich ergriffen zu solchen Kampfübungen. Und so mißgönne auch du es mir c
nicht, dich mit mir zu unterreden zu unserm beiderseitigen Nutzen.

THEODOROS: Ich widerspreche nicht länger. Führe mich also wohin du willst; auf alle Weise werde ich hierin das Schicksal, welches du mir anspinnen wirst, ertragen müssen und widerlegt werden. Weiter jedoch nicht, als du vorher bestimmt hast, werde ich mich dir hergeben können.

SOKRATES: Auch so weit ist es genug. Und gib mir nur ja darauf acht, daß wir nicht wieder unvermerkt in eine kindische Art von Re-
d den hineingeraten und uns dies jemand noch einmal vorrücken könne.

THEODOROS: Ich will es wenigstens versuchen, soweit ich kann.

[22. Nach protagoreischen Prinzipien geführter Beweis, daß es Unterschiede in der Weisheit gibt]

SOKRATES: Eben das also laß uns auch jetzt wieder zuerst vornehmen, was vorher, und laß uns sehen, ob wir mit Recht oder mit Unrecht Schwierigkeiten machten und es an dem Satze tadelten, daß er einen jeden sich selbst genügend zur Einsicht erklärte, wobei uns denn Protagoras zugab, daß in Hinsicht auf das Bessere und Schlechtere einige Vorzüge hätten, welche daher auch weise wären. Nicht so?

THEODOROS: Ja.

SOKRATES: Wenn er nun selbst gegenwärtig dieses zugestanden
e hätte, und nicht bloß wir es eingeräumt, die wir ihn vertreten: so würde es nicht einmal nötig sein, noch einmal von vorn anzufangen, um dies zu befestigen. Nun aber könnte vielleicht jemand behaupten, wir wären nicht bevollmächtigt, für ihn etwas zuzugestehen. Daher ist es besser getan, eben dieses noch einmal genauer durchzugehen. Denn es macht keinen geringen Unterschied, ob es sich so verhält oder anders.

THEODOROS: Du hast recht.

SOKRATES: Laß uns daher nirgend anders her, sondern eben aus
170 a seinem Satze so kurz als möglich die Zustimmung hierzu ableiten.

THEODOROS: Wie aber?

SOKRATES: So: Was jeder vorstellt, so sagt er doch, das ist auch für den, der es vorstellt.

THEODOROS: Das sagt er freilich.

SOKRATES: Also, Protagoras, sprechen auch wir eines Menschen oder vielmehr aller Menschen Vorstellungen aus und sagen, daß es keinen, wer es auch sei, gebe, der nicht in einigen Dingen sich selbst für weiser halte als die andern, in andern aber auch andere als sich, und daß sie in den größten Gefahren, wenn sie in Feldzügen, in Krankheiten oder auf der See in Not geraten, sich zu denen, welche in diesen Umständen die Regierung führen, wie zu Göttern wenden
b und auf sie als ihre Retter hoffen, die sich doch durch nichts anderes unterscheiden als durch das Wissen. Und überall im menschlichen Leben ist es voll von solchen, welche Lehrer und Gebieter suchen für sich selbst und die andern Geschöpfe und ihre Handlungen, und ebenso auch von solchen, welche glauben, daß sie imstande sind zu lehren und imstande zu gebieten. Und in allen diesen Fällen, was können wir anders sagen, als daß die Menschen selbst glauben, es gebe unter ihnen Weisheit und Unverstand?

Theodoros: Nichts anderes.

Sokrates: Halten sie nun nicht die Weisheit für richtige Einsicht, den Unverstand aber für falsche Vorstellung?

Theodoros: Wofür sonst? c

Sokrates: Was also, o Protagoras, sollen wir mit dieser Rede anfangen? Sollen wir sagen, daß die Menschen immer richtig vorstellen, oder bisweilen richtig, bisweilen falsch? Denn aus beidem ergibt sich auf jeden Fall, daß sie nicht immer richtig, sondern auf beide Weise vorstellen. Denn bedenke nur, o Theodoros, ob wohl einer von denen, die es mit dem Protagoras halten, oder du selbst behaupten wolltest, daß niemand glaube, ein anderer sei unverständig und mache sich falsche Vorstellungen?

Theodoros: Das wäre ja unglaublich, Sokrates.

Sokrates: Und doch kommt in diese Not der Satz, welcher behaup- d
tet, daß der Mensch das Maß aller Dinge ist.

Theodoros: Wie doch?

Sokrates: Wenn du bei dir selbst etwas abgeurteilt hast und mir nun deine Vorstellung davon kundtust: so muß nach jenes Behauptung dir zwar dieses Wahrheit sein; steht es aber uns andern nicht frei, auch wieder Richter zu sein über dein Urteil, oder urteilen wir, daß du immer richtig vorstellst? Und werden nicht vielmehr in jedem Fall unzählig viele gegen dich streiten, welche das Gegenteil vorstellen und glauben, daß du falsch meinst und urteilst?

Theodoros: Jawohl, beim Zeus, o Sokrates, «unzählig viele», wie e
Homeros sagt, und die mit aller Welt Händel erregen.

Sokrates: Wie also? Willst du, wir sollen sagen, daß du dann dir selbst zwar richtig vorstellst, jenen unzähligen aber falsch?

Theodoros: So scheint es wenigstens dem Satze nach notwendig zu sein.

Sokrates: Wie ist es aber mit dem Protagoras selbst? Wird er nicht gestehen müssen, daß, wenn er selbst nicht glaubte, daß der Mensch das Maß ist, noch auch die Leute — wie ja diese es wirklich nicht glauben —, daß dann diese Wahrheit für niemanden wäre, die
er geschrieben hat? Und wenn er es glaubt, die Leute aber es nicht 171 a
mit ihm glauben: so weißt du doch zuerst, daß sie alsdann um destomehr nicht ist als ist, je mehrere nicht so vorstellen, als so vorstellen?

Theodoros: Allerdings, da sie ja nach Maßgabe der einzelnen Vorstellungen auch sein wird und nicht sein.

Sokrates: Hernach ist doch dieses das Schönste bei der Sache. Er gibt gewissermaßen zu, daß die Meinung der entgegengesetzt Vorstellenden über seine Meinung, vermöge deren sie dafür halten, er irre, wahr ist, indem er ja behauptet, daß alle *was ist* vorstellen.

Theodoros: Allerdings.

Sokrates: So gäbe er also zu, daß seine eigne falsch ist, wenn er b
eingesteht, daß die Meinung derer wahr ist, die dafür halten, er irre.

Theodoros: Notwendig.

Sokrates: Die andern aber geben von sich nicht zu, daß sie irren?

Theodoros: Ganz und gar nicht.

SOKRATES: Er aber gesteht auch dieser Vorstellung wiederum zu, daß sie richtig sei, zufolge dessen, was er geschrieben hat.

THEODOROS: So scheint es.

SOKRATES: Von allen also, beim Protagoras angefangen, wird bestritten werden — oder vielmehr, von ihm jedenfalls wird es ja zugestanden, wenn er dem, der das Gegenteil von ihm behauptet, zu-
c gibt, er stelle richtig vor —, dann muß also Protagoras selbst einräumen, daß weder ein Hund noch auch der erste beste Mensch das Maß ist, auch nicht für *eine* Sache, die er nicht erlernt hat. Nicht so?

THEODOROS: So ist es.

SOKRATES: Wenn dies also von allen bestritten wird: so wäre sie ja für niemanden wahr, diese Wahrheit des Protagoras, weder irgendeinem andern noch auch ihm selbst.

THEODOROS: Gar zu heftig, o Sokrates, rennen wir meinen Freund um.

SOKRATES: Aber, Lieber, es ist ungewiß, ob wir auch etwa am Richtigen vorbeirennen. Denn zu glauben ist, daß jener so viel ältere auch
d weiser ist als wir, und könnte er sich jetzt hier hervorarbeiten nur bis an den Hals: so würde er mich sowohl, daß ich in den Tag hineingeredet, wie sehr wahrscheinlich, hart bestrafen, als auch dich, daß du alles eingeräumt, und würde dann wieder untertauchen und davongehen. Indes werden wir uns, denke ich, mit uns selbst begnügen müssen, wie beschaffen wir auch sind, und nur sagen, was uns jedesmal richtig scheint. So auch jetzt. Können wir etwas anderes sagen, als daß jeder, wer es auch sei, dies zugeben müsse, daß einer weiser ist als andere, und so auch unwissender?

THEODOROS: Mich zum wenigsten dünkt es so.

[23. Erneute Feststellung der Bedeutung des Satzes des Protagoras. Beschreibung der unfreien Sinnesart der Rhetoren]

SOKRATES: Auch etwa, daß der Satz am besten so bestehen werde,
e wie wir ihn, um dem Protagoras zu helfen, entworfen haben, daß vieles zwar einem jeden, wie es ihm scheint, so auch ist, das Warme nämlich, das Trockne, das Süße und alles zu dieser Art Gehörige. Wenn er aber doch einräumen soll, daß in einigen Dingen einer besser sein soll als der andere, so würde er wohl am ehesten sagen mögen, daß in Hinsicht auf das Gesunde und Ungesunde nicht jedes Weib oder Kind oder Tier imstande wäre, sich selbst zu heilen durch seine Erkenntnis dessen, was ihm gesund ist, sondern hierin, wenn irgendwo, wäre der eine besser als der andere.

THEODOROS: So wenigstens scheint es mir.

172 a SOKRATES: Ebenso auch in bürgerlichen Dingen; das Schöne und Schlechte, das Gerechte und Ungerechte, das Fromme und Unfromme, was in diesen Dingen ein Staat für Meinung faßt und dann feststellt als gesetzmäßig, das ist es nun auch für jeden in Wahrheit, und in diesen Dingen ist um nichts weiser weder ein einzelner als der andere noch ein Staat als der andere. In der Festsetzung aber dessen, was ihm zuträglich ist oder nicht zuträglich, hier wiederum wird, wenn irgendwo, zugegeben werden müssen, daß ein Ratgeber sich

unterscheidet von dem andern und eines Staates Vorstellung von der
des andern in Hinsicht auf Wahrheit, und keineswegs dürfte er wa-
gen zu behaupten, daß, was ein Staat festsetzt als nützlich für sich, b
dies ihm auch auf alle Weise nützen werde. Bei jenem vorher Er-
wähnten aber, dem Gerechten und Ungerechten, dem Frommen und
Gottlosen, wollen sie behaupten, daß nichts in dieser Art schon von
Natur *ist* als sein ihm eigentümliches Wesen besitzend, sondern was
gemeinsam vorgestellt werde, das werde wahr zu der Zeit, wann und
solange als es dafür gehalten werde. Und auch alle die, welche nicht
völlig des Protagoras Lehre lehren, halten sich doch hierzu mit ihrer
Weisheit. Aber, o Theodoros, wir kommen immer aus einer Unter-
suchung in die andere, und aus einer kleineren in eine größere. c

Theodoros: Haben wir denn nicht Muße, Sokrates?

Sokrates: Ja, so scheint es. Deshalb, du herrlicher Mann, habe ich
schon oftmals und auch jetzt wieder bedacht, wie natürlich es zugeht,
daß die, welche viele Zeit mit wissenschaftlichen Dingen hinbringen,
wenn sie einmal in die Gerichtshöfe kommen, als Redner sich lächer-
lich machen.

Theodoros: Wie meinst du das?

Sokrates: Mir scheint, daß diejenigen, welche sich von Jugend auf
an den Gerichtsstätten oder dergleichen aufhalten, im Vergleich mit
denen, welche bei den Wissenschaften und in solchen Beschäftigungen
erzogen worden, wie Knechte erzogen sind im Vergleich mit Freien. d

Theodoros: Inwiefern doch?

Sokrates: Insofern jenen das, was du eben nanntest, die Muße,
niemals fehlt, und sie ruhig mit Muße ihre Untersuchungen anstel-
len, gerade wie wir jetzt schon die dritte, wie sie eine aus der andern
gefolgt sind, anknüpfen; so also auch sie, wenn ihnen eine sich eben
darbietende wie uns besser gefällt, als die bereits vorliegende, und
es kümmert sie nichts, ob sie lang oder kurz reden, wenn sie nur das
Wahre treffen. Die andern aber reden teils immer im Gedränge, denn
es treibt sie zur Eile das Wasser, welches abfließt, und läßt ihnen e
nicht zu, worüber sie es am liebsten möchten, Untersuchungen anzu-
stellen; sondern der Gegner steht dabei und hält sie in Zwang und
liest zur Überprüfung einen Abriß der Punkte, über deren Grenzen
hinaus sie nichts reden dürfen. Dann auch beziehen sich ihre Reden
immer auf einen ihrer Mitknechte und sind gerichtet an einen Herrn,
welcher vor ihnen sitzt und die Gewalt in Händen hat. Und der
Streit geht niemals um dies und jenes, sondern immer um einen
selbst, ja oft geht es um das Leben. So daß sie durch alles dieses zwar 173 a
scharfsichtig gemacht werden und gewitzigt und sich trefflich darauf
verstehen, ihrem Herrn mit Worten zu schmeicheln und mit der Tat
zu dienen; aber kleinlich und ungerade sind ihre Seelen. Denn die
Knechtschaft von Jugend an hat ihnen das Wachstum und das freie
gerade Wesen benommen, indem sie sie nötigt, krumme Dinge zu
verrichten, und die noch zarte Seele in große Gefahren und Besorg-
nisse verwickelt, welche sie ohne Verletzung des Gerechten und Wah-
ren nicht überstehen können und daher, sogleich zur Lüge und zum
gegenseitigen Unrechttun sich hinwendend, so verbogen und ver-

b krüppelt werden, daß schon nichts Gesundes mehr an ihren Seelen ist, wenn sie aus Jünglingen zu Männern werden, wie gewaltig und weise sie auch geworden zu sein glauben. So nun sind diese beschaffen, Theodoros. Die aber von unserer Schar, willst du, daß wir die auch beschreiben oder daß wir die lassend uns wiederum zu unserer Rede wenden, damit wir doch nicht die Freiheit und Ungebundenheit unserer Reden, von welchen ich eben sprach, allzu stark gebrauchen?

THEODOROS: Keineswegs, Sokrates, sondern beschreiben wollen wir
c sie. Denn sehr richtig hast du dieses bemerkt, daß wir, die wir uns zu dieser Schar halten, nicht Knechte unserer Reden sind, sondern die Reden gleichsam unsere Dienstleute, welche es erwarten müssen, abgefertigt zu werden, wie es uns gefällt. Denn weder ein Richter noch wie bei den Dichtern ein Zuschauer sitzt vor uns mit der Befugnis, uns zu strafen oder zu befehlen.

[24. Die scheinbare Lächerlichkeit des wahren Philosophen und ihr Grund]

SOKRATES: So laß uns denn, da es dir so gefällt, von denen reden, welche an der Spitze stehen. Denn was sollte man auch von denen sagen, welche sich nur auf eine schlechte Art mit der Philosophie beschäftigen? Jene nun wissen von Jugend auf nicht einmal den Weg
d auf den Markt, noch wo das Gerichtshaus, noch wo das Versammlungshaus des Rates ist, noch wo irgendeine andere Staatsgewalt ihre Sitzung hält. Gesetze aber und Volksbeschlüsse, geschriebene oder ungeschriebene, sehen sie weder noch hören sie. Das Bewerben der Brüderschaften um die obrigkeitlichen Ämter und die beratschlagenden Zusammenkünfte und die Feste mit Flötenspielerinnen, dergleichen zu besuchen fällt ihnen auch im Traume nicht ein. Ob ferner jemand edel oder unedel geboren ist in der Stadt oder was einem von seinen Vorfahren her Übles anhängt von väterlicher oder mütterlicher Seite: davon weiß er weniger, wie man sagt, als wieviel es Sand
e am Meere gibt. Und von dem allen weiß er nicht einmal, daß er es nicht weiß. Denn er enthält sich dessen nicht etwa, um sich einen Ruf damit zu machen, sondern in der Tat wohnt nur sein Körper im Staate und hält sich darin auf; seine Seele aber, dieses alles für gering haltend und für nichtig, schweift verachtend nach Pindaros überall umher, «unter der Erde» und was auf ihr ist messend, und «über dem Himmel», die Sterne betrachtend und überall jegliche Natur al-
174 a les dessen, was ist, im ganzen erforschend, zu nichts aber von dem, was in der Nähe ist, sich herablassend.

THEODOROS: Wie meinst du dies, Sokrates?

SOKRATES: Wie auch den Thales, o Theodoros, als er, um die Sterne zu beschauen, den Blick nach oben gerichtet, in den Brunnen fiel, eine artige und witzige thrakische Magd soll verspottet haben, daß er, was im Himmel wäre, wohl strebte zu erfahren, was aber vor ihm läge und zu seinen Füßen, ihm unbekannt bliebe. Mit diesem nämlichen Spotte nun reicht man noch immer aus gegen alle, welche in
b der Philosophie leben. Denn in der Tat, ein solcher weiß nichts von

seinem Nächsten und Nachbarn, nicht nur nicht, was er betreibt, son-
dern kaum, ob er ein Mensch ist oder etwa irgendein anderes Ge-
schöpf. Was aber der Mensch *ist* und was einer solchen Natur ziemt
anderes als alle anderen zu tun und zu leiden, das untersucht er und
läßt es sich Mühe kosten, es zu erforschen. Du verstehst mich doch,
Theodoros, oder nicht?

THEODOROS: Sehr gut; und sehr wahr ist, was du sagst.

SOKRATES: Daher auch, o Freund, ein solcher, wenn er mit jemand
für sich selbst Geschäfte zu treiben hat oder auch in öffentlichen An-
gelegenheiten, wie ich anfangs sagte, wenn er etwa vor Gericht oder c
sonst irgendwo von dem, was vor den Füßen oder sonst vor aller
Augen ist, genötigt wird zu reden: so erregt er Gelächter, nicht nur
den Thrakierinnen, sondern auch dem übrigen Volk, indem er aus Un-
erfahrenheit in Gruben und in allerlei Verlegenheit hineinfällt, und
seine gewaltige Ungeschicktheit erregt die Meinung, seine Einfalt sei
unverbesserlich. Denn wo es darauf ankommt, einen mit Schmähun-
gen anzugreifen, weiß er keinen einzeln anzugreifen, indem er ja
von niemand irgend etwas Übles weiß, weil er sich nie darum ge-
kümmert hat. Weil er nun keinen Rat weiß, erscheint er lächerlich. d
Und wiederum, wo gelobt und in prächtigen Worten geredet wer-
den soll von andern, da zeigt sich, daß er lacht, nicht nur verstellter-
weise, sondern ganz ordentlich, und so erscheint er albern. Denn wo
er einen Tyrannen oder König lobpreisen hört, kommt es ihm vor, als
hörte er irgendeinen Hirten, einen Schweine- oder Schaf- oder einen
Rinderhirten, glücklich preisen, weil er viel melkt; nur glaubt er, daß
jener ein unlenksameres und boshafteres Tier hütet und melkt als die-
se und daß doch ungesittet und ungebildet ein solcher aus Mangel an
Muße nicht minder sein muß als andere Hirten, eingezwängt in seine e
Mauern eben wie jene in die Hürden auf den Bergen. Hört er aber
von tausend Morgen Landes oder noch mehr, als hätte, wer sie be-
sitzt, ein ungeheuer großes Besitztum: so dünkt ihn, er höre einer
großen Kleinigkeit erwähnen, gewohnt wie er ist, über die ganze Er-
de zu schauen. Und wenn sie gar die Geschlechter besingen, daß ir-
gendein Edler sieben reiche Ahnherren aufzuweisen habe: so dünkt
ihn, ein sehr kurzsichtiges Lob zu hören von solchen, die nur auf das
Kleine merken und aus Unwissenheit nicht vermögen, immer auf 175 a
das Ganze zu blicken noch zu berechnen, daß Großväter und Vor-
fahren unzählige Tausende ein jeder gehabt hat, worunter Reiche
und Arme, Könige und Knechte, Ausländer und Hellenen oftmals
zehntausend können gewesen sein bei dem ersten besten. Aber ein
Verzeichnis von fünfundzwanzig Vorfahren für etwas Großes aus-
geben und etwa auf Herakles, den Sohn des Amphitryon, sich zu-
rückführen, das gilt ihm für das Ungereimteste in der Kleinlichkeit;
und er lacht darüber, daß sie, wie nun hinaufwärts vom Amphitryon
der fünfundzwanzigste doch wieder einer war, wie es sich eben traf, b
jener fünfzigste von ihm, daß sie dies nicht einmal vermögen sich vor-
zurechnen und sich dadurch das aufgeblasene Wesen einer törichten
Seele zu vertreiben. Wegen alles dessen nun wird ein solcher von
der Menge verlacht, indem er hier sich stolz zeigt, wie es ihnen dünkt,

dort aber wieder unwissend in dem, was vor seinen Füßen liegt, und
ratlos in allem Einzelnen.

THEODOROS: Genau wie es geschieht, stellst du es dar, Sokrates.

[25. Die wahre Überlegenheit des Philosophen und das Wesen wahrer Einsicht und Tugend]

SOKRATES: Zieht er selbst aber einen zu sich hinauf, Lieber, und
c will sich einer ihm versteigen von dem «Worin tue ich dir unrecht
oder du mir» zur Untersuchung der Gerechtigkeit und Ungerechtig-
keit selbst, was jede von ihnen ist und wodurch sie unter sich und
von allem übrigen unterschieden sind, oder von dem «Ob ein König
glückselig ist und einer, der Gold besitzt» zu der Frage vom König-
tum selbst und überhaupt von menschlicher Glückseligkeit und Elend,
worin beides besteht und auf welche Weise es der menschlichen Na-
tur zukommt, die eine zu erlangen und dem andern zu entgehen –
d sobald über eins von diesen Dingen ein solcher Kleingeistiger, Ver-
schmitzter, in Rechtsstreiten Gewandter Rede stehen soll, dann be-
zahlt wiederum er das gleiche: wie er schwindelnd von der Höhe her-
überhängt und von oben herabschauend aus Ungewohntheit der
Sache ängstlich und unbeholfen ist, der Sprache nicht mächtiger als
ein stammelndes Kind, erregt er den Thrakierinnen zwar nicht Ge-
lächter, auch sonst den Ununterrichteten nicht, denn sie bemerken
es nicht, wohl aber allen, welche nicht wie Leibeigene, sondern auf
die entgegengesetzte Art aufgewachsen sind. Dies nun, o Theodo-
ros, ist die Weise eines jeden von beiden, die eine dessen, der wahr-
e haft in Freiheit und Muße auferzogen ist, den du einen Philosophen
nennst und dem es ungestraft hingehen mag, daß er einfältig er-
scheint und nichts gilt, wo es auf knechtische Dienstleistungen an-
kommt, daß er etwa nicht versteht, das Bündel zu schnüren, das nach-
getragen werden soll, oder eine Speise schmackhaft zu bereiten oder
auch schmeichlerische Worte; die andere dessen, der alles dieses zwar
zierlich und behende zu beschicken weiß, dagegen aber nicht einmal
seinen Mantel wie ein freier Mann zu tragen versteht, viel weniger,
176 a den Wohlklang der Rede ergreifend, würdig zu preisen das wahrhaf-
te Leben der seligen Götter und Menschen.

THEODOROS: Wenn du, o Sokrates, alle wie mich überzeugtest von dem, was du sagst: so würde mehr Friede und des Bösen viel weniger sein unter den Menschen.

SOKRATES: Das Böse, o Theodoros, kann weder ausgerottet werden,
denn es muß immer etwas dem Guten Entgegengesetztes geben, noch
auch bei den Göttern seinen Sitz haben. Unter der sterblichen Natur
aber und in dieser Gegend zieht es umher jener Notwendigkeit ge-
mäß. Deshalb muß man auch trachten, von hier dorthin zu entflie-
b hen aufs schleunigste. Der Weg dazu ist Verähnlichung mit Gott so
weit als möglich, und diese Verähnlichung besteht darin, daß man
gerecht und fromm sei mit Einsicht. Allein, o Bester, es ist gar nicht
leicht, deutlich zu machen, daß nicht aus der Ursache, weshalb die
meisten sagen, daß man die Schlechtigkeit fliehen und der Tugend
nachstreben solle, die eine zu suchen ist und die andere nicht, damit

man nämlich nicht böse, sondern gut zu sein scheine. Denn dies ist nur, was man nennt der alten Weiber Geschwätz, wie es mir scheint; das Wahre aber wollen wir so vortragen. Gott ist niemals und auf keine Weise ungerecht, sondern im höchsten Maße vollkommen ge- c
recht, und nichts ist ihm ähnlicher, als wer unter uns ebenfalls der Gerechteste ist. Und hierauf geht auch die wahre Meisterschaft eines Mannes, so wie seine Nichtigkeit und Unmännlichkeit. Denn die Erkenntnis hiervon ist wahre Weisheit und Tugend, und die Unwissenheit hierin die offenbare Torheit und Schlechtigkeit. Jegliche andere dafür geltende Meisterschaft und Einsicht aber ist, wenn sie in der bürgerlichen Verwaltung sich zeigt, nur etwas Gemeines, wenn in den Künsten, etwas Unfreies und Niedriges. Wer also Ungerechtes d
und Gottloses redet und tut, dem ist es bei weitem am besten, man gebe ihm nicht zu, er habe es zur Meisterschaft gebracht mit arglistigem Wesen; denn sie freuen sich über den Vorwurf und glauben zu hören, daß sie nicht Toren sind, unnütze Lasten der Erde, sondern Männer, wie die sein müssen, denen es im Staate wohlgehen soll. So muß man ihnen demnach die Wahrheit sagen, daß sie nur um desto mehr solche sind, wie sie nicht glauben, weil sie es nicht glauben. Denn unbekannt ist ihnen, was am wenigsten jemandem unbekannt sein sollte, die Strafe der Ungerechtigkeit, nämlich nicht, was sie dafür halten, Leibesstrafe und Tod, wovon ihnen oft nichts widerfährt beim Unrechttun, sondern eine, welcher es unmöglich ist zu entfliehen. e

THEODOROS: Welche meinst du denn?

SOKRATES: Zwei Vorbilder, o Freund, sind aufgestellt in dem Sein, das göttliche der größten Glückseligkeit und das ungöttliche des größten Elends; sie aber sehen nicht, daß es sich so verhält, und werden aus Torheit und höchstem Unverstande unvermerkt um der un- 177 a
gerechten Handlungen willen diesem ähnlich, immer unähnlicher aber jenem. Wofür sie dann die Strafe leiden, indem sie ein Leben führen dem angemessen, welchem sie ähnlich geworden. Sagen wir ihnen nun, daß, wenn sie von jener Meisterschaft nicht ablassen, dann auch nach geendetem Leben jener von allen Übeln gereinigte Ort sie nicht aufnehmen werde, sondern sie immer hier ein ihnen, wie sie sind, ähnliches Leben führen werden, als Böse im Bösen lebend: so hören sie das alles doch nur an wie Weise und Überkluge, wenn armselige Toren etwas sagen.

THEODOROS: Ganz gewiß, Sokrates.

SOKRATES: Ich weiß es, Freund. Eines aber begegnet ihnen doch, b
daß, wenn sie einzeln Rede stehen und Antwort geben sollen von dem, was sie tadeln, und sie wirklich tapfer lange genug aushalten und nicht unmännlich fliehen, dann, mein Guter, endet es wunderlich mit ihnen, daß sie sich selbst nicht gefallen in dem, was sie sagen, und daß ihre Redekunst gleichsam ganz zusammenschrumpft und sie nicht besser erscheinen als Kinder.

Doch laß uns hiervon, da es ohnedies nur beiläufig gesagt war, nun abstehen; wo nicht, so möchte uns immer neu Zuströmendes die erste Rede ganz verschütten. Laß uns aber zu dem Vorigen zurück- c
kehren, wenn es dir so gelegen ist.

Theodoros: Mir, o Sokrates, war nicht minder angenehm, dieses zu hören, dem auch in meinen Jahren leichter ist nachzufolgen. Gefällt es dir jedoch, so laß uns wieder zurückgehen.

[26. Am Urteil über Künftiges geführter Nachweis, daß in der Tat der eine weiser als der andre, und ein wahreres Maß ist]

Sokrates: Waren wir nicht da etwa bei unserer Rede, wo wir sagten, daß diejenigen, welche das bewegliche Sein annähmen, und daß, was jedem jedesmal scheine, auch ihm, dem es scheint, wirklich so sei, daß diese von allem übrigen und so auch vorzüglich vom Ge-
d rechten behaupteten, was ein Staat feststellte als ihm annehmlich, das sei auch für ihn, welcher es feststellt, gerecht, solange er es stehen ließe; daß aber, was das Gute betrifft, doch wohl keiner von ihnen so mutig wäre, daß er sich unterstände zu behaupten, auch was ein Staat, weil er es dafür hielte, als nützlich aufstellte, das wäre ihm auch, solange er es gelten ließe, wirklich nützlich. Es müßte denn jemand nur von dem Worte reden, und das wäre ja in Beziehung auf das, was wir meinen, nur ein Scherz. Nicht wahr?

Theodoros: Freilich.

e Sokrates: Man rede also nicht von dem Worte, sondern von der Sache, welche unter diesem Namen in Betrachtung gezogen wird.

Theodoros: Freilich nicht.

Sokrates: Was er aber so nennt, das sucht auch jeder Staat bei seiner Gesetzgebung zu treffen und richtet alle Gesetze, soviel er nämlich kann und weiß, so nützlich für sich selbst ein als möglich. Oder sieht er auf etwas anderes, indem er Gesetze gibt?

178 a Theodoros: Gewiß nicht.

Sokrates: Erlangt er es nun auch jedesmal? Oder verfehlt nicht auch jeder gar vieles?

Theodoros: Ich glaube, daß sie auch verfehlen.

Sokrates: Noch mehr würde besonders hieraus gewiß jeder das nämliche zugeben, wenn man nach der ganzen Gattung fragte, worin auch das Nützliche liegt. Es bezieht sich nämlich allemal auf die künftige Zeit. Denn wenn wir Gesetze geben, so geben wir sie, weil sie nützlich sein sollen für die nachherige Zeit, und dies nennen wir doch richtig die Zukunft.

b Theodoros: Freilich.

Sokrates: Komm also und laß uns den Protagoras oder einen andern, der dasselbe wie er behauptet, also fragen: Der Mensch ist das Maß aller Dinge, wie ihr sagt, o Protagoras, des Weißen, des Schweren, des Leichten, kurz aller Dinge von dieser Art ohne Ausnahme. Denn er hat das Unterscheidungszeichen davon in sich selbst, indem er, sie für solches haltend, wie ihm begegnet, als wahre sie vorstellt für sich selbst und als seiende. Ist es nicht so?

Theodoros: Völlig so.

Sokrates: Sollen wir nun sagen, o Protagoras, daß er auch das
c Unterscheidungszeichen dessen, was sein wird, in sich selbst hat und daß, welcherlei jeder glaubt, daß für ihn sein werde, solcherlei auch ihm, dem Glaubenden, entsteht? Wie etwa mit der Wärme: Wenn

irgendein Unkundiger glaubt, das Fieber werde ihn ergreifen und diese Wärme werde ihm entstehen; ein anderer aber, ein Arzt, glaubte das Gegenteil: sollen wir sagen, die Zukunft werde nach der Meinung eines von beiden ablaufen oder etwa nach beider? Und wird er für den Arzt nicht warm und nicht fieberhaft werden, für sich aber beides?

THEODOROS: Lächerlich wäre das ja.

SOKRATES: So, glaube ich, ist auch über den künftigen süßen oder herben Geschmack des Weines die Meinung des Landmanns, nicht d
aber die des Tonkünstlers entscheidend.

THEODOROS: Wie sonst!

SOKRATES: Ebensowenig kann wohl von dem, was gut oder übel klingen wird, ein Turnmeister eine richtigere Vorstellung haben als ein Tonkünstler, selbst von dem, was hernach auch ihm, dem Turnmeister, wohlklingend erscheinen wird.

THEODOROS: Keineswegs.

SOKRATES: So ist auch, wenn ein Mahl bereitet wird, das Urteil dessen, der bewirtet wird und der kein Speisekünstler ist, minder gültig als des Kochs Urteil über die daraus zu erwartende Sinnenlust. Denn über das Angenehme, was jedem bereits *ist* oder geworden ist, wol- e
len wir nicht weiter aufs neue einen Streit erregen, sondern nur über das, was künftig einem jeden scheinen und sein wird, ob auch da ein jeder für sich selbst der beste Richter ist; oder ob du, Protagoras, was jedem von uns vor Gericht durch Reden glaublich gemacht werden kann, besser im voraus vorstellen wirst als irgendein der Sache Unkundiger?

THEODOROS: Ei wohl, o Sokrates; hierin eben verhieß er ja vorzüglich, besser zu sein als irgendeiner.

SOKRATES: Gar recht, du Lieber. Oder es hätte ja gewiß niemand viel Geld für seine Unterhaltung bezahlt, wenn er seine Zuhörer 179 a
nicht überredete, daß, was in Zukunft scheinen und sein wird, weder ein Seher noch sonst ein anderer besser beurteilen könne als eben er.

THEODOROS: Vollkommen wahr.

SOKRATES: Gehen nun nicht auch die Gesetzgebungen und das Nützliche auf die Zukunft? Und muß nicht jeder gestehen, daß ein gesetzgebender Staat oft das Nützlichste verfehle?

THEODOROS: Sicher.

SOKRATES: Bescheidentlich also können wir zu deinem Lehrer sagen, daß er notwendig eingestehen muß, einer sei weiser als der an- b
dere, und nur ein solcher sei ein Maß; ich aber, der Unwissende, könne auf keine Weise gezwungen werden, ein Maß zu sein, wie doch noch eben die für ihn gesprochene Rede mich zwang, ich mochte wollen oder nicht, ein solches zu sein.

THEODOROS: An diesem Ort, o Sokrates, scheint mir der Satz am besten gefangen zu werden, wie er auch da gefangen ist, wo er die Meinungen anderer gelten läßt, welche doch offenbar seine Sätze nicht für wahr halten wollten.

SOKRATES: Noch an vielen andern Orten, o Theodoros, kann ein c
solcher Satz gefangen werden, daß jede Vorstellung eines jeden wahr

sein soll. Was aber den gegenwärtigen Zustand eines jeden betrifft,
woraus die Wahrnehmungen und die sich auf sie beziehenden Vor-
stellungen entstehen: so ist es schwerer zu zeigen, daß diese nicht
wahr sind. Oder vielmehr ist das nichts gesagt, und diese sind viel-
leicht ganz unwiderleglich, so daß diejenigen, welche behaupten, die-
se wären untrüglich und Erkenntnisse, vielleicht wohl das Richtige
sagen mögen und also auch unser Theaitetos nicht weit vom Ziele
d getroffen hat, als er festsetzte, daß Wahrnehmung und Erkenntnis
dasselbe wären. Wir müssen also näher darauf zugehen, wie die für
den Protagoras geführte Verteidigung uns gebot, und dieses schwe-
bende und bewegliche Sein noch einmal betrachtend daran klopfen,
ob es ganz klingt oder zerbrochen. Der Streit darüber ist ja aber
schon immer nicht gering gewesen, und nicht unter wenigen.

[27. Die beiden Richtungen des älteren Denkens: Herakliteer und Parmenideer]

THEODOROS: Wahrlich keineswegs gering, vorzüglich in Jonien ver-
breitet er sich gar sehr. Denn die Freunde des Herakleitos sind sehr
tapfere Anführer bei der Verteidigung dieses Satzes.

SOKRATES: Um desto mehr, lieber Theodoros, müssen wir von vorn
e an betrachten, wie sie ihn selber vorzeichnen.

THEODOROS: Allerdings, Sokrates. Nur daß, was diese herakliti-
schen oder, wie du sagst, homerischen und noch älteren Lehren be-
trifft, mit denen selbst zu Ephesos, so viel deren der Sache kundig
zu sein vorgeben, sich in ein ernsthaftes Gespräch einzulassen nicht
besser angeht, als wollte man es mit solchen versuchen, die, von bös-
artigen Tieren zerstochen, nicht einen Augenblick stillstehen kön-
nen; denn ordentlich wie es in ihren Schriften heißt, fließen auch sie,
festen Fuß aber zu fassen bei einem Satz und einer Frage und gelas-
180 a sen jeder nach seiner Ordnung zu fragen und zu antworten, davon
ist ihnen weniger verliehen als nichts. Ja, «nicht einmal nichts» ist
schon zuviel gesagt, so wenig Ruhe ist in diesen Leuten. Sondern
wenn du einen etwas fragst, so ziehen sie wie aus einem Köcher rätsel-
hafte kleine Sprüchlein hervor und schießen diese ab; und willst du
dann darüber wieder eine Erklärung, wie es gemeint gewesen, so wirst
du von einem andern ähnlichen getroffen mit ganz neuer Wortverfer-
tigung. Zu Ende bringen wirst du aber niemals etwas mit einem von
ihnen, noch auch sie selbst untereinander. Sondern sehr genau beob-
achten sie dieses, daß ja nichts fest bleibe weder in der Rede noch
b auch in ihren eignen Seelen, indem sie, wie mich dünkt, besorgen,
dies möchte etwas Beharrliches sein, wogegen sie eben so gewaltig
streiten und es überall, wo sie nur können, vertreiben.

SOKRATES: Vielleicht, Theodoros, hast du die Männer nur gesehen,
wenn sie Krieg führen, bist aber nicht mit ihnen gewesen, wenn sie
Frieden halten; denn sie sind dir eben nicht freund. Dergleichen aber,
glaube ich, werden sie in ruhigen Stunden ihren Schülern mitteilen,
welche sie sich ähnlich zu machen suchen.

THEODOROS: Was doch für Schülern, du Wunderlicher! Bei diesen
c wird gar nicht einer des andern Schüler, sondern sie wachsen von

selbst auf, jeder, woher es ihm eben kommt, begeistert, und einer hält immer den andern für unwissend. Von diesen also wirst du, wie ich schon sagen wollte, niemals eine Antwort erhalten, weder gutwillig noch gezwungen; sondern wir müssen sie selbst, als ob wir sie wie eine Aufgabe vorgelegt bekommen hätten, in Betrachtung ziehen.

SOKRATES: Dies erinnerst du sehr richtig. Haben wir nun nicht die Aufgabe zuerst von den Alten, welche sich mit Hilfe der Dichtkunst
den meisten verbargen, so empfangen, daß der Ursprung von allem d
andern Okeanos und Tethys, also Flüsse wären und daß nichts fest stehe; sodann aber von den Neueren, welche weiser sind und alles ganz offenbar vorzeigen, damit auch die Schuhmacher ihre Weisheit hören und lernen und aufhören, törichterweise zu glauben, daß einiges beharrlich sei unter dem, was ist, und anderes sich bewege, sondern von ihnen lernen und sie dafür ehren mögen, daß alles sich bewegt. Beinahe aber hätte ich vergessen, o Theodoros, daß andere wiederum das gerade Gegenteil von diesem behauptet haben, nämlich

«Einzig als unbewegt kommt dem All der Name des Seins zu», e
und was sonst die Melissos und die Parmenides allen diesen zuwider behaupten, daß alles Eins ist und selbst in sich besteht, indem es keinen Raum hat, worin es sich bewegen könnte. Was nun, Lieber, sollen wir mit allen diesen beginnen? Denn allmählich vorrückend sind wir unvermerkt in die Mitte zwischen beide geraten, und wenn wir uns nicht auf irgendeine Art zu helfen wissen, daß wir ihnen ent-
fliehen, werden wir Strafe geben müssen, wie die, welche auf dem 181 a
Übungsplatz nach der Linie spielen, wenn sie nun von beiden ergriffen nach entgegengesetzten Seiten gezogen werden. Ich denke also, wir wollen zuerst jene, auf welche wir anfänglich stießen, in Betrachtung ziehen, die Fließenden, und wenn sich zeigt, daß sie etwas Gegründetes sagen, so wollen wir ihnen selbst helfen, uns zu ziehen, und wollen versuchen, den andern zu entkommen. Wenn aber die, welche das Ganze feststellen, etwas Richtigeres zu behaupten scheinen: so wollen wir im Gegenteil zu ihnen fliehen von jenen, die
auch das Unbewegliche bewegen. Sollte sich aber zeigen, daß beide b
nichts Tüchtiges vorbringen: so würden wir ja lächerlich sein, wenn wir, die wir ganz gewöhnliche Menschen sind, uns selbst zutrauten, etwas Rechtes zu sagen, und darüber jenen uralten und höchst weisen Männern abfällig würden. Sieh also zu, Theodoros, ob es geraten ist, uns in eine so große Gefahr hineinzubegeben.

THEODOROS: Auf keine Weise, o Sokrates, wäre es ja jetzt noch zu ertragen, wenn wir nicht herausbringen wollten, inwiefern beide Teile wohl recht haben.

[28. Prüfung des Satzes, daß alles Bewegung ist, und Feststellung, daß nach ihm die Erkenntnis nicht Wahrnehmung sein kann]

SOKRATES: Wir müssen es also erforschen, da es dir so angelegen
ist. Der Anfang der Untersuchung aber muß, wie mich dünkt, ge- c

macht werden von der Bewegung, was doch eigentlich darunter verstehend jene sagen, daß alles sich bewegt. Ich will nämlich dieses sagen, ob sie nur *eine* Art derselben verstehen oder, wie mir scheint, *zwei.* Nicht mir allein aber soll es so scheinen, sondern nimm du auch mit teil daran, damit wir hernach auch gemeinschaftlich leiden, was uns etwa begegnen soll. Und sage mir, nennst du das Bewegung, wenn etwas einen Ort mit einem andern vertauscht oder auch in demselben Orte sich herumdreht?

Theodoros: Das nenne ich so.

Sokrates: Das sei also die eine Art. Wenn aber etwas an demsel-
d ben Orte zwar bleibt, dort aber altert oder schwarz wird, da es vorher
weiß, hart, da es weich war, oder irgendeine andere Veränderung erleidet: verdient dies nicht eine andere Art der Bewegung zu heißen?

Theodoros: So scheint es mir.

Sokrates: Es kann nicht anders sein. Diese zwei Arten der Bewegung meine ich also, die Veränderung und den Ortswechsel.

Theodoros: Und ganz recht tust du daran.

Sokrates: Ist nun diese Einteilung gemacht: so laß uns dann mit
denen reden, welche behaupten, es bewege sich alles, und sie fragen:
e Sagt ihr, alles bewege sich auf beiderlei Art, sowohl durch Ortswech-
sel als durch Veränderung, oder einiges auf beiderlei, anderes nur auf einerlei Art?

Theodoros: Beim Zeus, ich weiß es nicht zu sagen; ich glaube aber, sie werden behaupten, auf beiderlei Art.

Sokrates: Wenigstens wenn nicht, o Freund, so müßte ihnen ja Bewegtes erscheinen und auch Feststehendes, und es wäre ja gar nicht richtiger zu sagen, daß alles sich bewegt, als daß alles feststeht.

Theodoros: Du sprichst vollkommen wahr.

Sokrates: Da nun alles sich bewegen und die Unbeweglichkeit in
182 a keinem Dinge anzutreffen sein soll, so muß alles sich immer mit je-
der Bewegung bewegen.

Theodoros: Notwendig.

Sokrates: Ziehe nur auch dieses von ihnen in Erwägung. Sagten wir nicht, daß sie die Entstehung der Wärme oder der Röte oder was du sonst willst ungefähr auf diese Art erklärten, jedes von diesen bewege sich während der Wahrnehmung zwischen dem Wirkenden und dem Leidenden, und das Leidende werde alsdann ein Wahrnehmendes, nicht aber eine Wahrnehmung, und das Wirkende ein Wiebeschaffenes, nicht aber eine Beschaffenheit. Doch «Beschaffenheit» ist dir vielleicht ein wunderliches Wort und du verstehst es nicht so
ganz im allgemeinen ausgedrückt. So höre es denn im einzelnen. Das
b Wirkende nämlich wird weder Wärme noch Röte, sondern ein War-
mes, ein Rotes und so auch im übrigen. Denn du erinnerst dich doch aus dem Vorigen, daß wir so sagten, nichts sei ein Eins selbst für sich selbst, also auch nicht das Wirkende und Leidende, sondern nur, durch beider Zusammenkunft die Wahrnehmung und das Wahrnehmbare erzeugend, werde das eine ein Wiebeschaffenes, das andere ein Wahrnehmendes.

Theodoros: Ich erinnere mich dessen; wie sollte ich auch nicht?

Sokrates: Das übrige wollen wir nun beiseite setzen, ob sie es so c
oder anders meinen, und nur das eine, weshalb wir dieses jetzt besprechen, recht festhalten, indem wir sie fragen: Es bewegt sich alles und fließt, wie ihr sagt, nicht wahr?

Theodoros: Ja.

Sokrates: Und zwar nach beiden Bewegungen, die wir unterschieden haben, indem es den Ort vertauscht und sich verändert?

Theodoros: Wie sonst? Da es sich ja vollständig bewegen soll.

Sokrates: Wenn es nun nur den Ort wechselte, sich aber nicht veränderte, dann könnten wir doch noch sagen, als was denn eigentlich das seinen Ort Wechselnde fließt. Oder wie sollen wir sagen?

Theodoros: Gerade so.

Sokrates: Da aber auch dieses nicht einmal beharrt, daß das Flie- d
ßende als Rotes fließt, sondern es gleichfalls wechselt, so daß es auch von eben diesem, der Röte, einen Fluß gibt und Übergang zu einer andern Farbe, damit es nicht auf diese Art als ein Beharrendes ertappt werde; ist es nun wohl möglich, daß man als ein etwas eine Farbe benennt, so daß man sie richtig benenne?

Theodoros: Wie sollte man wohl, o Sokrates, und ebensowenig irgend etwas Ähnliches, da ja alles dem Redenden unter den Händen entschlüpft, als immer fließend.

Sokrates: Und was sollen wir sagen von der Wahrnehmung, welcher Art du immer willst, wie vom Sehen oder Hören? Daß sie je dar- e
in verharre im Sehen oder Hören?

Theodoros: Wir dürfen es nicht, weil ja alles sich bewegt.

Sokrates: Man darf also nicht mit größerem Rechte etwas ein Sehen nennen als ein Nichtsehen, und ebenso mit jeder andern Wahrnehmung, da ja alles auf alle Weise sich bewegt.

Theodoros: Freilich nicht.

Sokrates: Nun aber ist Wahrnehmung Erkenntnis, wie wir beide gesagt haben, Theaitetos und ich.

Theodoros: So war es.

Sokrates: Wir haben also, als wir gefragt wurden, was Erkenntnis wäre, durch etwas geantwortet, was nicht mehr und eigentlicher Erkenntnis ist als Nicht-Erkenntnis.

Theodoros: So scheint es euch ergangen zu sein. 183 a

Sokrates: Herrlich ist uns also die Rechtfertigung unserer Antwort geraten, da wir zu zeigen suchten, es bewege sich alles, damit eben hierdurch jene Antwort als die richtige erschiene. Denn nun hat sich, wie es scheint, gezeigt, daß, wenn alles sich bewegt, jede Antwort, worauf auch jemand zu antworten habe, man sage nun, es verhalte sich so oder nicht so, gleich richtig ist oder vielmehr wird, damit wir nicht doch noch dieses als beharrlich vorstellen in unserer Rede.

Theodoros: Du sagst ganz recht.

Sokrates: Ausgenommen, Theodoros, daß ich «So» gesagt habe und «Nicht so». Denn auch dieses «So» darf man nicht sagen, weil
es als «So» sich nicht bewegt; noch auch «Nicht so», denn auch das b
wäre keine Bewegung; sondern die, welche diesen Satz behaupten,

müssen eine andere Sprache dafür einführen, denn bis jetzt noch gibt es für ihre Voraussetzung keine Worte, es müßte denn etwa sein das «So-Nicht»; so möchte es ihnen noch am ehesten zusagen, als ganz unbestimmt ausgedrückt.

Theodoros: Dies wäre freilich die ihnen angemessenste Redensart.

Sokrates: So hätten wir also, o Theodoros, einerseits deinen Freund nun abgefertigt und geben ihm immer noch nicht zu, daß je-
c der das Maß aller Dinge sein soll, wenn einer nämlich nicht weise und verständig ist; andererseits werden wir, daß Erkenntnis Wahrnehmung sei, nicht zugeben, nämlich nach der Lehre von der Beweglichkeit aller Dinge. Es müßte denn Theaitetos hier noch etwas anderes sagen.

Theodoros: Vortrefflich gesprochen, Sokrates. Denn da dieses zu Ende gebracht ist: so muß auch ich abgefertigt sein als Antwortender, nach dem Vertrage, wenn die Verhandlung über den Satz des Protagoras ihr Ende erreicht haben würde.

[29. Scheu des S., die These des Parmenides zu behandeln. Unterscheidung zwischen dem, womit man wahrnimmt, und dem, vermittels dessen man wahrnimmt]

Theaitetos: Nicht eher jedoch, o Theodoros, bis Sokrates mit dir
d auch diejenigen, welche dagegen behaupten, daß das Ganze stehe, durchgegangen ist, wie ihr euch eben vorgenommen habt.

Theodoros: So jung noch, Theaitetos, und lehrst schon die Alten Unrecht tun und Verträge übertreten? Nein, sondern rüste du dich, wie du für das übrige dem Sokrates Antwort geben willst.

Theaitetos: Wenn er es so will. Am liebsten jedoch hätte ich das gehört, was ich eben sagte.

Theodoros: Das heißt Reiter in die Ebene locken, wenn man den Sokrates auf Reden herausfordert. Frage ihn nur, und du wirst es wohl erfahren.

Sokrates: Dennoch dünkt mich, o Theodoros, daß ich dem Theai-
e tetos in seinem Begehren nicht willfahren werde.

Theodoros: Warum ihm nicht willfahren?

Sokrates: Den Melissos zwar und die andern, welche sagen, das Ganze sei ein unbewegliches Eins, scheue ich, daß wir sie nicht etwas täppisch mustern, minder jedoch sie scheuend, als den *einen* Parmenides. Parmenides aber ist nach dem Homeros «ehrenwert mir» und zugleich «furchtbar». Denn ich habe Gemeinschaft mit dem Manne gehabt noch ganz jung, da er schon alt war, und es offenbarte sich
184 a mir in ihm eine ganz seltene und herrliche Tiefe des Geistes. Ich fürchte daher, daß wir teils, was er gesagt hat, nicht verstehen, teils, was er damit gemeint, noch viel weiter dahinten lassen werden, und was noch mehr ist, daß dasjenige, weshalb unsere Rede so weit gegangen ist, nämlich von der Erkenntnis, was sie ist, unausgemacht bleiben werde wegen aller herzuströmenden Fragen, wenn man sie hören will, zumal auch schon die unübersehlich vielfältige, die wir jetzt aufgerührt haben, wenn man sie nur beiläufig untersuchen will, Ungebühr leiden, wenn man sie aber hinreichend ausführt, die von

der Erkenntnis verdrängen wird. Beides aber darf nicht sein, sondern
wir müssen versuchen, den Theaitetos dessen, womit er schwanger
ist über die Erkenntnis, durch unsere geburtshelferische Kunst zu b
entbinden.

THEODOROS: Wohlan, wenn es dir gut dünkt, müssen wir es also tun.

SOKRATES: So erwäge denn, o Theaitetos, was das bisher Gesagte betrifft, auch noch dieses. Wahrnehmung sei Erkenntnis, hattest du geantwortet. Nicht wahr?

THEAITETOS: Ja.

SOKRATES: Wenn nun jemand dich so fragte: Womit doch sieht der Mensch das Weiße und Schwarze, und womit hört er das Hohe und Tiefe, dann würdest du, glaube ich, sagen: Mit den Augen und Ohren.

THEAITETOS: Ich gewiß.

SOKRATES: Es mit Worten aller Art nicht so genau zu nehmen und c
sie nicht mit Spitzfindigkeit auszusondern, das ist größtenteils gar
nicht unfein, sondern vielmehr das Gegenteil davon hat etwas Unfreies und Knechtisches, nur ist es bisweilen doch notwendig. So ist es auch jetzt nötig, die Antwort, die du gegeben hast, dabei anzugreifen, inwiefern sie nicht richtig ist. Denn betrachte selbst, welche Antwort richtiger ist, womit wir sehen, ob das die Augen sind, oder das vermittels dessen, und das, womit wir hören, die Ohren, oder das vermittels dessen?

THEAITETOS: Vermittels dessen wir jegliches wahrnehmen, dünkt mich besser als womit.

SOKRATES: Arg wäre es auch, Sohn, wenn diese mancherlei Wahr- d
nehmungen wie im hölzernen Pferde in uns nebeneinander lägen
und nicht alle in irgend*einem*, du magst es nun Seele oder wie sonst immer nennen, zusammenliefen, mit der wir dann vermittels jener, daß ich so sage, Werkzeuge wahrnehmen, was nur wahrnehmbar ist.

THEAITETOS: Darum dünkt mich auch dieses besser als jenes.

SOKRATES: Weshalb aber führe ich dich darauf so genau, ob wir
mit einem und demselben in uns vermittels jetzt der Augen das Wei-
ße und Schwarze, dann der andern wieder anderes auffassen, und ob e
du nicht befragt alle diese auf den Körper zurückführen würdest? Doch es ist vielleicht besser, daß du selbst dies beantwortest und erklärst, als daß ich mich für dich in Weitläufigkeiten einlasse. So sage mir denn: Das, vermittels dessen du Warmes, Hartes, Leichtes, Süßes wahrnimmst, setzt du dies nicht alles als zum Leibe gehörig? Oder als zu einem andern?

THEAITETOS: Zu keinem andern.

SOKRATES: Wirst du auch wohl zugeben wollen, daß du dasjenige,
was du vermittels des einen Vermögens wahrnimmst, unmöglich
vermittels eines andern wahrnehmen könntest; wie zum Beispiel was 185 a
vermittels des Gesichtes, das nicht vermittels des Gehörs, und was vermittels des Gehörs, das nicht vermittels des Gesichtes?

THEAITETOS: Wie sollte ich nicht wollen?

SOKRATES: Wenn du also über beides etwas denkst, so kannst du dies weder mittels des einen Werkzeuges noch auch mittels des andern von beiden wahrgenommen haben?

b Theaitetos: Freilich nicht.

Sokrates: Von dem Tone nun und von der Farbe, denkst du nicht von diesen beiden zuerst dieses, daß sie beide *sind*?

Theaitetos: Das denke ich.

Sokrates: Nicht auch, daß jedes von beiden vom andern verschieden, mit sich selbst aber einerlei ist?

Theaitetos: Freilich.

Sokrates: Und daß sie beide zusammen Zwei sind, jedes von beiden aber Eins?

Theaitetos: Auch dieses.

Sokrates: Bist du nicht auch imstande, mögen sie nun einander ähnlich sein oder unähnlich, dies zu erforschen?

Theaitetos: Vielleicht.

Sokrates: Dieses alles nun, vermittels wessen denkst du es von ihnen? Denn weder vermittels des Gesichtes noch vermittels des Gehörs ist es dir möglich, das Gemeinschaftliche von ihnen aufzufassen. Auch dies ist noch ein Beweis mehr für das, was wir sagen. Nämlich wenn es möglich wäre zu untersuchen, ob beide salzig sind oder nicht: so weißt du doch, was du sagen würdest, womit du es untersuchtest,
c und das ist offenbar weder das Gesicht noch das Gehör, sondern etwas anderes.

Theaitetos: Was wird es nicht, nämlich das Vermögen vermittels der Zunge.

Sokrates: Ganz recht. Vermittels wessen wirkt denn nun dasjenige Vermögen, welches dir das in allen und auch in diesen Dingen Gemeinschaftliche offenbart, womit du von ihnen das «Es ist» oder «Es ist nicht» aussagst und das, wonach ich jetzt eben fragte? Für dies alles, was für Werkzeuge willst du annehmen, vermittels deren unser Wahrnehmendes jedes davon wahrnimmt?

Theaitetos: Du meinst ihr Sein und Nichtsein, ihre Ähnlichkeit und Unähnlichkeit, Einerleiheit und Verschiedenheit, ferner ob sie
d Eins sind oder eine andere Zahl. Offenbar begreifst du darunter auch die Frage nach dem Geraden und Ungeraden und was sonst damit zusammenhängt, vermittels welcher Teile des Körpers nämlich wir dies mit der Seele wahrnehmen.

Sokrates: Ganz vortrefflich, o Theaitetos, folgst du mir; denn dies ist es eben, wonach ich frage.

Theaitetos: Aber, beim Zeus, Sokrates, dies wüßte ich nicht zu sagen, außer daß es mir scheint, als gäbe es überhaupt gar nicht ein solches besonderes Werkzeug für dieses wie für jenes, sondern die
e Seele scheint mir vermittels ihrer selbst das Gemeinschaftliche in allen Dingen zu erforschen.

Sokrates: Schön bist du, Theaitetos, und gar nicht, wie Theodoros sagt, häßlich; denn wer so schön spricht, der ist schön und gut. Außerdem aber, daß dieses schön gesagt war, hast du auch mir eine große Wohltat erwiesen, indem du mir über vieles Reden hinweggeholfen hast, wenn es dir einleuchtet, daß einiges die Seele selbst vermittels ihrer selbst erforscht, anderes aber vermittels der verschiedenen Vermögen des Körpers. Denn eben dieses war es, was ich selbst meinte, und wovon ich wünschte, du möchtest es auch meinen.

THEAITETOS: Gar sehr leuchtet es mir ein. 186 a

[30. Endgültige Widerlegung der These, daß Erkenntnis Wahrnehmung ist]

SOKRATES: Zu welchem von beiden rechnest du nun das Sein? Denn dies ist es doch, was am meisten bei allem vorkommt?

THEAITETOS: Zu dem, was die Seele selbst durch sich selbst aufsucht.

SOKRATES: Wohl auch so die Ähnlichkeit und Unähnlichkeit, das Einerleisein und das Verschiedensein?

THEAITETOS: Ja.

SOKRATES: Und wie das Schöne und Schlechte, das Gute und Böse?

THEAITETOS: Auch hiervon besonders dünkt mich die Seele in ihrem Verhältnis gegeneinander das Sein zu erforschen, indem sie bei sich selbst das Geschehene und Gegenwärtige in Verhältnis setzt mit dem b
Künftigen.

SOKRATES: Wohlan denn! Wird sie nicht die Härte des Harten und die Weichheit des Weichen vermittels des Getastes wahrnehmen?

THEAITETOS: Ja.

SOKRATES: Aber das Sein von beiden und, was sie sind, und ihre Gegensetzung gegeneinander und das Sein dieser Entgegensetzung, dies versucht also unsere Seele selbst durch Betrachtung und Vergleichung zu beurteilen.

THEAITETOS: In aller Weise.

SOKRATES: Nicht wahr, jenes wahrzunehmen, was irgend für Eindrücke durch den Körper zur Seele gelangen, das eignet schon Men- c
schen und Tieren von Natur, sobald sie geboren sind. Allein zu den Schlüssen hieraus auf das Sein und den Nutzen gelangen nur schwer mit der Zeit und durch viele Mühe und Unterricht die, welche überhaupt dazu gelangen?

THEAITETOS: So ist es allerdings.

SOKRATES: Kann man nun wohl die Wahrheit von etwas erreichen, wovon man nicht einmal das Sein erreicht?

THEAITETOS: Unmöglich.

SOKRATES: Wovon man aber die Wahrheit nicht erreicht, kann man davon Erkenntnis haben?

THEAITETOS: Wie könnte man doch, Sokrates. d

SOKRATES: In jenen Eindrücken also ist keine Erkenntnis, wohl aber in den Schlüssen daraus. Denn das Sein und die Wahrheit zu erreichen, ist, wie es scheint, nur durch diese möglich, durch jene aber unmöglich.

THEAITETOS: Das leuchtet ein.

SOKRATES: Willst du nun jenes und dieses dasselbe nennen, da beides so große Verschiedenheiten zeigt?

THEAITETOS: Das scheint wohl nicht billig.

Sokrates: Welchen Namen nun legst du jenen bei, dem Sehen, Hören, Riechen, Frieren, Warmsein?

e Theaitetos: Wahrnehmen nenne ich es. Denn wie anders?

Sokrates: Insgesamt also nennst du dies Wahrnehmung.

Theaitetos: Natürlich.

Sokrates: Welcher, wie wir gesagt haben, nicht verliehen ist, bis zur Wahrheit zu gelangen, da sie ja auch nicht bis zum Sein gelangt?

Theaitetos: Nicht verliehen.

Sokrates: Also auch nicht zur Erkenntnis?

Theaitetos: Nicht füglich.

Sokrates: Auf keine Weise also, o Theaitetos, wäre Wahrnehmung und Erkenntnis dasselbe.

Theaitetos: Es scheint nicht; vielmehr ist es jetzt vollkommen deutlich geworden, daß die Erkenntnis etwas anderes ist als die Wahrnehmung.

187 a Sokrates: Aber wir haben ja doch nicht deshalb angefangen, uns zu unterreden, um zu finden, was die Erkenntnis nicht ist, sondern was sie ist. Indes sind wir doch nun wenigstens so weit vorgeschritten, daß wir sie ganz und gar nicht unter der Wahrnehmung suchen wollen, sondern unter demjenigen Namen, den die Seele führt, wenn sie sich für sich selbst mit dem, was ist, beschäftigt.

Theaitetos: Dieses, o Sokrates, wird ja, glaube ich, das Vorstellen genannt.

Sokrates: Ganz recht glaubst du, Lieber, und nun sieh wieder von
b vorn nach Auslöschung alles Vorigen, ob du nun mehr siehst, da du doch bis hierher vorgedrungen bist, und sage noch einmal, was wohl die Erkenntnis ist?

[31. Dritte Antwort des Theaitetos: Erkenntnis ist richtige Vorstellung. Frage des S. nach der Möglichkeit falscher Vorstellung]

Theaitetos: Zu sagen, daß alle Vorstellung es sei, o Sokrates, ist unmöglich, indem es auch falsche Vorstellungen gibt. Es mag aber wohl die richtige Vorstellung Erkenntnis sein; und dieses will ich nun geantwortet haben. Denn sollte es uns, wenn wir weitergehen, nicht mehr so scheinen, so wollen wir, wie jetzt auch, dann versuchen, etwas anderes zu sagen.

Sokrates: Das ist recht, Theaitetos, und so muß man mutiger reden, als wie du anfänglich nur allzu bedenklich warst zu antwor-
c ten. Machen wir es so, so werden wir eins von beiden, entweder das finden, worauf wir ausgehen, oder nicht so sehr glauben, dasjenige zu wissen, was wir keineswegs wissen. Und auch ein solcher Preis wäre schon nicht zu verschmähen. Wie meinst du es aber jetzt? Von zwei Arten der Vorstellung, deren die eine die wahre ist, die andere die falsche, erklärst du die wahre für die Erkenntnis?

Theaitetos: Das tue ich; denn dies leuchtet mir für jetzt ein.

Sokrates: Sollen wir über die Vorstellung noch einmal weiter zurückgehen?

Theaitetos: Worauf meinst du nur?

d Sokrates: Es beunruhigt mich, jetzt sowohl als auch sonst schon oft, so daß ich in großer Verlegenheit deshalb bei mir selbst und auch vor andern gewesen bin, daß ich nämlich nicht zu sagen weiß, was für ein Ereignis doch dieses in uns ist und wie es uns entsteht.

THEAITETOS: Welches denn?

SOKRATES: Daß jemand falsch vorstellt. Und auch jetzt überlege ich noch zweifelhaft, ob wir es so lassen, oder ob wir es auf eine andere Art als vor kurzem nochmals in Erwägung nehmen.

THEAITETOS: Warum nicht, Sokrates, wenn es dir nur im mindesten nötig scheint. Denn gar nicht schlecht habt ihr vorher über die Muße geredet, du und Theodoros, daß uns nichts drängt in dergleichen Dingen.

SOKRATES: Ganz recht erinnerst du mich. Vielleicht ist es nicht übel e
getan, die Spur noch einmal zu verfolgen. Denn es ist besser, ein Weniges gut, als vieles ungenügend zu vollbringen.

THEAITETOS: Allerdings.

SOKRATES: Wie nun? Was sagen wir eigentlich? Behaupten wir, daß je eine Vorstellung wirklich falsch sei, und daß der eine von uns falsch vorstelle, der andere richtig, so daß sich dies in der Natur so verhalte?

THEAITETOS: Das behaupten wir freilich.

SOKRATES: Nun findet sich doch dies bei uns in allen Dingen und in 188 a
jedem einzelnen, daß wir darum wissen oder daß wir nicht darum wissen. Denn das Lernen und Vergessen als zwischen beiden befindlich will ich für jetzt liegenlassen, weil es uns jetzt nicht zur Sache gehört.

THEAITETOS: Dann freilich, Sokrates, bleibt nichts übrig für jede Sache, als darum zu wissen oder nicht darum zu wissen.

SOKRATES: Ist es nun nicht notwendig, daß, wer vorstellt, entweder von dem etwas vorstelle, wovon er weiß, oder wovon er nicht weiß?

THEAITETOS: Notwendig.

SOKRATES: Daß aber, wer etwas weiß, dasselbe auch nicht wisse,
oder wer nicht weiß wisse, ist doch unmöglich. b

THEAITETOS: Wie sollte es nicht.

SOKRATES: Also, wer das Falsche vorstellt, wovon er weiß, der glaubt wohl, daß es nicht dieses ist, sondern etwas anderes, um welches er auch weiß, und um beides wissend, kennt er auch wieder beides nicht?

THEAITETOS: Aber das ist ja unmöglich.

SOKRATES: Oder das, wovon er nicht weiß, hält er wohl für irgend anderes, wovon er ebenfalls nicht weiß, und das hieße, jemandem, der weder vom Sokrates weiß noch vom Theaitetos, käme in den Sinn, Sokrates wäre Theaitetos oder Theaitetos Sokrates.

THEAITETOS: Aber wie ginge das? c

SOKRATES: Doch wird auch niemand glauben, etwas, wovon er weiß, sei etwas, wovon er nicht weiß, noch auch auf der anderen Seite, wovon er nicht weiß, das sei etwas, wovon er weiß.

THEAITETOS: Ein Wunder wäre ja das.

SOKRATES: Wie soll also noch einer Falsches vorstellen? Denn außer diesem ist es doch unmöglich, etwas vorzustellen, da wir ja von allem entweder wissen oder nicht wissen, und hierin scheint es unmöglich, irgendwie Falsches vorzustellen.

Theaitetos: Sehr wahr.

Sokrates: Wollen wir nun etwa lieber nicht auf die Art dem nach-
d denken, was wir suchen, daß wir auf das Wissen oder Nichtwissen
gehen, sondern auf das Sein oder Nichtsein?

Theaitetos: Wie meinst du das?

Sokrates: Ob nicht etwa schlechthin, wer von irgendeiner Sache das, was nicht ist, vorstellt, auf jeden Fall Falsches vorstellt, wie es auch übrigens in seiner Seele stehen mag.

Theaitetos: Das hat wieder einen guten Anschein, Sokrates.

Sokrates: Wie aber? Was werden wir sagen, Theaitetos, wenn uns
jemand fragt: Ist das auch irgendeinem möglich, was ihr sagt, und
kann wohl einer das, was nicht ist, vorstellen, sei es nun an und von
irgend etwas oder an und für sich selbst? Darauf werden wir, wie es
scheint, sagen müssen, wenn er nicht das Wahre glaubt, indem er et-
e was glaubt. Oder was wollen wir sagen?

Theaitetos: Eben dies.

Sokrates: Findet denn aber auch anderwärts dieses nämliche statt?

Theaitetos: Was denn?

Sokrates: Ob wohl jemand sieht, und doch nichts sieht?

Theaitetos: Wie könnte er?

Sokrates: Wenn er nun aber ein Eins sieht, so sieht er auch ein Seiendes. Oder glaubst du, das Eins könne je zu dem Nichtseienden gehören?

Theaitetos: Ich keineswegs.

Sokrates: Wer also ein Eins sieht, der sieht auch ein Seiendes.

Theaitetos: So scheint es.

189 a Sokrates: Und ebenso, wer hört, hört ein Eins und ein Seiendes?

Theaitetos: Ja.

Sokrates: Und wer betastet, der betastet ein Eins, und wenn ein Eins, auch Seiendes.

Theaitetos: Auch das.

Sokrates: Und wer vorstellt, der sollte nicht ein Eins vorstellen?

Theaitetos: Notwendig.

Sokrates: Und wer ein Eins vorstellt, nicht ein Seiendes?

Theaitetos: Ich gebe es zu.

Sokrates: Wer also vorstellt, was nicht ist, der stellt nichts vor?

Theaitetos: So scheint es.

Sokrates: Wer aber nichts vorstellt, der wird gewiß überhaupt gar nicht vorstellen?

Theaitetos: Offenbar, wie wir sehen.

b Sokrates: So ist es demnach nicht möglich, das Nichtseiende vor-
zustellen, weder von etwas, das ist, noch auch an und für sich?

Theaitetos: Es scheint nicht.

Sokrates: Also muß Falsches vorstellen etwas anderes sein als Nichtseiendes vorstellen.

Theaitetos: Etwas anderes, so scheint es.

SOKRATES: Weder auf diese Art also noch so, wie wir es vorher aufgefaßt hatten, gibt es eine falsche Vorstellung in uns.

THEAITETOS: Nein, freilich nicht.

[32. Unmöglichkeit, daß die falsche Vorstellung eine verwechselte Vorstellung ist]

SOKRATES: Sondern etwa so wollen wir aussagen, daß dieses geschehe?

THEAITETOS: Wie denn?

SOKRATES: Als eine verwechselte Vorstellung finde falsche Vorstel-
lung statt, wenn jemand etwas Seiendes mit einem andern Seienden c
in Gedanken vertauschend sagt, jenes sei dieses. Denn so stellt er im-
mer Seiendes vor, aber eines statt des andern, und indem er das ver-
fehlt, worauf er zielte, kann man mit Recht sagen, daß er Falsches
vorstellt.

THEAITETOS: Jetzt scheinst du mir vollkommen richtig gesprochen zu haben. Denn wenn sich jemand etwas anstatt schön als häßlich oder anstatt häßlich als schön vorstellt, dann hat er wirklich Falsches vorgestellt.

SOKRATES: Offenbar, Theaitetos, behandelst du mich sehr obenhin und fürchtest mich gar nicht.

THEAITETOS: Wieso denn?

SOKRATES: Du glaubst gar nicht, denke ich, daß ich dieses «wirklich
Falsche» aufgreifen und dich fragen werde, ob es wohl möglich ist, d
daß langsam Schnelles oder Leichtes schwer, oder irgendeines von
zwei entgegengesetzten nicht nach seiner eignen, sondern nach der
Natur seines Gegensatzes und sich selbst entgegengesetzt werden
könne. Doch dieses will ich gehen lassen, damit du nicht vergeblich
furchtlos gewesen bist. Es gefällt dir aber, wie du sagst, daß Falsches
vorstellen ein verwechseltes Vorstellen sein soll?

THEAITETOS: Mir ja.

SOKRATES: Es ist also deiner Meinung nach möglich, etwas als ein anderes und nicht als jenes in Gedanken zu setzen.

THEAITETOS: Das ist es auch.

SOKRATES: Wenn dies nun jemandes Seele tut, so muß sie doch not- e
wendig entweder beides oder das eine denken.

THEAITETOS: Notwendig, und zwar entweder zugleich oder nacheinander.

SOKRATES: Sehr schön. Und Denken, verstehst du darunter eben das, was ich?

THEAITETOS: Was verstehst du darunter?

SOKRATES: Eine Rede, welche die Seele bei sich selbst durchgeht
über dasjenige, was sie erforschen will. Freilich nur als ein Nichtwis-
sender kann ich es dir beschreiben. Denn so schwebt sie mir vor, daß,
solange sie denkt, sie nichts anderes tut als sich unterreden, indem
sie sich selbst fragt und antwortet, bejaht und verneint. Wenn sie 190 a
aber langsamer oder auch schneller zufahrend nun etwas feststellt
und auf derselben Behauptung beharrt und nicht mehr zweifelt, dies
nennen wir dann ihre Vorstellung. Darum sage ich, das Vorstellen ist

ein Reden, und die Vorstellung ist eine gesprochene Rede, nicht zu einem andern und mit der Stimme, sondern stillschweigend zu sich selbst. Wie aber du?

THEAITETOS: Ich auch so.

SOKRATES: Wenn also jemand eins als das andere vorstellt: so sagt er auch, wie es scheint, zu sich selbst, das eine sei das andere?

b THEAITETOS: Wie sonst?

SOKRATES: So erinnere dich doch, ob du wohl jemals zu dir selbst gesagt hast, das Schöne sei doch ganz gewiß häßlich und das Ungerechte gerecht. Oder auch, welches die Summe von allem ist, bedenke, ob du wohl jemals auch nur versucht hast, dich selbst zu überreden, das eine sei doch gewiß das andere, oder ob nicht vielmehr ganz im Gegenteil dir nicht einmal im Schlaf eingefallen ist, zu dir selbst zu sagen, daß doch ganz gewiß das Ungerade gerade wäre oder etwas dergleichen?

THEAITETOS: Du hast recht.

c SOKRATES: Und glaubst du, daß irgendein anderer bei gesundem Verstande oder auch nur ein Wahnwitziger das Herz habe, ausdrücklich zu sich selbst zu sagen, daß der Ochse doch gewiß ein Pferd wäre, oder zwei eins?

THEAITETOS: Beim Zeus, ich nicht.

SOKRATES: Wenn also das zu sich selbst Reden Vorstellen heißt: so wird keiner, der beides aussagt und vorstellt und mit seiner Seele beides aufnimmt, jemals sagen und vorstellen, daß eins das andere wäre. Und auch du mußt jenes Wort von dem einen anstatt des andern fahren lassen; denn ich meine es so, niemand stelle vor, daß das
d Häßliche schön sei oder etwas dergleichen.

THEAITETOS: Ich lasse es fahren, und es dünkt mich so, wie du sagst.

SOKRATES: Wer also beides vorstellt, dem ist es unmöglich, eins als das andere vorzustellen.

THEAITETOS: So scheint es.

SOKRATES: Wer aber nur das eine von beiden vorstellt, das andere aber ganz und gar nicht, der kann doch gewiß niemals vorstellen, daß das eine das andere sei.

THEAITETOS: Du hast recht. Denn er müßte sonst etwas zugleich mit aufnehmen, was er gar nicht vorstellt.

SOKRATES: Weder also wer beides, noch wer nur das eine vorstellt,
e kann verwechselt vorstellen; so daß, wenn einer die Erklärung geben will, falsche Vorstellungen wären verwechselte Vorstellungen, der hat nichts gesagt. Denn weder auf diese noch auf die vorher erwähnte Art scheint eine falsche Vorstellung in uns sein zu können.

THEAITETOS: Es scheint nicht.

[33. Aufzeigung einer Möglichkeit falscher Vorstellung: das Bild vom Wachsblock in der Seele]

SOKRATES: Jedoch, Theaitetos, wenn sich diese gar nicht zeigen will als wirklich: so werden wir gezwungen werden, sehr viel unstatthafte Dinge zuzugeben.

THEAITETOS: Was für welche doch?

SOKRATES: Das will ich dir nicht eher sagen, bis ich auf jede mög-
liche Art versucht habe, die Sache zu erforschen. Denn ich würde mich
schämen für uns, wenn wir während dieser Verlegenheit gezwungen
würden einzuräumen, was ich meine. Werden wir es aber gefunden 191 a
und uns frei gemacht haben, dann wollen wir, selbst in Sicherheit ge-
stellt gegen das Gelächter, davon reden in Beziehung auf die andern,
wie es denen dabei ergehen muß. Müssen wir aber jede Hoffnung auf-
geben, dann wollen wir, meine ich, demütig dem Satz zugeben, wie
Seekranke uns zu treten und mit uns zu machen, was er will. So höre
denn, was für einen Ausweg ich noch sehe bei unserer Frage.

THEAITETOS: Sage nur.

SOKRATES: Ich will leugnen, daß wir recht hatten, als wir einräum-
ten, wovon jemand wisse, davon sei ihm unmöglich vorzustellen,
daß es etwas sei, wovon er nicht weiß und sich so zu täuschen; son-
dern dies ist allerdings auf gewisse Weise möglich. b

THEAITETOS: Meinst du etwa das, wovon auch ich damals, als wir dies abhandelten, vermutete, es gehöre hierher, daß bisweilen ich, der ich den Sokrates kenne, von fern bei Erblickung eines andern, den ich nicht kenne, glauben kann, es sei Sokrates, von dem ich doch weiß? Denn in diesem Falle geschieht, was du sagst.

SOKRATES: Waren wir aber nicht davon abgestanden, weil daraus folgt, daß wir etwas, wovon wir wissen, indem wir davon wissen, zugleich auch nicht wissen?

THEAITETOS: Allerdings.

SOKRATES: Laß es uns also nicht so aufstellen, sondern so. Vielleicht
wird man es uns so zugeben, vielleicht auch sich wieder dagegen c
sträuben; allein wir sind in einem solchen Gedränge, daß wir not-
wendig jede Rede noch einmal umdrehen und prüfen müssen. Sieh
also zu, ob ich etwas sage. Ist es möglich, etwas, was man vorher
nicht weiß, nachher zu lernen?

THEAITETOS: Das ist es freilich.

SOKRATES: Also auch ein andermal anderes und wieder anderes?

THEAITETOS: Wie sollte es nicht!

SOKRATES: So setze mir nun, damit wir doch ein Wort haben, in
unsern Seelen einen wächsernen Guß, welcher Abdrücke aufnehmen
kann, bei dem einen größer, bei dem andern kleiner, bei dem einen
von reinerem Wachs, bei dem andern von schmutzigerem, auch här-
ter bei einigen und bei andern feuchter, bei einigen auch gerade, wie d
er sein muß.

THEAITETOS: Ich setze ihn.

SOKRATES: Dieser, wollen wir sagen, sei ein Geschenk von der Mut-
ter der Musen, Mnemosyne, und wessen wir uns erinnern wollen von
dem Gesehenen oder Gehörten oder auch selbst Gedachten, das
drücken wir in diesen Guß ab, indem wir ihn den Wahrnehmungen
und Gedanken unterhalten, wie beim Siegeln mit dem Gepräge eines
Ringes. Was sich nun abdrückt, dessen erinnern wir uns und wissen
es, solange nämlich sein Abbild vorhanden ist. Hat man aber dieses
ausgelöscht oder hat es gar nicht abgedrückt werden können: so ver-
gessen wir die Sache und wissen sie nicht. e

THEAITETOS: So soll es sein.

SOKRATES: Wer nun auf diese Art weiß und dann etwas betrachtet, was er sieht oder hört, sieh zu, ob der nun auf folgende Weise Falsches vorstellen kann.

THEAITETOS: Auf welche denn?

SOKRATES: Indem er etwas, wovon er weiß, bisweilen für etwas hält, wovon er weiß, bisweilen für etwas, wovon er nicht weiß. Denn daß dies unmöglich sei, haben wir im vorigen nicht recht gehabt einzuräumen.

THEAITETOS: Was sagst du denn jetzt davon?

192 a SOKRATES: So muß man davon reden, indem man die Sache von Anfang an näher bestimmt: Wovon jemand weiß, indem er dessen Denkzeichen in der Seele hat, es aber nicht wahrnimmt, dieses für ein anderes zu halten, wovon er ebenfalls weiß, indem er auch dessen Abdruck hat, es aber ebenfalls nicht wahrnimmt, dies ist unmöglich. Und auch wiederum etwas, wovon er weiß, für etwas zu halten, wovon er nicht weiß noch auch dessen Gepräge hat; ebenso, wovon er nicht weiß, für ein anderes, wovon er nicht weiß, oder etwas, wovon er nicht weiß, für etwas, wovon er weiß. Ferner etwas, das er wahrnimmt, für ein anderes zu halten, das er ebenfalls wahrnimmt, oder was er wahrnimmt, für etwas, das er nicht wahrnimmt, oder
b was er nicht wahrnimmt, für ein anderes, was er auch nicht wahrnimmt, oder auch, was er nicht wahrnimmt, für etwas, das er wahrnimmt. Ferner auch das, wovon er weiß und es wahrnimmt, indem er zugleich der Wahrnehmung gemäß das Denkzeichen hinhält, dieses für ein anderes zu halten, wovon er ebenfalls weiß und es wahrnimmt, indem er ebenfalls zugleich der Wahrnehmung gemäß das Zeichen davon hält, das ist, wenn es sein kann, noch unmöglicher als jenes. Ferner, was er weiß und wahrnimmt, das Denkzeichen davon richtig haltend, für ein anderes zu halten, wovon er weiß, ist ebenfalls unmöglich; und wovon er weiß und es wahrnimmt, indem er ebenso
c hinhält, für ein anderes, das er wahrnimmt. Ebenso, wovon er weder weiß noch es wahrnimmt, dies für ein anderes, wovon er weder weiß noch es wahrnimmt; oder wovon er weder weiß noch es wahrnimmt, für etwas, wovon er nicht weiß; oder etwas, wovon er weder weiß noch es wahrnimmt, für etwas, das er nicht wahrnimmt. — In allen diesen Fällen ist ein Übermaß von Unmöglichkeit, daß jemand darin Falsches vorstellen sollte. Es bleibt also nur übrig, wenn irgendwo, daß in folgenden Fällen so etwas geschehe.

THEAITETOS: In welchen nur wohl? Ob ich vielleicht durch sie der Sache besser innewerde: denn jetzt freilich folge ich gar nicht.

SOKRATES: Daß er das, wovon er weiß, für etwas anderes halte, wovon er auch weiß und was er eben wahrnimmt; oder auch für etwas, wovon er nicht weiß, das er aber wahrnimmt; oder endlich etwas, das
d er wahrnimmt und wovon er weiß, für ein anderes, das er auch wahrnimmt und wovon er weiß.

THEAITETOS: Nun bleibe ich noch viel weiter zurück als vorher.

[34. Nähere Erläuterung der falschen Vorstellung und ihrer Voraussetzung, der Beschaffenheit des Wachses]

Sokrates: So höre es noch einmal auf diese Art. Ich, der ich vom Theodoros weiß und mich bei mir selbst erinnere, wie er beschaffen ist, und ebenso auch vom Theaitetos, sehe sie doch nur bisweilen und dann wieder nicht, betaste sie und dann wieder nicht? Ebenso, bisweilen höre ich euch oder nehme euch auf eine andere Art wahr, dann aber habe ich auch wieder ganz und gar keine Wahrnehmung von euch, erinnere mich aber eurer nichtsdestoweniger und kenne euch bei mir selbst?

Theaitetos: So ist es allerdings. e

Sokrates: Merke also von dem, was ich sagen will, zuerst dieses, daß man dasjenige, wovon man bereits weiß, bisweilen nicht wahrnimmt, bisweilen auch wieder wahrnimmt.

Theaitetos: Richtig.

Sokrates: Kann man nicht auch ebenso das, wovon man nicht weiß, bisweilen auch nicht einmal wahrnehmen, dann wieder wahrnehmen allein?

Theaitetos: Auch das verhält sich so.

Sokrates: So sieh nur, ob du mir jetzt besser folgst. Sokrates kennt
den Theodoros und Theaitetos, sieht aber keinen von beiden, noch 193 a
auch kommt ihm irgendeine andere Wahrnehmung von ihnen zu; niemals wird er sich in diesem Falle vorstellen, daß Thcaitetos Theodoros wäre. Habe ich recht oder nicht?

Theaitetos: O ja, ganz recht.

Sokrates: Dies war das erste unter dem, was ich aufgestellt habe.

Theaitetos: So war es.

Sokrates: Das zweite nun war, daß, wenn ich den einen von euch kenne, den andern aber nicht kenne, und keinen von beiden wahrnehme, ich dann nie auf den Gedanken kommen kann, der, von dem ich weiß, sei der, von dem ich nicht weiß.

Theaitetos: Richtig.

Sokrates: Das dritte war, daß, wenn ich von keinem von beiden b
weiß noch auch sie wahrnehme, ich ebenfalls nicht glauben kann, der eine, von dem ich nicht weiß, sei der andere, von dem ich ebenfalls nicht weiß. Und so nimm an, du habest der Reihe nach noch einmal auf diese Art gehört alle die vorigen Fälle, in denen ich auf keine Weise in Hinsicht auf dich und den Theodoros falsch vorstellen kann sowohl unter der Voraussetzung, daß ich euch beide kenne, als unter der, daß ich euch beide nicht kenne, und unter der, daß ich den einen von euch kenne, den andern aber nicht. Ebenso nun mit den Wahrnehmungen, wenn du jetzt folgst.

Theaitetos: Jetzt folge ich.

Sokrates: Es bleibt also übrig Falsches vorzustellen in dem Falle, wenn ich, den Theodoros sowohl als dich kennend und von euch beiden wie von Siegelringen in jenem Wachs die Abdrücke habend, euch c
dann von weitem und nicht deutlich genug sehe, und indem ich mir Mühe gebe, das einem jeden zugehörige Zeichen mit der ihm zugehörigen Gesichtswahrnehmung so zu vereinigen, daß ich diese gleich-

sam in ihre vorigen Spuren wieder einzuführen suche, damit eine Wiedererkennung erfolge, ich dann dies verfehle und, wie beim Wiederanlegen der Schuhe, beide vertauschend die Anschauung eines jeden zu dem fremden Abdruck hinwerfe, oder ebenso fehle, wie es
d mit dem Sehen in den Spiegeln ergeht, wo, was rechts ist, auf die linke Seite hinüberfließt: dann entsteht die Verwechslung der Vorstellung und das falsch Vorstellen.

THEAITETOS: Es ist gar nicht zu sagen, Sokrates, wie sehr, was bei der Vorstellung vorkommt, dem gleicht, was du anführst.

SOKRATES: Ebenso auch ferner wenn ich, beide kennend, den einen außer dem Kennen auch wahrnehme, den andern aber nicht, wenn ich nämlich meine Kenntnis des einen nicht der Wahrnehmung entsprechend hinhalte, welches ich vorher ebenso sagte und du damals nicht verstandest.

THEAITETOS: Ich verstand es nicht.

SOKRATES: Ich sagte nämlich dieses, daß, wer den einen kennt und
e wahrnimmt und der Wahrnehmung entsprechend die Kenntnis von ihm hält, gewiß niemals glauben wird, dieser sei ein anderer, den er auch kennt und wahrnimmt, und von dem er ebenfalls der Wahrnehmung entsprechend die Kenntnis hält. So war es doch?

THEAITETOS: Ja.

SOKRATES: So blieb also eben das jetzt Angeführte übrig, wobei wir behaupten, daß eine falsche Vorstellung entstehen könne, daß näm-
194 a lich, wer beide kennt und beide sieht oder sonst eine Wahrnehmung von ihnen hat, die Abdrücke von beiden nicht der Wahrnehmung entsprechend hinhält und so wie ein schlechter Schütze anderswohin treffen und sein Ziel verfehlen kann, welches demgemäß falsch genannt wird.

THEAITETOS: Und ganz mit Recht.

SOKRATES: Also auch, wenn nur zu dem einen Abdruck die Wahrnehmung hinzukommt, zu dem andern aber nicht, und sie den der abwesenden Wahrnehmung dann der anwesenden zuschreibt, in dem allen kann die Seele sich irren. Und mit einem Worte, in dem, wovon jemand nicht weiß noch es jemals wahrgenommen hat, findet,
b wie es scheint, das Irren nicht statt und die falsche Vorstellung, wenn wir anders jetzt irgend etwas Vernünftiges gesagt haben. In dem aber, wovon wir wissen und was wir wahrnehmen, darin dreht und wendet sich die Vorstellung, bald richtig, bald falsch geratend; wenn sie nämlich gerade gegenüber geht und zusammengehörige Abbilder und Urbilder miteinander verbindet, wird sie wahr, wenn sie aber verdreht und kreuzweise verbindet, wird sie falsch.

THEAITETOS: Das ist vortrefflich gesagt, Sokrates.

c SOKRATES: Hast du erst auch dieses gehört: so wirst du es noch mehr sagen. Das richtig Vorstellen ist doch etwas Schönes, das sich Irren aber etwas Schlechtes?

THEAITETOS: Wie sollte es nicht.

SOKRATES: Dieses nun, sagt man, entstehe daher. Wenn jemandes Wachs in der Seele stark aufgetragen ist und reichlich und glatt und gehörig erweicht, dann und bei solchen Menschen sind alle aus den

Wahrnehmungen kommenden und in dieses Mark der Seele, wie Homeros, die Ähnlichkeit mit dem Wachs andeutend, sagt, eingezeichneten Abdrücke, da sie rein sind und Tiefe genug haben, auch dau- d
erhaft, und solche Menschen selbst sind zuerst gelehrig, dann auch von gutem Gedächtnis, ferner verwechseln sie nicht die Abdrücke der Wahrnehmungen, sondern stellen immer richtig vor. Denn sie können ihre deutlichen und geräumig gelegenen Abbilder leicht an das ihnen Zugehörige verteilen, was das Seiende heißt, und solche Menschen selbst heißen weise. Oder dünkt dich das nicht?

THEAITETOS: Überaus sehr.

SOKRATES: Wenn nun jemandes Mark rauh ist, welches der in allen e
Dingen weise Dichter gar loben will, oder wenn es schmutzig ist und nicht von reinem Wachs, oder auch zu feucht oder zu hart: so sind die mit dem feuchten gelehrig zwar, aber auch vergeßlich, die mit dem harten aber das Gegenteil. Die aber haariges und rauhes und steiniges oder mit Erde und Schmutz vermischtes haben, die haben auch undeutliche Abdrücke; undeutliche auch, die zu hartes haben, denn sie sind nicht tief genug; undeutliche auch, die feuchtes, denn 195 a
weil sie sich verlaufen, werden sie bald unkenntlich. Sind sie nun überdies noch aus Mangel an Raum übereinander gedrängt, wenn jemandes Seelchen nur klein ist: so werden sie noch undeutlicher als jene. Alle diese nun werden falsch vorstellende; denn wenn sie etwas sehen oder hören oder überdenken, so können sie nicht schnell jedem das Seinige zuweisen, sondern sind langsam, und weil sie falsch anweisen, so versehen und verhören und verdenken sie sich oftmals, und diese heißen unverständig, und man sagt, daß sie sich um das Seiende immer betrügen.

THEAITETOS: Vortrefflich über alle Maßen, o Sokrates. b

SOKRATES: Wollen wir also sagen, daß es falsche Vorstellungen in uns gibt?

THEAITETOS: Ganz stark.

SOKRATES: Und auch richtige?

THEAITETOS: Auch richtige.

SOKRATES: Sollen wir also endlich glauben, hinlänglich bewiesen zu haben, daß es diese beiden Arten von Vorstellungen ganz gewiß gibt?

THEAITETOS: Vollkommen hinreichend.

[35. Ungenügen dieser Erklärung der falschen Vorstellung]

SOKRATES: Nun wahrlich, Theaitetos, so ist es doch ein böses und höchst widriges Ding um einen Menschen, der nicht von der Stelle zu bringen ist mit seinen Reden.

THEAITETOS: Wieso? Weshalb sagst du das?

SOKRATES: Aus Verdruß über meine Ungelehrigkeit und mein in c
der Tat gar nicht zu beschwichtigendes Geschwätz. Denn wie soll man es anders nennen, wenn ein Mensch aus Stumpfsinnigkeit alle seine Reden immer wieder nach oben und unten umdreht und sich nicht überzeugen läßt und gar nicht wieder fortzubringen ist von jedem Satz.

THEAITETOS: Aber du, worüber bist du denn verdrießlich?
SOKRATES: Nicht nur verdrießlich bin ich, sondern auch in Angst,
was ich antworten soll, wenn mich jemand fragt: «O Sokrates, du
hast also die falsche Vorstellung gefunden, daß sie nicht in den Wahr-
nehmungen untereinander noch auch in den Gedanken, sondern in
d der Verbindung der Wahrnehmungen mit den Gedanken liegt?» Ich
werde es bejahen, glaube ich, nicht ohne mich ein wenig zu brüsten,
als hätten wir etwas sehr Schönes gefunden.

THEAITETOS: Auch mir, o Sokrates, scheint es gar nichts Schlechtes zu sein, was wir jetzt eben gezeigt haben.

SOKRATES: «Nicht wahr, Sokrates», wird er sagen, «du meinst, daß wir von dem Menschen, den wir uns nur denken, nicht aber ihn sehen, niemals glauben werden, er sei ein Pferd, welches wir auch jetzt weder sehen noch betasten, sondern es nur denken, sonst aber nichts von ihm wahrnehmen?» Ich werde, glaube ich, bejahen, daß wir dieses meinen.

THEAITETOS: Und zwar mit Recht.

e SOKRATES: «Wie nun», wird er sagen, «die Elf, die jemand nur
denkt, wird er wohl diesem zufolge niemals für Zwölf halten kön-
nen, welche er sich auch nur denkt?» Komm nur und antworte du.

THEAITETOS: Ich werde antworten, daß im Sehen und Betasten wohl jemand die Elf für Zwölf halten kann; von denen aber, welche er nur in Gedanken hat, könnte er sich wohl dies niemals so vorstellen.

SOKRATES: Wie aber? Glaubst du wohl, es habe einer einmal bei
sich selbst etwa Fünf und Sieben, ich meine aber nicht, er habe sich
196 a sieben und fünf Menschen vorgenommen zu betrachten oder derglei-
chen etwas; sondern die Fünf und Sieben selbst, welche wir als Denk-
zeichen in jenem Wachsguß angenommen und von ihnen gesagt ha-
ben, es sei unmöglich, in Hinsicht ihrer falsch vorzustellen. Wenn
also diese selbst einmal der und jener bei sich betrachtet hat, zu sich
selbst sprechend und sich fragend, wieviel sie wohl sind, und der eine
nun seine Meinung dahin gegeben, sie machten elf, der andere aber
zwölf — oder werden sie alle glauben und sagen, daß sie zwölf ma-
chen?

b THEAITETOS: Nein, beim Zeus, sondern viele auch werden elf glau-
ben. Und wenn es einer gar bei einer größeren Zahl versucht, irrt er
sich noch leichter; und ich glaube doch, du sprichst eigentlich von
jeder Zahl.

SOKRATES: Woran du ganz recht glaubst. Und so überlege dir nun, ob dies etwas anderes sagen will, als daß er diese Zwölf selbst, die im Wachsguß, für Elf hält.

THEAITETOS: So scheint es wenigstens.

SOKRATES: Kommt es also nun nicht auf die vorige Rede zurück?
Denn der, welchem dieses begegnet, hält etwas, wovon er weiß, für
etwas anderes, wovon er ebenfalls weiß, welches wir als unmöglich
annahmen und eben dadurch bewiesen, daß es keine falsche Vorstel-
c lung gebe, damit man nicht annehmen müßte, daß derselbe dasselbe
wisse und zugleich auch nicht wisse.

Theaitetos: Ganz richtig.

Sokrates: Wir werden also zeigen müssen, daß das falsch Vorstellen etwas anderes ist als eine Verwechslung der Gedanken und der dazugehörigen Wahrnehmungen. Denn wenn es dies wäre: so würden wir uns nicht in den Gedanken selbst irren. Nun aber gibt es entweder keine falsche Vorstellung, oder es ist möglich, daß jemand das, wovon er weiß, zugleich auch nicht wisse. Welches von beiden wählst du nun?

Theaitetos: Eine schwierige Wahl legst du mir vor, o Sokrates!

Sokrates: Beides zugleich aber will doch, wie es scheint, unsere Re- d
de nicht verstatten. Doch aber, denn man muß ja alles wagen, wie wäre es, wenn wir uns erdreisteten, ganz unverschämt zu sein?

Theaitetos: Wieso?

Sokrates: Wenn wir sagen wollten, worin wohl eigentlich das Wissen besteht.

Theaitetos: Und was ist dies Unverschämtes?

Sokrates: Du scheinst nicht zu bedenken, daß unsere ganze Unterredung von Anfang an eine Frage nach der Erkenntnis gewesen ist, als ob also wir nicht wüßten, was sie ist.

Theaitetos: Ich bedenke es wohl.

Sokrates: Und es scheint dir dennoch nicht unverschämt, daß wir, die wir nicht wissen, was Erkenntnis ist, dennoch das Wissen zeigen wollen, worin es besteht? Aber, Theaitetos, schon seit langer Zeit sind e
wir ganz tief darin verstrickt, daß wir gar nicht rein und tadellos das Gespräch führen. Denn tausendmal haben wir schon gesagt, «wir kennen» und «wir kennen nicht», «wir wissen davon» und «wissen nicht davon», als ob wir einander hierüber verständen, während wir noch immer nicht wissen, was Erkenntnis ist. Ja, auch jetzt wieder haben wir uns der Worte bedient «nicht wissen» und «verstehen», als ob es uns ziemte sie zu gebrauchen, wenn uns doch noch die Erkenntnis mangelt.

Theaitetos: Auf welche Art aber willst du denn reden, Sokrates, wenn du dich ihrer enthältst?

Sokrates: Ich auf gar keine, da ich bin, wie ich bin, wohl aber, 197 a
wäre ich ein Streitlustiger; wie denn ein solcher, wenn er jetzt auch hier wäre, allerdings behaupten würde, er enthielte sich derselben, und uns, was ich sage, gar sehr verweisen würde. Da wir nun aber geringe Leute sind, willst du, daß ich es wage zu sagen, worin wohl das Wissen besteht? Denn es scheint mir gar sehr zur Sache zu führen.

Theaitetos: So wage es also, beim Zeus! und kannst du dich dieser Worte nicht enthalten, das soll dir gern verziehen sein.

[36. Bestimmung des Wissens als Besitz der Erkenntnis. Das Bild vom Taubenschlag in der Seele]

Sokrates: Hast du wohl gehört, wie sie jetzt das Wissen erklären?

Theaitetos: Vielleicht; indes im Augenblick erinnere ich mich dessen nicht.

Sokrates: Man sagt nämlich, es sei das Haben der Erkenntnis. b

THEAITETOS: Richtig.

SOKRATES: Wir nun wollen eine kleine Veränderung machen und sagen, der Besitz der Erkenntnis.

THEAITETOS: Auf welche Weise meinst du denn, daß dieses von jenem unterschieden sei?

SOKRATES: Vielleicht ist es gar nichts. Höre aber, was mir scheint, und prüfe es mit mir.

THEAITETOS: Wenn ich nur dazu imstande sein werde.

SOKRATES: Mir also scheint Besitzen und Haben nicht einerlei zu sein. Wie wenn jemand ein Kleid, das er gekauft und nun allerdings in seiner Gewalt hat, nicht trüge; so werden wir nicht sagen, daß er es an sich habe, sondern daß er es besitze.

THEAITETOS: Und mit Recht.

c SOKRATES: Sieh also zu, ob es möglich ist, auch die Erkenntnis auf diese Art zu besitzen zwar, aber nicht zu haben; sondern wie wenn jemand wilde Vögel, Tauben oder von anderer Art, gejagt und zu Hause einen Taubenschlag bereitet hat, worin er sie hält. Denn auf gewisse Weise würden wir dann sagen können, daß er sie immer hat, da er sie ja besitzt. Nicht wahr?

THEAITETOS: Ja.

SOKRATES: In einem andern Sinne aber auch, daß er gar keine hat, sondern daß ihm nur eine Gewalt über sie zukommt, indem er sie in einem ihm eigenen Behältnis sich unterwürfig gemacht, sie zu neh-
d men und zu haben, wann er Lust hat, indem er fangen und wieder loslassen kann, welche er jedesmal will, und dieses ihm freisteht zu tun, sooft es ihm nur gefällt.

THEAITETOS: So ist es.

SOKRATES: Wie wir also in dem Vorigen, ich weiß nicht mehr was für ein wächsernes Machwerk in der Seele bereiteten, so laß uns jetzt in jeder Seele einen Taubenschlag von mancherlei Vögeln anlegen, einige, die sich in Herden zusammenhalten und von andern absondern, andere, die nur zu wenigen, noch andere, welche einzeln unter allen, wie es kommt, umherfliegen.

e THEAITETOS: Er sei angelegt. Was wird nun aber daraus?

SOKRATES: In der Kindheit, muß man sagen, sei dieses Behältnis leer, und statt der Vögel muß man sich Erkenntnisse denken. Welche Erkenntnisse nun einer in Besitz genommen und in seinen Schlag eingesperrt hat, von denen sagt man, er habe die Sache, deren Erkenntnis dies war, gelernt oder gefunden, und dies sei eben das Wissen.

THEAITETOS: So soll es sein.

198 a SOKRATES: Daß er aber, welche von diesen Erkenntnissen er will, jagt und greift und sie dann festhält und wieder losläßt: siehe nun zu, welchen Namen dieses wird führen müssen, ob denselben wie zuvor, da er sie in Besitz nahm, oder einen andern? Du kannst aber hieraus noch deutlicher abnehmen, was ich will. Du nimmst doch eine Rechenkunst an?

THEAITETOS: Ja.

SOKRATES: Diese denke dir nun als die Jagd nach allen Erkenntnissen vom Geraden und Ungeraden.

THEAITETOS: So denke ich sie.

SOKRATES: Vermittels dieser Kunst nun, meine ich, hat jemand sowohl für sich die Erkenntnis der Zahlen in seiner Gewalt, als auch b
überträgt sie vermittels ihrer auf andere, wer dies tut.

THEAITETOS: Ja.

SOKRATES: Und wir sagen, wer sie übergibt, der lehre, und wer sie überkommt, der lerne, wer sie aber hat, indem er sie besitzt in jenem Taubenschlage, der wisse.

THEAITETOS: Sehr wohl.

SOKRATES: Nun merke schon auf das Folgende. Wer nun vollkommen ein Rechenkünstler ist, weiß der nicht alle Zahlen? Denn die Erkenntnisse von allen Zahlen sind in seiner Seele.

THEAITETOS: Wie sonst?

SOKRATES: Nun rechnet ein solcher doch wohl einmal etwas bei sich, c
entweder Zahlen selbst oder auch etwas anderes außer ihnen, was Zahl an sich hat.

THEAITETOS: Wie sollte er nicht.

SOKRATES: Und das Rechnen selbst wollen wir doch als nichts anderes setzen als das Suchen, die wievielte Zahl eine ist.

THEAITETOS: Dafür.

SOKRATES: Was er also weiß, scheint er zu suchen als ein Nichtwissender, da wir doch eingeräumt haben, daß er alle Zahlen wisse. Denn du hörst doch von solchen Streitfragen?

THEAITETOS: O ja.

[37. Erklärung der falschen Vorstellung nach diesem Bild und erneutes Scheitern]

SOKRATES: Werden wir nun nicht, dies mit dem Besitz der Tauben d
und mit der Jagd auf sie vergleichend, sagen, daß es eine doppelte Jagd gibt, die eine vor dem Besitz, des Besitzes wegen, die andere für den Besitzer, wenn er greifen und in Händen haben will, was er schon lange besessen hat. Ebenso auch kann jemand dieses nämliche, wovon er durch Lernen schon seit langer Zeit Erkenntnis hatte und es wußte, doch sich vergegenwärtigen, indem er dieselbe Erkenntnis einer Sache wieder aufnimmt und festhält, welche er zwar schon lange besaß, sie aber nicht bei der Hand hatte in Gedanken.

THEAITETOS: Sehr richtig.

SOKRATES: Danach nun fragte ich eben vorher, mit was für Wor- e
ten man dies ausdrücken soll, wenn der Rechenkünstler darangeht, etwas auszurechnen, oder der Sprachkundige, etwas zu lesen; als ein Wissender also geht er in diesem Fall wieder, um von sich selbst zu lernen, was er weiß?

THEAITETOS: Aber das ist ja ungereimt, o Sokrates.

SOKRATES: Sollen wir also sagen, er lese oder rechne, was er nicht
wisse, nachdem wir jenem doch zugeschrieben haben, daß er alle 199 a
Buchstaben, diesem, daß er alle Zahlen wisse?

THEAITETOS: Aber auch das ist ja unvernünftig.

SOKRATES: Willst du also, daß wir sagen, um die Worte bekümmern wir uns nichts, wohin jeder das Wissen und das Lernen nach

seinem Belieben ziehen will; nachdem wir aber festgesetzt, etwas an-
deres sei die Erkenntnis besitzen, etwas anderes sie haben: so be-
haupten wir, es sei zwar unmöglich, daß, was jemand besitzt, er
auch nicht besitze, so daß dies freilich sich niemals ereigne, daß je-
mand, was er weiß, nicht wisse; eine falsche Vorstellung davon zu
haben sei jedoch möglich, indem es möglich sei, daß er nicht diese,
b sondern eine andere Erkenntnis statt dieser gefaßt hätte, wenn, in-
dem er auf eine von seinen Erkenntnissen Jagd macht, diese durchein-
anderfliegen und er dann sich vergreift und anstatt der einen eine
andere bekommt; dann also glaubt er, Elf sei Zwölf, indem er die Er-
kenntnis der Elf anstatt der der Zwölf gegriffen, gleichsam seine
Holztaube statt seiner Kropftaube.

THEAITETOS: Dies läßt sich annehmen.

SOKRATES: Greift er aber die, welche er greifen wollte, dann irre
er sich nicht, sondern stelle vor, was ist, und das nun sei die wahre
c und die falsche Vorstellung; und worüber wir vorher verdrießlich
wurden, das stehe uns gar nicht entgegen? Vielleicht wirst du mir bei-
stimmen, oder was wirst du tun?

THEAITETOS: Beistimmen.

SOKRATES: So wären wir demnach das Nichtwissen dessen, was
man weiß, glücklich los. Denn daß wir nicht besäßen, was wir besitzen,
das ereignet sich nun nicht mehr, es mag sich jemand irren oder
nicht. Allein es scheint mir jetzt ein noch ärgeres Ereignis sich zu
zeigen.

THEAITETOS: Was denn?

SOKRATES: Wenn das Verwechseln der Erkenntnisse die falsche Vor-
stellung sein soll.

THEAITETOS: Wieso?

d SOKRATES: Zuerst schon dieses, daß jemand eine Erkenntnis von et-
was haben und doch dieses selbst nicht kennen soll, und zwar nicht
durch Unwissenheit, sondern eben vermittels seiner Erkenntnis; fer-
ner ein anderes als dieses vorstellen und dieses als ein anderes: wie
wäre dieses nicht ganz widersinnig, daß, indem ihr Erkenntnis ein-
wohnt, die Seele doch gar nichts erkenne, sondern alles verkennen
sollte. Denn nach demselben Verhältnis hindert nichts, daß nicht auch
eine ihr beiwohnende Unwissenheit machen könnte, daß sie etwas
wisse, und eine Blindheit, daß sie etwas sehe, wenn sogar eine Er-
kenntnis machen kann, daß sie etwas nicht weiß.

e THEAITETOS: Vielleicht, Sokrates, haben wir eben die Vögel nicht
richtig angenommen, indem wir sagten, sie wären sämtlich Erkennt-
nisse. Wir hätten vielmehr auch Unkenntnisse annehmen sollen, wel-
che in der Seele mit herumfliegen, und daß der Jagende, indem er
bald die Erkenntnis, bald die Unkenntnis ergreift, über denselben
Gegenstand vermittels der Unkenntnis Falsches, vermittels der Er-
kenntnis aber Richtiges vorstelle?

SOKRATES: Es ist nicht leicht, Theaitetos, dich nicht zu loben. Al-
lein, was du jetzt gesagt hast, das besieh dir doch noch einmal. Es sei
nämlich, wie du sagst: so wird, wer die Unkenntnis ergriffen hat,
200 a wie du behauptest, Falsches vorstellen. Nicht wahr?

THEAITETOS: Ja.

SOKRATES: Er wird aber doch wohl nicht glauben, Falsches vorzustellen?

THEAITETOS: Wie sollte er?

SOKRATES: Sondern Richtiges, und wird sich verhalten wie ein Wissender dessen, worin er sich doch irrt.

THEAITETOS: Wie anders?

SOKRATES: Eine Erkenntnis wird er also glauben gegriffen und in der Hand zu haben, und nicht eine Unkenntnis.

THEAITETOS: Offenbar.

SOKRATES: Nach einem langen Umwege also befinden wir uns wieder in unserer ersten Verlegenheit. Denn lachend wird jener uns verfolgende Tadler sagen: «Wie doch, ihr trefflichen Männer, von bei- b
den wissend, der Erkenntnis und der Unkenntnis, hält er die eine, um welche er weiß, für die andere, um welche er ebenfalls weiß? Oder von keiner von beiden wissend stellt er die eine, um die er nicht weiß, als eine von jener Art vor, um welche er ebenfalls nicht weiß? Oder indem er von der einen weiß, von der andern aber nicht, die eine, um die er weiß, als die andere, um die er nicht weiß? Oder hält er die, um welche er nicht weiß, für die, um welche er weiß? Oder werdet ihr mir wieder sagen, es gebe von den Erkenntnissen und Unkenntnissen wiederum Erkenntnisse, welche der Besitzer in irgendeinem andern lächerlichen Taubenschlag oder Wachstafel eingesperrt hat und sie c
weiß, solange er sie besitzt, auch wenn er sie nicht bei der Hand hat in Gedanken? Und so werdet ihr genötigt sein, tausendmal denselben Kreis zu durchlaufen, ohne etwas damit zu gewinnen.» Was werden wir hierauf antworten, Theaitetos?

THEAITETOS: Ja, beim Zeus, Sokrates, ich weiß nicht, was darauf zu sagen ist.

SOKRATES: Macht uns also unsere Rede nicht ganz mit Recht einen Vorwurf und zeigt uns, daß wir unrecht taten, die falsche Vorstellung eher zu suchen als die Erkenntnis und diese dagegen fahrenzu- d
lassen? Und daß es unmöglich ist, jene zu verstehen, ehe jemand die Erkenntnis hinlänglich aufgefaßt hat, was sie ist?

THEAITETOS: Notwendig, Sokrates, muß man für jetzt glauben, was du sagst.

[38. Widerlegung des Satzes, daß Erkenntnis richtige Vorstellung ist, und vierte Antwort: Erkenntnis ist mit Erklärung verbundene richtige Vorstellung]

SOKRATES: Was soll man also wieder von vorne sagen, daß die Erkenntnis sei? Denn wir wollen es doch noch nicht aufgeben?

THEAITETOS: Gewiß nicht, wenn du es mir nicht aufkündigst.

SOKRATES: So sprich denn, wie sollen wir sie endlich erklären, um am wenigsten uns selbst zu widersprechen?

THEAITETOS: Wie wir es in dem Vorigen versucht haben, Sokrates; e
ich wenigstens weiß nichts anderes zu sagen.

SOKRATES: Welches meinst du denn?

THEAITETOS: Daß richtige Vorstellung Erkenntnis ist. Denn ohne

Fehl ist das richtige Vorstellen, und was daraus hervorgeht, das geht alles schön und gut hervor.

SOKRATES: Wer ins Wasser vorangeht, o Theaitetos, sagt, es werde sich ja von selbst zeigen. So auch, wenn wir weitergehen und diesem
201 a nachspüren, wird es uns vielleicht, wenn es uns vor die Füße kommt, das Gesuchte auch zeigen. Bleiben wir aber stehen, so wird uns nichts deutlich werden.

THEAITETOS: Du hast recht. Laß uns also gehen und untersuchen.

SOKRATES: Dies wohl ist eine kurze Untersuchung; denn eine ganze Kunst beweist dir schon, daß dies nicht die Erkenntnis ist.

THEAITETOS: Wieso, und was für eine?

SOKRATES: Die Kunst der Vornehmsten an Weisheit, die man Redner und Sachwalter nennt. Denn diese überreden vermittels ihrer Kunst nicht, indem sie lehren, sondern indem sie bewirken, daß man sich vorstellt, was sie eben wollen. Oder hältst du sie für so bewun-
b dernswürdige Meister im Lehren, daß sie, wenn jemand, ohne daß welche dabei waren, seines Geldes beraubt ward oder sonst Unrecht erlitt, solchen verständen, während ein weniges Wasser abläuft, die wahre Beschaffenheit dessen, was diesem geschehen ist, gründlich zu beweisen?

THEAITETOS: Keineswegs glaube ich das, sondern daß sie nur überreden.

SOKRATES: Heißt aber nicht überreden bewirken, daß etwas auf eine gewisse Art vorgestellt werde?

THEAITETOS: Was anders?

SOKRATES: Wenn also Richter so, wie es sich gehört, überredet worden sind in bezug auf etwas, das nur, wer es selbst gesehen hat, wissen kann, sonst aber keiner: so haben sie dieses, nach dem bloßen
c Gehör urteilend, vermöge einer richtigen Vorstellung, aber ohne Erkenntnis abgeurteilt, so jedoch, daß die Überredung richtig gewesen, wenn sie nämlich als Richter gut geurteilt haben?

THEAITETOS: So ist es allerdings.

SOKRATES: Nicht aber, o Freund, könnte jemals, wenn richtige Vorstellung und Erkenntnis einerlei wären, auch der beste Richter und Gerichtshof etwas richtig vorstellen ohne Erkenntnis. Nun aber scheint beides verschieden zu sein.

THEAITETOS: Was ich auch schon einen sagen gehört und es nur vergessen habe, mich aber dessen jetzt wieder erinnere. Er sagte nämlich, die mit ihrer Erklärung verbundene richtige Vorstellung wäre
d Erkenntnis, die unerklärbare dagegen läge außerhalb der Erkenntnis. Und wovon es keine Erklärung gebe, das sei auch nicht erkennbar, und so benannte er dies auch, wovon es aber eine gebe, das sei erkennbar.

SOKRATES: Gewiß schön gesagt. Dies Erkennbare aber und nicht Erkennbare, sage an, wie er es unterschied, ob wir es etwa auf gleiche Weise gehört haben, du und ich.

THEAITETOS: Ich weiß nicht, ob ich es herausfinden werde; trüge es aber ein anderer vor, so würde ich, wie ich glaube, wohl folgen.

[39. Traum des S. von einer Theorie über das Erklärbare und das Unerklärbare]

SOKRATES: Höre also einen Traum für den andern. Mich nämlich
dünkt, daß ich von einigen gehört habe, die ersten gleichsam Urbe- e
standteile, aus denen wir sowohl als alles übrige zusammengesetzt
sind, ließen keine Erklärung zu; sondern man könne nur jedes von
ihnen als selbst für sich selbst bezeichnen, nicht aber irgend etwas
anderes davon aussagen, weder daß sie seien, noch daß sie nicht
seien; denn alsdann würde ihnen doch ein Sein oder Nichtsein schon 202 a
beigelegt, man dürfe ihnen aber nichts weiter zusetzen, wenn man
doch jenes nur als es selbst aussagen wolle. Daher man ihnen weder
das «selbst», noch das «jenes», noch das «jedes», noch das «nur»,
noch «dieses» noch viel anderes dergleichen zusetzen dürfe. Denn
eben diese Begriffe laufen überall umher und werden mit allen zu-
sammengefügt, immer aber als verschieden von denen, welchen sie
beigelegt würden. Jene Dinge müßten aber, wenn es möglich wäre,
sich über sie zu erklären, und jedes seine eigentümliche Erklärung
hätte, ohne alle andern erklärt werden. Nun aber sei es unmöglich,
daß irgendeins von den ersten Dingen durch eine Erklärung ausge- b
drückt werde; denn es gebe für sie nichts als nur genannt zu werden,
sie hätten eben nur einen Namen. Was aber schon aus diesen zusam-
mengesetzt wäre, dessen Name wäre, so wie es selbst aus mehreren
zusammengeflochten ist, ebenfalls zusammengeflochten und zu einer
Erklärung geworden. Denn Verflechtung von Namen sei das Wesen
der Erklärung. Auf diese Art also wären die Urbestandteile uner-
klärbar und unerkennbar, aber wahrnehmbar; die Verknüpfungen
hingegen erkennbar und erklärbar und durch richtige Vorstellung
vorstellbar. Wenn nun jemand ohne Erklärung eine richtige Vor-
stellung von etwas empfinge: so sei zwar seine Seele darüber im Be-
sitz der Wahrheit; sie erkenne aber nicht. Denn wer nicht Rede ste- c
hen und Erklärung geben könne, der sei ohne Erkenntnis über diesen
Gegenstand. Wer aber auch die Erklärung dazu habe, der sei des al-
len mächtig und habe alles vollständig zur Erkenntnis beisammen.
Hast du diesen Traum ebenso gehört oder anders?

THEAITETOS: Ebenso ganz und gar.

SOKRATES: Gefällt es dir auch, und setzt du dieses, daß richtige Vorstellung mit Erklärung Erkenntnis ist?

THEAITETOS: Offenbar, versteht sich.

SOKRATES: Also hätten wir auf diese Art am heutigen Tage er- d
reicht, was seit langer Zeit viele Weisen gesucht und, ohne es zu fin-
den, alt geworden sind?

THEAITETOS: Mir scheint doch, Sokrates, das jetzt Vorgetragene sehr schön gesagt zu sein.

SOKRATES: Es ist auch ganz wahrscheinlich, daß sich die Sache selbst so verhalte. Denn was sollte auch eine Erkenntnis sein ohne Erklärung und richtige Vorstellung? Nur eins will mir an dem Gesagten mißfallen.

THEAITETOS: Was denn?

SOKRATES: Gerade was das Herrlichste zu sein scheint, daß näme lich die Urbestandteile unerkennbar wären, alle Arten von Verknüpfungen aber erkennbar.

Theaitetos: Ist dies nicht richtig?

Sokrates: Man muß zusehn. Haben wir doch zu Geiseln für diesen Satz die Beispiele, von denen offenbar, wer dieses alles sagte, ausgegangen ist.

Theaitetos: Was für welche?

Sokrates: Die Urbestandteile der Schrift und deren Verknüpfungen. Oder glaubst du, daß, wer aufgestellt, wovon wir reden, auf etwas anderes dabei gesehen hat als hierauf?

Theaitetos: Nein, sondern hierauf.

[40. Prüfung, ob Verknüpfungen erkennbar sein können, wenn ihre Urbestandteile es nicht sind]

203 a Sokrates: Prüfen wir es also noch einmal von vorn, oder vielmehr uns selbst, ob wir so oder nicht so lesen gelernt haben. Wohlan, zuerst: haben also die Silben eine Erklärung, die Buchstaben aber keine?

Theaitetos: Wahrscheinlich.

Sokrates: Vollkommen leuchtet es auch mir ein. Wenn zum Beispiel jemand so nach der ersten Silbe von Sokrates fragte: «O Theaitetos, sprich, was ist So?» Was wirst du antworten?

Theaitetos: Es ist S und O.

Sokrates: Hier hast du also die Erklärung der Silbe.

Theaitetos: So ist es.

b Sokrates: So komm denn und sage ebenso auch die Erklärung des S.

Theaitetos: Und wie sollte wohl jemand Bestandteile eines Urbestandteils angeben können? Denn überdies ist das S ein stummer Buchstabe, nur ein Geräusch, als wenn jemand mit der Zunge zischt. Das B aber hat gar weder ein Geräusch noch einen Laut, und ebenso die meisten Buchstaben. So daß hiernach gar sehr gut gesagt ist, daß sie unerklärbar sind, da selbst die deutlichsten unter ihnen nur einen Laut haben, ganz und gar aber keine Erklärung.

Sokrates: Dieses, Freund, hätten wir also in Ordnung gebracht von der Erkenntnis.

Theaitetos: Wir scheinen ja.

c Sokrates: Wie aber? Daß der Urbestandteil nicht erkennbar ist, wohl aber die Verknüpfung, haben wir denn das auch mit Recht angenommen?

Theaitetos: Mich dünkt es doch.

Sokrates: Gut denn. Wollen wir sagen, die Silbe sei die zwei Buchstaben, und, wenn sie aus mehr als zweien besteht, die sämtlichen, oder sie sei *eine* bestimmte Gestalt geworden vermöge der Zusammensetzung von jenen?

Theaitetos: Sie sei die sämtlichen, dünkt mich, werden wir sagen.

Sokrates: So betrachte es einmal an jenen zweien, dem S und O. Beide machen die erste Silbe meines Namens. Wird nun nicht, wer diese Silbe kennt, auch jene beiden Buchstaben kennen?

d Theaitetos: Wie anders?

SOKRATES: Er kennt also das S und O?
THEAITETOS: Ja.
SOKRATES: Wie aber? Jeden von beiden erkennt er also nicht, und so, obschon er keinen von beiden erkennt, erkennt er doch beide?
THEAITETOS: Das wäre ja toll und unvernünftig, Sokrates.
SOKRATES: Allein wenn es notwendig ist, daß er jeden erkennt, um beide zu erkennen: so muß ja notwendig die Buchstaben schon vorher erkennen, wer jemals die Silbe erkennen will, und so wird uns diese schöne Erklärung wieder entschlüpfen und verschwinden.
THEAITETOS: Und das ja sehr schnell. e
SOKRATES: Wir bewachen sie eben nicht gut. Denn wir sollten vielleicht gesagt haben, die Silbe wäre nicht die Buchstaben, sondern aus jenen entstanden als *eine* besondere Bildung, welche selbst *eine* ihr eigne Gestalt für sich hätte und verschieden wäre von den Buchstaben.
THEAITETOS: Ganz gewiß, und es mag sich wohl eher so verhalten als anders.
SOKRATES: Wir müssen zusehen, und nicht unmännlicherweise einen so großen und herrlichen Satz verraten.
THEAITETOS: Keineswegs.
SOKRATES: Es sei also, wie wir jetzt sagen, die Verknüpfung *eine* 204 a
aus den jedesmal sich zusammenfügenden Bestandteilen entstehende eigne Gestalt, auf gleiche Weise bei den Buchstaben und auch sonst überall.
THEAITETOS: Allerdings.
SOKRATES: Also Teile darf es von ihr nicht geben?
THEAITETOS: Wieso nicht?
SOKRATES: Weil, was Teile hat, dessen Ganzes ist auch notwendig die sämtlichen Teile. Oder sagst du, auch das Ganze sei aus den Teilen entstanden als *eine* eigne Bildung, verschieden von den sämtlichen Teilen?
THEAITETOS: Das will ich.
SOKRATES: Das Gesamte aber und das Ganze, verstehst du darunter
dasselbe oder unter jedem etwas anderes? b
THEAITETOS: Dessen bin ich nicht gewiß. Weil du aber immer befiehlst, herzhaft zu antworten: so will ich es wagen und sagen, etwas anderes unter jedem.
SOKRATES: Die Herzhaftigkeit, o Theaitetos, ist gut, ob aber auch die Antwort, das müssen wir sehen.
THEAITETOS: Das müssen wir allerdings.

[41. Entscheidung darüber, daß keine Verknüpfung erkennbar und erklärbar sein kann, wenn es ihre Urbestandteile nicht sind]

SOKRATES: So wäre also der jetzigen Erklärung zufolge das Ganze verschieden von dem Gesamten.
THEAITETOS: Ja.
SOKRATES: Wie aber, die Sämtlichen und das Gesamte, ist dies auch
verschieden? Wie wenn wir sagen Eins, Zwei, Drei, Vier, Fünf,
Sechs, und wenn zweimal drei oder dreimal zwei oder vier und zwei c

oder drei und zwei und eins, sagen wir in allen diesen Fällen dasselbe oder in jedem etwas anderes?

Theaitetos: Dasselbe.

Sokrates: Etwas anderes als Sechs?

Theaitetos: Nichts anderes.

Sokrates: In allen diesen Formeln also haben wir als sämtliche die Sechs ausgesagt?

Theaitetos: Ja.

Sokrates: Und wiederum, bezeichnen wir nicht ein Eins, wenn wir die Sämtlichen angeben?

Theaitetos: Notwendig doch.

Sokrates: Ein anderes etwa als die Sechs?

Theaitetos: Kein anderes.

d Sokrates: In allem also, was aus Zahlen besteht, nennen wir dasselbe das Gesamte und die Sämtlichen.

Theaitetos: So scheint es.

Sokrates: Nun laß uns weiter dieses davon sagen. Die Zahl einer Hufe Landes und die Hufe ist einerlei?

Theaitetos: Ja.

Sokrates: Und mit dem Stadion ebenso?

Theaitetos: Ja.

Sokrates: Und ebenso wohl auch die Zahl eines Heeres und das Heer, und mit allen ähnlichen Dingen auf gleiche Art? Denn ihre gesamte Zahl ist auch das gesamte Sein eines jeden von ihnen.

Theaitetos: Ja.

e Sokrates: Nun, und die Zahl der einzelnen, ist die etwas anderes als seine Teile?

Theaitetos: Nichts.

Sokrates: Und was Teile hat, das ist aus Teilen?

Theaitetos: Offenbar.

Sokrates: Eingestanden ist aber, daß die sämtlichen Teile das Gesamte sind, wenn die gesamte Zahl das Gesamte ist.

Theaitetos: So ist es.

Sokrates: Das Ganze besteht also nicht aus Teilen. Denn so wäre es ein Gesamtes, wenn es die sämtlichen Teile wäre.

Theaitetos: Es scheint nicht.

Sokrates: Kann aber ein Teil von irgend etwas anderem sein, was er ist, als von einem Ganzen?

Theaitetos: Von einem Gesamten.

205 a Sokrates: Recht mannhaft, o Theaitetos, wehrst du dich. Das Gesamte aber, ist das nicht eben dieses, ein Gesamtes, wenn ihm nichts abgeht?

Theaitetos: Allerdings.

Sokrates: Ist aber nicht eben dieses ein Ganzes, dem nirgends etwas abgeht? Dem aber etwas abgeht, dieses ein weder Ganzes noch Gesamtes, zugleich in bezug auf beides aus demselben dasselbe geworden?

Theaitetos: Jetzt scheint mir das Ganze und das Gesamte in nichts mehr verschieden zu sein.

Sokrates: Sagten wir nun nicht, wo Teile seien, da sei das Ganze und Gesamte die sämtlichen Teile?

Theaitetos: Allerdings.

Sokrates: Wiederum, was ich eben wollte, muß nicht die Silbe,
wenn sie nicht die Buchstaben ist, dann auch die Buchstaben nicht b
als ihre Teile haben, oder, wenn sie dasselbe ist mit ihnen, dann auch
auf gleiche Art wie jene erkennbar sein?

Theaitetos: So ist es.

Sokrates: Und damit dies nicht erfolgen möchte, setzten wir, sie sei etwas von ihnen Verschiedenes?

Theaitetos: Ja.

Sokrates: Wie aber? Wenn die Buchstaben nicht Teile der Silbe sind, kannst du etwas anderes anführen, was Teil der Silbe wäre, jedoch nicht die Buchstaben derselben?

Theaitetos: Auf keine Weise, o Sokrates! Denn soll ich einmal Teile von ihr zugeben, dann wäre es lächerlich, die Buchstaben fahrenzulassen und andere aufzusuchen.

Sokrates: Nach dieser Rede also, Theaitetos, wäre die Silbe ganz c
und gar *eine* ungeteilte Gestalt.

Theaitetos: So scheint es.

Sokrates: Erinnere dich nun, Freund, daß wir vor nicht gar langer Zeit zufrieden gewesen sind und geglaubt haben, es sei richtig gesagt, daß von dem Ersten, woraus das andere bestände, sich keine Erklärung geben ließe, weil jedes nur selbst für sich selbst wäre und unzusammengesetzt, und man könne nicht einmal das «Sein» hinzufügen und mit Recht davon aussagen noch das «Dieses», weil dies alles schon etwas anderes und fremdes wäre, und aus dieser Ursache nun war das Erste unerkennbar und unerklärbar.

Theaitetos: Ich erinnere mich.

Sokrates: Gibt es nun wohl eine andere als diese Ursache dafür, d
daß es eingestaltig und unteilbar ist? Ich wenigstens sehe keine andere.

Theaitetos: Es zeigt sich auch wohl keine.

Sokrates: Also fällt die Silbe unter dieselbe Gattung mit jenem, wenn sie keine Teile hat und als *eine* Gestalt ist?

Theaitetos: Auf jede Weise.

Sokrates: Ist nun also die Silbe die vielen Buchstaben und ein Ganzes, und diese ihre Teile: so müssen auf gleiche Art die Silben erkennbar und erklärbar sein wie die Buchstaben, da die sämtlichen Teile sich als einerlei gezeigt haben mit dem Ganzen.

Theaitetos: Freilich wohl. e

Sokrates: Ist sie aber *eins* und unteilbar: so ist auch die Silbe ebensowohl wie der Buchstabe unerklärbar und unerkennbar. Denn dieselbe Ursache wird beide zu demselben machen.

Theaitetos: Ich weiß nichts anderes zu sagen.

Sokrates: Mit dem also wollen wir es nicht halten, welcher sagt, die Verknüpfung sei erkennbar und erklärbar, der Bestandteil aber sei das Gegenteil.

Theaitetos: Freilich nicht, wenn wir unserer Rede folgen.

Sokrates: Wie aber? Wenn einer das Gegenteil behauptete, wür- 206 a dest du dem nicht lieber beistimmen nach allem, dessen du dir von Erlernung der Buchstaben her bewußt bist?

THEAITETOS: Was meinst du?

SOKRATES: Daß du beim Lernen nichts anderes tatest als dir Mühe geben, die Buchstaben dem Gesicht nach zu unterscheiden und ebenso auch durch das Gehör, jeden selbst für sich selbst, damit nicht ihre Stellung verwirre, wenn sie gesprochen und geschrieben wurden.

THEAITETOS: Vollkommen richtig.

SOKRATES: Und bei den Kitharisten vollkommen gelernt zu haben,
b heißt das etwas anderes, als jedem Ton folgen zu können, welcher Saite er angehöre, wovon jeder zugeben wird, daß man es die Urbestandteile der Tonkunst nennen kann?

THEAITETOS: Nichts anderes.

SOKRATES: Wenn man nun von den Urbestandteilen und Verknüpfungen, in denen wir selbst erfahren sind, auch auf die andern schließen darf: so werden wir sagen müssen, daß die Erkenntnis der Urbestandteile viel deutlicher sei und viel wirksamer, als die der Verknüpfungen, um jegliche Sache vollkommen zu erlernen. Und wenn jemand sagt, die Verknüpfung sei ihrer Natur nach erkennbar, der Urbestandteil aber nicht: so wollen wir dafür halten, er treibe Scherz, es sei nun wissentlich oder unwissentlich.

THEAITETOS: Offenbar.

[42. Zwei Definitionen der ‹Erklärung› und ihre Nichtanwendbarkeit beim Satz des Theaitetos]

c SOKRATES: Doch hiervon ließen sich noch andere Beweise anführen, wie mich dünkt. Laß uns aber nicht vergessen, unsern vorliegenden Gegenstand danach zu betrachten, was es doch wohl sagen soll, daß die zu der richtigen Vorstellung hinzukommende Erklärung die vollkommenste Erkenntnis ist.

THEAITETOS: So laß uns denn sehen.

SOKRATES: Wohlan, in welchem Sinne will er wohl hier eigentlich «die Erklärung» gemeint haben. Eines von dreien nämlich muß er, wie es mir scheint, sagen wollen.

THEAITETOS: Von welchen dreien?

d SOKRATES: Das erste wäre dieses, daß man überhaupt seine Gedanken durch die Stimme vermittels der Haupt- und Zeitwörter deutlich macht, indem man seine Vorstellung, wie im Spiegel oder im Wasser, so in dieser Ausströmung des Mundes ausdrückt. Oder scheint dir dies nicht «Erklärung» zu sein?

THEAITETOS: Mir allerdings. Von dem jedenfalls, welcher dies tut, sagen wir, daß er sich über etwas erklärt.

SOKRATES: Dieses ist nun aber jeder zu tun imstande, schneller oder langsamer, zu äußern, was er von jeder Sache meint, wer nur nicht ganz und gar taub oder stumm ist. Und auf diese Art werden
e alle, so viele nur etwas richtig vorstellen, es auch «mit Erklärung» verbinden, und es wird also nirgends mehr eine richtige Vorstellung sein ohne Erkenntnis.

THEAITETOS: Richtig.

Sokrates: Laß uns aber deshalb nicht leichtsinnigerweise den verurteilen, daß er nichts gesagt habe, welcher von der Erkenntnis die Erklärung gegeben hat, welche wir jetzt untersuchen. Denn wahrscheinlich hat er nicht dieses gemeint, sondern daß, wer gefragt wird, was jedes ist, dem Fragenden auf Grund der Urbestandteile der Sache Rechenschaft geben müsse. 207 a

Theaitetos: Wie meinst du das, Sokrates?

Sokrates: Wie Hesiodos vom Wagen sagt, «die hundert Hölzer des Wagens», die ich freilich nicht zu nennen wüßte, und ich glaube auch du nicht, sondern wir würden uns begnügen, wenn wir gefragt würden, was ein Wagen ist, daß wir zu antworten wüßten, Räder, Achsen, Obergestelle, Sitz, Joch.

Theaitetos: Sehr zufrieden.

Sokrates: Jener aber würde uns, als wenn wir nach deinem Namen gefragt würden und nur silbenweise antworteten, auslachen, daß wir zwar richtig vorstellten und sagten, was wir sagen, uns aber sehr b
mit Unrecht einbildeten, Sprachkundige zu sein und von dem Namen Theaitetos die sprachkundige Erklärung zu besitzen und zu geben. Mit Erkenntnis aber spreche man nicht eher über etwas, bis man imstande sei, neben der richtigen Vorstellung alles nach seinen ersten Bestandteilen zu beschreiben, wie es auch schon oben irgendwo gesagt worden ist.

Theaitetos: Das ist gesagt worden.

Sokrates: So hätten auch wir zwar eine richtige Vorstellung vom Wagen, der aber das ganze Wesen desselben nach jenen hundert Hölzern beschreiben könne, der habe, eben weil er dies noch dazu habe, c
auch noch die Erklärung zu der richtigen Vorstellung und sei anstatt eines bloß Vorstellenden auch ein Kunstverständiger und Wissender in Beziehung auf das Wesen des Wagens, indem er das Ganze nach seinen Bestandteilen durchgehen könne.

Theaitetos: Scheint dir dieses nun gut, Sokrates?

Sokrates: Ob es dir so scheint, Freund, und du annimmst, daß die Beschreibung eines jeden auf Grund seiner Urbestandteile Erklärung sei, die aber nach den nächsten oder nach größeren Verknüpfungen Fehlerklärung, dies sage mir, damit wir es in Erwägung ziehen. d

Theaitetos: Ich nehme es gänzlich an.

Sokrates: Und glaubst etwa, daß jemand von etwas Erkenntnis habe, wenn dasselbe bald hierzu ihm zu gehören scheint, bald dazu, oder auch, wenn er von demselben Dinge bald dieses vorstellt, bald jenes?

Theaitetos: Beim Zeus, ich gewiß nicht.

Sokrates: Und erinnerst du dich nicht, daß dieses beim Lernen der Buchstaben dir und andern im Anfange begegnet ist?

Theaitetos: Meinst du, daß wir derselben Silbe bald diesen, bald einen andern Buchstaben zugeschrieben und denselben Buchstaben e
bald in die gehörige, bald in eine andere Silbe gesetzt haben?

Sokrates: Eben dies meine ich.

Theaitetos: Dessen erinnere ich mich sehr wohl, beim Zeus, und glaube, daß derjenige bei weitem noch nicht eigentlich weiß, mit dem es sich so verhält.

Sokrates: Wie nun? Wenn bei solcher Gelegenheit einer, indem er
‹Theaitetos› schreibt, ein Th und ein E schreiben zu müssen glaubt
208 a und auch wirklich schreibt, wenn er aber ‹Theodoros› schreiben will,
ein T und ein E schreiben zu müssen glaubt und auch wirklich schreibt:
soll man sagen, daß er die erste Silbe eures Namens wisse?

Theaitetos: Wir haben ja gerade eben eingestanden, daß der, mit welchem es sich so verhält, noch nicht wisse.

Sokrates: Hindert nun etwas, daß es ihm bei der zweiten, dritten und vierten Silbe auf ähnliche Art gehe?

Theaitetos: Nicht daß ich wüßte.

Sokrates: Wird er nicht alsdann, die Beschreibung nach den Bestandteilen innehabend, den Namen ‹Theaitetos› mit richtiger Vorstellung schreiben, wenn er ihn in der gehörigen Ordnung schreibt?

Theaitetos: Offenbar.

b Sokrates: Und dies, ohne noch Erkenntnis zu haben, aber richtig vorstellend?

Theaitetos: Ja.

Sokrates: Er hat aber doch die Erklärung nebst richtiger Vorstellung; denn er hatte ja beim Schreiben die ganze Reihe der Bestandteile, welches wir eben Erkenntnis genannt haben.

Theaitetos: Richtig.

Sokrates: So gibt es also, Freund, eine mit der richtigen Vorstellung verbundene Erklärung, welche man noch nicht Erkenntnis nennen darf.

Theaitetos: So scheint es.

[43. Scheitern der These des Theaitetos auch nach der dritten Definition von ‹Erklärung›]

Sokrates: Nur im Traume sind wir also reicher geworden, indem
wir glaubten, die richtigste Erklärung der Erkenntnis gefunden zu
haben. Oder sollen wir noch nicht aburteilen? Denn vielleicht möchte
c einer die «Erklärung» nicht so verstehen, sondern nach der noch
übrigen von jenen drei Bedeutungen, wovon eine, wie wir sagten,
derjenige annehmen müsse, welcher die Erkenntnis beschriebe als
eine richtige Vorstellung mit der Erklärung verbunden.

Theaitetos: Ganz recht erinnerst du. Denn eine ist noch übrig; die erste war gleichsam ein Bildnis des Gedankens durch die Stimme; das eben Durchgegangene war der Weg zum Ganzen durch die Bestandteile. Was meinst du aber mit der dritten?

Sokrates: Was die meisten sagen würden, daß man könne ein Merkmal angeben, wodurch sich das Gefragte von allen übrigen Dingen unterscheide.

Theaitetos: Was für eine Erklärung kannst du mir in diesem Sinne von irgend etwas geben?

d Sokrates: Wie zum Beispiel, wenn du willst, von der Sonne würde es dir, glaube ich, genügen anzunehmen, daß sie das Glänzendste ist von allem, was am Himmel um die Erde geht.

Theaitetos: Vollkommen.

Sokrates: Merke auch recht, weshalb es gesagt ist. Nämlich, wie wir eben sagten, wenn du das Unterscheidende eines Dinges auffaßt, wodurch es von den übrigen verschieden ist, so behaupten einige, du habest seine Erklärung aufgefaßt. Solange du aber noch etwas Gemeinschaftliches triffst, so würde deine Erklärung auf dasjenige gehen, was zu dieser Gemeinschaftlichkeit gehört.

Theaitetos: Ich verstehe, und es dünkt mich sehr richtig, dieses die e
Erklärung zu nennen.

Sokrates: Wer also nun bei richtiger Vorstellung von irgend etwas auch seinen Unterschied von dem übrigen aufgefaßt hat, der wird dann Erkenntnis von demjenigen erlangt haben, wovon er vorher nur Vorstellung hatte.

Theaitetos: So behaupten wir freilich.

Sokrates: Jetzt freilich, Theaitetos, da ich zu dem Gesagten näher hinzutrete, verstehe ich wie bei den großen, auf die Entfernung berechneten Gemälden auch nicht mehr das mindeste davon. Solange ich aber ferne stand, schien mir etwas damit gesagt zu sein.

Theaitetos: Wieso kommt das?

Sokrates: Ich will es dir deutlich machen, wenn es mir gelingen 209 a
wird. Vorausgesetzt, ich habe eine richtige Vorstellung von dir, so erkenne ich dich doch nur, wenn ich auch noch deine Erklärung dazu auffasse, wofern aber nicht, so stelle ich dich nur vor.

Theaitetos: Ja.

Sokrates: Deine Erklärung aber war die Bezeichnung deiner Verschiedenheit.

Theaitetos: So war es.

Sokrates: Als ich dich nun nur vorstellte, nicht wahr, so traf ich mit meinen Gedanken nichts von dem, wodurch du dich von andern unterscheidest?

Theaitetos: Es scheint nicht.

Sokrates: Ich dachte also nur etwas Gemeinschaftliches, was du um nichts mehr an dir hast als irgendein anderer.

Theaitetos: Notwendig. b

Sokrates: Wohlan denn, beim Zeus, wie habe ich doch auf diese Art mehr dich vorgestellt als irgendeinen andern? Denn setze, ich dächte mir, derjenige wäre Theaitetos, der ein Mensch wäre und Nase, Mund und Augen hätte, und so jedes der übrigen Glieder; wird nun dieser Gedanke machen, daß ich mir mehr den Theaitetos denke als den Theodoros oder, wie man zu sagen pflegt, den letzten der Myser?

Theaitetos: Wie sollte er?

Sokrates: Allein, wenn ich mir auch nicht bloß einen Nase und
Augen Habenden denke, sondern auch wohl einen Krummnasigen c
und mit heraustretenden Augen, werde ich dann mehr dich vorstellen als mich selbst und wer sonst noch so beschaffen ist?

Theaitetos: Um nichts mehr.

Sokrates: Sondern nicht eher, glaube ich, wird Theaitetos in mir vorgestellt werden, bis diese Krummnasigkeit selbst ein sie von andern Krummnasigkeiten, die ich auch schon gesehen, unterscheidendes Merkmal in mir abdrückt und zurückläßt, und so alles übrige, woraus du bestehst, was mich, auch wenn ich dir morgen begegne, erinnern und machen wird, daß ich mir Richtiges über dich vorstelle.

THEAITETOS: Ganz recht.

d SOKRATES: Also auch die richtige Vorstellung von einem jeden geht
schon auf die Verschiedenheit.

THEAITETOS: So scheint es ja.

SOKRATES: Zur richtigen Vorstellung noch die Erklärung hinzufügen, was hieße das also? Denn heißt dies, sich noch dasjenige dazu vorstellen, wodurch etwas sich von dem übrigen unterscheidet: so ist das ja eine lächerliche Vorschrift.

THEAITETOS: Wieso?

SOKRATES: Wovon wir schon eine richtige Vorstellung haben, in-
wiefern es sich von dem übrigen unterscheidet, davon sollen wir nun
noch eine richtige Vorstellung hinzunehmen, inwiefern es sich von
dem übrigen unterscheidet; und so will alles andere Herumdrehen
e im Kreise, ohne daß etwas von der Stelle komme, nichts sagen gegen
diese Vorschrift. Man könnte es aber mit mehrerem Recht das Zu-
reden eines Blinden nennen, denn uns zureden, daß wir doch neh-
men möchten, was wir schon haben, um das zu erfahren, was wir
schon vorstellen, das schickt sich ganz vortrefflich für einen Geblen-
deten.

THEAITETOS: Sprich aber, was wolltest du vorher noch herausbringen mit deiner Frage?

SOKRATES: Daß, wenn auf der andern Seite mit dem Hinzufügen
der Erklärung ein Einsehen der Verschiedenheit gemeint wäre, nicht
nur ein Vorstellen derselben, es dann eine gar herrliche Sache wäre
um diese schönste von den Erklärungen der Erkenntnis. Denn Einse-
210 a hen heißt doch Erkenntnis haben? Nicht wahr?

THEAITETOS: Ja.

SOKRATES: Wer also gefragt wird, was Erkenntnis ist, der soll, wie es scheint, antworten, richtige Vorstellung mit Erkenntnis der Verschiedenheit verbunden. Denn das wäre nun nach jenem das Hinzufügen der Erklärung.

THEAITETOS: So scheint es.

SOKRATES: Und das ist doch auf alle Weise einfältig, denen, welche
die Erkenntnis suchen, zu sagen, sie sei richtige Vorstellung verbun-
den mit Erkenntnis, gleichviel ob des Unterschiedes oder sonst etwas
andern. Weder also die Wahrnehmung, o Theaitetos, noch die rich-
b tige Vorstellung, noch die mit der richtigen Vorstellung verbundene
Erklärung kann Erkenntnis sein.

THEAITETOS: Es scheint nicht.

SOKRATES: Sind wir nun noch mit etwas schwanger, Freund, und haben Geburtsschmerzen in Sachen der Erkenntnis? Oder haben wir alles ausgeboren?

THEAITETOS: Ich, beim Zeus, habe vermittels deiner Hilfe sogar mehr herausgesagt, als ich in mir hatte.

SOKRATES: Und unsre Geburtshelferkunst hat von diesem allen gesagt, es wären nur Windeier und nicht wert, daß man sie aufziehe?

THEAITETOS: Auf alle Weise ja.

[44. Schlußworte des S. über das Vermögen seiner geburtshelferischen Kunst]

SOKRATES: Gedenkst du nun, Theaitetos, nach diesem wiederum
mit anderem schwanger zu werden: so wirst du, wenn du es wirst, c
dann Besseres bei dir tragen vermöge der gegenwärtigen Prüfung,
wenn du aber leer bleibst, dann denen, welche dich umgeben, weniger beschwerlich sein und sanftmütiger und besonnenerweise nicht glauben zu wissen, was du nicht weißt. Denn nur soviel vermag diese meine Kunst, mehr aber nicht, noch verstehe ich so etwas wie die andern großen und bewunderten Männer von jetzt und ehedem. Diese geburtshelferische Kunst aber ist meiner Mutter und mir von Gott zugeteilt worden, ihr nämlich für die Frauen und mir für edle und schö- d
ne Jünglinge. Jetzt nun muß ich mich in der Königshalle einstellen wegen der Klage, welche Meletos gegen mich angestellt hat. Morgen aber, Theaitetos, wollen wir uns wieder hier treffen.

SOPHISTES

GLIEDERUNG

A. Einleitung:

1. Einführung des eleatischen Fremdlings und Frage des Sokrates nach dem Sophisten, Staatsmann und Philosophen (1. Kap., 216 a 1 — 217 b 8).
2. Entscheidung über Art und Weise der Darlegung und Wahl des Mitunterredners (2. Kap., 217 c 1 — 218 b 4).

B. Hauptteil:

I. Suche nach dem Sein des Sophisten und Antreffen seiner Erscheinungsweisen. 1. Die Methode der Untersuchung; a) Vorschlag des Fremden, das Verfahren zur Bestimmung des Sophisten am Beispiel des Angelfischers zu üben (3. Kap., 218 b 5 — 219 a 3); b) Unterscheidung zweier Künste: der hervorbringenden und der erwerbenden (4. Kap., 219 a 4 bis 219 c 8); c) Zweiteilung der Künste bis zur Gewinnung der Hakenfischerei (5. Kap., 219 d 1 — 220 e 1); d) Auffindung der Angelfischerei (6. Kap., 220 e 2 — 221 a 6); e) Zusammenfassung des Ergebnisses (7. Kap., 221 a 7 — 221 c 4). 2. Erscheinungen des Sophisten; a. α) Der Sophist als ein Jäger zu Lande und auf zahme Tiere (8. Kap., 221 c 5 bis 222 b 5), β) Einteilung der Jagd auf Zahmes bis zum Erscheinen des Sophisten (9. Kap., 222 b 6 — 223 a 10); b. α) Der Sophist als ein Händler mit Kenntnissen (10. Kap., 223 b 1 — 224 b 3), β) Weitere Teilung des Seelenhandels bis zum Sophisten als Zwischenhändler oder Krämer mit Kenntnissen von der Tugend (11. Kap., 224 b 4 — 224 e 5); c) Der Sophist als ein Streitkünstler (12. Kap., 224 e 6 — 226 a 5). 3. Das ihm gleichende Gegen-Bild des Sophisten; a) Entwicklung einer aussondernden Reinigungskunst (13. Kap., 226 a 6 — 226 e 4); b) Zwei Arten der Reinigung: die des Körpers und die der Seele (14. Kap., 226 e 5 — 227 d 3); c) Die zwei Arten von Schlechtigkeit in der Seele: ihre Krankheit und ihre Häßlichkeit (15. Kap., 227 d 4 — 228 e 5); d) Die beiden Künste für die Schlechtigkeiten der Seele und die zwei Arten des Unverstandes (16. Kap., 228 e 6 — 229 d 7); e) Zwei Weisen der Erziehung. Die prüfende Zurechtweisung als vollkommenste Reinigung (17. Kap., 229 d 8 — 230 e 4); f) Ist der Sophist jener Reinigungskünstler? (18. Kap., 230 e 5 — 231 c 7). 4. Zusammenfassung und Feststellung, daß das Wesen der sophistischen Kunst noch nicht entdeckt ist (19. Kap., 231 c 8 — 232 a 7).

II. Aufhellung des Gebietes des Scheins: das Sein des Nichtseienden. 1. Der Sophist als Besitzer der Kunst des Scheins; a) Prüfung des streitkünstlerischen Vermögens der Sophisten: Sie erzeugen den Schein, über alles zu wissen, ohne weise zu sein (20. Kap., 232 b 1 — 233 c 9); b) Erläuterung der sophistischen Kunst des Scheins durch die nachahmende Darstellung (21. Kap., 233 c 10 — 234 b 4); c) Der Sophist als Zauberer und Nachahmer des Seienden (22. Kap., 234 b 5 — 235 a 9); d) Die zwei Arten der Nachahmungskunst: Ebenbildnerei und Trugbildnerei (23. Kap., 235 a 10 — 236 d 8). 2. Der Schein und das Rätsel des Nichtseienden; a) Die Schwierigkeit der Bestimmung des Scheins und des Falschen und ihr Zusammenhang mit dem Satz des Parmenides vom Nichtsein des Nichtseienden (24. Kap., 236 d 9 — 237 b 6); b) Das in keiner Weise Seiende bezeichnet nicht irgend etwas, und wer es ausspricht, sagt nichts (25. Kap., 237 b 7 — 237 e 7); c) Das in keiner Weise Seiende ist ohne Widerspruch weder denkbar noch auch nur aussprechbar (26. Kap., 238 a 1 — 239 a 12); d) Die Unüberwindlichkeit dieses Nichtseienden. Was ist ein Bild? (27. Kap.,

239 b 1 — 239 d 8); e) Das Bild als wirklich-seiendes nichtwirklich Nichtseiendes und das Problem der Verknüpfung des Nichtseienden mit dem Sein (28. Kap., 239 e 1 — 241 b 3); f) Übergang zur Prüfung des parmenideischen Satzes vom Nichtsein (29. Kap., 241 b 4 — 242 b 5). 3. Das Ungenügen der aufgetretenen Lehren vom Sein; a) Die Geschichten der alten Philosophen vom Seienden und ihre Unverständlichkeit (30. Kap., 242 b 6 — 243 c 9); b) Was bedeutet ‹seiend› bei denen, die das All als eine Mehrheit annehmen? (31. Kap., 243 c 10 — 244 b 5); c) Die Schwierigkeit des ‹Seins›, des ‹Namens› und des ‹Ganzen› für die, welche das All als Eins annehmen (32. Kap., 244 b 6 — 245 e 5); d) Der Riesenkampf zwischen denen, die das Sein in die Ideen setzen, und denen, die allein das Körperliche als seiend annehmen (33. Kap., 245 e 6 — 246 e 1); e) Einigung mit den am Körper Hängenden darüber, daß auch Unkörperliches ist, und über eine Bestimmung des Seins als Vermögen (34. Kap., 246 e 2 — 248 a 3); f) Notwendigkeit für die Ideenfreunde, auch ein Leiden des Seins zuzugeben und Bewegung, Vernunft und Leben dem wahrhaft Seienden zuzuschreiben (35. Kap., 248 a 4 — 249 d 5); g) Bewegung und Ruhe als vom Sein verschieden. Feststellung der Verlegenheit über das Seiende (36. Kap., 249 d 6 — 251 a 7). 4. Das Wissen des Philosophen als Wissen von der Verbindung des Seienden; a) Unausweichlichkeit, eine Verknüpfung und Verbindung des Seienden anzunehmen (37. Kap., 251 a 8 — 252 d 11); b) Die Verbindung der Begriffe als eine beschränkte und Erfordernis einer höchsten Wissenschaft von ihr (38. Kap., 252 d 12 bis 253 c 5); c) Die dialektische Wissenschaft als Wissen von der Verbindung und Trennung der Begriffe (39. Kap., 253 c 6 — 254 b 6). 5. Erklärung des Seins des Nichtseienden; a) Aufstellung von fünf voneinander verschiedenen Hauptbegriffen: das Seiende, Bewegung, Ruhe, das Selbe und das Verschiedene (40. Kap., 254 b 7 — 255 e 7); b) Aufweis einer Möglichkeit, daß Nichtseiendes ist: Nichtsein als Verschiedenheit (41. Kap., 255 e 8 — 257 c 4); c) Das Sein des Verschiedenen ist dem Sein des Seienden gleichgestellt, und daher *ist* das Nichtseiende ebenso wie das Seiende (42. Kap., 257 c 5 — 258 c 5); d) Schlußzusammenfassung über die Natur des Nichtseienden und die Notwendigkeit seines Seins (43. Kap., 258 c 6 — 259 d 8).

III. Entdeckung des Seins des Sophisten. 1. Das Wesen falscher Rede und falscher Meinung; a) Notwendigkeit, zur Auffindung des Sophisten das Problem des falschen Redens und Denkens zu lösen (44. Kap., 259 d 9 bis 261 c 5); b) Die Rede als Kundmachung. Zwei Arten von Wörtern und ihre Verbindung zum einfachsten Satz (45. Kap., 261 c 6 — 262 d 7); c) Erklärung der falschen Rede (46. Kap., 262 d 8 — 263 d 5); d) Falsche Meinung und falsche Vorstellung (47. Kap., 263 d 6 — 264 b 8). 2. Das Sein des Sophisten; a) Anknüpfung an die früheren Einteilungen und Teilung der hervorbringenden Kunst in einen göttlichen und einen menschlichen Teil (48. Kap., 264 b 9 — 265 b 7); b) Erläuterung der göttlichen und menschlichen Hervorbringung und abermalige Zweiteilung (49. Kap., 265 b 8 — 266 b 1); c) Die zwei Arten der hervorbringenden Kunst (50. Kap., 266 b 2 — 266 d 7); d) Der nachahmende Teil der Trugbildnerei und seine zwei Arten (51. Kap., 266 d 8 — 267 d 3); e) Abschließende Festlegung des Sophisten (52. Kap., 267 d 4 — 268 d 5).

Theodoros; Sokrates; Fremder aus Elea; Theaitetos

[1. Einführung des eleatischen Fremdlings und Frage des S. nach dem Sophisten, Staatsmann und Philosophen]

216 a Theodoros: Der gestrigen Verabredung gemäß, o Sokrates, stel-
len wir selbst uns gebührend ein und bringen auch hier noch einen
Fremdling mit, seiner Abkunft nach aus Elea, und einen Freund de-
rer, die sich zum Parmenides und Zenon halten, einen gar philoso-
phischen Mann.

Sokrates: Solltest du etwa, Theodoros, dir unbewußt nicht einen
Fremdling, sondern einen Gott mitbringen nach der Rede des Home-
b ros, welcher ja sagt, daß sowohl andere Götter solche Menschen, die
an Recht und Scham festhalten, als auch besonders der gastliche Gott,
zu geleiten pflegen, um den Übermut und die Frömmigkeit der Men-
schen zu beschauen: Vielleicht also begleitet auch dich auf dieselbe
Art dieser, einer der Höheren, um uns, die wir noch so gering sind
im Reden, heimzusuchen und zu überführen, ein überführender Gott?

Theodoros: Nicht ist dieses die Weise des Fremdlings, o Sokrates;
sondern bescheidener ist er als die, welche sich auf das Streiten gelegt
haben. Und es dünkt mich der Mann ein Gott zwar keineswegs zu
c sein, göttlich aber gewiß; denn alle Philosophen möchte ich so be-
nennen.

Sokrates: Und mit Recht, o Freund. Nur mag wohl dieses Ge-
schlecht in gewisser Beziehung nicht viel leichter zu erkennen sein
als das der Götter. Denn in gar mancherlei Gestalten erscheinen, we-
gen der Unwissenheit der anderen, diese Männer, die nicht angeb-
lichen, sondern wahrhaften Philosophen, und «durchgehn die Gebie-
te der Menschen», betrachtend von oben her der Niedern Leben, und
einigen scheinen sie gar nichts wert zu sein, anderen über alles zu
schätzen, und sie werden bald für Staatsmänner angesehen, bald für
d Sophisten; ja bisweilen sind sie einigen schon vorgekommen als
gänzlich Verwirrte. Von unserem Fremdling nun möchte ich gern
vernehmen, wenn es auch ihm gelegen wäre, was doch die dortigen
217 a Ortes hiervon hielten und sagten.

Theodoros: Wovon denn?

Sokrates: Vom Sophisten, Staatsmann, Philosophen.

Theodoros: Was doch eigentlich? Und was für Ungewißheit hast du hierüber, so daß dir dies zu fragen eingefallen ist?

Sokrates: Diese: Ob sie dies alles für einerlei hielten oder für zweierlei, oder ob sie, so wie die drei Wörter, so auch drei Gattungen unterscheidend, nach der Zahl der Namen mit jedem auch einen besondern Begriff verknüpften?

Theodoros: Er wird ja, wie ich meine, kein Bedenken haben, dies durchzugehen. Oder was, o Fremdling, wollen wir sagen?

Fremder: Eben dies, Theodoros. Denn weder habe ich ein Beden- b
ken, noch ist es schwer zu sagen, daß sie es ja wohl für dreierlei hielten. Einzeln aber genau zu bestimmen, was jedes ist, das ist kein kleines noch leichtes Geschäft.

Theodoros: Recht glücklich, o Sokrates, hast du einen ganz dem verwandten Gegenstand ergriffen, über welchen wir, schon ehe wir hierher gingen, mit diesem in Befragung standen. Er aber hat dasselbe, was jetzt gegen dich, auch vorher gegen uns vorgeschützt. Denn genug darüber gehört zu haben bekennt er, und auch, daß es ihm nicht entfallen ist.

[2. Entscheidung über Art und Weise der Darlegung und Wahl des Mitunterredners]

Sokrates: Also, o Fremdling, bescheide uns ja nicht abschlägig, c
da wir eben die erste Gunst von dir erbitten. Sondern nur dies sage uns zuvor, ob du gewohnt bist, lieber für dich allein in fortlaufender Rede sprechend dasjenige durchzuführen, was du jemandem darstellen willst, oder in Fragen; welcher Art und Weise ich einst den Parmenides sich bedienen und treffliche Sachen durchführen hörte in meinem Beisein, als ich noch ein junger Mensch, er aber schon ziemlich bei Jahren war.

Fremder: Mit einem, o Sokrates, der ohne Verdruß und lenksam d
mitzusprechen weiß, leichter so, gesprächsweise; wenn aber das nicht, dann allein.

Sokrates: Demnach nun steht dir frei, von den Anwesenden welchen du willst auszuwählen; denn alle werden dir willig folgen. Nimmst du aber meinen Rat an, so wirst du einen von den Jünglingen wählen, etwa hier den Theaitetos, oder welcher von den andern nach deinem Sinne sein mag.

Fremder: O Sokrates, eine gewisse Scham ergreift mich doch, daß ich, jetzt zum ersten Male unter euch, nicht kurzes Gespräch Wort
um Wort mit euch führen soll, sondern mich ausbreitend eine zu- e
sammenhängende Rede durchführen, geschehe es nun allein oder mit einem andern, als ob ich mich vor euch zeigen wollte. Denn das Aufgegebene ist in der Tat nicht so kurz, wie einer, wenn es so gefragt ist, erwarten könnte; sondern es bedarf einer gar langen Auseinandersetzung. Auf der andern Seite aber dir nicht gefällig zu sein und diesen, zumal nach dem, was du gesagt, scheint mir ungastlich zu sein
und ungesittet. Denn daß Theaitetos der Gesprächsgenosse sei, ist 218 a
mir auf alle Weise genehm, sowohl infolge dessen, was ich schon selbst vorher mit ihm gesprochen, als auch, weil du ihn jetzt dazu empfiehlst.

Theaitetos: Tu also so, o Fremdling, und du wirst, wie Sokrates sagte, allen gefällig sein.

Fremder: Hierüber scheint nichts mehr zu sagen nötig, Theaitetos, und an dich soll von nun an, wie es scheint, meine Rede ergehen. Wenn es dich aber auf die Länge anstrengt und dir beschwerlich wird: so gib die Schuld davon nicht mir, sondern diesen deinen Freunden.

b THEAITETOS: Ich hoffe ja, daß ich jetzt gerade nicht so ermüden wer-
de. Sollte mir aber dergleichen begegnen, so wollen wir auch diesen
Sokrates dazunehmen, der dem Sokrates dem Namen, mir dem Alter
nach gleich ist und mein Übungsgenosse, und dem daher mancherlei
mühsam mit mir zu bestehen nicht ungewohnt ist.

[3. Vorschlag des Fremden, das Verfahren zur Bestimmung des Sophisten am Beispiel des Angelfischers zu üben]

FREMDER: Wohl gesprochen, und hierüber magst du selbst mit dir
zu Rate gehen im Verlauf unserer Rede. Jetzt aber mußt du gemein-
schaftlich mit mir zur Untersuchung schreiten, zuerst beginnend, wie
c mich dünkt, vom Sophisten zu suchen und durch die Rede aufzuhel-
len, was er wohl ist. Denn jetzt haben ich und du von ihm nur erst
den Namen gemeinsam, die Sache aber, der wir ihn beilegen, mag
vielleicht jeder von uns bei sich selbst auf eigne Art vorstellen. Im-
mer aber muß man in allen Dingen mehr über die Sache selbst durch
Erklärungen sich verständigen als nur über den Namen ohne Erklä-
rung. Der ganze Stamm aber, den wir jetzt vorhaben zu suchen, ist
wohl nicht eben am leichtesten zu ergreifen, was er wohl ist, der So-
phist. Was aber Großes wohl gelingen soll, darüber sind alle von je-
d her einig, daß man es zuvor an Kleinem und Leichterem üben müs-
se, ehe an dem Größten selbst. So auch jetzt, o Theaitetos, rate ich
wenigstens uns beiden, weil wir die Art des Sophisten für mühsam
und schwer einzufangen halten, zuvor an etwas anderem, Leichte-
rem, das Verfahren zu versuchen, wenn du nicht etwa anderswoher
einen anderen, leichteren Weg anzugeben hast.

THEAITETOS: Den habe ich nicht.

FREMDER: Sollen wir uns also etwas ganz Geringes holen und dar-
an versuchen ein Vorbild aufzustellen für das Größere?

e THEAITETOS: Ja.

FREMDER: Was sollen wir also vornehmen als leicht zu erkennen
und klein, dennoch aber nicht kürzerer Erklärung bedürfend als das
Größere? Etwa der Angelfischer: ist der nicht etwas allen Bekanntes
und viel Mühe auf ihn zu wenden gar nicht wert?

THEAITETOS: So ist er.

219 a FREMDER: Ein Verfahren aber soll er uns, hoffe ich, zeigen und
eine Erklärung, gar nicht unangemessen für das, was wir wollen.

THEAITETOS: Das wäre ja vortrefflich.

[4. Unterscheidung zweier Künste: der hervorbringenden und der erwerbenden]

FREMDER: Wohlan denn, laß uns so mit ihm beginnen. Sage mir, wollen wir ihn als einen Künstler setzen oder als einen Kunstlosen, dem aber irgendein anderes Vermögen zukommt?

THEAITETOS: Keineswegs doch als einen Kunstlosen.

FREMDER: Für alle Künste aber gibt es doch zwei Begriffe.

THEAITETOS: Wie das?

FREMDER: Der Ackerbau nämlich und jegliche Bemühung um einen sterblichen Körper, und wiederum, was sich auf das Zusammenge-

fügte und Gestaltete bezieht, was wir Gerätschaft nennen, dann die nachahmende Kunst, alles dieses kann mit Recht durch *eine* Benen- b
nung bezeichnet werden.

THEAITETOS: Wie und durch welche?

SOKRATES: Wo nur immer jemand, was zuvor nicht war, hernach zum Dasein bringt, da sagt man, daß der Bringende es mache, das Gebrachte aber gemacht werde.

THEAITETOS: Richtig.

FREMDER: Was wir nun eben angeführt haben, hatte sämtlich hierin seine Kraft.

THEAITETOS: Hierin allerdings.

FREMDER: So könnte man demnach dies alles zusammenfassend die *hervorbringende* Kunst nennen.

THEAITETOS: So sei es. c

FREMDER: Alle Arten des Erlernens aber auf der andern Seite und der Erkenntnis, alles Geldverdienen ferner und Kämpfen und Jagen, da keine davon etwas verfertigt, sondern nur das bereits Vorhandene und Gewordene teils durch Worte und Taten in ihre Gewalt bringt, teils es denen, welche es in ihre Gewalt bringen, nicht vergönnt: so könnte deshalb am besten eine Kunst, welche man die *erwerbende* nennte, alle diese Abteilungen beschreiben.

THEAITETOS: Ja, das ginge wohl.

[5. Zweiteilung der Künste bis zur Gewinnung der Hakenfischerei]

FREMDER: Wenn nun alle Künste zur erwerbenden oder hervor- d
bringenden gehören, unter welche, o Theaitetos, wollen wir den Angelfischer setzen?

THEAITETOS: Unter die erwerbende offenbar.

FREMDER: Gibt es aber von der erwerbenden nicht zwei Gattungen, deren eine die jegliches auf beiden Seiten gutwillig *umsetzende* ist, durch Geschenk sowohl als Kauf oder Miete; das übrige insgesamt aber, das jegliche Bezwingung, geschehe sie nun durch Worte oder durch Taten, in sich schließt, hieße die *bezwingende*.

THEAITETOS: Es ist deutlich aus dem Gesagten.

FREMDER: Wie aber? Sollen wir die bezwingende nicht wieder in zwei zerschneiden?

THEAITETOS: Auf welche Art?

FREMDER: Indem wir nämlich alles offenbare Bezwingen als *Kampf* e
setzen, das heimliche in ihr aber insgesamt als *Nachstellung*.

THEAITETOS: Gut.

FREMDER: Die Nachstellung nun wäre es unvernünftig nicht wieder in zwei zu teilen.

THEAITETOS: Sage wie?

FREMDER: Die eine für das *Leblose* absondernd, die andere für das *Belebte*.

THEAITETOS: Warum sollte man nicht, wenn es doch beides gibt?

FREMDER: Wie gäbe es das nicht! Und die des Leblosen, welche bis 220 a
auf einige Teile der Taucherkunst und andere dergleichen kleinere unbenannt ist, müssen wir liegen lassen, die des Belebten aber, wel-

che nun die Nachstellung gegen Tiere ist, die Tiernachstellung oder die Jagd nennen.

THEAITETOS: So sei es.

FREMDER: Von der Jagd aber könnte man nicht eine zwiefache Art mit Recht anführen? Eine, welche auf die Gattung der Landtiere gehend in viele Arten und Namen geteilt ist, die Landjagd, die andere, ganz auf die schwimmenden Tiere gehend, die Jagd im Flüssigen.

THEAITETOS: Allerdings.

b FREMDER: Von den schwimmenden Tieren aber sehen wir ein befiedertes Geschlecht und ein im Wasser lebendes?

THEAITETOS: Wie sollten wir nicht?

FREMDER: Und die gesamte Jagd auf das befiederte Geschlecht heißt doch wohl die Vogeljagd?

THEAITETOS: So heißt sie allerdings.

FREMDER: Und die auf das im Wasser Lebende insgesamt die Fischerei?

THEAITETOS: Ja.

FREMDER: Und wie? Möchten wir nicht auch diese Jagd wiederum in zwei große Teile teilen?

THEAITETOS: In was für welche?

FREMDER: Inwiefern der eine durch Gehege allein den Fang vollbringt, der andere durch Verwundung.

THEAITETOS: Wie meinst du das, und wonach trennen sich beide?

c FREMDER: Die einen, weil alles, was etwas, um es zurückzuhalten, umgibt, wohl ein Gehege heißen muß.

THEAITETOS: Freilich.

FREMDER: Reusen also und Schlingen und Hamen und Grundnetze und dergleichen, soll man das anders als Gehege nennen?

THEAITETOS: Nicht anders.

FREMDER: Netzfang also würden wir diesen Teil der Jagd nennen, oder so ungefähr.

THEAITETOS: Ja.

FREMDER: Der aber mit Haken und Harpunen durch Verwundung
d geschieht, den würden wir von jenem unterscheidend jetzt mit einem Worte die Wundfischerei nennen müssen. Oder wie, Theaitetos, könnte man sie besser benennen?

THEAITETOS: Laß es sein mit dem Namen; denn auch dieser ist gut genug.

FREMDER: Die nächtliche Art Wundfischerei nun, die beim Scheine des Feuers getrieben wird, heißt bei denen, die ihr obliegen, schon der Fackelfang.

THEAITETOS: Freilich.

FREMDER: Die aber bei Tage, weil Haken an der Spitze auch die Harpunen haben, heißt im allgemeinen die Hakenfischerei.

e THEAITETOS: So heißt sie.

[6. Auffindung der Angelfischerei]

FREMDER: Was nun bei dieser zur Wundfischerei gehörigen Hakenfischerei von oben nach unten geschieht, das wird, weil man sich der Harpunen vornehmlich auf diese Art bedient, die Harpunenfischerei genannt.

Theaitetos: So nennen sie einige.

Fremder: Das übrige ist nun nur noch *eine* Art.

Theaitetos: Was für eine?

Fremder: Die durch den ganz entgegengesetzten Zug mit dem Angelhaken getrieben wird und die Fische nicht gleichviel an welchem
Teile des Leibes trifft, wie mit der Harpune, sondern allemal am Kopf 221 a
und Munde, und den gefangenen Fisch dann mittels Rute und Rohr von unten heraufzieht. Und wie sollen wir sagen, Theaitetos, daß diese müsse genannt werden?

Theaitetos: Mich dünkt, was wir uns eben vorgesetzt hatten zu finden, nun wirklich vollbracht zu sein.

[7. Zusammenfassung des Ergebnisses]

Fremder: Nun also sind wir, du und ich, von der Angelfischerei
nicht nur über den Namen einig, sondern haben auch die Erklärung b
über die Sache selbst zur Genüge erlangt. Denn von der gesamten Kunst war die eine Hälfte die erwerbende, von der erwerbenden die bezwingende, von der bezwingenden die nachstellende, von der nachstellenden die jagende, von der jagenden die im Flüssigen jagende, von der im Flüssigen jagenden war der ganze untere Abschnitt die Fischerei, von dieser ein Teil die verwundende, von der verwundenden die Hakenfischerei; und von dieser hat uns die Art vermittels
einer von unten nach oben gezogenen und den Fisch daran *hängen-* c
den Wunde den der Tat selbst nachgebildeten Namen der *Angel*fischerei erhalten.

Theaitetos: Auf alle Weise ist dies nun hinreichend aufgehellt.

[8. Der Sophist als ein Jäger zu Lande und auf zahme Tiere]

Fremder: Wohlan denn, wollen wir nach eben diesem Muster wie hier auch den Sophisten versuchen aufzufinden, was er wohl ist?

Theaitetos: Allerdings freilich.

Fremder: Jenes war also doch die erste Frage, ob wir den Angelfischer sollten als einen Unwissenden oder als eine Kunst besitzend ansehen?

Theaitetos: Ja.

Fremder: So auch jetzt, Theaitetos, wollen wir diesen als einen d
Unwissenden setzen oder auf alle Weise doch als einen wirklich klugen?

Theaitetos: Keineswegs als unwissend, denn ich verstehe, was du meinst, daß auf alle Weise von der letzten Art sein muß, wer diesen Namen führt.

Fremder: Also als im Besitz einer Kunst müssen wir ihn auf alle Weise setzen.

Theaitetos: Aber was für einer wohl?

Fremder: Ist etwa gar, bei den Göttern, uns unbewußt der Mann mit dem andern verwandt?

Theaitetos: Wer mit wem?

Fremder: Der Angelfischer mit dem Sophisten?

Theaitetos: Wieso?

Fremder: Jäger scheinen sie mir ganz bestimmt beide zu sein.

e Theaitetos: In welcher Jagd der eine? Denn von dem andern haben wir es gesagt.

Fremder: Haben wir nicht eben die gesamte Jagd in zwei Teile geteilt, den einen für die schwimmenden Lebewesen abschneidend, den andern für die gehenden?

Theaitetos: Ja.

Fremder: Und sind von dem einen durchgegangen, was sich auf die im Wasser schwimmenden bezog, die Landjagd aber haben wir ungespaltet gelassen und nur erwähnt, sie wäre sehr vielartig?

222 a Theaitetos: So geschah es.

Fremder: Bis hierher nun sind der Sophist und der Angelfischer von der erwerbenden Kunst aus miteinander gegangen.

Theaitetos: So scheinen sie wenigstens.

Fremder: Sie trennen sich aber bei der Tiernachstellung, der eine nach dem Meere und den Strömen und Seen hin, um den dort befindlichen Tieren nachzustellen.

Theaitetos: Offenbar.

Fremder: Der andere aber aufs Land und zu ganz anderen Strömen, nämlich des Reichtums und der Jugend, daß ich so sage, üppigen Wiesen, um der hier befindlichen Geschöpfe sich zu bemächtigen.

b Theaitetos: Wie meinst du das?

Fremder: Von der Landjagd gibt es zwei ganz große Teile.

Theaitetos: Welches sind die beiden?

Fremder: Die der zahmen und die der wilden Tiere.

[9. Einteilung der Jagd auf Zahmes bis zum Erscheinen des Sophisten]

Theaitetos: Gibt es denn eine Jagd auf zahme Tiere?

Fremder: Wenn anders der Mensch ein zahmes Tier ist! Setze aber, was dir gefällt, entweder daß es gar keine zahmen Tiere gebe oder daß es deren zwar gebe, der Mensch aber ein wildes sei, oder du magst auch den Menschen zwar ein zahmes nennen, aber nicht glauben, daß es eine Nachstellung auf den Menschen gebe; was du hiervon am liebsten möchtest behauptet haben, darüber erkläre dich nur.

c Theaitetos: So halte ich denn uns für ein zahmes Tier, o Fremdling, und sage auch, daß es eine Nachstellung auf Menschen gebe.

Fremder: Zwiefach, sagen wir nun auch wieder, sei die zahme Jagd.

Theaitetos: Weshalb sagen wir das?

Fremder: Die Räuberei, die Sklavenfängerei, die Tyrannei und die gesamte Kriegskunst, dies sämtlich bestimmen wir als die gewaltsame Nachstellung.

Theaitetos: Schön.

Fremder: Die sachwalterische aber und die volksrednerische und die umgängliche, insgesamt als *eins*, wollen wir *eine* Kunst, die *überredende*, nennen.

THEAITETOS: Richtig. d

FREMDER: Von der Überredungskunst aber setzen wir zwei Gattungen.

THEAITETOS: Was für welche?

FREMDER: Eine die unter einzelnen, die andere die öffentlich getriebene.

THEAITETOS: Beide Arten gibt es allerdings.

FREMDER: Von der nicht öffentlichen nun ist wiederum die eine die *lohnfordernde*, die andere die *geschenkbringende*.

THEAITETOS: Das verstehe ich nicht.

FREMDER: So scheinst du auf die Nachstellung der Liebenden wohl noch nie gemerkt zu haben.

THEAITETOS: Wieso?

FREMDER: Wie sie den Gefangenen noch Geschenke dazu geben. e

THEAITETOS: Du hast ganz recht.

FREMDER: Diese Art sei also die der Liebeskunst.

THEAITETOS: Ganz wohl.

FREMDER: Von der lohnfordernden aber gibt es zunächst eine Art, welche immer lieblich redend und die Lust überall als Lockspeise brauchend als einzigen Lohn Nahrung fordert, welche wir, glaube ich, als die einschmeichelnde alle für eine *ergötzliche* Kunst erklären 223 a
würden.

THEAITETOS: Wie denn anders?

FREMDER: Die andere aber, welche um der Tugend willen Umgang zu pflegen verheißt und sich Geld zum Lohne reichen läßt, lohnt es nicht, daß wir diese Art mit einem andern Namen benennen?

THEAITETOS: Allerdings.

FREMDER: Aber mit welchem wohl, das versuche zu sagen.

THEAITETOS: Es ist klar. Denn den Sophisten haben wir, dünkt mich, gefunden. Ich wenigstens glaube, indem ich ihn für dieses erkläre, ihn mit dem schicklichsten Namen zu benennen.

[10. Der Sophist als ein Händler mit Kenntnissen]

FREMDER: Nach dieser jetzigen Rede also, o Theaitetos, wäre die b
von der nachstellend bezwingenden aneignenden Kunst, und zwar von der Tiernachstellung zu Lande auf Menschen, nämlich der nicht öffentlichen Überredungskunst lohnforderndem, für Geld sich verkaufendem, scheinbar belehrendem Teil auf reiche angesehene Jünglinge angestellte Jagd, wie diese Rede uns ausgegangen ist, die sophistische Kunst zu nennen.

THEAITETOS: So ist es allerdings.

FREMDER: Auch so laß uns aber noch zusehen. Denn nicht einer c
geringen Kunst ist teilhaftig, was wir jetzt suchen, sondern einer gar mannigfaltigen. Denn auch aus dem vorher Gesagten ergibt sich ein Schein, als sei es nicht das, was wir jetzt sagen, sondern noch eine andere Gattung.

THEAITETOS: Wieso doch?

FREMDER: Von der erwerbenden Kunst gab es doch zwei Arten, indem sie sowohl einen nachstellenden Teil hat als einen umsetzenden.

Theaitetos: So war es.

Fremder: Dem Umsatz wollen wir nun wieder zwei Arten geben, die eine das Schenken, die andere das Kaufen oder den Handel.

Theaitetos: Das soll gelten.

Fremder: Weiter wollen wir sagen, daß auch der Handel in zwei Teile zerfalle.

d Theaitetos: Wie?

Fremder: Absondernd den Eigenhandel der Selbstverfertiger von dem Zwischenhandel derer, welche fremde Arbeit umtauschen.

Theaitetos: Sehr wohl.

Fremder: Wie aber? Was von dem Zwischenhandel städtischer Verkauf ist, gewiß fast die Hälfte desselben, nennt man das nicht Krämerei?

Theaitetos: Ja.

Fremder: Den Handel aber, welcher von einer Stadt zur andern durch Kauf und Verkauf getrieben wird, nennt man den nicht Großhandel?

Theaitetos: Freilich.

e Fremder: Und haben wir etwa nicht bemerkt, daß dieses Großhandels einer Teil das, wovon der Leib sich nährt und Gebrauch macht, der andere das, wovon die Seele, im Verkauf gegen Geld umsetzt?

Theaitetos: Wie meinst du dies?

Fremder: So ist uns wohl das von der Seele unbekannt, denn das andere verstehen wir doch.

Theaitetos: Ja.

224 a Fremder: Die gesamte Musenkunst, wollen wir also sagen, indem sie von einer Stadt zur andern, hier eingekauft und dort hingeführt und verkauft wird, und die Malerei und die Taschenspielerei und vieles andere der Seele Angehörige, was teils der Ergötzung, teils auch ernstlicher Beschäftigung wegen verfahren und verkauft wird, verschafft denen, die es verfahren und verkaufen, mit nicht minderem Recht den Namen eines Kaufmannes als der Handel mit Getreide oder Wein.

Theaitetos: Du hast ganz recht.

b Fremder: Willst du also nicht auch den, welcher Kenntnisse zusammenkauft und sie von einer Stadt zur andern wieder umsetzt gegen Geld, mit demselben Namen benennen?

Theaitetos: Ganz stark.

[11. Weitere Teilung des Seelenhandels bis zum Sophisten als Zwischenhändler oder Krämer mit Kenntnissen von der Tugend]

Fremder: Von diesem Seelengroßhandel nun könnte man mit Recht den einen Teil die Schaustellung heißen, dem andern aber, obgleich nicht minder lächerlich als das Vorige, muß man dennoch als einem Handel mit Kenntnissen einen dem Geschäft verschwisterten Namen beilegen.

Theaitetos: Allerdings.

Fremder: Von diesem Kenntnisverkauf nun wollen wir den Teil,

der die Kenntnis der andern Künste betrifft, mit einem, den aber auf c
die Tugend sich beziehenden mit einem andern Namen benennen.

Theaitetos: Wie sollten wir nicht.

Fremder: Der Name Kunstverkauf möchte für jenes Übrige wohl angemessen sein, diesem aber versuche du den Namen zu geben.

Theaitetos: Und welchen Namen könnte man, ohne zu fehlen, der Sache geben, außer wenn man sagt, sie sei das eben jetzt von uns Gesuchte, das sophistische Geschlecht?

Fremder: Nicht anders. Komm also, laß uns das Ganze zusammen-
stellen und sagen, es sei als des der erwerbenden Kunst umsetzenden
kaufmännischen Zweiges, und zwar des Zwischenhandels mit See-
lengütern, nämlich als Reden und Kenntnisse über die Tugend ver- d
kaufender Teil zum zweitenmal nun erschienen die sophistische
Kunst.

Theaitetos: Vortrefflich.

Fremder: Drittens denke ich aber auch, wenn jemand in der Stadt selbst sich gänzlich niederlassend Kenntnisse über eben diese Gegenstände, teils einkaufend, teils auch selbst zuschnitzend, wiederum verkaufte und davon zu leben sich vorsetzte: so würdest du ihn mit keinem andern Namen nennen als dem eben jetzt genannten.

Theaitetos: Wie sollte ich auch.

Fremder: So würdest du also auch des der erwerbenden Kunst e
umsetzenden kaufmännischen Zweiges Krämerei und Selbstverkauf,
beides, sobald es nur in diesen Gegenständen zur kenntnisverkaufen-
den Art gehört, allemal, wie es scheint, Sophistik nennen.

Theaitetos: Notwendig; denn wo die Rede hingeht, muß ich folgen.

[12. Der Sophist als ein Streitkünstler]

Fremder: Laß uns denn noch sehen, ob etwa auch diesem noch die jetzt verfolgte Art gleicht.

Theaitetos: Wem denn? 225 a

Fremder: Ein Teil der erwerbenden Kunst war uns doch die Kampfgeschicklichkeit?

Theaitetos: Allerdings.

Fremder: Nicht uneben wäre es nun, diese auch wieder zwiefach zu teilen.

Theaitetos: Auf welche Weise?

Fremder: Der eine sei Wettkampf, der andere Gefecht.

Theaitetos: Gut.

Fremder: In welchem Gefechte nun Leib gegen Leib steht, dem dürften wir natürlich und schicklich einen solchen Namen geben, daß wir es etwa das gewalttätige nennten.

Theaitetos: Ja.

Fremder: In welchem aber Wort gegen Wort, o Theaitetos, wie
sollte man das anders nennen als Streit? b

Theaitetos: Gar nicht anders.

Fremder: Was aber unter den Streit gehört, ist wieder zwiefach zu setzen.

Theaitetos: Wiefern?

Fremder: Sofern er nämlich mit langen Reden gegen lange über das Recht und Unrecht öffentlich geführt wird, ist er der Rechtsstreit.

Theaitetos: Ja.

Fremder: Den in Fragen und Antworten zerschnittenen aber unter einzelnen, sind wir den anders zu nennen gewohnt als Wortwechsel?

Theaitetos: Nicht anders.

Fremder: Was nun wortwechselnd im Handel und Wandel gestrit-
c ten wird durcheinander und kunstlos, dies muß man zwar als die eine
Art setzen, da die Erklärung es als ein Verschiedenes anerkennt, aber
einen Namen hat es weder von den Früheren erhalten, noch verdient
es, einen durch uns zu erlangen.

Theaitetos: Gewiß nicht. Auch ist es gar zu sehr ins Kleine und Vielfache geteilt.

Fremder: Den kunstgerechten Wortwechsel aber, sowohl über Recht und Unrecht als über andere Dinge, sind wir nicht gewohnt, den das Streitgespräch zu nennen?

Theaitetos: Wie auch anders?

d Fremder: Das Streitgespräch aber ist teils geldverzehrend, teils
geldbringend.

Theaitetos: Ganz gewiß.

Fremder: So laß uns also den Beinamen, mit dem wir beides bezeichnen müssen, zu bestimmen versuchen.

Theaitetos: Das ist nötig.

Fremder: Mir scheint das Streitgespräch, das aus reiner Lust an solcher Verhandlung mit Vernachlässigung eigner Angelegenheiten geschieht, in Hinsicht auf den Vortrag aber von den meisten Hörern nicht mit Vergnügen angehört wird, nach meiner Meinung nicht anders als das geschwätzige genannt werden zu können.

Theaitetos: So pflegt man es ja zu nennen.

e Fremder: Wer aber im Gegenteil aus dem Streitgespräch mit
einzelnen Geld erwirbt, diesen versuche du deinerseits mir zu nen-
nen.

Theaitetos: Und was sollte man wohl, ohne fehlzugehen, anders sagen, als daß schon wiederum herauskomme jener wunderbare, von uns nun schon zum viertenmal eingeholte Sophist?

226 a Fremder: So wäre also nichts anderes als die geldbringende Art
der streitsprecherischen Kunst, welche von dem Wortwechsel, also
der streitenden, fechtenden, kampfgeschickten und so erwerbenden
Kunst ein Teil ist, wie die Rede uns jetzt gezeigt hat, der Sophist.

Theaitetos: Ganz offenbar.

[13. Entwicklung einer aussondernden Reinigungskunst]

Fremder: Siehst du also, wie richtig das gesagt ist, daß dies ein gar schlaues Tier ist, und, wie man sagt, nicht mit *einer* Hand zu fangen?

Theaitetos: Also müssen wir beide dazu nehmen.

FREMDER: Das müssen wir, und zwar aus allen Kräften, tun, indem wir auch noch dieser Spur von ihm nachgehen. Sage mir nämlich, wir haben doch gewisse von knechtischen Diensten gebrauchte Ausdrücke? b

THEAITETOS: Gar viele; aber nach welchen von diesen vielen fragst du?

FREMDER: Solche meine ich wie durchseihen, durchsieben, ausschwingen und verlesen.

THEAITETOS: Wie werde ich die nicht kennen!

FREMDER: Und außer diesen noch krämpeln, spinnen, schlagen mit der Weberlade, und tausend ähnliche Verrichtungen wissen wir, daß es auch in anderen Gewerben gibt. Nicht wahr?

THEAITETOS: Aber um was doch an ihnen allen deutlich zu machen, c
hast du diese als Beispiele aufgestellt und danach gefragt?

FREMDER: Aussonderndes ist doch das Angeführte insgesamt.

THEAITETOS: Ja.

FREMDER: So laß uns ihm auch nach meiner Weise als *einer* Kunst zu diesem Behuf in allen Dingen *einen* Namen erteilen.

THEAITETOS: Und wie wollen wir sie nennen?

FREMDER: Die Aussonderungskunst.

THEAITETOS: So soll es sein.

FREMDER: Sieh nun zu, ob wir auch von dieser wiederum zwei Arten erblicken können?

THEAITETOS: Zu schnell für mich trägst du mir die Untersuchung auf.

FREMDER: Von den genannten Aussonderungen war doch die eine d
ein Ausscheiden des Schlechteren vom Besseren, die andere des Ähnlichen vom Ähnlichen?

THEAITETOS: Nun es gesagt wird, kommt es auch mir ebenso vor.

FREMDER: Von der einen nun weiß ich keinen üblichen Namen; von jener Aussonderung aber, welche das Bessere zurückläßt und das Schlechte wegwirft, weiß ich einen.

THEAITETOS: Sage, welchen.

FREMDER: Eine jede solche Aussonderung wird, soviel ich verstehe, von jedermann eine Reinigung genannt.

THEAITETOS: Das ist richtig.

FREMDER: Und sollte nicht jeder sehen, daß auch das Reinigen ein e
zwiefaches ist?

THEAITETOS: Bei Muße vielleicht, jetzt sehe ich wenigstens es noch nicht.

[14. Zwei Arten der Reinigung: die des Körpers und die der Seele]

FREMDER: Die vielen Arten der Reinigungen der Körper sollten wir unter *einem* Namen zusammenfassen.

THEAITETOS: Was für welche und unter welchem?

FREMDER: Zuerst die der Lebendigen, wie sie innerlich von der
Kunst der Leibesübung und der Heilkunst durch richtige Aussonde- 227 a
rung gereinigt werden, und dann auch von außen, was — geringfügig zu sagen — die Badekunst leistet. Dann auch die der unbelebten Kör-

per, welchen die Walkerkunst und die gesamte Putz- und Glättkunst ihre kleinen Dienste leistet unter vielen lächerlichen Namen, wenn man sie alle nennen wollte.

THEAITETOS: Gewiß nicht wenig.

FREMDER: Freilich wohl, o Theaitetos. Allein, dem erklärenden
Verfahren liegt nicht mehr noch minder an der Kunst der Badege-
rätschaften zum Beispiel als an der der Arzneibereitung, wenn auch
jene uns nur geringen, diese aber großen Nutzen gewährt durch ihre
b Reinigung. Denn indem sie, nur um Einsicht zu erwerben, das Ver-
wandte und nicht Verwandte in den Künsten zu entdecken sucht, ehrt
sie alle gleichermaßen, und der Ähnlichkeit gemäß hält sie keine vor
der andern für lächerlich. Für höher und würdiger aber wird sie den,
welcher die nachstellende Kunst als Feldherrnkunst äußert, nicht hal-
ten als den, der sie als Kammerjägerei ausübt, sondern meistens nur
für großsprecherischer. So auch jetzt bei dem, was du fragtest, mit
welchem Namen wir diese sämtlichen Verrichtungen, welchen ob-
liegt, einen sei es belebten oder unbelebten Körper zu reinigen, be-
c nennen sollen, wird ihr nichts daran gelegen sein, welcher ihnen et-
wa als der zierlichste könnte beigelegt werden; er halte nur, die Rei-
nigung der Seele ausgenommen, alles zusammen als verbunden,
was sonst irgend etwas reinigt. Denn das Reinigen an der Seele sollte
eben jetzt von allem andern abgesondert werden, wenn wir anders
verstehen, was unser Verfahren wollte.

THEAITETOS: Wohl, ich habe es begriffen und gebe zwei Arten der Reinigung zu, von denen die eine für die Seele ist, abgesondert von der für den Leib.

FREMDER: Sehr schön. So höre nun mein Nächstes und versuche,
d auch das eben Gesagte entzweizuschneiden.

THEAITETOS: Wie du mich führen willst, will ich versuchen dir nachzuschneiden.

[15. Die zwei Arten von Schlechtigkeit in der Seele: ihre Krankheit und ihre Häßlichkeit]

FREMDER: Bösartigkeit ist uns doch etwas anderes als Tugend in der Seele?

THEAITETOS: Wie sollte sie nicht!

FREMDER: Und Reinigung war uns doch, das andere zurücklassen, wo es aber irgend etwas Untaugliches gibt, dies herauswerfen?

THEAITETOS: Das war die Sache.

FREMDER: Auch bei der Seele, wo wir eine Hinwegräumung der Schlechtigkeit antreffen, werden wir, wenn wir das Reinigung nennen, wohl gesprochen haben.

THEAITETOS: Gar sehr.

FREMDER: Zwei Arten von Schlechtigkeit in der Seele sind aber anzuführen.

THEAITETOS: Was für welche?

228 a FREMDER: Die eine wohnt ihr ein wie dem Leibe die Krankheit,
die andere wie die Häßlichkeit.

THEAITETOS: Das habe ich nicht verstanden.

FREMDER: Vielleicht hältst du Krankheit und Aufruhr nicht für einerlei?

THEAITETOS: Auch darauf weiß ich noch nicht, was ich antworten soll.

FREMDER: Siehst du Aufruhr für etwas anderes an als für einen in dem von Natur Verwandten durch irgendein Verderben entstandenen Zwist?

THEAITETOS: Für nichts anderes. b

FREMDER: Und Häßlichkeit für etwas anderes als für das überall, wo es auch sei, widerliche Geschlecht der Ungemessenheit?

THEAITETOS: Keineswegs für etwas anderes.

FREMDER: Wie nun? Merken wir nicht, daß in der Seele das Urteil mit den Begierden, das Gemüt mit den Lüsten, die Vernunft mit der Unlust und dies alles unter sich bei untauglichen Menschen im Streite liegt?

THEAITETOS: Gar sehr gewiß.

FREMDER: Und verwandt ist doch notwendig dies alles unter sich?

THEAITETOS: Wie sollte es nicht.

FREMDER: Wenn wir also die Bösartigkeit Aufruhr und Krankheit der Seele nennen, werden wir uns richtig ausdrücken?

THEAITETOS: Vollkommen richtig gewiß.

FREMDER: Wie aber? Wenn etwas, dem Bewegung zukommt und c das ein vorgesetztes Ziel zu erreichen versucht, bei jedem Anlauf daran vorbeigeht und es verfehlt, sollen wir sagen, daß dem dieses aus Wohlgemessenheit beider gegeneinander oder aus Ungemessenheit widerfahre?

THEAITETOS: Offenbar aus Ungemessenheit.

FREMDER: Aber überall irrt jede Seele, das wissen wir, nur unfreiwillig.

THEAITETOS: Gar sehr.

FREMDER: Das Irren ist ja doch nichts anderes als einer nach Wahrheit ausgehenden, bei der Einsicht aber vorbeikommenden Seele Vor- d beidenken.

THEAITETOS: Unbedenklich.

FREMDER: Eine unverständige Seele also ist als eine häßliche und ungemessene zu setzen.

THEAITETOS: So scheint es.

FREMDER: Es gibt also, wie sich zeigt, diese zwei Gattungen des Schlechten in ihr; die eine, gemeinhin Bösartigkeit genannt, ist offenbar ihre Krankheit.

THEAITETOS: Ja.

FREMDER: Die andere nennen sie Unverstand, daß sie aber allein eine Schlechtigkeit in der Seele sei, wollen sie nicht eingestehen.

THEAITETOS: Offenbar muß man einräumen, was ich, als du es vor- e her sagtest, noch bezweifelte, daß es zwei Arten der Schlechtigkeit in der Seele gibt, und daß Feigheit, Unbändigkeit, Ungerechtigkeit insgesamt für Krankheit in uns zu halten ist, die oftmaligen und mannigfaltigen Erscheinungen des Unverstandes aber als Häßlichkeit zu setzen.

[16. Die beiden Künste für die Schlechtigkeiten der Seele und die zwei Arten des Unverstandes]

Fremder: Für den Leib gibt es doch dieser zwei Zustände wegen zwei gewisse Künste?

Theaitetos: Welche sind diese?

229 a Fremder: Für die Häßlichkeit die Gymnastik, für die Krankheit die Heilkunst.

Theaitetos: Offenbar.

Fremder: So ist auch wohl für Üppigkeit, Ungerechtigkeit und Feigheit unter allen Künsten die Bändigungskunst am meisten angemessen dem Recht.

Theaitetos: Wahrscheinlich ist es, wenigstens menschlichem Urteil nach.

Fremder: Wie aber? Für den sämtlichen Unverstand, könnte man wohl eine andere richtiger nennen als die belehrende?

Theaitetos: Keine.

b Fremder: Wohl denn! Ob wir sagen sollen, daß es nur eine Art der Belehrung gebe oder mehrere, und vornehmlich zwei wichtigste, das erwäge.

Theaitetos: Ich erwäge.

Fremder: Und ich denke, so werden wir es am schnellsten finden.

Theaitetos: Wie?

Fremder: Wenn wir den Unverstand betrachten, ob er selbst etwa einen Einschnitt in der Mitte hat. Denn wenn er zwiefach ist, wird offenbar die Belehrung auch zwei Teile haben müssen, für jede Art von jenem einen.

Theaitetos: Wie also? Zeigt sich dir etwa schon, was wir jetzt suchen?

c Fremder: Ich glaube eine sehr große und bedeutende Art des Unverstandes abgesondert zu sehen, welche allen andern Teilen derselben das Gleichgewicht hält.

Theaitetos: Was für eine?

Fremder: Wenn man, was man nicht weiß, zu wissen glaubt; woraus wohl alles, was unserer Seele mißlingt, allen entstehen mag.

Theaitetos: Richtig.

Fremder: Und diese Art des Unverstandes, denke ich, wird allein Torheit genannt.

Theaitetos: Freilich.

Fremder: Wie nun sollen wir den hiervon uns befreienden Teil der Belehrung benennen?

d Theaitetos: Ich denke wenigstens, o Fremdling, daß das übrige nur Lehren im Sinne der Handwerker ist, dieses aber, hier wenigstens unter uns, eigentlich Erziehung genannt wird.

Fremder: Auch wohl bei allen Hellenen, o Theaitetos. Aber uns ist noch nachzusehen, ob nun schon alles unteilbar ist oder ob es noch eine Einteilung gibt, welche genannt zu werden verdient.

Theaitetos: So laß uns denn zusehen.

[17. Zwei Weisen der Erziehung. Die prüfende Zurechtweisung als vollkommenste Reinigung]

FREMDER: Mir scheint auch dies noch wie gespalten zu sein.

THEAITETOS: Wie denn?

FREMDER: Es scheint in der Belehrung durch Reden *ein* Weg rauher e
zu sein, der andere glatter.

THEAITETOS: Welches soll jeder von beiden sein?

FREMDER: Der eine ist die altväterliche Weise, wie sie mit ihren Söhnen sonst umgingen, viele auch noch jetzt mit ihnen umgehen, wenn sie in etwas fehlen, bald sie heftig anlassend, bald wieder ih- 230 a
nen sanftmütiger zusprechend; das Ganze nennt man am füglichsten das Ermahnen.

THEAITETOS: Ich verstehe.

FREMDER: Der andere aber, da viele, die es sich recht überlegt haben, zu glauben scheinen, daß alle Torheit unwillkürlich wäre und daß keiner, der weise zu sein meint, darin, worin er schon stark zu sein glaubte, noch etwas würde lernen wollen, und daß nach vieler Arbeit die ermahnende Art der Erziehung doch nicht viel ausrichten würde.

THEAITETOS: Woran sie auch wohl ganz recht glaubten.

FREMDER: So schicken sie sich denn zur Vertilgung dieser Meinung b
auf eine andere Weise an.

THEAITETOS: Auf welche doch?

FREMDER: Sie fragen sie aus in dem, worüber einer etwas Rechtes zu sagen glaubt, der doch nichts sagt. Dabei forschen sie der unsicher Schwankenden Meinungen leichtlich aus, welche sie dann in der Rede zusammenbringen und nebeneinander stellen, durch diese Zusammenstellung selbst zeigend, daß sie eine der andern zugleich über dieselben Gegenstände in denselben Beziehungen nach demselben Sinne widersprechen. Jene nun, wenn sie dies wahrnehmen, werden unwillig gegen sich und milder gegen die andern, und auf diese Weise ihrer hohen und hartnäckigen Vorstellungen von sich selbst entle- c
digt, welches die erfreulichste aller Entledigungen ist für den, der es mit anhört, und dem, welchem sie begegnet, die zuverlässigste. Denn, lieber Sohn, die Reinigenden, da sie glauben — so wie die Ärzte des Leibes der Meinung sind, der Leib könne die ihm beigebrachte Nahrung nicht eher nutzen, bis jemand die Hindernisse in ihm selbst weggeschafft habe —, denken ebenso dasselbe von der Seele, daß sie nicht eher von den ihr beigebrachten Kenntnissen Vorteil haben könne, bis durch prüfende Zurechtweisung einer den Zurechtzuweisen- d
den zur Scham bringt, die den Kenntnissen im Wege stehenden Meinungen ihm benimmt und ihn rein darstellt, nur, was er wirklich weiß, zu wissen glaubend, mehr aber nicht.

THEAITETOS: Die vorzüglichste wenigstens und weiseste Gemütsbeschaffenheit ist diese.

FREMDER: Deshalb nun, Theaitetos, müssen wir auch sagen, daß die prüfende Zurechtweisung die herrlichste und vortrefflichste aller Reinigungen ist, und müssen den Ungeprüften, wenn er auch der Großkönig wäre, für höchst unrein halten und für ungebildet und e häßlich gerade da, wo, wer wahrhaft glückselig sein will, am reinsten und schönsten sein muß.

Theaitetos: Auf alle Weise.

[18. Ist der Sophist jener Reinigungskünstler?]

Fremder: Wie nun? Die diese Kunst ausüben, wie sollen wir die
231 a nennen? Denn ich fürchte mich, sie Sophisten zu nennen.

Theaitetos: Wieso?

Fremder: Damit wir ihnen nicht zu große Ehre erweisen.

Theaitetos: Aber das eben Gesagte gleicht doch einem solchen ziemlich.

Fremder: Auch dem Hunde der Wolf, das wildeste dem zahmsten Tier. Der Vorsichtige aber muß sich am meisten mit den Ähnlichkeiten in acht nehmen; denn es ist eine gar zu gefährliche Art. Dennoch mögen sie es sein. Denn um kleiner Bestimmungen willen, denke ich,
b wird sich der Streit nicht entspinnen, wenn man sie nur recht in acht nimmt.

Theaitetos: Nein, sollte man denken.

Fremder: So sei denn ein Teil der sondernden Kunst die reinigende, von der reinigenden werde der Teil für die Seele abgesondert; von diesem die Belehrung und von der Belehrung die Erziehung, und von der Erziehung, werde gesagt, sei die auf leere Scheinweisheit gerichtete Prüfung nach der jetzt nebenbei erschienenen Erklärung nichts anderes als die edle und vornehme Sophistik.

Theaitetos: Gesagt werde dies zwar; aber ich bin nun schon ganz bedenklich, weil er uns als so vieles erschienen ist, was man denn
c nun, wenn man es ernsthaft meint und behauptet, sagen soll, daß der Sophist in Wahrheit sei.

Fremder: Mit Recht bist du bedenklich. Aber auch jenem, muß man glauben, sei es nun schon ganz bedenklich, wohinaus er wohl unserer Untersuchung entkommen wolle. Denn richtig ist das Sprichwort: Vielen ist nicht leicht ausweichen; jetzt also müssen wir ihm erst am meisten zusetzen.

Theaitetos: Wohl gesprochen.

[19. Zusammenfassung und Feststellung, daß das Wesen der sophistischen Kunst noch nicht entdeckt ist]

Fremder: Zuerst laß uns etwas stillstehen und ausruhen, und laß
d uns bei uns selbst zusammenrechnen, indem wir ausruhen, als wie vielerlei uns der Sophist erschienen ist. Ich glaube, zuerst wurde er gefunden als reicher Jünglinge wohlbelohnter Nachsteller.

Theaitetos: Ja.

Fremder: Zweitens war er ein Großhändler in Kenntnissen für die Seele.

Theaitetos: Richtig.

Fremder: Und zeigte er sich nicht drittens als ein Krämer mit eben diesen?

Theaitetos: Ja, und viertens war er uns doch ein Eigenhändler mit Kenntnissen.

FREMDER: Richtig erinnert. Das fünfte will ich versuchen anzufüh-
ren. Aus der Kampfgeschicklichkeit wurde er nämlich als ein Kunst- e
fechter im Streitgespräch abgesondert.

THEAITETOS: Das war er.

FREMDER: Das sechste war freilich zweifelhaft; doch aber haben
wir es ihm eingeräumt und sagen, er sei einer, der von Meinungen,
welche in der Seele den Kenntnissen im Wege stehen, reinigt.

THEAITETOS: Auf alle Weise.

FREMDER: Merkst du nun nicht, daß, wenn einer als vieler Dinge 232 a
kundig sich zeigt und doch nur mit dem Namen *einer* Kunst benannt
wird, dies nicht eine gesunde Vorstellung sein kann, sondern daß
offenbar der, dem dies mit einer Kunst begegnet, dasjenige an ihr
nicht zu entdecken weiß, worauf alle jene verschiedenen Kenntnisse
abzwecken, weshalb er auch mit vielen Namen statt eines den, der sie
besitzt, benennt?

THEAITETOS: Hiermit mag es wohl diese Bewandtnis eigentlich ha-
ben.

[20. Prüfung des streitkünstlerischen Vermögens der Sophisten: Sie erzeugen den Schein, über alles zu wissen, ohne weise zu sein]

FREMDER: Nicht also soll uns dies bei unserer Untersuchung aus b
Trägheit begegnen; sondern laß uns zuerst etwas von dem über den
Sophisten Gesagten wieder aufnehmen, denn *eines* hat mir einge-
leuchtet als ganz vorzüglich ihn bezeichnend.

THEAITETOS: Welches denn?

FREMDER: Wir sagen doch, er sei ein Künstler im Streitgespräch.

THEAITETOS: Ja.

FREMDER: Nicht auch, daß er eben hierin ein Lehrer werde für an-
dere?

THEAITETOS: Unbedenklich.

FREMDER: So laß uns denn sehen, worin denn solche Leute sich
rühmen, andere streitbar zu machen im Gespräch. Unsere Untersu-
chung gehe aber von Anfang an so: Zuerst über göttliche Dinge, wie c
sie den meisten verborgen sind, setzen sie sie doch instand sich zu
streiten?

THEAITETOS: Gesagt wird das ja von ihnen.

FREMDER: Und was offenbar ist auf der Erde und am Himmel,
auch darüber?

THEAITETOS: Allerdings.

FREMDER: Aber auch in geselligen Versammlungen, wenn vom
Werden und Sein im allgemeinen gesprochen wird, wissen wir doch,
daß sie selbst gewaltig sind im Widersprechen und daß sie auch die
andern tüchtig machen in dem, was sie selbst sind.

THEAITETOS: Auf alle Weise.

FREMDER: Und über Gesetze und alle Staatsangelegenheiten ver- d
sprechen sie nicht sie streitbar zu machen?

THEAITETOS: Niemand würde ja wohl, daß ich es gerade heraussage,
mit ihnen reden, wenn sie dies nicht verspräd1en.

FREMDER: Und wiederum in allen und jeden einzelnen Künsten,

wie jeder Meister selbst darin widersprechen muß, das liegt öffentlich bekanntgemacht und niedergeschrieben da für jeden, der es lernen will.

THEAITETOS: Du meinst wohl die Protagoreischen Sachen über das
e Ringen und die andern Künste?

FREMDER: Und ähnliches, o Trefflicher, von vielen andern. Aber scheint nun nicht diese Kunst des Widerspruchs im allgemeinen über alles hinreichendes Geschick zu besitzen zum Streit?

THEAITETOS: Man sieht ja fast nicht, daß sie etwas übrig ließe.

FREMDER: Du aber, Kind, bei den Göttern, hältst du das für möglich? Denn vielleicht seht ihr Jüngeren hierin schärfer und wir stumpfer!

233 a THEAITETOS: Was doch, und worin meinst du? Denn ich verstehe noch nicht, was du jetzt fragst.

FREMDER: Ob es wohl möglich ist, daß irgendein Mensch alles weiß.

THEAITETOS: Glückselig, o Fremdling, wäre dann unser Geschlecht.

FREMDER: Wie könnte also wohl je im Widerspruch gegen den Kundigen ein selbst Unkundiger etwas Gesundes vorbringen?

THEAITETOS: Auf keine Weise.

FREMDER: Was wäre also eigentlich das Geheimnis in diesem sophistischen Kunststück?

THEAITETOS: In welchem doch?

b FREMDER: Auf welche Weise sie wohl imstande sind, den Jünglingen die Meinung beizubringen, daß in allen Dingen unter allen sie die kundigsten wären? Denn offenbar, wenn sie weder bündig widersprachen noch jenen es zu tun schienen, oder auch, wenn sie es schienen, aber wegen dieses Streitens um nichts mehr für weise gehalten würden: dann könnten sie, wie du vorher sagtest, lange warten, bis ihnen jemand Geld gäbe, um eben hierin ihr Schüler zu werden.

THEAITETOS: Gewiß, sie könnten lange warten.

FREMDER: Nun aber wollen sie es doch?

THEAITETOS: Gar sehr.

c FREMDER: Also haben sie, denke ich, den Schein, dessen kundig zu sein, worüber sie sich streiten?

THEAITETOS: Wie sollten sie nicht!

FREMDER: Sie tun das aber über alles. Sagen wir so?

THEAITETOS: Jawohl.

FREMDER: In allen Dingen also scheinen sie ihren Schülern weise zu sein.

THEAITETOS: Unbedenklich.

FREMDER: Ohne es doch zu sein; denn das hatte sich als unmöglich gezeigt.

THEAITETOS: Wie sollte es auch nicht unmöglich sein!

[21. Erläuterung der soph. Kunst des Scheins durch die nachahmende Darstellung]

FREMDER: Eine scheinbare Erkenntnis also von allen Dingen, nicht aber die Wahrheit besitzend zeigt sich der Sophist.

THEAITETOS: Auf alle Weise, und das jetzt von ihm Gesagte scheint d
unter allem das Richtigste zu sein.

FREMDER: Laß uns nur ein noch anschaulicheres Beispiel hierzu vorzeichnen.

THEAITETOS: Was für eines?

FREMDER: Dieses. Suche aber ja wohl achtzugeben und zu antworten.

THEAITETOS: Was nur?

FREMDER: Wenn jemand weder das Sprechen noch das Widersprechen behauptet zu verstehen, wohl aber durch *eine* Kunst alle Dinge
insgesamt zu machen und hervorzubringen. e

THEAITETOS: Wie meinst du «alle»?

FREMDER: Also gleich den Anfang des Gesagten verstehst du nicht. Wie es scheint nämlich, weißt du nicht das «alle insgesamt»?

THEAITETOS: Freilich nicht.

FREMDER: Ich meine eben dich und mich unter dem «alles insgesamt», und außer uns noch alle Tiere und Pflanzen.

THEAITETOS: Wie meinst du das?

FREMDER: Wenn jemand dich und mich und alles, was lebt und wächst, machen zu wollen behauptete.

THEAITETOS: Was für ein Machen soll das doch sein? Du meinst 234 a
doch wohl nicht die Landleute irgendwie, denn du sagtest ja, jener brächte auch die Tiere hervor.

FREMDER: Das sage ich, und dazu noch Meer und Erde und Himmel und Götter und alles insgesamt. Und wenn er in der Geschwindigkeit dies alles verfertigt hat, gibt er es für ein geringes Geld weg.

THEAITETOS: Du meinst irgendeinen Scherz.

FREMDER: Und wie? Wenn einer sagt, er wisse alles und wolle dies auch andern um ein weniges in weniger Zeit lehren, soll man das nicht für Scherz halten?

THEAITETOS: Freilich wohl.

FREMDER: Und kennst du vom Scherz eine kunstreichere und an- b
mutigere Art als die nachahmende?

THEAITETOS: Keineswegs. Denn gar vieles hast du hiermit ausgesprochen, alles zusammenfassend in eine und wohl die reichhaltigste Gattung.

[22. Der Sophist als Zauberer und Nachahmer des Seienden]

FREMDER: Von dem nun, welcher verheißt imstande zu sein, durch *eine* Kunst alles zu machen, wissen wir doch, daß er durch Verfertigung gleichnamiger Nachbildungen des Seienden vermittels der Malerkunst imstande sein wird, unnachdenkliche junge Knaben, wenn er ihnen von fern das Gemalte vorzeigt, zu täuschen, als ob er, was er nur machen wollte, vollkommen geschickt wäre auch wirklich und in der Tat hervorzubringen.

THEAITETOS: Das freilich. c

FREMDER: Wie nun aber? Können wir nicht erwarten, daß es auch in Worten eine andere ähnliche Kunst gebe, vermöge deren es möglich wäre, Jünglinge und solche, die noch in weiter Ferne stehen von

dem wahren Wesen der Dinge, durch die Ohren mit Worten zu be-
zaubern, indem man gesprochene Schattenbilder von allem vorzeigt,
so daß man sie glauben macht, es sei etwas Wahres gesagt, und der,
welcher es sagt, der weiseste unter allen in allen Dingen?

d THEAITETOS: Wie sollte es nicht eine andere solche Kunst geben?

FREMDER: Werden aber nicht die meisten, o Theaitetos, von den-
nen, welche dies einst hörten, wenn ihnen hinlängliche Zeit darüber
vergangen ist und sie bei reiferem Alter in der Nähe mit dem Seien-
den zusammentreffen, so daß sie durch unmittelbare Einwirkungen
gezwungen werden, sich deutlich in Berührung mit dem Seienden
zu setzen, alsdann notwendig alle ihre damals entstandenen Vor-
stellungen umwandeln, so daß ihnen das Kleine groß und das
e Schwere leicht erscheint und überall jene Trugbilder aus Worten
zerstört werden, wenn die Dinge selbst in den Geschäften herbei-
kommen?

THEAITETOS: Soweit ich in meinen Jahren es beurteilen kann, ge-
wiß. Aber auch ich glaube noch von den weiter entfernt Stehenden
einer zu sein.

FREMDER: Darum werden auch wir alle versuchen, wie wir es auch
jetzt schon tun, dich auch ohne jene Einwirkungen so nahe als mög-
lich hinzuzubringen. Wegen des Sophisten aber sage mir dieses, ob
235 a soviel schon gewiß ist, daß er als ein Nachahmer des Seienden zu
den Zauberern gehört, oder ob wir noch zweifelhaft sind, daß er
nicht etwa doch von allem, worin er zu widersprechen geschickt ist,
davon auch die Erkenntnis in der Tat besitzen möchte.

THEAITETOS: Wie sollten wir wohl, o Fremdling? Vielmehr ist das
ja gewiß aus dem Gesagten, daß er von denen einer ist, welche sich
eine Art des Scherzes zugeeignet.

FREMDER: Als einen Zauberer und Nachbildner müssen wir ihn al-
so setzen?

THEAITETOS: Wie sollten wir nicht!

[23. Die zwei Arten der Nachahmungskunst: Ebenbildnerei und Trugbildnerei]

FREMDER: Wohlan also! Denn jetzt ist es unsere Sache, von dem
b Wilde nicht mehr abzulassen. Auch haben wir ihm wohl das, was
unter dem Jagdzeug für Reden ein wahres Fangnetz ist, glücklich um-
geworfen, so daß er dem wenigstens nicht mehr entkommen wird.

THEAITETOS: Welchem doch?

FREMDER: Daß er nicht vom Geschlecht der Taschenspieler einer ist.

THEAITETOS: Auch mir scheint dies gar sehr von ihm.

FREMDER: Ich schlage daher vor, aufs schnellste die nachbildneri-
sche Kunst zu teilen, und wenn uns gleich, sobald wir hineingestie-
gen, der Sophist standhält, ihn dann zu fangen nach den Vorschrif-
c ten des königlichen Gesetzes, und diesem dann den Fang überreichend
vorzulegen; wenn er sich aber wieder in Teile der nachahmenden
Kunst versteckt, ihm dann nachsetzend immer wieder den Teil, der
ihn aufgenommen hat, abzuteilen, bis er gefangen ist. Auf alle Weise
soll weder er noch irgendein anderes Geschlecht sich jemals rühmen,

dem Verfahren derer entkommen zu sein, welche so verstehen, das Einzelne und das Allgemeine zu behandeln.

Theaitetos: Wohl gesprochen, und so müssen wir dies nun machen.

Fremder: Nach der bisherigen Weise der Einteilung glaube ich
nun, auch wieder zwei Arten der Nachahmungskunst zu sehen; in d
welchem von beiden sich uns aber die gesuchte Gestalt befinde, das
halte ich mich noch nicht imstande zu bestimmen.

Theaitetos: So sage nur zuvor und teile uns ab, welche zwei Teile du meinst.

Fremder: Die eine, welche ich in ihr sehe, ist die ebenbildnerische
Kunst der Ebenbilder. Diese besteht eigentlich darin, wenn jemand
nach des Urbildes Verhältnissen in Länge, Breite und Tiefe, und dann
auch jeglichem seine angemessene Farbe gebend, die Entstehung einer e
Nachahmung bewirkt.

Theaitetos: Wie aber? Suchen nicht alle etwas Nachahmenden eben dieses zu tun?

Fremder: Wenigstens diejenigen nicht, welche von jenen großen
Werken eines bilden oder malen. Denn wenn diese die wahren Ver-
hältnisse des Schönen wiedergeben wollten, so, weißt du wohl, wür-
de das Obere kleiner als recht und das Untere größer erscheinen, weil 236 a
das eine aus der Ferne, das andere aus der Nähe von uns gesehen
würde.

Theaitetos: Allerdings.

Fremder: Lassen also nicht die Künstler das Wahre gut sein und suchen nicht die als seiend bestehenden Verhältnisse, sondern die, welche als schön erscheinen werden, in ihren Nachbildern hervorzubringen?

Theaitetos: Freilich wohl.

Fremder: Ist es also nicht billig, das eine, da es doch ähnlich ist, ein Ebenbild zu nennen?

Theaitetos: Ja.

Fremder: Und der hiermit beschäftigte Teil der nachahmenden b
Kunst ist, wie wir auch vorher sagten, der ebenbildnerische zu nen-
nen.

Theaitetos: So ist er zu nennen.

Fremder: Wie aber? Was nur, weil es gerade vom nicht gehörigen Orte aus betrachtet wird, dem Schönen zu gleichen scheint, wenn es aber jemand genau betrachten könnte, dem gar nicht gleichen würde, dem es zu gleichen behauptet, wie wollen wir das nennen? Nicht eben, weil es zu gleichen scheint und doch nicht gleicht, ein Trugbild?

Theaitetos: Unbedenklich.

Fremder: Und sehr bedeutend ist dieser Teil sowohl in der Male-
rei als in der gesamten nachbildenden Kunst. c

Theaitetos: Wie sollte er nicht?

Fremder: Und die ein Trugbild, nicht ein Ebenbild hervorbringende Kunst, werden wir die nicht am richtigsten die trugbildnerische nennen?

Theaitetos: Bei weitem am richtigsten.

FREMDER: Diese beiden Arten nun, meinte ich, gäbe es von der
bildermachenden Kunst: die ebenbildnerische und die trugbildnerische.

THEAITETOS: Richtig.

FREMDER: Was ich aber damals noch unentschieden ließ, in welche
von beiden der Sophist zu setzen sei, das kann ich auch jetzt noch
d nicht deutlich sehen. Aber der Mann ist eben wahrlich rätselhaft und
schwer zu erkennen; denn auch jetzt ist er gar schön und schlau in
einen höchst schwierig zu erforschenden Begriff hineingeschlüpft.

THEAITETOS: Das scheint er.

FREMDER: Bejahst du das aus eigner Einsicht, oder hat dich nur
gleichsam die Welle der Rede, wie du es schon gewohnt bist, mit fortgerissen, so schnell beizustimmen?

THEAITETOS: Wieso, und weshalb fragst du das?

[24. Die Schwierigkeit der Bestimmung des Scheins und des Falschen und ihr Zusammenhang mit dem Satz des Parmenides vom Nichtsein des Nichtseienden]

FREMDER: In Wahrheit, du Guter, wir befinden uns in einer höchst
e schwierigen Untersuchung. Denn dieses Erscheinen und dieses Scheinen, ohne zu sein, und dies Sagen zwar, aber nicht Wahres, alles dies
ist immer voll Bedenklichkeiten gewesen schon ehedem und auch
jetzt. Denn auf welche Weise man sagen soll, es gebe wirklich ein
falsches Reden oder Meinen, ohne doch schon, indem man es nur
ausspricht, auf alle Weise in Widersprüchen befangen zu sein, dies,
237 a o Theaitetos, ist schwer zu begreifen.

THEAITETOS: Wieso?

FREMDER: Diese Rede untersteht sich ja vorauszusetzen, das Nichtseiende sei. Denn sonst gäbe es auf keine Weise Falsches als seiend. Parmenides der große aber, o Sohn, hat uns als Kindern von Anfang an und bis zu Ende dieses eingeschärft, indem er immer ungebunden sowohl als in seinen Gedichten so sprach:

«Nimmer vermöchtest du ja zu verstehn», sagt er, «Nichtseiendes seie,
sondern von solcherlei Weg halt fern die erforschende Seele.»

b So wird es von ihm bezeugt, vor allem aber muß es gewiß die Rede
selbst zeigen bei gehöriger Prüfung. Dies also laß uns zuerst betrachten, wenn es dir nichts verschlägt.

THEAITETOS: Mir, glaube nur, sei alles genehm, wie du willst, und wie die Rede sich am besten durchführen läßt, so gehe du bei der Untersuchung und führe auch mich desselben Weges.

[25. Das in keiner Weise Seiende bezeichnet nicht irgend etwas, und wer es ausspricht, sagt nichts]

FREMDER: Das soll geschehen. Sage mir also: Das auf keine Weise Seiende, das unterstehen wir uns ja doch irgend auszusprechen.

THEAITETOS: Warum denn nicht?

FREMDER: Nicht meine ich Streitens wegen oder zum Scherz, son-
c dern wenn einer von den Zuhörern ernsthaft überlegend zeigen soll-

te, wo man dieses Wort anzubringen hat, das Nichtseiende, glauben wir, daß er selbst, wozu und wobei er es zu gebrauchen habe, wissen und es dem Fragenden würde zeigen können?

THEAITETOS: Schweres fragst du und was zu sagen für einen wie mich wohl ganz und gar unerfindlich ist.

FREMDER: Soviel also ist doch gewiß, daß irgendeinem Seienden das Nichtseiende nicht kann beigelegt werden.

THEAITETOS: Wie ginge das wohl!

FREMDER: Wenn also nicht dem Seienden, würde es auch, wer es dem Etwas beilegte, nicht richtig beilegen.

THEAITETOS: Wie das?

FREMDER: Das ist uns doch wohl deutlich, daß wir dieses Wort d
«Etwas» jedesmal von einem Seienden sagen. Denn allein es zu sagen, gleichsam nackt und von allem Seienden entblößt, ist unmöglich. Nicht wahr?

THEAITETOS: Unmöglich.

FREMDER: Und gibst du wohl mit Hinsicht hierauf zu, daß, wer etwas sagt, jedenfalls ein *Eins* sagt?

THEAITETOS: Gewiß.

FREMDER: Denn das «Etwas», wirst du sagen, ist das Zeichen des Eins, das «etwelche» oder «Einige» dagegen des Vielen.

THEAITETOS: So ist es.

FREMDER: Wer daher nicht einmal etwas sagt, muß ganz notwen- e
dig, wie es scheint, ganz und gar nichts sagen.

THEAITETOS: Ganz notwendig freilich.

FREMDER: Dürfen wir nun etwa auch das nicht einmal zugeben, daß ein solcher zwar rede, er rede aber eben nichts, sondern müßten sogar leugnen, daß der rede, der sich unterfängt, das Nichtseiende auszusprechen?

THEAITETOS: Dann hätte doch alle Not mit dieser Sache ein Ende.

[26. Das in keiner Weise Seiende ist ohne Widerspruch weder denkbar noch auch nur aussprechbar]

FREMDER: Noch tue nicht groß. Denn es ist noch eine Not hierin 238 a
zurück, und zwar leicht die erste und größte, denn sie betrifft den ersten Anfang der Sache selbst.

THEAITETOS: Wie meinst du? Sprich, und halte nichts zurück.

FREMDER: Einem Seienden könnte wohl ein anderes Seiendes zukommen.

THEAITETOS: Unbedenklich.

FREMDER: Wollen wir aber auch zugeben, es sei möglich, daß dem Nichtseienden irgend Seiendes zukäme?

THEAITETOS: Wie sollten wir!

FREMDER: Alle Zahl insgesamt setzen wir doch als seiend?

THEAITETOS: Wenn anders irgend etwas als seiend zu setzen ist. b

FREMDER: So dürfen wir denn nicht wagen, weder eine Mehrheit von Zahl, noch auch die Eins dem Nichtseienden beizulegen.

THEAITETOS: Freilich täten wir nicht recht daran, wie es scheint, dies zu wagen nach dem, was unsere Rede aussagt.

FREMDER: Wie könnte nun wohl jemand ohne Zahl das Nichtseiende auch nur mit dem Munde aussprechen oder überhaupt in seinen Gedanken auffassen?

THEAITETOS: Woher das?

FREMDER: Wenn wir Nichtseiende sagen, legen wir da nicht eine
c Mehrheit der Zahl hinein?

THEAITETOS: Allerdings.

FREMDER: Und wenn Nichtseiendes, dann wiederum die Eins?

THEAITETOS: Ganz gewiß.

FREMDER: Und wir sagen doch, es sei weder recht noch billig, daß man Seiendes mit dem Nichtseienden zusammenzufügen suche.

THEAITETOS: Du sprichst vollkommen wahr.

FREMDER: Siehst du also, wie ganz unmöglich es ist, richtig das Nichtseiende auszusprechen oder etwas davon zu sagen oder es auch nur an und für sich zu denken; sondern wie es etwas Undenkliches ist und Unbeschreibliches und Unaussprechliches und Unerklärliches?

THEAITETOS: Auf alle Weise freilich.

d FREMDER: Habe ich mich aber etwa eben geirrt, als ich sagte, ich wollte nun die größte Schwierigkeit in dieser Sache vortragen?

THEAITETOS: Wieso? Ist noch eine andere größere anzuführen?

FREMDER: Wie doch, du Wunderbarer, merkst du denn nicht eben an dem Gesagten, daß auch den Gegner das Nichtseiende in Not bringt, so daß, wie auch jemand versuche es zu widerlegen, er gezwungen wird, ihm selbst Widersprechendes davon zu sagen?

THEAITETOS: Wie meinst du das? Sage es mir noch deutlicher.

FREMDER: Es braucht gar nicht, daß man es noch deutlicher an mir
e sehe! Denn ich, der ich festsetzte, das Nichtseiende dürfe weder an der Eins noch an der Vielheit teilhaben, habe es doch vorher und jetzt geradezu *eins* genannt. Denn ich sage, das Nichtseiende. Merkst du was?

THEAITETOS: Ja.

FREMDER: Ja, noch ganz vor kurzem wiederum sagte ich, es sei ein Unaussprechliches und Unbeschreibliches und Unerklärliches. Folgst du?

THEAITETOS: Ich folge. Wie sollte ich nicht?

FREMDER: Indem ich ihm also das Sein zu verknüpfen suchte, sag-
239 a te ich dem Vorigen Widersprechendes.

THEAITETOS: Offenbar.

FREMDER: Und zugleich, indem ich ihm dieses zuschrieb, sprach ich davon als von *einem*?

THEAITETOS: Ja.

FREMDER: Und auch, indem ich es ein Unerklärliches nannte und Unbeschreibliches und Unaussprechliches, richtete ich doch meine Rede so ein, als ob es *Eins* wäre?

THEAITETOS: Offenbar.

FREMDER: Und wir behaupteten doch, wer richtig reden solle, dürfe es weder als eins noch als vieles bestimmen, noch es überhaupt auch nur *es* nennen; denn schon durch diese Angabe würde er es als Eins angeben.

THEAITETOS: Allerdings.

[27. Die Unüberwindlichkeit dieses Nichtseienden. Was ist ein Bild?]

Fremder: Was soll man also nun von mir sagen? Denn schon von b
lange her und auch jetzt fände man mich überwunden in der Widerlegung des Nichtseienden. Daher laß uns an meiner Rede, wie ich auch schon sagte, nicht länger den richtigen Ausdruck suchen über das Nichtseiende; sondern komm, an dir wollen wir ihn nun betrachten.

Theaitetos: Wie meinst du?

Fremder: Komm her, und wacker, wie Jünglinge sind, strenge dich an, was du kannst und versuche, ohne entweder Sein oder Einheit oder Mehrheit der Zahl dem Nichtseienden beizulegen, nach der Richtigkeit etwas davon auszusagen.

Theaitetos: Gar große und ungereimte Dreistigkeit müßte mich c
führen zu dieser Unternehmung, wenn ich, wissend, wie es dir damit ergangen ist, sie selbst unternähme.

Fremder: Willst du also, so wollen wir dich und mich gehen lassen; aber bis wir auf einen treffen, der dieses leisten kann, bis dahin wollen wir gestehen, daß höchst listigerweise der Sophist in einen höchst schwierigen Ort entschlüpft ist.

Theaitetos: Das zeigt sich gar sehr.

Fremder: Also, wenn wir behaupten, er besitze eine trugbildnerische Kunst: so wird er uns gar leicht bei diesem Gebrauch der Worte d
fassen und die Rede zum Gegenteil herumdrehen, indem er uns fragt, wenn wir ihn einen Bildmacher nennen, was wir denn überhaupt unter einem Bilde meinen. Wir müssen also zusehen, o Theaitetos, was man wohl dem jungen Manne auf die Frage antworten soll.

Theaitetos: Offenbar werden wir ihm anführen die Bilder im Wasser und in den Spiegeln, und dann die gemalten und die geformten und was für andere es noch gibt.

[28. Das Bild als wirklich-seiendes nichtwirklich Nichtseiendes und das Problem der Verknüpfung des Nichtseienden mit dem Sein]

Fremder: Nun sieht man recht, Theaitetos, daß du noch keinen e
Sophisten gesehen hast.

Theaitetos: Wieso?

Fremder: Du wirst glauben, er blinzle oder er habe ganz und gar keine Augen.

Theaitetos: Wie das?

Fremder: Wenn du ihm eine solche Antwort gibst und ihm von Spiegeln und Schnitzwerken sagst, wird er dich auslachen mit deiner Rede, wenn du redest, als sähe er, und wird sich anstellen, als wisse er weder von Wasser noch Spiegeln etwas noch überhaupt vom Ge- 240 a
sicht, und wird dich immer nur aus den Erklärungen fragen.

Theaitetos: Was nur?

Fremder: Das Allgemeine in dem allen, was du eben, da du von vielen sprachst, mit *einem* Namen bezeichnen wolltest, indem du zu allem «Bild» sagtest, was doch *eins* ist. So sprich nun und verteidige dich, ohne dem Manne irgend zurückzuweichen.

Theaitetos: Was sollten wir also anders sagen, daß ein Bild sei, o Fremdling, als das einem Wahren ähnlich gemachte Andere solche?

FREMDER: Ein anderes solches Wahres meinst du, oder worauf
b ziehst du das «solches»?

THEAITETOS: Keineswegs doch ein Wahres, sondern ein Scheinbares gewiß.

FREMDER: Und meinst du unter dem «Wahren» das wirklich Seiende?

THEAITETOS: So meine ich es.

FREMDER: Und wie? Unter dem «Nichtwahren» also das Gegenteil des Wahren?

THEAITETOS: Was sonst?

FREMDER: Also für nicht wirklich nicht seiend erklärst du das Scheinbare, wenn du es doch als das Nichtwahre beschreibst.

THEAITETOS: Aber es *ist* ja doch irgendwie.

FREMDER: Nicht jedoch wahrhaft, meinst du.

THEAITETOS: Das freilich nicht. Aber Bild ist es doch wirklich.

FREMDER: Nichtseiend also nicht wirklich *ist* wirklich das, was wir ein Bild nennen?

c THEAITETOS: In einer solchen Verflechtung scheint freilich das Nichtseiende mit dem Seienden verflochten zu sein, die ganz ungereimt ist.

FREMDER: Wie sollte sie auch nicht ungereimt sein? Und du siehst nun doch, wie durch dieses Schnellwechseln der vielköpfige Sophist uns genötigt hat, dem Nichtseienden wider Willen zuzugestehen, daß es irgendwie sei.

THEAITETOS: Das sehe ich nur zu gut.

FREMDER: Wie nun weiter? Als was können wir endlich seine Kunst bestimmen, um mit uns selbst einig zu werden?

THEAITETOS: Wieso und aus welcher Besorgnis sagst du dies?

d FREMDER: Wenn wir nun sagen, er täusche mit Trugbildern und seine Kunst sei eine täuschende, sagen wir dann, unsere Seele stelle Falsches vor vermittels seiner Kunst? Oder was sagen wir?

THEAITETOS: Dieses, denn was sollten wir anderes sagen?

FREMDER: Falsche Vorstellung ist aber, die das Entgegengesetzte von dem, was ist, vorstellt, oder wie?

THEAITETOS: Das Entgegengesetzte.

FREMDER: Also sagst du, die falsche Vorstellung stelle Nichtseiendes vor?

THEAITETOS: Notwendig.

e FREMDER: Etwa, daß das Nichtseiende nicht sei, stellt sie vor, oder daß das auf keine Weise Seiende doch irgendwie sei?

THEAITETOS: Notwendig doch wohl, daß das Nichtseiende irgendwie sei, wenn sich doch einer auch nur im geringsten täuschen soll.

FREMDER: Kann er nicht auch vorstellen, daß das auf alle Weise Seiende in keiner Weise sei?

THEAITETOS: Ja.

FREMDER: Auch das also ist falsch?

THEAITETOS: Auch das.

FREMDER: Und dies beides ist, glaube ich, auf gleiche Weise für
241 a eine falsche Rede zu halten, die, welche sagt, das Seiende sei nicht, und welche sagt, das Nichtseiende sei.

Theaitetos: Wie könnte eine solche wohl auch anders sein!

Fremder: Wohl schwerlich! Aber dies wird der Sophist nicht zugeben. Und wie könnte auch wohl jemand bei gesunden Sinnen es einräumen, wenn das vorher ist zugestanden worden, wovon vor diesem die Rede war. Wir verstehen doch, Theaitetos, was er meint?

Theaitetos: Wie sollten wir nicht verstehen, daß er sagen wird,
wir behaupteten das Gegenteil von dem Vorigen, wenn wir wagten
zu sagen, Falsches *sei* in Vorstellungen und Reden? Denn wir wür- b
den dadurch gar vielfältig genötigt, mit dem Nichtseienden das Sei-
ende zu verknüpfen, nachdem wir noch eben eingestanden, dies sei
das allerunmöglichste.

[29. Übergang zur Prüfung des parmenideischen Satzes vom Nichtsein]

Fremder: Richtig erinnert. Aber nun ist Zeit zu beratschlagen, was zu machen ist mit dem Sophisten. Denn wie die Einwendungen und die Schwierigkeiten, wenn wir ihn aufspüren wollen, indem wir ihn in die Kunst der Betrüger und Zauberer setzen, uns leicht und zahlreich zuströmen, das siehst du.

Theaitetos: Gar sehr.

Fremder: Und wir haben nur einen kleinen Teil davon durchge-
nommen, da sie geradezu unendlich sind. c

Theaitetos: So würde es denn, wie es scheint, unmöglich sein, den Sophisten zu fangen, wenn sich dies so verhält.

Fremder: Wie also? Wollen wir also weichlich sein und ablassen?

Theaitetos: Nein, sage ich, das dürfen wir nicht, solange wir noch imstande sind, den Mann auch nur im mindesten zu fassen.

Fremder: Wirst du also Nachsicht haben und dich, wie du jetzt sagtest, begnügen, wenn wir irgendwie auch nur ein Weniges von einem so starken Satze abreißen können?

Theaitetos: Wie sollte ich das nicht?

Fremder: So erbitte ich mir nun weiter auch noch dieses von dir. d

Theaitetos: Was?

Fremder: Daß du mich nicht für einen ansiehst, der seinem Vater Gewalt tut.

Theaitetos: Warum das?

Fremder: Weil wir den Satz des Vaters Parmenides notwendig, wenn wir uns verteidigen wollen, prüfen und erzwingen müssen, daß sowohl das Nichtseiende in gewisser Hinsicht ist als auch das Seiende wiederum irgendwie nicht ist.

Theaitetos: Es leuchtet ein, daß dies muß durchgefochten werden in unsern Reden.

Fremder: Wie sollte das nicht einleuchten, sogar, wie man zu sa-
gen pflegt, dem Blinden. Denn wenn jenes nicht widerlegt und dies e
nicht zugestanden wird, so wird im Leben niemand imstande sein,
von falschen Reden und Vorstellungen zu reden, es sei nun von Schat-
ten und Ebenbildern und Nachahmungen und Truggestalten selbst
oder von den sich damit beschäftigenden Künsten, ohne sich lächer-
lich zu machen, indem er genötigt ist, sich selbst zu widersprechen.

Theaitetos: Vollkommen wahr.

242 a Fremder: Darum nun müssen wir wagen, jenen väterlichen Satz anzugreifen, oder wir müssen die Sache gänzlich unterlassen, wenn uns irgendeine Bedenklichkeit hiervon abhält.

Theaitetos: Uns soll doch nichts davon irgend abhalten.

Fremder: So will ich denn drittens noch eine Kleinigkeit von dir erbitten.

Theaitetos: Sage nur.

Fremder: Ich sagte doch eben, daß ich von dieser Widerlegung schon immer habe ablassen müssen, und so auch jetzt.

Theaitetos: Das sagtest du.

Fremder: Dies macht mich nun eben bange vor dem, was ich gesagt, daß ich dir nicht etwa ganz wild vorkomme, wenn ich auf der
b Stelle umwende von unten nach oben. Denn deinetwegen wollen wir noch einmal darangehen, den Satz zu widerlegen, wenn es uns anders gelingt.

Theaitetos: Mir wirst du nicht scheinen irgend Unrecht zu begehen, wenn du noch einmal zu diesem Beweise und dieser Widerlegung schreitest, deshalb also gehe nur ungescheut zu.

[30. Die Geschichten der alten Philosophen vom Seienden und ihre Unverständlichkeit]

Fremder: Wohlan, womit soll man nun diese gewagte Rede beginnen? Mich dünkt, Kind, diesen Weg müssen wir ganz notwendig einschlagen.

Theaitetos: Welchen doch?

Fremder: Was wir jetzt glauben ganz sicher zu haben, das laß
c uns zuerst nachsehen, ob wir nicht daran irre sind und uns nur leichtsinnigerweise zugestehen, wir hätten es aufs genaueste überlegt.

Theaitetos: Sage nur deutlicher, was du meinst.

Fremder: Etwas obenhin scheint Parmenides mit uns umgegangen zu sein und wohl alle, die jemals zu jener Scheidung schritten, welche im Bestimmen der Seienden besteht, welcherlei und wievielerlei sie sind.

Theaitetos: Weshalb?

Fremder: Jeder, scheint es, hat uns eine Geschichte erzählt wie Kindern: Der eine, dreierlei wäre das Seiende, es läge aber bisweilen
d einiges davon miteinander im Streit, dann jedoch wieder sei alles freund, da es dann Hochzeiten gibt und Zeugungen und Auferziehungen des Erzeugten. Ein anderer beschreibt es als zwiefach, feucht und trocken oder warm und kalt, und bringt beides zusammen und stattet es aus. Unser eleatisches Volk aber, vom Xenophanes und noch früher her beginnend, trägt seine Geschichte so vor, als ob das, was wir *Alles* nennen, nur *Eins* wäre. Gewisse ionische und sizilische Musen aber haben späterhin gemerkt, es wäre sicherer, beides zusam-
e menflechtend zu sagen, das Seiende sei *Vieles* und auch *Eines* und werde durch Feindschaft und Freundschaft zusammengehalten. Denn als sich veruneinigend vereinige es sich immer, sagen die strengeren Musen; die weicheren aber lassen nach, daß sich dies immer so ver-

halten solle, und sagen, abwechselnd sei das Ganze bisweilen *Eins* und durch Aphrodite befreundet, dann wieder *Vieles* und sich selbst 243 a
feindselig, erregt durch den Streit. Ob nun an dem allen einer von ihnen etwas Wahres gesagt hat oder nicht, das ist schwierig, und es ist wohl auch frevelhaft, so hochberühmten Männern des Altertums Vorwürfe zu machen; soviel aber kann man doch, ohne sich irgend zu vergeben, behaupten.

Theaitetos: Was doch?

Fremder: Daß sie uns andere allzusehr übersehen und geringschätzig behandelt haben. Denn ohne danach zu fragen, ob wir ihnen folgen in ihren Reden oder zurückbleiben, bringen sie jeder das b
Seinige zu Ende.

Theaitetos: Wie meinst du das?

Fremder: Wenn einer von ihnen spricht und behauptet, es *sei* oder *sei geworden* oder *werde* Vieles oder Zwei oder Eines, und wiederum Warmes mit Kaltem vermischt ein anderer angibt, indem er Trennungen und Verbindungen annimmt, verstehst denn du, Theaitetos, bei den Göttern, jemals etwas hiervon, was sie meinen? Ich wenigstens, als ich jünger war, glaubte auch das, was uns jetzt so schwierig ist, das Nichtseiende, wenn jemand davon sprach, genau zu verstehen, jetzt aber siehst du, in welcher Not wir damit sind.

Theaitetos: Ich sehe es. c

Fremder: Vielleicht aber begegnet uns in unserer Seele dasselbe nicht weniger auch mit dem Seienden, daß wir von diesem glauben, es hätte damit keine Not und wir verständen, was jemand davon sagt, von jenem aber nicht, obwohl wir uns gegen beides ganz gleich verhalten.

Theaitetos: Vielleicht.

Fremder: Und von dem übrigen vorher Erwähnten soll uns dasselbe gelten.

Theaitetos: Allerdings.

[31. Was bedeutet ‹seiend› bei denen, die das All als eine Mehrheit annehmen?]

Fremder: Das vielerlei andere nun wollen wir in der Folge erwägen, wenn du meinst, wegen des Größten aber und ersten Urhebers d
müssen wir jetzt zusehen.

Theaitetos: Welches meinst du? Oder du willst offenbar, wir sollen zuerst das Seiende erforschen, nämlich was doch die, welche davon reden, eigentlich damit zu bezeichnen meinen?

Fremder: Beim rechten Ort, o Theaitetos, hast du es ergriffen. Ich meine nämlich, wir müssen dieses Verfahren anwenden, sie, als ob sie selbst zugegen wären, so auszufragen: «Wohlan alle, die ihr sagt, alles *sei* Warmes und Kaltes oder zwei andere dergleichen, was sagt ihr doch nun eigentlich aus von diesen beiden, wenn ihr sagt, daß sie e
beide und jedes von beiden *sind*? Was sollen wir uns unter diesem eurem *Sein* denken? Sollen wir es denken als ein drittes außer jenen beiden, und also das Ganze als drei und nicht länger als zwei nach euch setzen? Denn nennt ihr eines von diesen beiden Seiendes, so

sagt ihr nicht mehr, daß beide auf gleiche Weise sind, und so *wäre* auf beiderlei Weise nur Eins und nicht Zwei.»

THEAITETOS: Ganz richtig.

FREMDER: «Ihr wollt aber doch beide Seiendes nennen.»

THEAITETOS: Vielleicht.

244 a FREMDER: «Aber, ihr Lieben», wollen wir dann sagen, «auch so würdet ihr ganz deutlich sagen, daß die zwei *eins* sind.»

THEAITETOS: Ganz richtig gesprochen.

FREMDER: «Da nun wir keinen Rat wissen, so macht doch ihr selbst uns recht anschaulich, was ihr denn andeuten wollt, wenn ihr *Seiendes* sagt. Denn offenbar wißt ihr doch dies schon lange, wir aber glaubten es vorher zwar zu wissen, jetzt aber stehen wir ratlos. Lehrt uns also zuerst dieses, damit wir uns nicht einbilden zu verstehen,
b was ihr sagt, indes uns ganz das Gegenteil hiervon widerfährt.» Wenn wir so sprechen und das von diesen sowohl als allen andern fordern, welche sagen, das All *sei* mehr als Eins, werden wir dann wohl großes Unrecht begehen, Kind?

THEAITETOS: Gewiß gar nicht.

[32. Die Schwierigkeit des ‹Seins›, des ‹Namens› und des ‹Ganzen› für die, welche das All als Eins annehmen]

FREMDER: Wie nun? Sollen wir von denen, welche das All als *Eins* angeben, etwa nicht nach Vermögen erforschen, als was sie wohl das Seiende bezeichnen?

THEAITETOS: Unbedenklich.

FREMDER: Dies also mögen sie uns beantworten. «Ihr sagt, es sei nur *Eins*?» – «Das sagen wir», werden sie sagen. – Nicht wahr?

THEAITETOS: Ja.

FREMDER: «Und wie? *Seiendes* nennt ihr etwas?»

THEAITETOS: Ja.

c FREMDER: «Dasselbe, was *Eins*, und bedient euch für dasselbe zweier Benennungen? Oder wie?»

THEAITETOS: Was sollen sie nun wohl hierauf, o Fremdling, antworten?

FREMDER: Offenbar, o Theaitetos, ist es dem von dieser Voraussetzung Ausgehenden gar nicht leicht, auf das jetzt Gefragte und auf jegliches andere irgend zu antworten.

THEAITETOS: Wieso?

FREMDER: Zu gestehen, es gebe zwei Namen, wenn man nichts gesetzt hat als *eins*, ist doch ganz lächerlich.

THEAITETOS: Wie sollte es nicht?

FREMDER: Ja, überhaupt es sich gefallen zu lassen, wenn man sagt,
d es gebe einen Namen, der ja doch keine Erklärung zuließe.

THEAITETOS: Weshalb?

FREMDER: Denn setzt er zuerst den Namen als ein von der Sache Verschiedenes, so nennt er doch zwei.

THEAITETOS: Ja.

FREMDER: Setzt er aber den Namen als einerlei mit ihr: so wird er entweder genötigt sein zu sagen, er sei Name von nichts, oder wenn er sagen will, von etwas, so wird herauskommen, der Name sei des Namens Name und sonst keines andern.

Theaitetos: So ist es.

Fremder: Und auch das Eins sei nur des Einen Eins, und zwar als selbst jenes Namens Eins.

Theaitetos: Notwendig.

Fremder: Und wie? Das Ganze sei verschieden von dem seienden Einen, werden sie sagen, oder einerlei damit?

Theaitetos: Wie sollten sie nicht letzteres jetzt und immer sagen? e

Fremder: Wenn es nun ganz ist, wie ja auch Parmenides sagt:
«Ähnlich von überall her der schönstgerundeten Kugel,
Gleich von der Mitte heraus sich verbreitend; denn größer nach hierhin,
Kleiner nach dorthin sein, das darf es sich nimmer vergönnen»,
so hat das Seiende als ein solches ja Mitte und Enden, und dies habend hat es ja wohl ganz notwendig Teile. Oder wie?

Theaitetos: So allerdings.

Fremder: Allein, dem Geteilten kann zwar in Beziehung auf die 245 a
Gesamtheit seiner Teile die Eins zukommen, und nichts steht im Wege, daß es auf diese Art als ein Ganzes und All auch Eins sei.

Theaitetos: Woher auch?

Fremder: Aber ist es nicht unmöglich, daß dieses, dem dies alles zukommt, das Eins selbst sei?

Theaitetos: Wieso?

Fremder: Vollkommen unteilbar muß doch wohl das wahre Eins nach der richtigen Erklärung angenommen werden.

Theaitetos: Das muß es freilich.

Fremder: Ein solches aber als aus vielen Teilen seiend stimmt nicht b
mit dieser Erklärung.

Theaitetos: Ich verstehe.

Fremder: Soll nun das Seiende in der Weise, daß ihm die Eigenschaft des Eins zukommt, Eins und ganz sein, oder sollen wir ganz und gar nicht sagen, daß das Seiende ganz sei?

Theaitetos: Eine schwere Wahl legst du mir vor.

Fremder: Ganz richtig bemerkt. Denn wenn das Seiende nur die Eigenschaft hat, auf gewisse Weise Eins zu sein: so zeigt es sich ja als nicht dasselbe seiend mit dem Eins, und so wird doch alles mehr sein als Eins.

Theaitetos: Ja.

Fremder: Wenn aber dagegen das Seiende nicht, weil ihm die c
Eigenschaft von jenem zukäme, ganz ist, das Ganze selbst aber ist auch, so wird ja das Seiende sich selbst fehlen.

Theaitetos: Freilich.

Fremder: Und wenn es diesem zufolge sich selbst fehlt, so wird ja das Seiende nicht seiend sein.

Theaitetos: Allerdings.

Fremder: Und wiederum wird alles mehr als Eins, wenn das Seiende und das Ganze abgesondert jedes sein eignes Wesen bekommen.

Theaitetos: Ja.

Fremder: Ist hingegen das Ganze selbst ganz und gar nicht: so
d begegnet dem Seienden nicht nur das nämliche wie vorher, sondern außer dem, daß es nicht ist, kann es auch nicht einmal geworden sein.

Theaitetos: Warum nicht?

Fremder: Das Gewordene ist immer ein Ganzes geworden. So daß weder ein Sein noch ein Werden als seiend anzunehmen ist, wenn man das Ganze nicht unter das Seiende setzt.

Theaitetos: Auf alle Weise scheint sich dies so zu verhalten.

Fremder: Aber auch überhaupt nicht irgendwie groß darf das nicht Ganze sein. Denn ist es irgendwie groß, so ist es doch, wie groß es auch sei, so groß notwendig ganz.

Theaitetos: Offenbar ja.

Fremder: Und es wird sich zeigen, wie ebenso jedes tausend an-
e dern, nicht zu beseitigenden Schwierigkeiten ausgesetzt ist für den, welcher sagt, das Seiende sei nur Zwei oder nur Eins.

Theaitetos: Das offenbart sich schon durch das jetzt zum Vorschein Kommende. Denn an jedes knüpft sich immer ein anderes und bringt größere und schwierigere Irrung in jedes vorher Gesagte hinein.

[33. Der Riesenkampf zwischen denen, die das Sein in die Ideen setzen, und denen, die allein das Körperliche als seiend annehmen]

Fremder: Die nun, welche sich so genau einlassen über das Seiende und Nichtseiende, haben wir ganz zwar noch gar nicht durchgenommen. Doch es sei schon genug. Aber die sich anders erklären, müssen wir nun auch in Betrachtung ziehen, um an allen zu sehen,
246 a daß es um nichts leichter ist, das Seiende als das Nichtseiende zu erklären, was es *ist*.

Theaitetos: So laß uns denn auch an diese gehn.

Fremder: Zwischen diesen scheint mir nun ein wahrer Riesenkrieg zu sein wegen ihrer Uneinigkeit untereinander über das Sein.

Theaitetos: Wieso?

Fremder: Die einen ziehen alles aus dem Himmel und dem Unsichtbaren auf die Erde herab, mit ihren Händen buchstäblich Felsen und Eichen umklammernd. Denn an alles dergleichen halten sie sich und behaupten, das allein *sei*, woran man sich stoßen und was man
b betasten könne, indem sie Körper und Sein für einerlei erklären; und wenn von den andern einer sagt, es *sei* auch etwas, was keinen Leib habe, achten sie darauf ganz und gar nicht und wollen nichts anderes hören.

Theaitetos: Ja, arge Leute sind das, von denen du sprichst, denn ich bin auch schon auf mehrere solche getroffen.

Fremder: Daher auch die gegen sie Streitenden sich gar vorsichtig von oben herab aus dem Unsichtbaren verteidigen und behaupten, gewisse denkbare und unkörperliche Ideen wären das wahre Sein, die Körper jener aber und was sie das Wahre nennen, stoßen
c sie ganz klein in ihren Reden und schreiben ihnen statt des Seins nur ein bewegliches Werden zu. Zwischen ihnen aber, o Theaitetos, ist hierüber ein unermeßliches Schlachtgetümmel immerwährend.

THEAITETOS: Wahr.

FREMDER: Laß uns also von beiden Teilen nacheinander Erklärung fordern über das Sein, welches sie annehmen.

THEAITETOS: Wie sollen wir das aber machen?

FREMDER: Von denen, die es in Ideen setzen, ist es leichter, denn sie sind zahmer; von denen aber, die mit Gewalt alles in das Körper-
liche ziehen, ist es schwerer, vielleicht wohl gar unmöglich. Aber so, d
glaube ich, müssen wir es mit ihnen machen.

THEAITETOS: Wie?

FREMDER: Am liebsten, wenn es möglich wäre, sie in der Tat besser machen; wenn aber dies nicht angeht, dann wenigstens in unserer Rede, indem wir voraussetzen, daß sie uns rechtlicher, als sie jetzt wohl zu tun pflegen, antworten. Denn was von Besseren eingestanden wird, ist ja wohl mehr wert, als was von Schlechteren. Und wir kümmern uns ja nicht um sie, sondern suchen nur das Wahre.

THEAITETOS: Ganz richtig. e

[34. Einigung mit den am Körper Hängenden darüber, daß auch Unkörperliches ist, und über eine Bestimmung des Seins als Vermögen]

FREMDER: So laß denn sie als Bessergewordene dir antworten und dolmetsche uns, was sie sagen.

THEAITETOS: Das soll geschehen.

FREMDER: Mögen sie dann sagen, ob sie annehmen, es gebe sterbliches Lebendiges?

THEAITETOS: Wie sollten sie das nicht!

FREMDER: Und ob sie eingestehen, dies sei ein beseelter Leib?

THEAITETOS: Ganz gewiß.

FREMDER: Daß sie also die Seele unter das Seiende setzen?

THEAITETOS: Ja. 247 a

FREMDER: Und wie? Nehmen sie nicht an, eine Seele sei gerecht, die andere ungerecht, und die eine vernünftig, die andere unvernünftig?

THEAITETOS: Unbedenklich.

FREMDER: Nicht auch, daß jede durch Anwesenheit der Gerechtigkeit eine solche werde und durch die des Gegenteils eine entgegengesetzte?

THEAITETOS: Ja, auch das geben sie zu.

FREMDER: Aber daß, was bei einem anwesend sein kann und abwesend, doch auf alle Weise etwas *sei*, werden sie wohl auch sagen?

THEAITETOS: Sie sagen es also.

FREMDER: Wenn also Gerechtigkeit und Vernünftigkeit und die b
übrige Tugend und das Entgegengesetzte, und so auch die Seele, in welcher dies alles einwohnt, *ist*: behaupten sie denn etwa, daß irgend von dem allen etwas sichtbar sei und greiflich oder alles unsichtbar?

THEAITETOS: Nichts ist wohl von dem allen sichtbar.

FREMDER: Und wie? Sagen sie, daß etwas hiervon einen Leib habe?

THEAITETOS: Das werden sie wohl nicht mehr ganz auf einerlei Weise beantworten, sondern die Seele selbst schiene ihnen einen Leib zu besitzen, von der Gerechtigkeit aber und wonach du sonst fragtest,

werden sie sich wohl der Kühnheit schämen sowohl zu behaupten,
c daß alles dieses gar nicht sei, als auch darauf zu bestehen, daß es ganz leiblich sei.

FREMDER: Offenbar, Theaitetos, sind uns ja die Männer besser geworden. Denn auch nicht eins von allem diesen würden die echten Ausgesäten und Erdgeborenen unter ihnen scheuen, sondern darauf beharren, daß, was sie nicht imstande sind in den Händen zu zerdrücken, auch ganz und gar nichts *ist*.

THEAITETOS: Geradeso denken sie, wie du sagst.

FREMDER: Laß sie uns also nochmals fragen; denn wenn sie auch
d nur ein Weniges von dem Seienden als unkörperlich zugeben wollen, das reicht schon hin. Denn was nun diesem zugleich und auch jenem, was Körper hat, eignet, worauf sie ja eben sehen, indem sie sagen, beides *sei*, das müssen sie dann angeben. Vielleicht nun würden sie dabei verlegen sein; und wenn ihnen dergleichen begegnete, so sieh zu, ob sie wohl, wenn wir es ihnen vorhielten, annehmen und eingestehen würden, das Seiende sei solcherlei etwas.

THEAITETOS: Was denn? Sprich, und wir wollen gleich sehen.

FREMDER: Ich sage also, was nur irgendein Vermögen besitzt, es
e sei nun, ein anderes zu irgend etwas zu machen, oder, wenn auch nur das mindeste von dem allergeringsten zu leiden, und wäre es auch nur einmal, das alles *sei* wirklich. Ich setze nämlich als Erklärung fest, um das Seiende zu bestimmen, daß es nichts anderes ist als Vermögen, Kraft.

THEAITETOS: Wohl, da sie selbst vor der Hand nichts besseres als dieses zu sagen haben, so nehmen sie dieses an.

FREMDER: Schön. Denn in der Folge wird es sich vielleicht uns eben-
248 a sogut wie ihnen anders zeigen. Mit ihnen bleibe uns also nun dieses gemeinschaftlich festgestellt.

THEAITETOS: Es bleibt.

[35. Notwendigkeit für die Ideenfreunde, auch ein Leiden des Seins zuzugeben und Bewegung, Vernunft und Leben dem wahrhaft Seienden zuzuschreiben]

FREMDER: Und nun laß uns zu den andern gehen, den Freunden der Ideen. Du aber dolmetsche uns auch das Ihrige.

THEAITETOS: Das soll geschehen.

FREMDER: Also das Werden und das Sein nehmt ihr getrennt voneinander an. Nicht wahr?

THEAITETOS: Ja.

FREMDER: Und mit dem Leibe hätten wir durch die Wahrnehmung Gemeinschaft an dem Werden, durch den Gedanken aber mit der Seele an dem wahrhaften Sein, welches, wie ihr sagt, sich immer auf gleiche Weise verhält, das Werden aber immer anders.

b THEAITETOS: Das sagen wir allerdings.

FREMDER: Aber dieses Gemeinschaft-Haben, ihr Allerbesten, was sollen wir doch sagen, daß ihr damit an beiden eigentlich meint? Nicht das eben von uns Gesagte?

THEAITETOS: Welches denn?

FREMDER: Ein Leiden oder eine Einwirkung, aus irgendeiner Kraft in dem, was miteinander zusammentrifft, entstehend. Vielleicht aber, o Theaitetos, kannst du ihre Antwort hierauf nicht recht vernehmen, ich aber etwa aus alter Bekanntschaft.

THEAITETOS: Wie erklären sie sich also?

FREMDER: Sie räumen uns das nicht ein, was wir eben vorher zu c
den Erdgeborenen über das Sein gesagt haben.

THEAITETOS: Welches?

FREMDER: Wir setzten das als eine hinreichende Erklärung des Seienden, wenn einem auch nur im geringsten ein Vermögen beiwohnte zu leiden oder zu tun?

THEAITETOS: Ja.

FREMDER: Hierauf nun erwidern sie dieses, daß dem Werden allerdings das Vermögen zu leiden und zu tun eigne, dem Sein aber, behaupten sie, sei keines von diesen beiden Vermögen angemessen.

THEAITETOS: Da sagen sie wohl etwas.

FREMDER: Worauf wir jedoch entgegnen müssen, daß wir noch bestimmter von ihnen zu erfahren wünschen, ob sie darüber mit uns d
einig sind, daß die Seele erkenne und das Sein erkannt werde.

THEAITETOS: Das bejahen sie doch gewiß.

FREMDER: Und wie? Das Erkennen oder Erkanntwerden, nennt ihr das ein Tun oder ein Leiden oder beides? Oder das eine ein Tun und das andere ein Leiden? Oder meint ihr, keines habe mit keinem von beiden irgend etwas zu schaffen?

THEAITETOS: Gewiß doch keines mit keinem; denn sonst widersprächen sie dem Vorigen.

FREMDER: Ich verstehe: Dieses nämlich, daß, wenn das Erkennen ein Tun ist, so folgt notwendig, daß das Erkannte leidet, daß also e
nach dieser Erklärung das Sein, welches von der Erkenntnis erkannt wird, inwiefern erkannt, insofern auch bewegt wird vermöge des Leidens, welches doch, wie wir sagen, dem Ruhenden nicht begegnen kann.

THEAITETOS: Richtig.

FREMDER: Aber wie, beim Zeus! Sollen wir uns leichtlich überreden lassen, daß in der Tat Bewegung und Leben und Seele und Vernunft dem wahrhaft Seienden gar nicht eigne? Daß es weder lebe
noch denke, sondern hehr und heilig, der Vernunft entbehrend, un- 249 a
beweglich stehe?

THEAITETOS: Eine arge Behauptung, o Fremdling, würden wir da einräumen!

FREMDER: Oder sollen wir, daß es Vernunft habe, bejahen, daß aber Leben, leugnen?

THEAITETOS: Wie nun?

FREMDER: Oder sollen wir sagen, dies beides wohne ihm zwar ein, nur wollen wir behaupten, in einer Seele habe es dieses nicht?

THEAITETOS: Aber auf welche andere Weise sollte es dies wohl haben können?

FREMDER: Also wollen wir sagen, es habe Vernunft und Seele und Leben, nur daß es, obwohl belebt, ganz unbewegt dastehe?

b Theaitetos: Dies alles scheint mir ganz unvernünftig zu sein.

Fremder: Also auch Bewegtes und Bewegung muß eingeräumt werden als seiend?

Theaitetos: Unbedenklich.

Fremder: Denn es folgt ja, o Theaitetos, daß, wenn alles unbewegt ist, niemand irgendwo von irgend etwas könne Verstand haben.

Theaitetos: Offenbar ja.

Fremder: Allein, wenn wir wiederum einräumten, daß alles bewegt und verändert werde: so würden wir durch diese Behauptung gleichfalls eben dasselbe aus dem Seienden ausschließen.

Theaitetos: Wieso?

Fremder: Das «auf gleiche Weise» und «ebenso» und «in der-
c selben Beziehung», dünkt dich denn das ohne Ruhe stattfinden zu können?

Theaitetos: Keineswegs.

Fremder: Und siehst du etwa, daß ohne dieses von irgend etwas eine Erkenntnis sein oder entstehen kann?

Theaitetos: Nichts weniger.

Fremder: Und gegen den ist doch auf alle Weise zu streiten, der Wissenschaft, Einsicht und Verstand beiseiteschafft und dann noch irgend worüber etwas behaupten will.

Theaitetos: Gar sehr.

Fremder: Und der Philosoph also, der gerade dies am höchsten schätzt, ist, wie es scheint, deshalb auf alle Weise genötigt, weder von denen, welche das All es sei nun als Eins oder als viele Ideen set-
d zen, es als ruhend anzunehmen, noch auch wiederum auf die, welche das Seiende durchaus bewegen, auch nur im mindesten zu hören, sondern, wie die Kinder zu begehren pflegen, muß er beides von dem Seienden und All, daß es unbewegt und daß es bewegt sei, sagen.

Theaitetos: Vollkommen wahr.

[36. Bewegung und Ruhe als vom Sein verschieden. Feststellung der Verlegenheit über das Seiende]

Fremder: Wie nun? Kommt es dir nicht vor, als ob wir das Seiende jetzt recht ordentlich mit unserer Erklärung umfaßt hätten?

Theaitetos: Allerdings.

Fremder: O weh, Theaitetos! Wie deutlich sehe ich, daß wir nun erst richtig davon erkennen werden die Schwierigkeit dieser Untersuchung!

e Theaitetos: Wieso, und was hast du nur schon wieder?

Fremder: Du Glücklicher, siehst du nicht ein, daß wir nun eben in der größten Unwissenheit darüber sind und uns nur einbilden, etwas gesagt zu haben?

Theaitetos: Ich bilde mir es noch ein. Und wie es uns unbewußt wieder so um uns stehen sollte, begreife ich gar nicht.

Fremder: Sieh nur genauer zu, ob, nachdem wir dies alles zuge-
250 a standen, wir mit Recht eben das könnten gefragt werden, was wir vorher die fragten, welche sagten, das All *sei* Warmes und Kaltes.

Theaitetos: Erinnere mich doch, was?

Fremder: Gern, und ich will dies so zu tun suchen, daß ich dich frage wie damals jene, damit wir zugleich etwas weiterkommen.

Theaitetos: Gut.

Fremder: Wohl denn, hältst du Bewegung und Ruhe nicht für einander ganz entgegengesetzt?

Theaitetos: Wie könnte ich anders?

Fremder: Aber du sagst doch, daß beide und jede gleich sehr *sind.*

Theaitetos: Das sage ich freilich. b

Fremder: Meinst du nun, daß beide und jede bewegt werden, wenn du einräumst, daß sie *sind*?

Theaitetos: Keineswegs.

Fremder: Sondern daß sie ruhen, willst du andeuten, wenn du sagst, daß sie beide *sind?*

Theaitetos: Wie doch das?

Fremder: Also setzt du doch das Seiende in deiner Seele als ein drittes außer diesen, indem du Ruhe und Bewegung als von jenem umschlossen zusammenfassend und auf ihre Gemeinschaft in dem Sein Hinsicht nehmend, beiden das Sein beilegst.

Theaitetos: Wir mögen wohl in der Tat das Seiende als ein drittes c
andeuten, wenn wir sagen, daß Bewegung und Ruhe *sind.*

Fremder: Nicht also Bewegung und Ruhe zusammengenommen ist das Seiende, sondern ein von diesen Verschiedenes.

Theaitetos: So scheint es.

Fremder: Also vermöge seiner eigenen Natur wird das Seiende weder ruhen noch sich bewegen.

Theaitetos: Schwerlich.

Fremder: Wohin soll also seine Gedanken noch wenden, wer etwas Deutliches darüber bei sich festsetzen will?

Theaitetos: Wohin wohl auch?

Fremder: Nirgends hin wohl so leicht, denke ich. Denn wenn sich
etwas nicht bewegt, wie sollte es nicht ruhen? Oder was auf keine d
Weise ruht, wie sollte sich das nicht bewegen? Das Seiende hat sich uns aber jetzt außerhalb beider gezeigt. Ist das nun wohl möglich?

Theaitetos: Gewiß das allerunmöglichste.

Fremder: Daran müssen wir uns aber hierbei wohl erinnern.

Theaitetos: Woran doch?

Fremder: Daß, als wir über das Nichtseiende gefragt wurden, wo man dieses Wort wohl anbringen müßte, wir auch in gänzlicher Verlegenheit befangen waren. Erinnerst du dich dessen?

Theaitetos: Wie sollte ich nicht?

Fremder: Sind wir nun wohl in geringerer Verlegenheit über das e
Seiende?

Theaitetos: Mir, o Fremdling, scheinen wir womöglich in noch größerer.

Fremder: Dies liege also hier so unentschieden. Da nun aber das Seiende und das Nichtseiende zu ganz gleichen Teilen gehen in dieser Verlegenheit: so ist doch nun Hoffnung, daß gerade wie das eine von ihnen sich uns, sei es nun dunkler oder bestimmter, darstellt,
auch das andere ebenso sich darstellen werde; und wenn wir keines 251 a

von beiden sehen sollten, wollen wir wenigstens die Erklärung beider zugleich auf die anständigste Weise, wie wir nur können, weiterbringen.

Theaitetos: Schön.

Fremder: Erklären wir denn, auf welche Weise wir doch jedesmal eine und dieselbe Sache mit vielen Namen benennen.

Theaitetos: Wie was doch? Gib mir ein Beispiel.

[37. Unausweichlichkeit, eine Verknüpfung und Verbindung des Seienden anzunehmen]

Fremder: Wir sagen doch von einem Menschen gar vielerlei, indem wir ihn danach benennen, wenn wir ihm Farbe beilegen und Gestalt und Größe, auch Fehler und Tugenden, in welchen sämtlichen Fällen und hunderttausend anderen wir dann nicht nur sagen,
b daß er ein Mensch ist, sondern auch, daß er gut ist und unzähliges andere, und ebenso verhält es sich mit allen andern Dingen, daß wir jedes als Eins setzen und es hernach doch wieder Vieles nennen und mit vielerlei Benennungen erklären.

Theaitetos: Wahr gesprochen.

Fremder: Wodurch wir nun Jünglingen und schwerköpfigen Alten, denke ich, ein Mahl bereitet haben. Denn das hat ja jeder leicht bei der Hand aufzugreifen, daß es unmöglich ist, daß Vieles Eins und Eins Vieles sei, und sie haben zumal ihre Freude daran, nicht zu lei-
c den, daß man einen Menschen gut nenne, sondern das Gute gut und den Menschen Mensch. Du triffst gewiß oft, denke ich, Theaitetos, solche, die sich auf dergleichen gelegt haben, alte Leute bisweilen, die aus Geistesarmut dergleichen bewundern oder auch selbst meinen, Wunder was für Weisheit daran erfunden zu haben.

Theaitetos: Allerdings.

Fremder: Damit wir uns also an alle wenden, die jemals was auch
d immer über das Sein vorgetragen haben: so sei zu diesen sowohl als zu den übrigen, mit denen wir vorher schon uns unterredeten, noch dieses frageweise gesprochen.

Theaitetos: Was also?

Fremder: Ob wir weder das Sein der Ruhe und Bewegung verknüpfen sollen noch überhaupt irgendeines mit dem andern, sondern als unvermischbar und unfähig, eines an dem andern teilzuhaben, alles in unsern Reden setzen? Oder sollen wir alles in Eins zusammenbringen als der Gemeinschaft unter sich fähig? Oder einiges zwar, anderes aber nicht? Welches hiervon, o Theai-
e tetos, werden wir sagen, daß diese vorziehen?

Theaitetos: Ich weiß für sie nichts hierauf zu antworten.

Fremder: Warum willst du also nicht einzeln jedes beantwortend zusehn, was aus jedem folgt?

Theaitetos: Wohl gesprochen.

Fremder: Setzen wir also zuerst, wenn du willst, den Fall, sie sagten, *nichts* habe irgendein Vermögen mit irgendeinem zu irgend etwas in Gemeinschaft zu treten. Dann werden also Bewegung und Ruhe nirgendwie am Sein Anteil haben.

THEAITETOS: Freilich nicht. 252 a

FREMDER: Und wie? Wird dann wohl eine von ihnen *sein* können, wenn sie mit dem Sein gar keine Gemeinschaft hat?

THEAITETOS: Keine wird sein.

FREMDER: Plötzlich also gerät durch diese Annahme alles in Aufruhr, wie es scheint, sowohl bei denen, die das All bewegen, als bei denen, die es als Eins hinstellen, und denen, die nach Ideen das Seiende als immer auf gleiche Weise sich verhaltend annehmen. Denn sie alle verknüpfen doch das Sein, indem die einen sagen, es sei wirklich bewegt, die andern, es sei wirklich ruhig.

THEAITETOS: Offenbar freilich.

FREMDER: Ebenso auch die, welche das All bald zusammensetzen b und bald teilen, es sei nun, daß sie es in das Eine und Unendliche aus dem Einen, oder daß sie es in endliche Bestandteile teilen und aus diesem zusammensetzen, und gleichviel ob sie annehmen, dies geschehe abwechselnd, oder auch, es geschehe immer, auf jede Weise sagen sie doch alle nichts, wenn es keine Vermischung gibt.

THEAITETOS: Richtig.

FREMDER: Und weiter müssen die selbst am allerlächerlichsten ihre eigne Rede strafen, welche nicht leiden wollen, daß man irgend etwas nach einem andern, ihm durch Gemeinschaft Zukommenden benenne.

THEAITETOS: Wie das? c

FREMDER: Sie sind doch überall genötigt, das «*Sein*» zu gebrauchen und das «Ohne» und das «andere» und das «An sich» und tausenderlei anderes, dessen sie nicht vermögend sind, sich zu enthalten und es nicht in ihren Reden zu verknüpfen, und bedürfen daher nicht, daß jemand sonst sie widerlege, sondern, wie man zu sagen pflegt, von Hause her bringen sie sich ihren Gegner und Widerpart mit, der ihnen von innen her zuraunt wie der närrische Eurykles, und führen ihn überall mit sich herum.

THEAITETOS: Das ist recht ähnlich und wahr! d

FREMDER: Wie aber, wenn wir nun *alles* ließen ein Vermögen haben, sich untereinander zu verbinden?

THEAITETOS: Das aber kann ich sogar widerlegen.

FREMDER: Wie?

THEAITETOS: Weil die Bewegung selbst dann auf alle Weise ruhen würde und die Ruhe selbst wiederum sich bewegen, wenn diese beiden zusammenkämen.

FREMDER: Aber das ist doch aus allen Gründen unmöglich, daß die Bewegung ruhe und die Ruhe sich bewege?

THEAITETOS: Unbedenklich.

[38. Die Verbindung der Begriffe als eine beschränkte und Erfordernis einer höchsten Wissenschaft von ihr]

FREMDER: Das dritte bleibt uns also allein übrig.

THEAITETOS: Ja.

FREMDER: Aber eines von diesen ist doch notwendig, daß entwe- e der alles, oder nichts, oder einiges zwar, anderes aber nicht sich vermischen könne?

Theaitetos: Ganz gewiß.

Fremder: Und zwei sind doch als unmöglich erfunden.

Theaitetos: Ja.

Fremder: Jeder also, der richtig antworten will, muß das Übrige von den dreien annehmen.

Theaitetos: Offenbar.

Fremder: Wenn nun einiges sich hierzu versteht, anderes nicht:
253 a so geht es damit fast wie mit den Buchstaben. Denn auch von diesen lassen sich einige nicht zusammenstellen miteinander, andere einigen sich wohl.

Theaitetos: Das ist sicher.

Fremder: Die Selbstlauter aber gehen vorzüglich vor den übrigen wie ein Band durch alle hindurch, so daß es ohne einen von ihnen auch für die übrigen nicht möglich ist, daß einer sich mit einem andern verbinde.

Theaitetos: Ganz unmöglich.

Fremder: Weiß nun jeder, welche mit welchen in Gemeinschaft treten können? Oder gehört dazu eine Kunst, wenn man es recht machen will?

Theaitetos: Eine Kunst.

Fremder: Was für eine?

Theaitetos: Die Sprachkunde.

b Fremder: Und ist es nicht, was die hohen und tiefen Töne betrifft, ebenso? Der, welcher die Kunst besitzt einzusehen, welche sich miteinander vermischen lassen und welche nicht, ist der Tonkünstler, wer dies aber nicht versteht, der Untonkünstlerische?

Theaitetos: Eben so.

Fremder: Und bei jeder anderen Kunst und jedem unkünstlerischen Verfahren werden wir anderes Ähnliche finden.

Theaitetos: Unbedenklich.

Fremder: Da wir nun zugestanden haben, daß auch die Begriffe sich gegeneinander auf gleiche Weise in Hinsicht auf Mischung verhalten: muß nicht auch mit einer Wissenschaft seine Reden durchführen, wer richtig zeigen will, welche Begriffe mit welchen zusammenstimmen und welche einander nicht aufnehmen? Und wiederum,
c ob es solche sie allgemein zusammenhaltende gibt, daß sie imstande sind, sich zu vermischen? Und wiederum in den Trennungen, ob andere durchgängig der Trennung Ursache sind?

Theaitetos: Wie sollte es hierzu nicht einer Wissenschaft bedürfen und vielleicht wohl der größten!

[39. Die dialektische Wissenschaft des Philosophen als Wissen von der Verbindung und Trennung der Begriffe]

Fremder: Und wie, Theaitetos, sollen wir diese nennen? Oder sind wir, beim Zeus, ohne es zu bemerken, in die Wissenschaft freier Menschen hineingeraten und mögen wohl gar, den Sophisten suchend, zuerst den Philosophen gefunden haben?

THEAITETOS: Wie meinst du das?
FREMDER: Das Trennen nach Gattungen und daß man weder den- d
selben Begriff für einen andern noch einen andern für denselben hal-
te, wollen wir nicht sagen, dies gehöre für die dialektische Wissen-
schaft?
THEAITETOS: Das wollen wir sagen.
FREMDER: Wer also dieses gehörig zu tun versteht, der wird *eine*
Idee als durch *viele*, die einzeln voneinander gesondert sind, nach
allen Seiten sich hindurch erstreckend genau bemerken, und *viele*
voneinander verschiedene als von *einer* äußerlich umfaßte, und wie-
derum *eine* als durch *viele*, die insgesamt miteinander verbunden
sind, im Eins verknüpfte, und endlich viele als gänzlich voneinander
abgesonderte. Dies heißt dann, inwiefern jedes in Gemeinschaft e
treten kann und inwiefern nicht, der Art nach zu unterscheiden
wissen.
THEAITETOS: Auf alle Weise gewiß.
FREMDER: Aber dies dialektische Geschäft wirst du, hoffe ich, kei-
nem andern anweisen als dem rein und recht Philosophierenden?
THEAITETOS: Wie sollte man es wohl einem andern anweisen!
FREMDER: In dieser Gegend herum werden wir also jetzt sowohl
als hernach, wenn wir ihn suchen, den Philosophen finden, als schwer
freilich auch ihn genau zu erkennen, nur von ganz anderer Art ist die 254 a
Schwierigkeit des Sophisten und die seinige.
THEAITETOS: Wieso?
FREMDER: Der eine, in die Dunkelheit des Nichtseienden entflie-
hend, mit der er aus unkünstlerischer Übung Bescheid weiß, ist we-
gen der Dunkelheit des Ortes schwer zu erkennen. Nicht wahr?
THEAITETOS: So scheint es.
FREMDER: Der Philosoph hingegen, in vernunftmäßigem Verfah-
ren mit der Idee des Seienden stets beschäftigt, ist wiederum wegen
der Helligkeit der Gegend keineswegs leicht zu erblicken. Denn die
Geistesaugen der meisten sind in das Göttliche ausdauernd hinein- b
zuschauen unvermögend.
THEAITETOS: Auch dieses ist nicht minder als jenes einleuchtend,
daß es sich so verhalte.
FREMDER: Diesen nun werden wir hernach wohl noch genauer be-
trachten, wenn wir noch Lust haben; von dem Sophisten aber dür-
fen wir offenbar nicht ablassen, bis wir ihn hinlänglich beschaut ha-
ben.
THEAITETOS: Wohl gesprochen.

[40. Aufstellung von fünf voneinander verschiedenen Hauptbegriffen: das Seiende, Bewegung, Ruhe, das Selbe und das Verschiedene]

FREMDER: Da wir nun übereingekommen sind, daß einige Begriffe
Gemeinschaft miteinander haben wollen, andere nicht, und einige
wenig, andere viel, andere auch überhaupt nichts hindert, mit allen
Gemeinschaft zu haben: so laß uns nun das Weitere in unserer Rede c
so nachholen, daß wir nicht etwa an allen Begriffen betrachten, damit
wir nicht durch die Menge in Verwirrung geraten, sondern an eini-

gen der wichtigsten vorzugsweise, zuerst was jeder *ist*, und dann, wie er sich verhält in Hinsicht des Vermögens der Gemeinschaft mit andern, damit, wenn wir auch das Seiende und Nichtseiende nicht mit völliger Deutlichkeit aufzufassen vermögen, es uns wenigstens an einer Erklärung darüber nicht fehle, soweit es die Art der jetzigen Untersuchung zuläßt, wenn es uns etwa möglich wäre, indem wir
d von dem Nichtseienden sagen, es *sei* wirklich nichtseiend, unbeschädigt davonzukommen.

Theaitetos: Das müssen wir freilich.

Fremder: Die wichtigsten unter den Begriffen, welche wir vorher durchgingen, sind doch wohl das Seiende selbst und Ruhe und Bewegung?

Theaitetos: Bei weitem.

Fremder: Und die zwei, sagen wir doch, sind miteinander ganz unvereinbar?

Theaitetos: Völlig.

Fremder: Das Seiende aber vereinbar mit beiden. Denn sie *sind* doch beide?

Theaitetos: Wie sollten sie nicht!

Fremder: Das wären also drei.

Theaitetos: Freilich.

Fremder: Deren doch jedes verschieden ist von den andern beiden, mit sich selbst aber dasselbe?

e Theaitetos: So ist es.

Fremder: Was haben wir nun aber jetzt wieder gesagt, das Selbe und Verschiedene? Sind dies selbst auch zwei von jenen dreien verschiedene, sich aber notwendig immer mit ihnen vermischende Begriffe, und müssen wir also auf fünf und nicht auf drei unsere Aufmerksamkeit richten? Oder haben wir mit diesem Selben und Ver-
255 a schiedenen nur eines von jenen bezeichnet, ohne es zu wissen?

Theaitetos: Vielleicht.

Fremder: Aber Bewegung und Ruhe sind doch gewiß weder das Selbe noch das Verschiedene.

Theaitetos: Wieso?

Fremder: Was wir der Bewegung und der Ruhe gemeinschaftlich beilegen, das kann unmöglich eine von ihnen beiden selbst sein.

Theaitetos: Warum nicht?

Fremder: Die Bewegung wird dann ruhen und die Ruhe hingegen sich bewegen. Denn da alsdann das eine von ihnen, welches du auch wählen wolltest, von *beiden* gelten müßte: so würde dadurch das andere genötigt sein, sich in den Gegensatz seiner Natur zu verwan-
b deln, weil es ja an diesem Gegensatz Anteil hätte.

Theaitetos: Offenbar freilich.

Fremder: Nun aber haben doch am Selben und Verschiedenen beide Teil.

Theaitetos: Ja.

Fremder: Also wollen wir nicht sagen, die Bewegung sei etwa das Selbe oder das Verschiedene, noch auch die Ruhe.

Theaitetos: Freilich nicht.

Fremder: Vielleicht aber ist uns das *Seiende* und das Selbe als eines zu denken?

Theaitetos: Vielleicht.

Fremder: Aber wenn Seiendes und Selbes nicht Verschiedenes bedeuteten, so würden wir wiederum, indem wir sagen, daß Bewegung und Ruhe beide *sind,* beide als *seiend* für dasselbe ausgeben. c

Theaitetos: Allein, das ist ja unmöglich.

Fremder: Also ist auch unmöglich, daß Selbes und Seiendes eins sind.

Theaitetos: Beinahe.

Fremder: Als einen vierten Begriff zu jenen dreien müssen wir also das Selbe setzen.

Theaitetos: Allerdings.

Fremder: Und wie? Sollen wir das *Verschiedene* als einen fünften setzen? Oder soll man etwa dieses und das Seiende als zwei Namen für *einen* Begriff denken?

Theaitetos: Das mag wohl sein.

Fremder: Allein, ich glaube, du wirst zugeben, daß von dem Seienden einiges an und für sich und einiges nur in Beziehung auf anderes immer so genannt werde.

Theaitetos: Wie sollte ich nicht!

Fremder: Das Verschiedene jedoch immer in Beziehung auf ein d
anderes. Nicht wahr?

Theaitetos: So ist es.

Fremder: Nicht aber könnte dies so sein, wenn nicht das Seiende und das Verschiedene sich sehr weit voneinander entfernten; sondern wenn das Verschiedene ebenfalls an jenen beiden Arten teilhätte wie das Seiende, so gäbe es auch Verschiedenes, was nicht in Beziehung auf ein anderes verschieden wäre. Nun aber ergibt sich doch offenbar, daß, was verschieden ist, dies, was es ist, notwendig in Beziehung auf ein anderes ist.

Theaitetos: Es verhält sich, wie du sagst.

Fremder: Als den fünften müssen wir also die Natur des Verschiedenen angeben unter den Begriffen, die wir gewählt haben. e

Theaitetos: Ja.

Fremder: Und durch sie alle, müssen wir sagen, gehe sie hindurch, indem jedes einzelne *verschieden* ist von den übrigen, nicht vermöge seiner Natur, sondern vermöge seines Anteils an der Idee des Verschiedenen.

Theaitetos: Offenbar allerdings.

[41. Aufweis einer Möglichkeit, daß Nichtseiendes ist: Nichtsein als Verschiedenheit]

Fremder: Dies also laß uns behaupten von den fünfen, indem wir das einzelne wiederholen.

Theaitetos: Was doch?

Fremder: Zuerst, daß die Bewegung ganz und gar verschieden ist von der Ruhe. Oder wie sagen wir?

Theaitetos: Nur so.

Fremder: Sie *ist* also *nicht* Ruhe?

Theaitetos: Keineswegs.

256 a Fremder: Sie *ist* aber doch wegen ihres Anteils am Seienden.

Theaitetos: Sie ist.

Fremder: Wiederum aber ist die Bewegung auch verschieden von dem Selben.

Theaitetos: Beinahe.

Fremder: Sie *ist* also *nicht* das Selbe.

Theaitetos: Nein freilich.

Fremder: Aber auch sie *war* doch mit sich selber Selbes, weil hieran ja alles teilhat.

Theaitetos: Gewiß.

Fremder: Daß also die Bewegung Selbes *sei* und auch nicht Selbes, muß man gestehen und darüber nicht schwierig sein. Denn wenn wir sagen, sie ist Selbes und sie ist nicht Selbes, meinen wir es doch
b nicht auf gleiche Art; sondern wenn Selbes, so sagen wir dies von ihr wegen der Teilnahme am Selben, wenn aber nicht Selbes, dann wegen ihrer Gemeinschaft mit dem Verschiedenen, durch welche als von dem Selben abgesondert sie nicht jenes, sondern Verschiedenes wird, so daß sie auch wiederum richtig nicht Selbes genannt wird.

Theaitetos: Allerdings.

Fremder: So wäre, wenn irgendwie auch die Bewegung selbst Anteil hätte an der Ruhe oder dem Feststehen, es nichts Wunderliches, sie eine feststehende zu nennen.

Theaitetos: Ganz richtig, da wir doch zugeben, daß einige Begriffe sich miteinander vermischen wollen, andere aber nicht.

c Fremder: Hierüber haben wir ja den Beweis schon früher als den jetzigen geführt, als wir zeigten, daß dies natürlich so sein müsse.

Theaitetos: Allerdings.

Fremder: Wiederum nun sagen wir, die Bewegung *ist* von dem Verschiedenen verschieden, wie sie auch ein anderes war als das Selbe und als die Ruhe.

Theaitetos: Notwendig.

Fremder: Als nicht verschieden ist sie also in gewisser Weise auch verschieden nach der vorigen Rede.

Theaitetos: Richtig.

Fremder: Wie nun weiter: Sollen wir sagen, sie sei von den dreien verschieden, von dem vierten aber es leugnen, obwohl wir doch zu-
d gestanden haben, es wären fünf, an welchen und über welche wir die Untersuchung anstellen wollten?

Theaitetos: Wie sollten wir? Denn unmöglich können wir doch die Zahl geringer angeben, als sie sich uns eben gezeigt hat.

Fremder: Ohne Furcht also wollen wir aussagen und verfechten, die Bewegung *sei* als verschieden von dem Seienden.

Theaitetos: Ohne die mindeste Furcht.

Fremder: Also *ist* ja ganz deutlich die Bewegung als wesentlich nichtseiend doch auch seiend, inwiefern sie am Seienden Anteil hat.

Theaitetos: Ganz deutlich ist ja das.

Fremder: Also *ist* ja notwendig das Nichtseiende seiend, sowohl

an der Bewegung als in Beziehung auf alle anderen Begriffe. Denn von allen gilt, daß die Natur des Verschiedenen, welche sie verschie- e
den macht von dem Seienden, jedes nichtseiend macht, und alles insgesamt können wir also gleichermaßen auf diese Weise mit Recht nichtseiend nennen und auch wiederum seiend, indem wir sagen, daß es sei, weil es Anteil hat am Seienden.

THEAITETOS: So mag es wohl sein.

FREMDER: An jedem Begriff also ist viel Seiendes, unzählig viel aber Nichtseiendes.

THEAITETOS: So scheint es.

FREMDER: Muß man nicht auch von dem Seienden selbst sagen, 257 a
daß es verschieden ist von dem übrigen?

THEAITETOS: Notwendig.

FREMDER: Auch das Seiende also ist, wieviel das übrige *ist*, soviel selbst nicht. Denn indem es jenes nicht ist, *ist* es selbst *Eins*, das unzählig viele übrige aber *ist* es *nicht*.

THEAITETOS: Beinahe so verhält es sich wohl.

FREMDER: Auch darüber also ist keine Schwierigkeit zu machen, wenn doch die Begriffe ihrer Natur nach Gemeinschaft miteinander haben. Will aber jemand dies nicht zugeben, der überrede erst unsere vorigen Reden und dann überrede er uns zum Weiteren.

THEAITETOS: Das ist nach strengstem Recht gesprochen.

FREMDER: Laß uns nun auch dieses sehen. b

THEAITETOS: Welches doch?

FREMDER: Wenn wir Nichtseiendes sagen, so meinen wir nicht, wie es scheint, ein Entgegengesetztes vom Seienden, sondern nur ein Verschiedenes.

THEAITETOS: Wie das?

FREMDER: Wie, wenn wir etwas nichtgroß nennen, meinst du, daß wir dann durch dies Wort mehr das Kleine als das Gleiche andeuten?

THEAITETOS: Keineswegs.

FREMDER: Wir wollen also nicht zugeben, wenn eine Verneinung gebraucht wird, daß dann Entgegengesetztes angedeutet werde, sondern nur soviel, daß das vorgesetzte «Nicht» etwas von den darauf c
folgenden Wörtern, oder vielmehr von den Dingen, deren Namen das nach der Verneinung Ausgesprochene ist, Verschiedenes andeute.

THEAITETOS: Auf alle Weise freilich.

[42. *Das Sein des Verschiedenen ist dem Sein des Seienden gleichgestellt, und daher* ist *das Nichtseiende ebenso wie das Seiende*]

FREMDER: Auch dies laß uns ferner bedenken, ob es dir ebenso scheint.

THEAITETOS: Was doch?

FREMDER: Das Wesen des Verschiedenen scheint mir ebenso ins Kleine zerteilt zu sein wie die Erkenntnis.

THEAITETOS: Wie das?

FREMDER: Auch jene ist zwar nur eine, aber jeder auf einen andern Gegenstand sich beziehende Teil wird abgesondert und mit d einem eigenen Namen benannt, weswegen es so viele Künste und Wissenschaften gibt.

THEAITETOS: Ganz richtig.

FREMDER: Geht es nun nicht auch den Teilen des Verschiedenen, obgleich dies eines ist, ebenso?

THEAITETOS: Vielleicht, aber sage doch, wiefern.

FREMDER: Ein Teil des Verschiedenen ist doch dem Schönen entgegengestellt.

THEAITETOS: Ja.

FREMDER: Ist dieser nun ohne Beinamen oder hat er einen?

THEAITETOS: Er hat einen. Denn was wir jedesmal das Nichtschöne nennen, das ist von nichts anderem das Verschiedene als von der Natur des Schönen.

FREMDER: Wohl, so sage mir denn dies.

e THEAITETOS: Was doch?

FREMDER: Kam nicht dadurch, daß es von *einer* bestimmten Gattung des Seienden erst abgesondert und dann wieder zu etwas von dem Seienden entgegengestellt wurde, so das Nichtschöne zum Sein?

THEAITETOS: So allerdings.

FREMDER: Also eines Seienden Gegensatz gegen ein anderes, wie es scheint, ist das Nichtschöne.

THEAITETOS: Ganz richtig.

FREMDER: Gehört nun wohl nach dieser Erklärung das Schöne mehr unter das Seiende und das Nichtschöne weniger?

THEAITETOS: Mitnichten.

258 a FREMDER: Ebensogut also, muß man sagen, *ist* das Nichtgroße wie das Große selbst.

THEAITETOS: Ebensogut.

FREMDER: So ist auch das Nichtgerechte dem Gerechten gleichzusetzen darin, daß das eine nicht weniger *ist* als das andere.

THEAITETOS: Unbedenklich.

FREMDER: Und von den übrigen ist dasselbe zu sagen, wenn doch die Natur des Verschiedenen (die Verschiedenheit) sich als unter dem Seienden gezeigt hat. Denn *ist* sie, so sind notwendig auch ihre Teile nicht minder als seiend zu setzen.

THEAITETOS: Wie sollten sie nicht?

FREMDER: Also *ist* auch der Gegensatz der Natur eines Teils des
b Verschiedenen und der des Seienden, wenn diese einander gegenüber-
gestellt werden, nicht minder Sein, wenn man es sagen darf, als das
Seiende selbst, und keineswegs das Gegenteil von jenem bedeutend,
sondern nur soviel, ein Verschiedenes von ihm.

THEAITETOS: Ganz gewiß.

FREMDER: Wie sollen wir nun dieses nennen?

THEAITETOS: Offenbar ja ist das Nichtseiende, was wir des Sophisten wegen suchten, eben dieses.

FREMDER: Steht es also, wie du sagtest, keinem von den andern
nach in Hinsicht auf das Sein? Und darf man schon herzhaft sagen,
daß das Nichtseiende unbestritten seine eigene Natur hat und daß,
c gerade wie das Große groß und das Schöne schön war und das Nicht-

große und Nichtschöne nichtgroß und nichtschön, ebenso auch das Nichtseiende *war* und *ist* nichtseiend und mit zu zählen als *ein* Begriff unter das viele Seiende? Oder haben wir hiergegen noch irgendeinen Zweifel, o Theaitetos?

Theaitetos: Gar keinen.

[43. Schlußzusammenfassung über die Natur des Nichtseienden und die Notwendigkeit seines Seins]

Fremder: Weißt du auch wohl, daß wir dem Parmenides noch über sein Verbot hinaus sind unfolgsam gewesen?

Theaitetos: Wieso?

Fremder: Noch weiter, als er es uns zu untersuchen verboten hat, sind wir vorwärts gegangen in der Untersuchung und haben es dargestellt.

Theaitetos: Wie das?

Fremder: Er sagt doch: d

«Nicht vermöchtest du ja zu verstehn, Nichtseiendes seie,
Sondern von solcherlei Weg halt fern die erforschende Seele.»

Theaitetos: So sagt er allerdings.

Fremder: Wir aber haben nicht nur gezeigt, daß das Nichtseiende *ist*, sondern auch, als was der Begriff des Nichtseienden sich seiend findet, haben wir aufgewiesen. Denn nachdem wir gezeigt, daß die Natur des Verschiedenen *ist* und daß sie verteilt ist unter alles Seiende gegeneinander, so haben wir von jedem dem Seienden entgegen- e
gesetzten Teile derselben zu sagen gewagt, daß eben er in Wahrheit das Nichtseiende sei.

Theaitetos: Und auf jeden Fall, glaube ich, haben wir vollkommen richtig erklärt.

Fremder: Also sage uns niemand nach, wir hätten das Nichtseiende als das Gegenteil des Seienden dargestellt und dann zu behaupten gewagt, es sei. Denn von einem Gegenteil desselben haben wir ja lange jeder Untersuchung den Abschied gegeben, ob es ist oder nicht ist und erklärbar oder auch ganz und gar unerklärbar. Was 259 a
wir aber jetzt beschrieben haben, daß das Nichtseiende sei, widerlege uns entweder einer auf überzeugende Art, daß es unrichtig gesagt ist, oder, solange er das nicht vermag, sage auch er, wie wir, daß die Begriffe sich untereinander vermischen. Und da das Sein und das Verschiedene durch alles und auch durch einander hindurchgehen: so wird nun das Verschiedene als an dem Seienden Anteil habend freilich *sein* vermöge dieses Anteils, nicht aber jenes, woran es Anteil hat, sondern verschieden; als verschieden aber von dem Seienden seiend, ist es ja offenbar ganz notwendig nichtseiendes Sein. Wiederum b
nun das Seiende, als am Verschiedenen Anteil habend, *ist* ja verschieden von allen andern Gattungen, und als von ihnen insgesamt verschieden *ist* es ja eine jede von ihnen *nicht*, noch auch alle andern insgesamt, sondern nur es selbst. So daß das Seiende wiederum ganz unbestritten tausend und zehntausenderlei nicht ist, und so auch alles andere einzeln und zusammengenommen auf gar vielerlei Weise ist und auf gar vielerlei nicht ist.

THEAITETOS: Wahr.

FREMDER: Und wenn diesen Gegensätzen jemand nicht glauben
will, der sehe zu und trage etwas Besseres vor als das jetzt Darge-
c stellte; wenn er aber nur, um wunder was Schwieriges ausgedacht
zu haben, seine Freude daran hat, die Rede bald hierhin, bald dort-
hin zu ziehen: so hat er sich eine Mühe genommen, die nicht sehr
der Mühe wert ist, wie unsere jetzige Rede besagt. Denn dies ist we-
der sehr herrlich noch eben schwer zu finden, jenes aber ist ebenso
schwer und zugleich auch schön.

THEAITETOS: Welches?

FREMDER: Das vorher Erklärte, nämlich dies lassend soviel wie
möglich dem Gesagten im einzelnen prüfend nachzugehen, wenn je-
mand, was in gewissem Sinne ein Verschiedenes ist, auch wieder als
d ein Selbes setzt, und was ein Selbes ist, als verschieden, in dem Sinn
und in der Beziehung, in welcher er sagt, daß ihm eins von beiden
zukomme. Aber von dem Selben, ganz unbestimmt wie, behaupten,
es sei auch verschieden, und das Verschiedene dasselbe und das Gro-
ße klein und das Ähnliche unähnlich, und sich freuen, wenn man nur
immer Widersprechendes vorbringt in seinen Reden, das ist teils kei-
ne wahre Untersuchung, teils offenbar eine ganz unreife von einem,
der das Seiende eben erst angerührt hat.

THEAITETOS: Ganz offenbar.

[44. Notwendigkeit, zur Auffindung des Sophisten das Problem des falschen Redens und Denkens zu lösen]

FREMDER: Aber auch, o Bester, alles von allem absondern zu wol-
e len, schickt sich schon sonst nirgend hin und gehört denn auch auf al-
le Weise nur zu einem von den Musen Verlassenen und ganz Unphi-
losophischen.

THEAITETOS: Wie das?

FREMDER: Weil es die völligste Vernichtung alles Redens ist, jedes von allem übrigen zu trennen. Denn nur durch gegenseitige Verflechtung der Begriffe kann uns ja eine Rede entstehn.

THEAITETOS: Allerdings.

260 a FREMDER: Überlege nun, wie zu gar rechter Zeit wir jetzt gegen solche gestritten und sie genötigt haben zuzugeben, daß eines sich mit dem anderen mische.

THEAITETOS: In welcher Hinsicht denn?

FREMDER: Weil doch die Rede auch ein Eins von den seienden Gat-
tungen ist. Denn ihrer beraubt, wären wir, was das größte ist, auch der
Philosophie beraubt, überdies aber müssen wir uns auch jetzt darüber
einigen, was eine Rede *ist*. Wollten wir sie nun ganz ausschließen, so
daß sie überhaupt nicht *sein* soll: so vermöchten wir nicht weiter et-
was zu sagen. Wir schlössen sie aber aus, wenn wir einräumten, es
b gäbe gar keine Verknüpfung für irgend etwas mit irgend etwas.

THEAITETOS: Ganz richtig ist dies wohl; warum wir aber jetzt die Rede erklären müssen, das habe ich noch nicht verstanden.

FREMDER: Vielleicht, wenn du mir so folgen willst, wirst du es ganz leicht fassen.

THEAITETOS: Wie doch?

FREMDER: Das Nichtseiende hat sich uns doch als *eine* Gattung unter den übrigen seiend gezeigt und als durch alles Seiende zerstreut.

THEAITETOS: Richtig.

FREMDER: Nun laß uns zunächst zusehen, ob es sich wohl mit Vorstellung und Rede verbindet?

THEAITETOS: Weshalb?

FREMDER: Verbindet es sich mit diesen nicht, so ist notwendig al- c
les wahr; verbindet es sich aber, so entsteht falsche Vorstellung und Rede. Denn Nichtseiendes vorstellen oder reden, das ist doch das Falsche, was in Gedanken und Reden vorkommen kann.

THEAITETOS: Allerdings.

FREMDER: Und *ist* Falsches, so ist auch Täuschung.

THEAITETOS: Ja.

FREMDER: Und *ist* Täuschung, dann ist doch gewiß notwendig alles voll Schattengestalten und Abbildern und trüglichen Scheines.

THEAITETOS: Wie könnte es anders sein.

FREMDER: Und der Sophist, sagten wir, hätte sich in diese Gegend
zwar geflüchtet, dabei aber gänzlich geleugnet, daß Irrtum überhaupt d
sei. Denn das Nichtseiende könne man weder denken noch sagen. Am Sein nämlich habe das Nichtseiende nirgendwie Anteil.

THEAITETOS: So war es.

FREMDER: Nun aber hat sich allerdings gezeigt, es habe Anteil am Seienden. So daß er mit uns auf dieser Seite vielleicht nicht mehr streiten möchte, wohl aber sagen, nur einige Arten hätten Anteil am Nichtseienden, andere nicht, und Rede und Vorstellung gehörten zu denen, die ihn nicht hätten; so daß er die Bildmacherei und Trugbildnerei, worin wir sagen, daß er sich befindet, immer noch bestreitet,
als ob sie überhaupt nicht ist, weil nämlich Vorstellung und Rede e
keine Gemeinschaft hat mit dem Nichtseienden; denn es gebe gar keinen Irrtum, sobald diese Gemeinschaft nicht bestehe. Darum müssen wir nun zuerst Rede und Meinung und Vorstellung recht erforschen, was dieses ist, damit, wenn es sich uns gezeigt, wir auch des-
sen Gemeinschaft mit dem Nichtseienden ersehen, und wenn wir die- 261 a
se ersehen, den Irrtum als seiend aufzeigen, und wenn wir diesen aufgezeigt, dann den Sophisten darin festbinden, hat er dies so verdient, sonst aber ihn loslassen und in einer andern Gattung aufsuchen.

THEAITETOS: Offenbar, o Fremdling, ist doch das wahr, was vom Sophisten anfänglich gesagt worden, daß es ein schwer zu fangendes Geschlecht ist. Denn man sieht ja, welchen Überfluß er hat an Verschanzungen, von denen er eine nach der andern aufwirft, die man dann notwendig erst erobern muß, um zu ihm selbst zu kommen. Denn kaum haben wir uns jetzt durch das Nichtseiende, was er aufgeworfen hatte, als ob es nicht wäre, durchgeschlagen, so hat er
schon etwas anderes aufgeworfen, und wir müssen nun erst zeigen, b
daß es Falsches gibt in der Rede und in der Vorstellung, und nach diesem vielleicht etwas anderes, und dann wieder ein anderes nach jenem, und niemals, wie es scheint, wird sich ein Ende zeigen.

FREMDER: Guten Mutes muß man sein, o Theaitetos, wenn man immer auch nur ein Weniges vorwärtskommen kann. Denn wer in solchen Fällen schon mutlos wird, was will der anderwärts tun, wo er vielleicht gar nichts ausrichtet oder wohl gar wieder zurückgetrieben
c wird? Gute Wege hat es, wie man im Sprichwort sagt, daß ein solcher jemals eine Stadt erobern sollte. Nun aber, du Guter, nachdem, was du sagtest, schon glücklich zu Ende gebracht ist, haben wir gewiß die stärkste Mauer eingenommen, und das andere wird schon leichter und geringer sein.

THEAITETOS: Das ist ein gutes Wort.

[45. Die Rede als Kundmachung. Zwei Arten von Wörtern und ihre Verbindung zum einfachsten Satz]

FREMDER: Rede und Vorstellung laß uns also, wie gesagt, jetzt vornehmen, damit wir desto untrüglicher berechnen können, ob das Nichtseiende sie erreicht oder ob beide in aller Weise wahr sind und keine von ihnen jemals falsch.

THEAITETOS: Richtig.

d FREMDER: Wohlan denn, wie wir uns über die Begriffe und Buchstaben erklärten, ebenso laß uns auch wegen der Worte nachsehen; denn auf diese Art wird sich wohl das jetzt Gesuchte zeigen.

THEAITETOS: Worauf sollen wir eigentlich bei den Worten acht haben?

FREMDER: Ob alle sich miteinander zusammenfügen oder keines, oder ob einige wollen, andere aber nicht.

THEAITETOS: Offenbar wollen doch einige, andere aber nicht.

FREMDER: Du meinst es vielleicht so, daß die, welche nacheinander
e ausgesprochen auch etwas kundmachen, sich zusammenfügen, die aber in ihrer Zusammenstellung nichts bedeuten, sich nicht fügen.

THEAITETOS: Wie meinst du dies eigentlich?

FREMDER: So, wie ich glaubte, du hättest es dir auch gedacht, als du mir beistimmtest. Es gibt nämlich für uns eine zwiefache Art von Kundmachung des Seienden durch die Stimme.

THEAITETOS: Wie das?

262 a FREMDER: Das eine sind die Benennungen oder Hauptwörter, das andere die Zeitwörter.

THEAITETOS: Beschreibe mir beide.

FREMDER: Die Kundmachungen, welche auf Handlungen gehen, nennen wir Zeitwörter.

THEAITETOS: Ja.

FREMDER: Die Zeichen aber, die dem, was jene Handlungen verrichtet, durch die Stimme beigelegt werden, sind die Hauptwörter.

THEAITETOS: Offenbar freilich.

FREMDER: Und nicht wahr, aus Hauptwörtern allein, hintereinander ausgesprochen, entsteht niemals eine Rede oder ein Satz, und ebensowenig auch aus Zeitwörtern, die ohne Hauptwörter ausgesprochen werden?

THEAITETOS: Das habe ich nicht verstanden.

b FREMDER: Offenbar also hast du etwas anderes in Gedanken gehabt, als du mir eben beistimmtest. Denn eben dies wollte ich sagen, daß aus diesen so hintereinander ausgesprochen keine Rede wird.

Theaitetos: Wieso?

Fremder: Wie etwa «geht läuft schläft», und so auch die andern Zeitwörter, welche Handlungen andeuten, und wenn man sie auch alle hintereinander hersagte, brächte man doch keine Rede zustande.

Theaitetos: Wie sollte man auch!

Fremder: Und ebenso wiederum, wenn gesagt wird «Löwe Hirsch Pferd» und mit was für Benennungen sonst, was Handlungen verrichtet, pflegt benannt zu werden, auch aus dieser Folge kann sich nie c
eine Rede bilden. Denn weder auf diese noch auf jene Weise kann das Ausgesprochene entweder eine Handlung oder eine Nichthandlung oder ein Sein eines Seienden oder Nichtseienden darstellen, bis jemand mit den Hauptwörtern die Zeitwörter vermischt. Dann aber fügen sie sich, und gleich ihre erste Verknüpfung wird eine Rede oder ein Satz, wohl der erste und kleinste von allen.

Theaitetos: Wie meinst du nur dieses?

Fremder: Wenn jemand sagt, «der Mensch lernt»: so nennst du das wohl den kürzesten und einfachsten Satz.

Theaitetos: Das tue ich. d

Fremder: Denn hierdurch macht er schon etwas kund über Seiendes oder Werdendes oder Gewordenes oder Künftiges und benennt nicht nur, sondern bestimmt auch etwas, indem er die Hauptwörter mit Zeitwörtern verbindet. Darum können wir auch sagen, daß er redet und nicht nur nennt, und wir haben ja auch dieser Verknüpfung eben den Namen Rede beigelegt.

Theaitetos: Richtig.

[46. Erklärung der falschen Rede]

Fremder: Wie also die Dinge teils sich ineinander fügen, teils auch nicht, so fügen sich auch die Zeichen vermittels der Stimme zum Teil nicht, die sich aber fügen, bilden eine Rede. e

Theaitetos: So ist es auf alle Weise.

Fremder: Nun noch dieses Wenige.

Theaitetos: Welches?

Fremder: Daß eine Rede, wenn sie ist, notwendig eine Rede von etwas sein muß, von nichts aber unmöglich.

Theaitetos: So ist es.

Fremder: Und auch von einer gewissen Beschaffenheit muß sie sein.

Theaitetos: Unbedenklich.

Fremder: Nun laß uns recht aufmerksam sein bei uns selbst.

Theaitetos: Das wollen wir.

Fremder: Ich will dir also eine Rede vortragen, indem ich eine Sache mit einer Handlung durch Hauptwort und Zeitwort verbinde, wovon aber die Rede ist, sollst du mir sagen.

Theaitetos: Das soll geschehen nach Vermögen. 263 a

Fremder: «Theaitetos sitzt.» Das ist doch nicht eine lange Rede?

Theaitetos: Nein, sondern sehr mäßig.

Fremder: Deine Sache ist also nun, zu erklären, wovon sie ist und was sie beschreibt.

Theaitetos: Offenbar von mir und mich.

Fremder: Wie aber diese wiederum?

Theaitetos: Was für eine?

Fremder: «Der Theaitetos, mit dem ich jetzt rede, fliegt.»

Theaitetos: Auch von dieser würde wohl niemand etwas anderes sagen, als sie rede von mir und über mich.

Fremder: Und irgendeine Beschaffenheit, sagen wir, habe notwendig jede Rede?

b Theaitetos: Ja.

Fremder: Wie wollen wir also sagen, daß jede von diesen beschaffen sei?

Theaitetos: Die eine doch falsch, die andere wahr.

Fremder: Und die wahre sagt doch das Seiende von dir, daß es ist?

Theaitetos: Ja.

Fremder: Und die falsche von dem Seienden Verschiedenes?

Theaitetos: Ja.

Fremder: Also das Nichtseiende sagt sie aus als seiend?

Theaitetos: Beinahe.

Fremder: Nämlich Seiendes, nur verschieden von dem Seienden in bezug auf dich. Denn in bezug auf jedes, sagten wir doch, gebe es viel Seiendes und viel Nichtseiendes.

Theaitetos: Offenbar freilich.

c Fremder: Die letzte Rede nun, welche ich von dir ausgesagt, war nach unserer vorigen Bestimmung darüber, was eine Rede ist, zuvörderst ganz notwendig eine der kürzesten.

Theaitetos: So waren wir eben wenigstens darüber einig geworden.

Fremder: Dann redete sie doch von etwas.

Theaitetos: Gewiß.

Fremder: Und wenn nicht von dir, dann gewiß von niemand anderem.

Theaitetos: Freilich nicht.

Fremder: Und redete sie von nichts: so wäre sie ganz und gar keine Rede. Denn wir haben gezeigt, es sei ganz unmöglich, daß, was eine Rede ist, eine Rede von nichts sein sollte.

Theaitetos: Vollkommen richtig.

d Fremder: Als von dir also aussagend, aber aussagend Verschiedenes als Selbes und Nichtseiendes als seiend, wird eine solche aus Zeitwörtern und Hauptwörtern entstehende Zusammenstellung wirklich und wahrhaft eine falsche Rede.

Theaitetos: Vollkommen wahr.

[47. Falsche Meinung und falsche Vorstellung]

Fremder: Und wie steht es mit Denken, Meinung und Vorstellung? Ist nicht schon deutlich, daß auch diese alle in unsern Seelen wahr und falsch vorkommen?

Theaitetos: Wie das?

Fremder: So wirst du es wohl leichter sehen, wenn du zuerst feststellst, was sie sind und wie sich jedes von den übrigen unterscheidet. e

Theaitetos: Gib es mir nur an.

Fremder: Also Denken und Rede sind dasselbe, nur daß das innere Gespräch der Seele mit sich selbst, was ohne Stimme vor sich geht, Denken genannt worden ist.

Theaitetos: Richtig.

Fremder: Der Ausfluß von jenem aber vermittels des Lautes durch den Mund heißt Rede.

Theaitetos: Wahr.

Fremder: Und in Reden, wissen wir doch, kommt dieses vor.

Theaitetos: Was denn?

Fremder: Bejahung und Verneinung.

Theaitetos: Das wissen wir.

Fremder: Wenn dies nun der Seele beim Denken vorkommt, still- 264 a
schweigend, weißt du es wohl anders zu nennen als Meinung?

Theaitetos: Wie wohl?

Fremder: Wie aber, wenn jemandem nicht aus sich allein, sondern vermittels der Wahrnehmung ein solches Ergebnis zukommt, wird es möglich sein, es auf eine andere Art richtig zu benennen als Vorstellung?

Theaitetos: Nicht anders.

Fremder: Da nun doch die Rede wahr sein konnte und falsch, und von dem übrigen das Denken sich zeigte als das innere Gespräch der Seele mit sich selbst, die Meinung aber als Vollendung des Ge- b
dankens, und wovon wir sagen «es erscheint uns», das als Vereinigung der Wahrnehmung und der Meinung, so werden notwendig auch von diesen, da sie der Rede verwandt sind, bisweilen einige falsch sein.

Theaitetos: Wie sollten sie nicht?

Fremder: Siehst du nun wohl, daß falsche Meinung und Rede sich williger haben finden lassen als nach unserer Erwartung, die uns in Furcht setzte, wir möchten ein unausführbares Werk angreifen, wenn wir sie suchten?

Theaitetos: Das sehe ich.

[48. Anknüpfung an die früheren Einteilungen und Teilung der hervorbringenden Kunst in einen göttlichen und einen menschlichen Teil]

Fremder: Laß uns also auch wegen des Übrigen nicht verzagen, sondern, nachdem sich uns dieses gezeigt hat, uns auch unserer vori- c
gen Einteilungen erinnern.

Theaitetos: Welcher doch?

Fremder: Wir trennten in der Bildnerei zwei Arten, die Kunst der Ebenbilder und die der Trugbilder.

Theaitetos: Ja.

Fremder: Und vom Sophisten, sagten wir, wären wir zweifelhaft, in welche von beiden er zu setzen sei.

THEAITETOS: So war es.

FREMDER: Und während dieser Verlegenheit goß sich über uns jene noch größere Finsternis aus bei Erscheinung des alles bestreitenden Satzes, daß es kein Ebenbild noch Bild noch Truggestalt überhaupt
d gebe, weil es niemals irgendwo irgendwie Falsches gebe.

THEAITETOS: Richtig gesagt.

FREMDER: Nun aber falsche Rede und Meinung sich als seiend gezeigt haben, findet auch statt, daß Nachbildungen des Seienden sind und daß aus diesem Verhältnis entstehe eine täuschende Kunst.

THEAITETOS: Das findet statt.

FREMDER: Und das hierher der Sophist gehöre, war uns doch schon entschieden in dem Vorigen?

THEAITETOS: Ja.

FREMDER: So laß uns also noch einmal versuchen, durch Spaltung
e der vorliegenden Gattung in zwei, immer auf der rechten Seite des Zerschnittenen weiterzugehen, das, in dessen Gemeinschaft sich der Sophist befindet, festhaltend, bis wir endlich nach Absonderung alles dessen, was ihm mit anderen gemeinschaftlich ist, seine eigentümli-
265 a che Natur übrigbehalten, um sie vornehmlich uns selbst darzustellen, dann aber auch denen, welche von Natur diesem Verfahren zunächst verwandt sind.

THEAITETOS: Richtig.

FREMDER: Damals fingen wir doch an mit Unterscheidung der hervorbringenden Kunst und der erwerbenden.

THEAITETOS: Ja.

FREMDER: Und er erschien uns in der Nachstellung, dem Kampf, dann dem Handel und einigen solchen Arten der erwerbenden Kunst.

THEAITETOS: Allerdings.

FREMDER: Da nun aber die nachbildende Kunst ihn aufgenommen hat, müssen wir zuerst die hervorbringende Kunst selbst zwiefach
b teilen. Denn die Nachbildung ist doch eine Hervorbringung, von Bildern nämlich, sagen wir, nicht aber von den Dingen selbst. Nicht wahr?

THEAITETOS: Auf alle Weise.

FREMDER: Zuerst also sollen sein zwei Teile der hervorbringenden Kunst.

THEAITETOS: Was für welche?

FREMDER: Ein göttlicher und ein menschlicher.

THEAITETOS: Noch habe ich es nicht verstanden.

[49. Erläuterung der göttlichen und menschlichen Hervorbringung und abermalige Zweiteilung]

FREMDER: Hervorbringend, sagten wir doch, wenn wir uns des anfänglich Gesprochenen erinnern, sei jede Kraft, welche dem vorher nicht Seienden Ursache wird, daß es hernach werde.

THEAITETOS: Ich erinnere mich.

c FREMDER: Alle sterblichen lebendigen Wesen nun und auch die Gewächse, die auf der Erde aus Samen und Wurzeln erwachsen, und die unbeseelt in der Erde sich findenden schmelzbaren und unschmelzbaren Körper, sollen wir sagen, daß dies alles durch eines andern als Gottes Hervorbringung hernach werde, da es zuvor nicht gewesen? Oder sollen wir uns der gewöhnlichen Lehre und Redensart bedienen?

Theaitetos: Welcher?

Fremder: Daß wir sagen, die Natur erzeuge dies kraft einer von selbst gedankenlos wirkenden Ursache? Oder kraft einer göttlichen mit Vernunft und Erkenntnis, die von Gott kommt?

Theaitetos: Ich zwar wende mich sonst oft, vielleicht meiner Ju- d
gend wegen, von einer dieser Vorstellungen zur andern, nun ich aber
auf dich sehe und vermute, du glaubest, daß dies auf eine göttliche
Art entstehe, nehme auch ich dasselbe an.

Fremder: Sehr gut, o Theaitetos, und gewiß, wenn wir dich für
einen von denen hielten, die in Zukunft anders denken werden, so
würden wir jetzt gleich unternehmen, in unserer Rede durch drin-
gende Beweise dich zur Einstimmung zu bringen. Da ich aber deine
Natur dafür ansehe, daß sie auch ohne unsere Reden selbst sich da- e
hin neigt, wohin du jetzt gezogen zu werden bekennst, so lasse ich
es; denn die Zeit wäre verschwendet. Sondern ich setze fest, was man
der Natur zuschreibt, das werde durch göttliche Kunst hervorge-
bracht, was aber hieraus von Menschen zusammengebracht werde,
durch menschliche, und nach dieser Erklärung also zwei Arten der
hervorbringenden Kunst, die eine menschlich, die andere göttlich.

Theaitetos: Richtig.

Fremder: Schneide nun von diesen zweien jede wiederum in zwei Teile.

Theaitetos: Wie das?

Fremder: Wie wenn du damals die gesamte Hervorbringung hät- 266 a
test der Länge nach zerschnitten, und du zerschnittest sie nun der
Breite nach.

Theaitetos: So sei sie denn zerschnitten.

Fremder: Vier Teile derselben entstehen also hieraus überhaupt, zwei menschliche bei uns, zwei göttliche bei den Göttern.

Theaitetos: Ja.

Fremder: Von dieser anderweitigen Einteilung ist das eine Glied für jeden der beiden vorigen Teile die eigentlich hervorbringende, die beiden übrigbleibenden aber könnten am füglichsten die nachbildenden heißen, und auf diese Weise ist wiederum die gesamte hervorbringende Kunst in zwei Teile geteilt.

Theaitetos: Sage nur noch, wie eigentlich jede. b

[50. Die zwei Arten der hervorbringenden Kunst]

Fremder: Wir und die andern Lebewesen und das, woraus alles Wachsende besteht, Feuer und Wasser und was hierhin gehört, das sind, wie wir wissen, insgesamt Erzeugnisse Gottes, nämlich jedes Hervorgebrachte selbst. Oder wie?

Theaitetos: Nicht anders.

Fremder: Jegliches von diesen nun begleiten Bilder, welche nicht die Sache selbst sind, aber auch durch göttliche Veranstaltung entstanden.

THEAITETOS: Was für welche?

FREMDER: Die in den Träumen und auch, was wir bei Tage natürlichen Schein nennen, wie der Schatten, wenn in das Helle Finsternis
c eintritt, und der Doppelschein, wenn an glänzenden und glatten Dingen eigentümliches Licht und fremdes zusammenkommend ein Bild hervorbringen, welches einen dem vorigen, gewohnten Anblick entgegengesetzten Sinneseindruck gibt.

THEAITETOS: Dies also seien die zweierlei Werke göttlicher Hervorbringung, die Sache selbst und das eine jede begleitende Bild.

FREMDER: Und *unsere* Kunst? Werden wir nicht sagen, daß sie das Haus selbst durch die Baukunst hervorbringt, durch die Zeichenkunst aber noch ein anderes, gleichsam als einen menschlichen Traum für Wachende verfertigtes?

d THEAITETOS: Ganz gewiß.

FREMDER: Und werden wir nicht so auch in allem andern zweierlei als zwiefache Werke unserer hervorbringenden Kunst anführen, eins, die Sache selbst, durch die eigentlich hervorbringende, dann das Bild durch die nachbildende?

THEAITETOS: Nun habe ich es besser verstanden und setze auf zwiefache Weise zwei Arten der hervorbringenden Kunst, eine göttliche und eine menschliche nach der einen Teilung, und nach der andern eine, durch welche die Sachen selbst, und eine, durch welche etwas denselben Ähnliches entsteht.

[51. Der nachahmende Teil der Trugbildnerei und seine zwei Arten]

FREMDER: Von der bildnerischen Kunst nun wollen wir uns erinnern, daß eine Art sich mit den Ebenbildern, die andere mit den Trugbildern beschäftigen sollte, wenn nämlich das Falsche als wirklich
e falsch seiend und als ein Eins des Seienden von Natur sich zeigen würde.

THEAITETOS: So war es.

FREMDER: Nun hat es sich aber gezeigt, weshalb wir denn jetzt ohne Streit jene zwei Arten aufzählen.

THEAITETOS: Ja.

267 a FREMDER: In der trugbildnerischen Kunst nun machen wir wieder zwei Abteilungen.

THEAITETOS: Wieso?

FREMDER: Die eine gebraucht Werkzeuge, in der andern gibt sich, wer das Trugbild macht, selbst zum Werkzeug her.

THEAITETOS: Wie meinst du das?

FREMDER: Wenn jemand, meine ich, seines eigenen Leibes sich bedienend, deine Gestalt oder deine Stimme mittels der seinigen ganz ähnlich erscheinen macht, so heißt dieser Teil der Trugbildnerei gewöhnlich die Nachahmung.

THEAITETOS: Ja.

FREMDER: Dieses also wollen wir von dem Ganzen abteilen und die nachahmende Kunst nennen, das übrige aber übergehen, um es
b uns bequem zu machen, einem andern überlassend, es in *eins* zusammenzufassen und ihm einen schicklichen Namen beizulegen.

Theaitetos: So sei dieses abgeteilt, das andere losgelassen.

Fremder: Auch dieses aber, o Theaitetos, lohnt sich noch als zwiefach anzusehen. Sieh zu, weshalb.

Theaitetos: Sage nur.

Fremder: Die Nachahmenden tun dieses teils kennend, was sie nachahmen, teils ohne es zu kennen. Und was für einen größeren Unterschied könnte man wohl setzen als zwischen Unkenntnis und Kenntnis?

Theaitetos: Keinen gewiß.

Fremder: Das eben Angeführte nun war Nachahmung eines Wissenden. Denn nur, wer deine Gestalt und dich kennt, kann sie nachahmen.

Theaitetos: Unbedenklich. c

Fremder: Wie aber die Gestalt der Gerechtigkeit und der gesamten Tugend überhaupt? Gibt es nicht gar viele, die sie eigentlich nicht kennen, sondern sie nur ungefähr vorstellen, sich aber gar sehr darauf legen, das, was sie dafür halten, als ihnen einwohnend erscheinen zu machen, indem sie es soviel nur irgend möglich in Handlungen und Reden nachahmen?

Theaitetos: Gar sehr viele.

Fremder: Und verfehlen etwa alle dieses, gerecht zu scheinen, obwohl sie es doch keineswegs sind? Oder nicht vielmehr ganz das Gegenteil?

Theaitetos: Ganz und gar.

Fremder: Diesen Nachahmer also werden wir doch für verschie- d
den erklären müssen von jenem, von dem Wissenden diesen Nichtwissenden.

Theaitetos: Ja.

[52. Abschließende Festlegung des Sophisten]

Fremder: Woher nimmt man also für jeden von ihnen einen schicklichen Namen? Oder ist das nicht offenbar schwer, und zwar deshalb, weil in Hinsicht auf Teilung der Gattungen in Arten die Früheren eine alte gedankenlose Trägheit hatten, so daß keiner eine solche Einteilung auch nur versuchte, weshalb ich denn mit den Namen notwendig nicht gar leicht daran bin. Dennoch, wenn es auch kühner gesprochen sein sollte, wollen wir der Unterscheidung wegen jene von einer bloßen Meinung ausgehende Nachahmung die Dünkel- e
nachahmung nennen, die aber von der Erkenntnis, die kundige Nachahmung.

Theaitetos: So sei es.

Fremder: Mit jener haben wir es also zu tun. Denn unter den Wissenden war der Sophist nicht, wohl aber unter den Nachahmenden.

Theaitetos: Gar sehr.

Fremder: Den Dünkelnachahmer laß uns also beschauen wie ein Eisen, ob er aus einem Stück ist oder ob er noch irgendwo eine Spur zeigt, daß er aus zweien zusammengeschlagen ist.

Theaitetos: Das wollen wir tun.

Fremder: Und die zeigt er recht sichtlich. Der eine nämlich ist ein-

268 a fältig und glaubt wirklich, das zu wissen, was er sich vorstellt. Des anderen Benehmen aber, weil er sich so gar sehr in seinen Reden hin und her dreht, zeigt, daß er selbst großen Verdacht und Argwohn hegt, das nicht zu wissen, was zu wissen er sich gegen andere das Ansehen geben will.

THEAITETOS: Gewiß gibt es deren von beiden Arten, wie du sie beschreibst.

FREMDER: Wollen wir nun den einen als den einfältigen Nachahmer setzen, den andern als den, der sich verstellt?

THEAITETOS: Das geht wohl.

FREMDER: Und gibt es von diesem wieder nur eine Art oder zwei?

THEAITETOS: Sieh du zu.

b FREMDER: Ich sehe schon, und mir erscheinen allerdings deren zwei: der eine, der öffentlich und in langen Reden vor dem Volke sich zu verstellen versteht; der andere, der unter wenigen und in kurzen Sätzen seinen Mitunterredner zwingt, sich selbst zu widersprechen.

THEAITETOS: Vollkommen richtig gesagt.

FREMDER: Wer wollen wir nun nachweisen, daß der Langredende sei? Der Staatsmann oder der Volkssprecher?

THEAITETOS: Der Volkssprecher.

FREMDER: Und wie wollen wir den anderen nennen, den Weisen oder den Sophisten?

THEAITETOS: Weise wohl unmöglich, da wir ihn ja als nichtwis-
c send gesetzt haben; da er aber ein Nachahmer des Weisen ist, so muß er doch wohl von diesem etwas in seinen Beinamen bekommen, und ich verstehe nun wohl, wir müssen eben diesen wahrhaft bezeichnen als jenen auf alle Weise wirklich seienden Sophisten.

FREMDER: Wollen wir nun wie vorher seinen Namen festknüpfen und von Anfang bis zu Ende zusammenflechten?

THEAITETOS: In aller Weise.

FREMDER: Also die Nachahmerei in der zum Widerspruch bringenden Kunst des verstellerischen Teiles des Dünkels, welche in der
d trügerischen Art von der bildnerischen Kunst her nicht als die göttliche, sondern als die menschliche tausendkünstlerische Seite der Hervorbringung in Reden abgesondert ist; wer «von diesem Geschlecht und Blute» den wahrhaften Sophisten abstammen läßt, der wird, wie es scheint, das richtigste sagen.

THEAITETOS: Auf alle Weise gewiß.

Vom Geld ist die Rede, von wem noch?

 Er machte sich sehr viel Gedanken . . .

... über unterschiedlichste Probleme, und auch den Ergebnissen seiner Gedanken war unterschiedlicher Erfolg beschieden. Zum Beispiel verfaßte er eine Abhandlung über eine Währungsreform in einigen polnischen Provinzen – das Buch wurde erst 291 Jahre später in Warschau gedruckt, nicht als wissenschaftliches Werk, sondern als bibliophile Rarität. Sein bis heute einflußreichstes Werk dagegen wollte er überhaupt nicht veröffentlichen – ein Schüler besorgte den Druck des Buches. Darin stehen Folgerungen aus Gedanken, die der Autor als Chorherr des Domkapitels von Frauenburg eigentlich gar nicht hätte haben dürfen. Einer seiner Nachfolger wurde denn auch wegen gleicher Anschauungen von der Kirche zum öffentlichen Widerruf gezwungen (und was er dabei in seinen Bart gemurmelt haben soll, ist Legende). Das war aber schon 90 Jahre nach dem Tode des Mannes, von dem hier die Rede ist.

Er wurde geboren in Torun, sieben Jahre, nachdem diese Stadt polnisch geworden war. Sein Vater war ein wohlhabender und angesehener Kaufmann in dieser einstigen Hansestadt. Mit 18 Jahren begann der Sohn seine ausgedehnten Studien in Krakau, Bologna und Padua. Mathematik, Medizin, Astronomie und Griechisch waren seine Hauptfächer. Später übersetzte er als Freizeitbeschäftigung die Episteln des Theophylact aus dem Griechischen ins Lateinische. Chorherr wurde er durch Protektion seines Onkels, des einflußreichen Bischofs von Ermland. In Frauenburg, wo er bis zu seinem Lebensende blieb, fungierte er auch als eine Art Armenarzt. Von wem war die Rede?

(Alphabetische Lösung: 11–15–16–5–18–14–9–11–21–19)

BIBLIOGRAPHIE

Zum Phaidros

DIESENDRUCK, Z., Struktur und Charakter des platonischen Phaidros. Wien u. Leipzig 1927

GUNDERT, H., Enthusiasmos und Logos bei Platon. In: Lexis II, 1951

HACKFORTH, R., Phaedrus, transl. with introd. and commentary. Cambridge 1952

HATZFELD, J., Du nouveau sur Phèdre. In: Revue des Etudes Anciennes 1939

HELMBOLD, W. C., und W. B. HOLTER, The unity of the Phaedrus. In: Univ. of Calif. Publ. in Class. Philol. 1952

RUDBERG, G., Kring Platons Phaidros. Göteborg 1924

VERDENIUS, W. J., Notes on Plato's Phaedrus. In: Mnemosyne 1955

Zum Parmenides

CORNFORD, F. M., Plato and Parmenides. Parmenides' Way of truth and Plato's Parmenides. 2. A. London 1950

DODDS, E. R., The Parmenides of Plato and the origin of the neoplatonic ‹One›. In: Class. Quart. 1928

HOEFLICH, E., Die Prinzipienlehre des platonischen Dialogs Parmenides. Diss. München 1954

HUBER, G., Platons dialektische Ideenlehre nach dem 2. Teil des Parmenides. Diss. Basel 1951

KLEMM, W., Platos Ideenkritik und die Neuformung der Idee in seinem Dialog Parmenides. Diss. Göttingen 1949

PACI, E., Il significato del Parmenide nella filosofia di Platone. Messina 1938

SEPICH, I. R., Notas histórico — exegéticas sobre el Parménides de Platón. In: Revista des Estudios Clásicos 1948

SPEISER, A., Ein Parmenideskommentar. Studien zur platonischen Dialektik. Leipzig 1937

TUROLLA, E., Il Parmenide, trad. et comm. Milano 1942

VLASTOS, G., The third man argument in the Parmenides. In: Philos. Review 1954

WAHL, J., Etudes sur le Parménide de Platon. 4. A. Paris 1951

WEBER, A., Essai sur la deuxième hypothèse du Parménide. Paris 1937

WUNDT, M., Platos Parmenides. Stuttgart 1935

Zum Theaitetos

AKESSON, E., Episoden i Theaitetos. Diss. Lund, Göteborg 1933

CAMPBELL, L., The Theaetetus of Plato. 2. A. Oxford 1883

CORNFORD, F. M., Plato's theory of knowledge. The Theaetetus and the Sophist of Plato, transl. with a running commentary. 4. A. London 1951

GRASSI, E., Vom Vorrang des Logos. München 1939

NOLL, B., Die Zeitstruktur im platonischen Dialog Theätet. In: Zeitschr. für philos. Forsch. 1950/51

ROBINSON, R., Forms and error in Plato's Theaetetus. In: Philos. Review 1950

Zum Sophistes

CAMPBELL, L., The Sophistes and Politicus of Plato. Oxford 1867

DIÈS, A., La définition de l'être et la nature des idées dans le Sophiste de Platon. 2. A. Paris 1932

KNIGHT, TH., Beyond Parmenides, The problem of non-being. Diss. Syrakus 1956

MANASSE, E. M., Platons Sophistes und Politikos. Berlin 1937

PECK, A. L., Plato and the megista gene of the Sophist, A reinterpretation. In: Class. Quarterly 1952

REZZANI, M., I problemi fondamentali del Sophista di Platone. In: Sophia 1952

Gesamtdarstellungen der platonischen Philosophie

Brommer, P., Eidos et Idea, Etude sémantique et chronologique des œuvres de Platon. Assen 1940

Derbolav, J., Erkenntnis und Entscheidung, Philosophie der geistigen Aneignung in ihrem Ursprung bei Platon. Wien 1954

Festugière, A. J., Contemplation et vie contemplative selon Platon. Paris 1936

Field, G. C., Die Philosophie Platons. Stuttgart 1952

Friedländer, P., Platon. 1. Bd. Berlin und Leipzig 1928; 2. erw. u. verb. A. Berlin 1954. 2. Bd. Die platonischen Schriften. Berlin und Leipzig 1930

Goldschmidt, V., Les dialogues de Platon, Structure et méthode dialectique. Paris 1947

Gould, J., The development of Plato's ethics. Cambridge 1955

Hoffmann, E., Platon. Zürich 1950

Jäger, W., Paideia. 2. Bd. Berlin 1944, 3. Bd. Berlin 1947

Kucharski, P., Les chemins du savoir dans les derniers dialogues de Platon. Paris 1949

Leisegang, H., Platon. In: Pauly-Wissowas Real-Enzyklopädie, 20. Bd., Sp. 2342—2537. Stuttgart 1950

Liebrucks, B., Platons Entwicklung zur Dialektik. Frankfurt 1949

Lodge, R. C., Plato's theory of art. London 1953

Moreau, J., Réalisme et idéalisme chez Platon. Paris 1951

Reinhardt, K., Platons Mythen. Bonn 1927

Robin, L., Platon. Paris 1935

Ross, D., Plato's Theory of Ideas. Oxford 1951

Schaerer, R., La question platonicienne. Paris 1938

Schilling, K., Platon, Einführung in seine Philosophie. Wurzach 1948

Schuhl, P. M., L'œuvre de Platon. Paris 1954

Stefanini, L., Platone, 2 Bde. 2. Aufl., Padua 1949

Stenzel, J., Studien zur Entwicklung der platonischen Dialektik. 2. Aufl., Leipzig und Berlin 1931

—, Zahl und Gestalt bei Platon und Aristoteles. 2. Aufl., Leipzig und Berlin 1933

Taylor, A. E., Plato, The man and his work. London 1. Aufl. 1926, 6. Aufl. 1949

Wild, J., Plato's theory of man. Cambridge 1946

INHALT

klassiker rororo

PLATON
Sämtliche Werke

Nach der Übersetzung von Friedrich Schleiermacher
und Hieronymus Müller mit der Stephanus-Numerierung
herausgegeben von
Walter F. Otto † · Ernesto Grassi · Gert Plamböck

BAND I
Apologie · Kriton · Protagoras · Ion · Hippias II · Charmides
Laches · Euthyphron · Gorgias · Briefe [1]

BAND II
Menon · Hippias I · Euthydemos · Menexenos · Kratylos
Lysis · Symposion [14]

BAND III
Phaidon · Politeia [27]

BAND IV
Phaidros · Parmenides · Theaitetos · Sophistes [39]

BAND V
Politikos · Philebos · Timaios · Kritias [47]

BAND VI
Nomoi [54]

Gesamtauflage der Werke Platons in der Reihe
«rowohlts klassiker»: 490 000 Exemplare

Als «rowohlts monographie» erschien:
PLATON
in Selbstzeugnissen und 70 Bilddokumenten dargestellt von
Gottfried Martin [150]

110/8

PLATON

IN

SELBSTZEUGNISSEN

UND

70 BILDDOKUMENTEN

DARGESTELLT

VON

GOTTFRIED MARTIN

Mit Zeittafel, Bibliographie und Namenregister
«rowohlts monographien» Band 150

Die Begegnung des Zwanzigjährigen mit Sokrates, dessen Schüler er acht Jahre lang war, bestimmte Platons Entschluß, sich der Erkenntnisforschung zu widmen. Er entwickelte seine Lehre von den Ideen, die als etwas von der Seele einst Erschautes, inzwischen jedoch Vergessenes die sie bloß abwandelnden Begriffe bestimmen. Er entwarf eine Staatsphilosophie, die der Gemeinschaft dieselben Tugenden abverlangt wie dem einzelnen. Die Verschmelzung des Guten mit dem Schönen und der Vernunft weist Platon als einen «apollinischen» Denker aus, dem es um Harmonie geht. Wie schon mit seiner bereits vorliegenden Monographie über Sokrates stellt Gottfried Martin Platon in das heimatliche Athen, in jene Polis, die das abendländische Denken überhaupt erst artikuliert, die Ethik, Kunst und Wissenschaft zu einem untrennbaren Ganzen vereint hat.

484/1

Französische Literatur

FRANCE, ANATOLE Die rote Lilie [153]

TOCQUEVILLE, ALEXIS DE Der alte Staat und die Revolution [234]

Griechische Literatur und Philosophie

AISCHYLOS Tragödien und Fragmente [213]

HOMER Die Odyssee / Übersetzt in deutsche Prosa von Wolfgang Schadewaldt [29]

PLATON Sämtliche Werke / Herausgegeben von Walter F. Otto, Ernesto Grassi, Gert Plamböck – Band I: Apologie, Kriton, Protagoras, Ion, Hippias II, Charmides, Laches, Euthyphron, Gorgias, Briefe [1] – Band II: Menon, Hippias I, Euthydemos, Menexenos, Kratylos, Lysis, Symposion [14] – Band III: Phaidon, Politeia [27] – Band IV: Phaidros, Parmenides, Theaitetos, Sophistes [39] – Band V: Politikos, Philebos, Timaios, Kritias [47] – Band VI: Nomoi [54]

Italienische Literatur und Philosophie

CELLINI, BENVENUTO – sein Leben von ihm selbst geschrieben / Übersetzt und herausgegeben von Goethe [22]

GOLDONI, CARLO Herren im Haus / Viel Lärm in Chiozza. Zwei Komödien [132]

Östliche Literatur und Philosophie

AUROBINDO, SRI Der integrale Yoga [24]

Römische Literatur

CAESAR, C. JULIUS Der Gallische Krieg [175]

CICERO Über die Gesetze [239]

HORAZ Episteln / Lateinisch und Deutsch [144]

SALLUST Die Verschwörung des Catilina / Lateinisch und Deutsch [165]

Spanische Literatur

GRACIAN, BALTASAR Criticón oder Über die allgemeinen Laster des Menschen [2]

Philosophie des Humanismus und der Renaissance

DER UTOPISCHE STAAT – THOMAS MORUS, Utopia / **TOMMASO CAMPANELLA,** Sonnenstaat / **FRANCIS BACON,** Neu-Atlantis / Herausgegeben von Klaus J. Heinisch [68]

Philosophie der Neuzeit

MARX, KARL Texte zu Methode und Praxis I: Jugendschriften 1835–1841 [194] – II: Pariser Manuskripte 1844 [209]

Texte des Sozialismus und Anarchismus

BLANQUI, LOUIS-AUGUSTE – Schriften zur Revolution. Nationalökonomie und Sozialkritik. Hg.: Arno Münster [267]

BUCHARIN, NIKOLAJ IWANOWITSCH – Ökonomik der Transformationsperiode. Hg.: Günter Hillmann [261]

Die Frühsozialisten 1789–1848 II. Hg.: Michael Vester [280]

Die Rätebewegung I u. II. Hg.: Günter Hillmann [277 u. 269]

Die russische Arbeiteropposition. Die Gewerkschaften in der Revolution. Hg.: Gottfried Mergner [291]

ENGELS, FRIEDRICH – Studienausgabe 1.–4. Hg.: Hartmut Mehringer und Gottfried Mergner [292, 293, 295 u. 296]

DEBATTE UM ENGELS 1, Weltanschauung, Naturerkenntnis, Erkenntnistheorie. Hg.: Hartmut Mehringer und Gottfried Mergner [294]

DEBATTE UM ENGELS 2, Philosophie der Tat, Emanzipation, Utopia [297]

Gruppe Internationale Kommunisten Hollands. Grundprinzipien kommunistischer Produktion und Verteilung. Intelligenz im Klassenkampf und andere Schriften. Hg.: Gottfried Mergner [285]

KROPOTKIN, PETER Worte eines Rebellen. Hg.: Dieter Marc Schneider [290]

LASSALLE, FERDINAND – Arbeiterlesebuch und andere Studientexte. Hg.: Wolf Schäfer [289]

LENIN, WLADIMIR ILJITSCH – Für und wider die Bürokratie. Schriften und Briefe 1917–1923. Hg.: Günter Hillmann [246]

LUXEMBURG, ROSA – Schriften zur Theorie der Spontaneität. Hg.: Susanne Hillmann [249]
– Einführung in die Nationalökonomie. Hg. Karl Held [268]

Pariser Kommune 1871 I. Texte von Bakunin, Kropotkin und Lavrov. **II.** Texte von Marx, Engels, Lenin und Trotzki. Hg.: Dieter Marc Schneider [286 u. 287]

PROUDHON, PIERRE-JOSEPH – Bekenntnisse eines Revolutionärs, um zur Geschichtsschreibung der Februarrevolution beizutragen. Hg.: Günter Hillmann [243]

RÜHLE, OTTO – Schriften. Perspektiven einer Revolution in hochindustrialisierten Ländern. Hg.: Gottfried Mergner [255]
– Baupläne für eine neue Gesellschaft. Hg.: Henry Jacoby [288]

STALIN, JOSEF W. – Schriften zur Ideologie der Bürokratisierung. Hg.: Günter Hillmann [258]

TROTZKI, LEO – Schriften zur revolutionären Organisation. Hg.: Hartmut Mehringer [270]
– **Stalin.** Hg.: Hartmut Mehringer. Band I [283]; Band II [284]

WEITLING, WILHELM – Das Evangelium des armen Sünders / Die Menschheit, wie sie ist und wie sie sein sollte. Hg.: Wolf Schäfer [274]

107/15